文革孽文

（上）

不 平 著

成家出版社

Rebellious Article in the Cultural Revolution

Volume I

Copyright © 2019 by Bu Ping

All rights reserved. No part of this publication may be reproduced or transmitted in any form or by any means electronic or mechanical, including photocopy recording, or any information storage and retrieval system, without permission in writing from the copyright owner. It is not to be duplicated or performed without the written consent of the author and the publisher.

Requests for permission to make copies of any part of this work should be mailed to:

Permissions Department
BeAuthor Press
PO Box 263, Hazlet
NJ 07730

http://www.beauthor.us

ISBN 1-59356-007-9

Written by Bu Ping

Printed in the United States of America

Library of Congress Control Number: 2019932903

美国国会图书馆编目号码：2019932903

美国成家出版社出版

版权所有 侵权必究

谨以此书祭奠文革中的冤魂

文革孽文

目录

目录……………………………………………………………	i
序一 思想独立，温故知新………………………印红标	ix
序二 文革民间思想的珍贵文献………………丁 东	xii
第一篇 文化革命开始，一个青年的从政宣言…………	1

写于 1967 年 9 月 11 日以前

- 图一：67 年本人所编一份刊物的"遗照"…………3
- 图二：《光辉的榜样》初稿首页………………… 4
- 图三：《光辉的榜样》提到"八月"………………… 5
- 光辉的榜样………………………………………… 6

第二篇 文化革命之于我，争取自由和平等…………46

写于 1967 年 9 月至 1968 年 7 月，整理于 69 年-71 年

- 图四：孩子们的诞生地之一………………… 48
- 图五：孩子们的成长园……………………………49
- 图六：忠诚宣言……………………………………50
- 图七：早年出生的几个孩子穿衣前后…………51
- 图八：68 年出生的批判林彪的三个孩子………… 52
- 图九：71-72 年产生的几个孩子………………53
- 图十：孩子们终于见到了天日…………………54
- 图十一：去北大上学的孩子们……………………70
- 创刊宣言……………………………………………71
- 《肥田集》创刊宣言…………………………………82
- 读左家发事迹有感……………………………………89

i

鲁迅斥遗少···91
鲁迅语录选···93
对武斗的诅咒(原无题)······································96
幸福观··99
看破红尘论··101
戚本禹下台有感(原无题)································103
反对奴隶主义··106
　　　一。二。三。四。五。六。七。八。九。
再论反对奴隶主义··111
略论批评···114
　　　一。二。三。四。五。六。七。八。
一段往事(原无题)···123
学习毛泽东思想··125
　　　一。怎样学习毛泽东思想
　　　二。掌握毛泽东思想
　　　三。解决问题
　　　四。毛泽东思想和毛主席语录
　　　五。"公"？
　　　六。"忠"？
毛泽东思想··132
　　　一。二。三。
"毛主席支持我支持，毛主席挥手我前进"···········137
"谁反对毛泽东思想就砸烂他的狗头"··············140

翻印毛主席著作无罪 ················· 144

论"大树特树毛泽东思想的绝对权威" ········ 151

论"统一思想" ··················· 155

论"句句真理" ··················· 160

论"毛泽东思想的胜利" ··············· 164

论革命 ······················· 167

   ----不满与革命

再论革命 ······················ 174

  一。光明面与阴暗面

  二。暴露阴暗面

  三。歌颂与暴露

  四。现在的歌颂

  五。暴露与掩饰

  六。暴露的两种态度

  七。敢不敢暴露

  八。主流和支流

鲁迅论创作 ····················· 188

三论革命 ······················ 193

  一。大事情与小事情

  二。大人物与小人物

  三。阶级性

革命者就是要成名成家（原无题） ·········· 197

四论革命 ······················ 200

文革孽文

  ---客观世界与主观世界

谈"私"···204

五论革命···208

  ---环境与个人

影响论···213

矛和盾···229

辩论···231

稳当的英雄···232

稳当的英雄（二）···234

独脚戏···237

上纲上线···241

强权与真理···245

文艺批评两条···252

  一。借古讽今

  二。影射

放？···255

再论"吃小亏占大便宜"···261

吴尘因无罪···266

想象出来的文字···276

从阶级性谈起（一）···280

  一。阶级性与相反性

  二。"有"和"无"的阶级性

  三。阶级性的强弱

四。对阶级性与相反性的态度

　　　五。阶级性的加强

　从阶级性谈起(二) ················294

　　　---略论阶级性

　论人的阶级性(一) ················300

　论人的阶级性(二)　　305

　真理的阶级性　　326

　从阶级性谈起(三) ················333

　　　---真理面前人人平等

　从阶级性谈起(四) ················349

　　　---不怕与不许

　从对立面谈起················360

文革孽文(下)

第二篇(续)

　评《我们是旧世界的批判者》··········375

　打倒极左思潮················382

　从阶级性谈起(五) ················418

　　　---自由的阶级性

　关于专政(一) ················436

　关于专政(二) ················444

　从阶级性谈起(六) ················450

　　　---言者无罪

　从阶级性谈起(七) ················465

---反对版权集中

从阶级性谈起(八) ·················· 473

　　　---自由竞争

给审判官先生的信(原无题) ············ 477

第三篇　林彪事件之后　对于阶级斗争和无产阶级专政理论的反思　479
　写于1972年3月以前

论"关心国家大事"（写于70年）············ 480

论无产阶级专政（71.10.26）············ 484

马克思论出版自由　（71.10.30）·········· 501

《从讽刺到幽默》之读后（71.11.12）········ 513

打倒反动的阶级斗争论(写于71年) ········· 519

权在谁手(写于71年) ················ 526

论个人崇拜　（71.11.15）·············· 534

　　　附：斯诺《同毛泽东的一次交谈》节录 ········ 542

林彪死后感　（71.12.11）·············· 544

林彪死后又感 ···················· 581

评做老实人 ····················· 590

　　　----林彪死后感之三

A.B对话录（71.12.21）················ 606

评《必须继续巩固无产阶级专政》（写于72年）······ 618

　　　----林彪死后感之四

第四篇　《挑战毛泽东》出版之后的回顾，感谢和和感叹	626
由《失踪者的足迹》引起的	627
一路走来	644
捐儿记	675
索女文	681
上海三士，不平居末	683
我妹文	704
附录	705
中共中央委员会"五·一六"通知（附二月提纲及两条路线斗争大事记）	706
撕掉资产阶级"自由、平等、博爱"的遮羞布（人民日报1966.6.4 社论）	712
我们是旧世界的批判者（《人民日报》66.6.8 社论）	721
狠狠地打一场进攻战（《工人造反报》108 期社论（1968.3.11））	724
要做光明正大的老实人（《红旗》杂志 1971 年第 13 期）	726
必须继续巩固无产阶级专政（《红旗》杂志 1972 年第 2 期）	731

文革孽文

序一　思想独立，温故知新

印红标

"不平"先生将他在 1967 年至 1972 年期间的文稿汇集为《文革孽文集》出版，所谓"孽文"是自嘲，更是对那个是非颠倒的年代的讥讽，这本书比 2003 年出版的文集《挑战毛泽东》收录了更多的资料，为文革时期批评性思潮的研究，提供了新的历史资料。

大约十年前，我在香港中文大学中国研究服务中心图书馆初次读到"不平"自编的文集《挑战毛泽东》，书中收集了从 1967 年至 1972 年撰写的 12 篇文章。那时我正在修改关于文化大革命期间青年思潮的书稿，并希望补充新的资料。为发现新资料感到惊喜的同时，作为历史研究者，我想到的第一个问题是：这些文稿可信吗？认真研读之后，我判断这些文稿应当成稿于那个时代。我已经读过一批青年的思想史资料，除了经验性的感知外，做出这个判断的依据是：其一，这些随笔、杂文及政论探讨的问题以及思维逻辑，具有那个时代的特征，例如：真理的阶级性问题、模仿鲁迅的笔法等；其二，文章的行文比较粗糙，不够成熟，符合作者自述从高中到上山下乡知青的学历和经历背景，不像有事后进行过重大补充修饰的样子。后来，我得知"不平"是当年一个上海知青的笔名，前几年还看到了手稿原件。

这些杂文、札记、论文记录了 1967 年秋季群众运动逐渐低落之后至 1972 年，作者对官方意识形态宣传的抵触、质疑、嘲讽及批判。

作者对个人崇拜甚为反感，针对林彪说的"毛主席的话句句是真理，一句顶一万句"，作者写道："世界上会有这种情况吗？一个人的话句句是真理，不会有，这种情况过去没有过，现在也没有，将来也一定不会有。"他反对"统一思想"，对于林彪所说，要用毛泽东思想统一全党和全国人民群众的思想。作者认为：这是"不妥的，为什么说它是不妥呢？就是因为它不可能，就因为它不符合辩证法。"（1968 年）

文革孽文

作者明确地反对个人崇拜。针对毛泽东与美国作家斯诺谈话，承认中国有个人崇拜，但需要降温的说法，作者斗胆抗辩："我看是应当停止了。"（1971年）

作者评论当时无所不在的泛阶级斗争论，说："所谓的阶级斗争，就是大人们所施订愚民教育的一个方面，就是大人们为了统一七亿个中国国民的思想，为了使中国的老百姓驯服，所制造出来的一种理论。"（1971年）

作者尤其关注言论自由、出版自由，他伸张言论自由的权利，抨击当时的现实是："只有某些人把别人打成资产阶级的自由，没有别人不被打成资产阶级的自由。只有某些人剥夺别人言论自由的自由，没有别人享受言论自由的自由。当然也有自由，那就是思想堕落的自由，那就是当逍遥派的自由，那就是吊儿郎当的自由，那就是浪费国家财产的自由。"（1968年）

在林彪出逃之后，官方的阐释和宣传难于自圆其说，批评性的社会思潮悄然破冰涌动的时候，作者在1972年5月将自认为政治敏感度很低的一篇旧文《真理是有阶级性的吗？》抄写成大字报，张贴于上海人民广场。大字报贴出以后几小时就被撕去，没有引起公众关注，也没有遭到严厉惩罚。他所在农场召开了批判会，批判他的观点，未多做追究。自然，从贴大字报开始，他私下里离经叛道的写作也就停止了。

作者是文革期间走向独立思考、理性批判的青年代表。在文革的严酷思想专制统治下，一些青年人，经历了从盲从、迷茫到冲破思想藩篱的过程。在几千万青年之中，这些人是很少数。客观地说，他们中多数思想探讨的深度有限。他们苦苦思考的成果，在后人看来可能只是常识。但那是一个说出真话，说出常识就要付出沉重的、甚至是生命代价的黑暗年代，能独立思考，发出批判的声音就弥足珍贵。在知识分子被严密看管的漫漫长夜中，他们除了"坦白交代"之外，留下的独立思想遗产寥寥无几。而那些以知青、青年工人等非知识分子身份对本来应当由知识分子回答的问题所进行的探索，虽然稚嫩，却使中国的思想史上不至于留下令人蒙羞的空白。然而至今，中国学术界，

文革孽文

对文革历史上闪光的这一页,依旧很少涉及,似乎当时全中国真的只剩下对领袖的歌功颂德或随声附和了。上海学者朱学勤称这些独立的思想者为"思想史上的失踪者"。作者在文革中是孤独的思想者,这本自编文集虽然也难免继续寂寞,但是,它提供了比较系统的案例,为后人的追寻,留下了一个"失踪者"的足迹。

作者当年提出的问题是否已经成为翻过去的历史?泛化的阶级斗争论是被放弃了。言论自由和出版自由的权利则继续躺在宪法的条文里,等待唤醒。中共中央曾经郑重宣布摒弃的个人崇拜,近年来重新在官媒中游荡,新版的"皇帝新装"似乎已经登堂入室。人们在问:历史果然已经翻篇了吗?

人类进步是不断在前人的知识、经验与教训的基础上积累而实现的,文字和历史学使每一代人站在前人肩膀上成为可能。然而,近几十年来,知识被当权者高度管控,民间的体验被选择性封禁,文化大革命时的造反和知青一代不知道十年前右派的言论;八九年的学生昧于年民主墙和八零年竞选青年的思想探索;当代青年尽管有条件从美国或西方吸取自由民主意识,却对曾经发生在脚下的前辈人的五七年、七八和八九年思想一概懵懂。几十年来,民众常常不断重复错误或在思想上原地踏步,对历史的茫然是原因之一。

古人云:温故而知新。人们期待历史悲剧不要重演,希望未来光明灿烂。为此,不遮掩,不回避,真切了解中国人走过的路,十分必要。

印红标

2018 年 7 月 22 日于北京大学燕东园

序二 文革民间思想的珍贵文献

丁东

本书是文革期间中国大陆民间思想的珍贵历史文献。作者是一位上海市66届高中毕业生。他1967年开始独立思考写作，1968年下乡到上海郊区的崇明农场，1969年将自己的53篇文章汇集成《肥田集》。1971年林彪事件之后，他又写作了几篇文章，反思个人崇拜，表达了追求言论、出版自由的见解。1972年，他将《肥田集》中的一篇《真理是有阶级性的吗》抄成大字报张贴到上海人民广场，很快被撕掉，他被短暂关押，在农场受到批判，上海市委决定将他作为人民内部矛盾处理。改革开放后，作者旅居美国，现在已达古稀之年。2003年，作者以"不平"为笔名将当时准备张贴的十余篇大字报以《挑战毛泽东》为书名在美国出版。

文革年代的民间思想作为文革研究的一个分支，已渐成显学。宋永毅、印红标、钱理群先后有专著问世。我也和朋友合作编辑过一些相关书籍。对不平的文本，印红标在《失踪者的足迹》中辟有5000字的专节加以评述，将其定位为"自由派思潮再度萌发的早期代表"。不平的文章，共识网也曾予以披载。但总的来说，不平在文革民间思想史上的意义，仍然未受到足够的关注。我想原因可能有三个方面：

其一，印红标的书由香港中文大学出版，大陆读者不易见到。而真正关注文革的读者，不在香港，而在大陆。

其二，共识网虽然当时影响较大，但读者更关注其中讨论现实问题的文章，史料类的文章不会受到太多的关注。现在共识网已经被迫关闭，不平的文章更不会被公众留意了。

其三，不平不愿意以自己的真名呈现。人们关注文革中的民间思想总是要联系到作者的命运，比如顾准、遇罗克、林昭、王申酉，他们的故事比他们的留下的文本更能感动普通读者。而不平以笔名出现，人们无缘通过他的命运故事追寻他的思想观点。

好在有生命力的思想不会被时间湮没的。比如不平1971年撰写的《论个人崇拜》，今天就仿佛重生了现实意义。他在文章中说："什么是个人崇拜，就是开动宣传机器，宣扬成绩，掩饰缺点，把功劳归于自己，把缺点推给别人，扩大自己在历史上的作用，把个人神化，变成救世主。这也就是斯诺所说的个人崇拜吧。如今中国出现的个人崇拜已不仅仅是这一形式。中国出现的个人崇拜，就是用武力强迫人们相信某人的话，就是用武力强迫人们接受某人的思想，用反毛、反革命、阶级敌人等等莫须有的罪名强迫人们对某人崇拜，用全国共诛之，全党共讨之相威胁，以专政包括监狱、死刑作为后备军强迫人们对某人崇拜，这就是斯诺不知道的个人崇拜了。"他还追问："谁会开动宣传机器，宣传自己的伟大光荣正确呢？谁会宣布自己的话句句是真理呢？谁会把批评自己的人打成反革命，剥夺自由，送进监狱甚至送上绞刑台呢？"他宣告："任何时候我们都不要个人崇拜。我们要的是实事求是，一个人有多少功劳就是多少功劳，有多少缺点就是多少缺点，为什么要过分宣扬呢？为什么要开动一切宣传机器甚至动用专政的工具来人为地大树特树绝对权威呢？"不平撰写这篇文章的背景是毛泽东和斯诺的谈话以及林彪事件。九届二中全会以后，毛林关系开始破裂。毛泽东对美国斯诺说，四个伟大讨嫌，间接流露对林彪的不满。但他又要自我圆场，说个人崇拜还是需要的。毛泽东和斯诺的谈话在《参考消息》披露以后，引起了不平的思考。不平这篇文章驳论的对象就是毛泽东的谈话。应当说，不平的观点是有深度的。个人崇拜不存在好坏之分。以暴力为后盾强制公众崇拜掌握政权的领导人尤其可耻。不平的文章当时只能私下保存，不能公开宣传。毛泽东去世以后，胡耀邦发动真理标准讨论，个人崇拜在中国才受到过一次不算彻底的清算。时间走到了2017年，个人崇拜在这片古老的大地上竟死灰复燃，卷土重来。因为产生个人崇拜的体制根基并没有改变。此时此刻，展读不平47年前的文章，让人别有一番滋味在心头，大有时光倒流之感。

文革孽文

第一篇

文革中，一个青年的从政宣言

（写于 1967 年 9 月 11 日前）

谁是我青年时代的"光辉的榜样"？青年时代的毛泽东。

在《一篇大字报的前前后后》，也就是《挑战毛泽东》的"代序"中有下面文字：

67年4、5月间，上面要求讨论教学改革，社会上也有了一些讨论教学改革的大字报和小册子。我想，这一斗、二批，我都沾不上边，这三改，我是应该参加的。于是，也开始收集各种的教改方按，编印毛主席的教改语录，同时也办一份教学改革的刊物，名字是叫《教学改革》还是什么，记不得了，但是对自己所写的《创刊宣言》是很满意的，可惜现在都找不到了。出了三、四期，终于发觉这是瞎起劲，也就停了。

随后，开始写长文《伟大的榜样》，至九月完稿，并刻好了蜡纸。但是，毕竟不敢贸然把它印发出去。如果一个人是伟大的，为什么不直接向他学习，去成为伟大的人，而只能忠于他，听从他的指挥呢？为什么要去向林彪学习，去忠于毛泽东，而不是直接向毛泽东学习呢？这篇文章便是提倡向毛泽东学习，敢于指点江山，激扬文字，批评社会，贡献己见，而反对别人指向哪里就杀向哪里的。

这里说的《伟大的榜样》，有误。应该为《光辉的榜样》。这次，"索女"成功，再次相会，虽不至于"抱头痛哭"，毕竟还是有些"小激动"，毕竟也是我一个钟爱的孩子。这里，把它贡献给读者。也可以看到我的思想轨迹。

这篇"长文"，有两个稿，一个是初稿，一个是"蜡纸稿"。"蜡纸稿"，其实也就是定稿。记忆中，蜡纸是 1967 年 9 月 11 日刻写完毕。初稿，当写于 67 年 9 月 11 日之前。估计一下，也就是 67 年的 8 月左右吧。

贴大字报的时候，我把蜡纸稿放在朋友处，后来取回，一直到 90 年出国，想想也没用了，把它销毁了。从 67 年出生，到 90 年过世，算起来，"蜡纸稿"相伴了我二十余年。后来一直有点后悔，毕竟也是自己的心血。

有一点可以安慰的是，初稿还在。两者比较起来，初稿要凌乱得多。这次也就不多化功夫了。只是文字都是原来的。虽然文章看起来"有一点"凌乱，但意思还是清楚的。另一点要说明的是，写初稿的时候，有不少的引文，想偷点懒，注明了何处，但没有把文字抄上，想等定稿的时候再抄上。这些文字，在蜡纸稿里是应该有的。这次尽量把能找到的文字补上。有几处文字，实在找不到，只能"开天窗"了。有一处，是引用鲁迅的文字，连出处都没有标明。现在是连一点印象都没有了，"天窗"还是开在那里。

文中有一处提到"八月"，看看就知道说的是 1967 年的八月，这也从一个侧面说明这篇长文写于 67 年 8 月的前后。

《光辉的榜样》完成以后，就开始写杂文了。算起来，这篇长文，可以看作是我的"从政宣言"。

其实，稍微早些时候，我是在投身"一斗二批三改"的"教学要革命"。办了一份刊物，是不是叫《教学改革》？对"创刊词"也是很满意，尤其是文章的气势，都是套用毛泽东早期的文章。可惜找不到了。现在回想起来，模模糊糊，一点也想不起确切文字了。要不然，我会把它也放在这里。保存下来的，是一份《毛主席论教育工作》，敝帚自珍，跟随着我也有半个世纪了。

下面是文章。和当时的标准模式一样，先是毛主席语录，再是标题。

图一：67年本人所编一份刊物的"遗照"

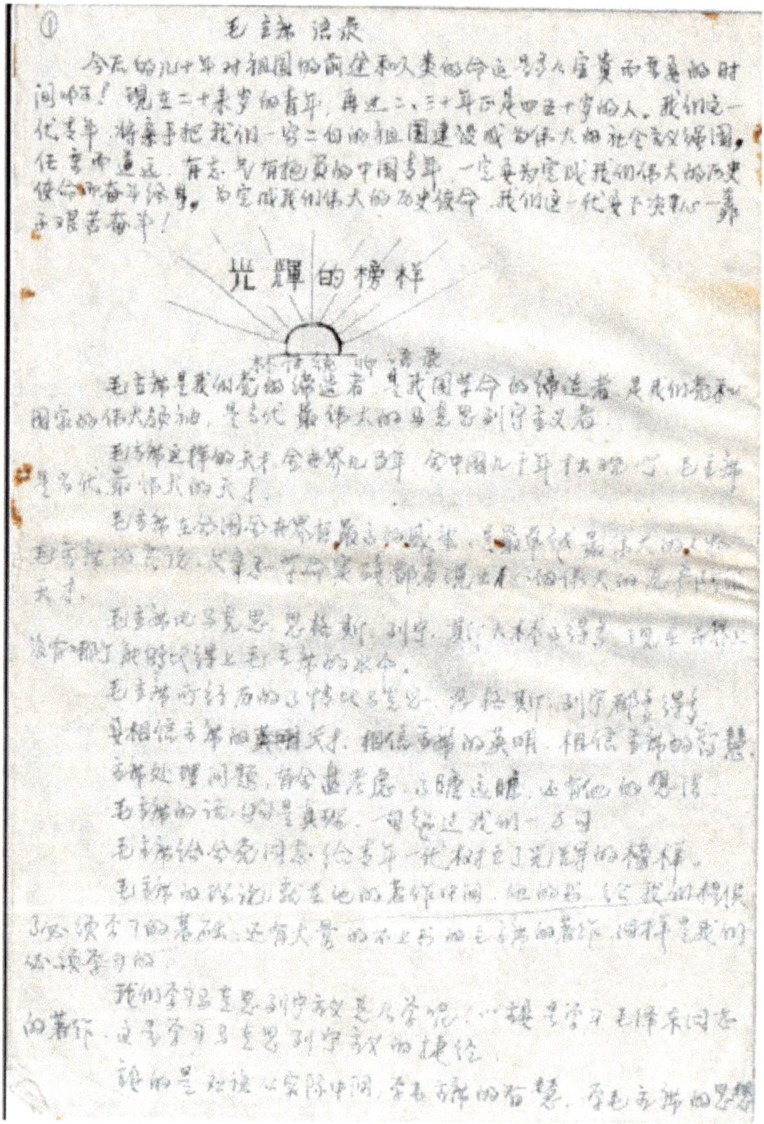

图二：《光辉的榜样》初稿首页

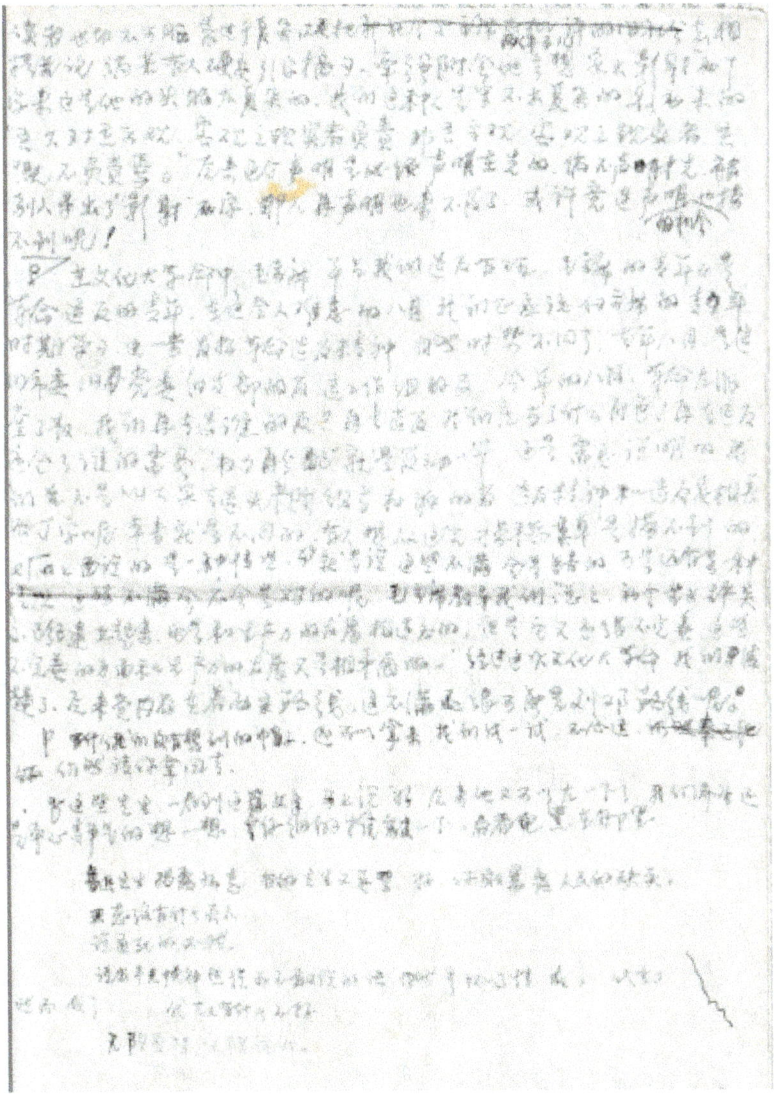

图三：《光辉的榜样》提到"八月"

一

毛主席语录

今后的几十年对祖国的前途和人类的命运是多么宝贵重要的时间啊！现在二十来岁的青年，再过二三十年正是四五十岁的人。我们这一代青年，将亲手把我们一穷二白的祖国建设成为伟大的社会主义强国。任重而道远，有志气有抱负的中国青年一定要为完成我们伟大的历史使命而奋斗终生。为完成我们伟大的历史使命，我们这一代要下决心一辈子艰苦奋斗！

光辉的榜样

林付统帅语录

毛主席是我们党的缔造者，是我国革命的缔造者，是我们党和国家的伟大领袖，是当代最伟大的马克思列宁主义者。

毛主席这样的天才，全世界几百年，全中国几千年才出现一个，毛主席是当代最伟大的天才。

毛主席在全国全世界有最高的威望，是最卓越、最伟大的人物。毛主席的言论、文章和革命实践都表现他的伟大的无产阶级天才。

毛主席的马克思、恩格斯、列宁、斯大林高得多，现在世界上没有哪一个能够比得上毛主席的水平。毛主席所经历的事情比马克思、恩格斯、列宁都多得多。

要相信主席的天才，相信主席的英明，相信主席的智慧。

主席处理问题有全盘考虑、高瞻远瞩，还有他的想法。

毛主席的话句句是真理，一句超过我们一万句。

毛主席给全党同志，给青年一代，树立了光辉的榜样。

我们学习马克思列宁主义怎么学呢？主要是学习毛泽东同志的著作，这是学习马克思列宁主义的捷径。

主要的是应该从实际中间,学毛主席的智慧,学毛主席的思想。

毛泽东思想是人类的灯塔,是世界革命的最锐利的武器,是放之四海而皆准的普遍真理。

毛泽东思想要最广泛地同人民群众见面,不同人民群众见面,我们国家的面貌就不能改变。

伟大的马列主义,毛泽东思想是斗争的,批判的。

* * * *

毛泽东同志在几十年革命斗争中的实践,处处可以作我们的榜样,作我们行动的典范。

中央军委《关于加强军队政治思想工作的议》

东方红,太阳升,中国出了个毛泽东,他为人民谋幸福,他是人民的大救星。

人民的心声。

日自韶山出,日出东方红,当今红四面,四面起东风。

一位越南朋友。

不要被权威名人吓倒,不要被大学问吓倒,不要怕教授,也不要怕马克思。

自古以来,发明家,创造了新学派的人在开始的时候都是年轻人,学问比较少的人,被人看不起的人,被压迫的。这些人后来才变成壮年,老年,变成学问多的人。

这是因为他们的方向对。学问再多,方向不对,等于无用。"人怕出名猪怕壮",名家最落后最怕事的,最无创造性的。为什么呢?因为他已经成了名。当然,不能否定一切名家,有的也有例外。年轻的打倒老年人,学问少的打倒学问多的人,这种例子多得很。

马克思的马克思主义并不是壮年,老年的时候创造出来的,而是在年轻的时候创造出来的,写《共产党宣言》才二十几岁。

列宁也是三十一岁（一九零三年）创造布尔什维克主义的。

战国时候，秦国有个甘罗，十二岁当上的卿，还是个"红领巾"，就帮宰相吕不韦出了个好主意，他当全权大使到赵国去解决了一个大问题。

汉朝有个贾谊，十几岁就被汉文帝找了去，一天升了三次官。他是秦汉历史专家，写了几十篇作品，留下来是两篇政治作品——治安策和过秦论，两篇文学作品———吊屈原赋和鹏鸟赋，他死的时候，只有三十五岁。

韩信也是一个被人看不起的人。他在年轻的时候，曾经受过"胯下之辱"，人家要他钻裤裆，他一看没办法，只好钻。

孔夫子当初也没有什么地位，开始当吹鼓手，帮人家喊礼，后来才教书。他虽然做过官，但时间很短。他还当过农业社的会计，做过管仓库的小官，可是他就学会了很多本领。

颜渊是孔夫子的徒弟，是个"二等圣人"他死的时候，只有三十二岁。

释迦牟尼创立佛教的时候，也只有十几岁、二十岁，他的民族在印度是一个被压迫的民族。

红娘不是很出名吗？她是个奴隶，这个人很公正，很勇敢，她帮助张生做那样的事情，是违反"婚姻法"的，她被打了四个大板，可是她并不屈服，转过去把老夫人责备了一顿。

晋朝有个苟灌娘，是个十三岁的女孩子，顶多不过"初中程度"，她和父亲被困在襄阳的时候，带领几十个人杀出重围，去搬救兵。

唐朝的诗人李贺，死的时候只有二十七岁。

唐太宗李世民，起兵的时候只有十八岁，做皇帝的时候只有三十六岁。

唐末的罗士信，十四岁就跟人家打仗，很勇敢。

还有杜伏威，十六岁就当了大将。

作腾王阁的王勃，唐初四杰之一，也是一个年轻人，死的时候才二十九岁。

宋朝的名将岳飞，死的时候才三十六岁。

周瑜、孔明都是年轻人。孔明27岁当军师。孙吴原来的统帅是程普，但孙吴打曹操却用周瑜挂帅。程普不服，但是周瑜打了胜仗。周瑜死时才36岁。

晋朝的王弼，做庄子和易经的注释，十八岁就是哲学家，死的时候才24岁。

哪吒----托塔李天王李靖的儿子，也是年轻人，他的本事可不小啊！

南北朝的兰陵王高孝灌，也是年轻人，很会打仗。有个专门歌颂他的曲子叫兰陵王入阵曲，据说现在在日本。

发明安眠药的不是什么专家。据说是法国一个小药房的司药。他为了发明安眠药，在做实验的时候，几乎丧失生命。试验成功了，法国不赞成他，说他犯法。德国人把他接过去，给他看庆祝会，给他出书。

盘尼西林青霉素的发明家是一个染家。因为她的女儿害病，无钱进医院，他就在染缸边拿了一把土，用什么东西和了和，吃了就好了。后来经过化验，这里头有一种东西就是青霉素。

达尔文，大发明家。他也是个年轻人。这个人开始信宗教，也被人轻视。他研究生物学，到处跑，南北美洲、亚洲都跑到。

做国歌的大音乐家聂耳，也是年轻人。

俱往矣，数风流人物，还看今朝。

我们心中最红最红的红太阳，我们的伟大领袖，世界上最伟大的天才，当代最伟大的马列主义者，就像一轮红日，从韶山升起，以他放射出万丈光芒的青年时代，给我们青年一代树立了光辉的榜样。

二

主席从小就立下了伟大的理想："改造中国与世界"。

主席青年时代的每一活动，无不是围绕这一伟大的理想而进行的。

主席16岁到了长沙。在长沙他看到了民主革命的报纸《民立报》。一次，上面登载了反对满清的起义和72烈士的殉难。主席感到异常的兴奋，立即写了一篇文章贴在学校的墙上。由于当时对康有为、梁启超还不了解，所以主席在论文里主张应该把孙中山从日本召回来就任信任政府的总统，康有为做国务院总理，梁启超做外交部长。这是主席第一次发表主席的政治意见。

主席当时的教师杨怀中先生最反对做官，反对混世。他经常劝告学生要有伟大的理想，要精通一门业务，认真做事，服务社会，不为个人打算。他自编了修身讲义《论语类抄》。第一篇是"立志"，他讲："子曰：三军可夺帅也，匹夫不可夺志也"这样讲道。

"意志之强者，对于己身，则能抑制情欲之横恣，对于社会，则能抵抗社会之压迫。道德者克己之连续，人生者不断之竞争。有不可之志，则无不成矣。"

"临危毋苟免，见危授命，乃意志之强，同于良心之强之状态也。古来殉道者，宁死而志不可夺；反对之者，但能残虐其身体，不能羁束其灵魂。其志事虽暂挫于一事，而前赴后继，世界卒大受影响。"

"近世教育学者之说曰：人属于一社会，则当为其社会谋利益。若己身之利益与社会之利益有冲突之时，则当以己身之利益为社会牺牲，虽然牺牲己之利益可也，牺牲己之主义不可也。不肯抛弃自己之主义，即匹夫不可夺志之说也。"

先生又说："凡人也在社会建功立业者，宜你深谋远虑，动之万全，不可顾行己意，不顾厉害。"杨先生的这些教导对主席起了很大影响。

1917年5月7日，袁世凯同日本帝国主义签订了卖国的二十一条。主席知道后，激义愤填膺，在自己的一本《明耻篇》中写道："五月七日，民国奇耻，何以报仇，在我学子。"

主席在《讲堂录》中极其强调做人必须有崇高理想，常以"圣贤"自勉，以为人必须"立一理想，此后一言一行皆合此理想"。主席说："某氏曰：吾观古之君子，有杀身之家而不悔者矣。""语曰：毒蛇蛰手，壮士断腕；非不爱腕，非去腕不足以全一身也。彼仁人者，以天下万世为身，而以一身一家为腕，惟其爱天下万世之诚也，是以不敢爱其身家。身家虽死，天下万世固生，仁人之心安矣。（天下生者，仁人为之除以痛苦，图其安全也。）"主席正是这样一个仁人。"他为人民谋幸福，他是人民大救星。"如今，"天下万世固生，仁人之心安矣。"

主席当时经常讲的是要读好书，不要追求眼前的功禄，不要想升官发财，要做一个有理想的人，要"先天下之忧而忧，后天下之乐而乐"。

当时什么问题最大？革命从何入手？

主席指出："革命必须从大本大源————探求宇宙真理，改造哲学和改造中国旧思想入手。"

日本人说东方思想都落后，不符合实际，这话太对了。

"现在的中国可谓危险极了，不是兵力不强，财用不足的危险，也不是内乱相寻四分五裂的危险，危险在全国人民思想界空虚腐败到十二分。中国的四万万人差不多有三万九千万都是迷信家，迷信神鬼，迷信物象，迷信运命，迷信强权，全然不认有个人，不认有自己，不认有真理。这是科学思想不发达的结果。中国名为共和，实则专制，越弄越糟，甲仆乙代。这是群众心里没有民主的影子，不晓得民主是甚么的结果。"

"湘事糟透，皆由于人民之多数不能自觉，不能奋起主张，有话不说，有意不伸。"

"湖南人现在脑子饥荒，实在过于肚子饥荒，青年人尤其嗷嗷待哺。"

当时"人情多耽安逸而惮劳苦。"

这是当时思想界的情况，在这种情况下，主席决定"改造中国旧思想"。

主席的好友张昆弟在1917年有一篇日记写道:"毛君润芝云:现在国民思想狭隘,安得国人有大哲学革命家,大伦理革命家,如俄之托尔斯泰其人,以洗涤国民之旧思想,开发其新思想。"

主席又说:"吾尝虑中国之将亡,今乃知不然。改变政体,变化民质,改良社会,无忧也。惟改变之事如何进行,乃是问题。"

主席又说:"人类之有进步,有革命,有改进之精神,则全为依靠新知之指导活动者也。"

如今,兵力不强,财用不足,内乱相寻,四分五裂已经成为历史性语言了,如今,我们充分享受到民主的权利,享受到言论自由、出版自由,我们有话可说,有意可伸,我们可听得有人说"沪事糟透"吗?再也没有了。

主席就是指导人类进步、革命、改过的"新知"。主席向以"洗涤国民之旧思想,开发其新思想","变化民质"为己任。如今,主席这个愿望可以算是已经达到了。主席写下了真理的宝书-----雄文四卷"为民立极",使中国人民,使世界人民思想革命化,成了我们行动的指南。我们如今人人"认有真理",脑子再也不"饥荒",就像幼苗得到了及时雨,再不"嗷嗷待哺"

今天,主席更以他伟大的无产阶级天才发动了这场史无前例的文化大革命,以避免中国重复苏联修正主义的老路。经过这次文化大革命,强烈的阶级感清代替了人性论、人情味、人道主义,人们的思想空前提高,批判了中国的赫鲁晓夫极其代表作----《修养》,更使人们的思想向前猛跨一大步。中国正以一天等于二十年的千里马速度向前飞越猛进,毛主席万岁!

在曾经被一小撮走资派篡夺了领导权的报刊阵地上,一批象陶铸、敢锋、周原冰这样的混蛋打着红旗反红旗,包着自己去吓唬别人,小丑上台,大放厥词,一时甚嚣尘上,还要写书、出版。什么《理想、精神、情操、生活》,什么《人的一生应当怎样度过》,什么《青年修养通讯》,不一而足。把一些纯洁幼稚的青年的脑子搞得乌烟瘴气,真是害人非浅。我们看看主席是如何说的吧,主席不像那些伪君子,满口仁义道德,满肚子男盗女娼,表面上冠冕堂皇,骨子里腌腌臜臜,也不象某些人那样奇谈怪论。主席说:"世界什么问题最大,吃饭问题最大。"主席在《讲堂录》中说:"君子谋道不谋食,系对孳孳为利者而言。非凡士人均不贵乎谋食也。""志不在温饱,对立志而言。若言作用,则王道之极,亦只衣帛食粟,不饥不寒而已。安见温饱之不可以谋也。"主席又说:"主观客观皆满足,而后谓之善也。"混蛋们,在真理的声音前发抖吧。

主席关于立志方面有他很精彩的一段讲话,他说:

今人教子宜立志,又曰某君有志。愚意此最不通志者。吾有见乎宇宙之真理照此以定,吾人之心云所云之谓也。今人所谓立志,如有志为军事家,有志为教育家,乃见前辈之行事及近人之施为。盖其成功,从以为己志,乃出于一种模仿性。真能欲立志,不能如是容易,必先研究哲学理论等,以其所得真理,奉以为己身言动之准。立之为前途,再择其合于此之事尽力为之,以为达到之方,始谓之有志也。如此之志方为真志,而非盲动之志。其始所谓立志之可谓之有求善之倾向,或有求真善美之倾向,不过一种冲动耳,非真正之感也。虽然此立也容易立哉。十年未得真理即十年无志,终生未得真理即终生无志。此又学之所以贵乎幼也。"说明当时人们立志,志为教育家、军事家,都是一种盲动之志,看见前人成功了,就立为己志,"非真正之感也"。真的立志,必须先研究哲学理论,以及其所得真理,奉为己身行动的准则,立之为前途,再择其合于此之事尽力为之,以为达到之方,这才可以叫做真的有志。

我们试看,主席的立志不正是如此吗?主席从当时的具体情况分析研究了哲学理论,确定了"改造中国旧思想"的大志。

如今,毛主席已经写出了雄文四卷,人民的思想也不需要我们去改造。要知道,我们说一万句还不及毛主席说一句呢!当然我们也有我们的大志,请看:

我们年轻一代大都胸怀祖国、放眼世界,立足本单位(也就是脚踏实地或身在某处)做到以祖国需要为第一志愿,在平凡的岗位上奋斗一辈子,干出不平凡的事业。正如主席所说的:"我们正在做我们的前人从来没有做过的极其光荣伟大的事业"。另一方面,我们无产阶的大志也再不是什么"教育家""军事家"了。那些成名成家的步修之路已经为人所共弃。我们都是毛泽东思想武装起来的青少年，我们也绝不能容忍新中国的青年去走那条成名成家只专不红的"修"之路。如今是史无前例的震惊世界的文化大革命，彻底批判了那些反毛泽东思想的什么家什么家，揪出了他们黑后台刘少奇，步修之路为我们彻底砸烂了！我们正应拍手欢呼呢！我们需要的是无产阶级的大志。我们所立的志都是"真志而非盲动之志"呢！"我们的目的一定要达到，我们的目的一定能够达到。"

1919年11月14日，长沙发生了一件新娘在花轿中自杀的事件。这位新娘姓赵，是一位女学生，极不满意父母包办婚姻，强迫她嫁给一有钱人家，做过许多反抗无效，便于出家之日在花桥中以剃刀割颈自刎而死。这件事立刻震动了整个社会，一起进步的刊物和各种报纸都为这件事展开了广泛的讨论。毛主席在13天内写了九篇文章，发表在长沙的《大公报》上，向旧社会发动了一次大进攻。

主席在文章中认为死者完全是环境逼死的，因为死者无法逃脱社会及她的"母家"和"夫家"所造成的层层铁网，主席指出："母家"和"夫家"固有直接的罪恶，但是罪恶的来源仍是社会。不用革命的精神改造这个社会，不建设一个新社会，一切都无望。主席对死者寄于无限的同情，讴歌包括这种"不自由，毋宁死"的反抗精神，但是主席认为反抗旧社会与其自杀而死，宁奋斗被杀而死。如目的达不到，截肠决战，玉碎而亡，这种至刚至勇精神，可以激励后来者奋斗不已。

这几篇文章不但向封建婚姻制度，向旧社会发动了一次猛烈的进攻，而且表达了主席反抗旧社会的决心。

主席说："某君谓中国人大半是奴隶，此话殊觉不错。"

主席领导了中国革命，领导了中国共产党经过了28年的艰苦奋斗，推翻了"中国人大半是奴隶"的半封建半殖民的社会，创建了无产阶级专政的和平、民主、幸福、自由的新社会。

庄严的10月1日，主席在天安门向全世界宣告："中华人民共和国诞生了，中国人民从此站起来了。"中国人民做奴隶的时代一去不复返了。

我们正在做着我们前人从来没有做过的极其伟大的事业，我们无产阶级的大志再也不是什么教育家军事家那些成名成家的步修之路，已经为人所共弃。我们的这个大志都是学习了毛泽东思想得出来的，都是真正之感而非盲动之志。我们的一言一动都是为这个大志服务的。反对我们的只能残虐我们的身体，我们的大志有谁能夺得去呢？我们都是毛泽东思想武装起来的青少年。

主席经常强调"一个人要坚强、要进步，定要学树木与风雪做斗争，生根结实；不要学花草，向风雪屈服，摇摆易凋。"

自然我们现在知道了，杨先生在这里所说的缺少了现在社会最基本的一种东西，那就是"志"的阶级性。我们无产阶级的志是任何人都不可夺的，能够而且必须这样。如果不强调阶级性，牛鬼蛇神看了以后，也立了不可夺之志，如果那些牛鬼蛇神也有反抗社会主义的不可夺之志，哪还了得！

作为杨先生，那时共产党都还没成立，这样说当然是对的。

不过倘若在这里强调一下阶级性，那不就很完整了吗？社会主义的到来正是由于千百万人有了不可夺的无产阶级大志，前赴后继，对革命志士"但能残虐其身体，不能羁束其灵魂"。

所以我们不能笼统地谈什么不可夺之志，我们必须强调无产阶的大志是不可夺的，而资产阶级的志则是可夺的。

三

不知是谁说过："教师是人类灵魂的工程师。"这句话固然错误，但也说明了一个人的教师对一个人是有着不可磨灭的影响的

我们试看一看主席那时候的部分教师。

杨昌济，号怀中，主席夫人杨开慧之父，师范学校的伦理学教师，在日本、英国留学九年，留学时专心研究教育和哲学，探求做人的道理。回国后政府邀请他当教育司长，又要请他当教授，但都被她拒绝了。他认识到，要救中国就必须改造青年的思想，造就一大批青年出来。所以他努力地勤勤恳恳的做好他的师范教员。他在黑板上写过一

副对联，对联的下联是："欲栽大木柱长天"，这正是他一生的志愿，杨先生的一生也正是为实现这个志愿而奋斗的。

　　杨先生逝世之后，一位友人在悼文中说："杨怀中之死令人伤心！""好学之笃，立志之坚，诲人不倦，求之友辈，遂无此人。。。又感叹时事，愤友朋中多意志委靡不自振拔，则日发书，以警责人己。"这真是杨先生的好处，也是值得当今教师师法的。

　　主席很尊重这位老师，他回忆说："对我印象最深的教员是英国留学生杨昌济。他的生活后来和我发生了极密切的联系。他教的是伦理学，是一位唯心主义者，一个有高尚道德性格的人。他很坚强地信仰他的伦理学，努力灌输一种做公正的、道德的、正义的而有益于社会的人的志愿给他的学生们。"先生逝世之后，北京和湖南的教育家开了追悼会。主席在"讣告"中说："先生操行纯洁，笃志好学。。。吾国学术不发达，绩学之志，寥若晨星。先生故将嗜学终生者。恨不假年，生平所志百未逮一。"

　　当时杨昌济一来就看中了毛主席和蔡和森。他经常对别人说："我有两个好学生，一个是毛泽东，一个是蔡和森。如果好好培养，将来一定是国家的栋梁。"我们佩服这位杨昌济先生的眼力。中国几千年才出现的一个天才，居然被这位杨先生发觉了。自然倘使没有杨昌济，主席当然仍然是天才，可是杨昌济先生毕竟有着他不可磨灭的功勋存在。我们感谢这位杨昌济先生。

　　杨先生对主席格外的加以培养，毛主席、蔡和森、邓中夏，张昆弟几位同学每个星期天都到"板仓杨寓"（先生之家）去，或听治学做人的方法，或求改正笔记，或谈论天下大事。先生订好几份《新青年》分送给各班的学生。主席也就是其中受赠的一个。

　　先生教导他们："吾无过人者，惟于坚忍两字，颇为着力。常以久制胜。他人以数年为之者，吾以数十年为之，不患其不有成就也。"又说："余谓天才高者，其成就或反不如天才较低者之大，要视其坚忍之力何如耳。"先生很重视身体的锻炼；"要救就中国，练出一个强健的身体很重要。"杨先生的这些教导，对主席发生了很大的影响。

学校里的另一个教员就是现在的徐特立老先生。徐老的生活极为简朴，从不坐轿和人力车，一身布衣，总是忘我工作，诲人不倦，最愿周济别人困难。1911年徐老用血写好几份请求召开国会的呈文。为了表示他诚恳的决心，截断了他的手指，呈文一开头便说："请求召开国会，余敬向诸君断指告别。"

在徐老60岁的时候，主席写了贺信："徐老同志，你是我20年前的先生，你现在仍然是我的先生，你将来必定还是我的先生。""你是懂得很多，而时刻以为不足，你是心里想的，就是口里说的，手里做的。""你是任何时候都是同群众在一起的。""你是革命第一，工作第一，他人第一。""你总是捡难事做，从来也不躲避责任。""愿你健康，愿你长寿，愿你成为一切革命党人与全体人民的模范。"

当时师范学校有个反动校长张干，为了讨好反动政府，就规定要缴十元杂费。同学群起反对，酝酿赶校长。有人写了一张宣言，叙述校长私德如何不好。主席看后，认为写的不好，就亲自起草了一张，历数这个反动混蛋办学无方，贻误青年，理直气壮，得到大家赞同，连夜赶印。第二天晨，一位同学携带回校时被校监发现了。校长大怒，一个校长同乡的同学生告密说宣言是主席所写，而且从文章的气势、笔法，校长也断定是毛主席所写。所以挂出牌来，要开除以毛主席为首的17个同学。后来经过杨昌济、徐特立、方为夏（烈士，曾任中央民族政府总务厅主任）再三说项，认为主席是个"异才""伟器"，绝顶聪明，让他失学实在可惜，最后才被免于除名。

主席后来回忆一师时说："我没有正式进过大学，也没有到外国去留过学，我的知识，我的学问，是在一师建立了基础，一师是个好学校。"

从这里我们可以看到，主席当时接触的一些教师都是一些很高尚的人呢。主席的成长和这些教师是分不开的。看看现在的教师，真愧杀人呢！我们试看有，哪一个教师逝世，两省市教育家共开追悼会的事么？要知道，现在是在新社会啊！

"欲栽大木柱长天"，必须成为当今教师的座右铭。否则，如果教师都不识此语，那正是可悲极了，那正说明教师的思想革命化还很成问题呢。

我们不才，为诸位先生凑了一副对对联："愿将此身化尘壤，欲栽大木柱长天"，诸位先生以为如何？

自然，主席这种天才，在中国要几千年才出现一次，是世界上的最大木，我们现在的先生，倘想遇到这样高的天才，那是根本不可能的。不过我们想，倘使先生能够于无木之处寻有才，发现一些低才，例如，象本文开首所举25个天才一样，这种天才总不会少的罢，也能及时加以培养，那么我们也非常非常感谢这些先生。

"武汉一呼，湘湖首应，。。。。独夫推翻，民国建立，教育之功，学生之力，不可不谓诸种原因中的一个原因也。"

现在有些教师仅仅把自己的职业当做谋生之处，甚至还想改行转业。业既不精，改行原也无所谓，既然教师不想做了，于是就想改行，对教师这个神圣的职业视若等闲，全然不知教师对于青年一代的面貌，对于人才的造就的伟大影响。全然不知"精通一门义务，认真做事，服务社会。"

我们看到有教师星期日与学生讲治学做人的道理，为学生订正笔记，与学生谈论天下大事的吗？很少了。一些教师最恨的就是人家"浪费"了他宝贵的时间，他可以用这些"宝贵"的时间做很多很好的事情。

四

主席在成长时期，不仅有杨昌济这样的老师，还有着一批志同道合的朋友。主席当时的理想，和他的朋友也是分不开的。

主席的论文、古文都很出色，报考师范时有两个朋友需要主席帮助他们准备入学考试的论文，于是，主席写了三篇论文，结果三个人都录取了。

考入师范后，主席感觉到要向外发展一批志同道合的伴侣，就写了一个《二十八画生征友启事》，邀请有志于爱国工作的青年和他联系，特别提出能耐艰苦有决心为祖国牺牲的条件。最后一句写道："嘤其鸣矣,求其友声"。主席亲自动手刻蜡版油印,发给发给长沙各主要学校,信封上写着"请张贴在大家看得见的地方"。反动派的报纸发现后觉得很有意思,就在报上登了,后来主席收到三封回信。主席收到了一封回信,立即复信,信中写道:"空谷足音,跫然色喜",马上约定了会面的时间。这个人后来就成为新民学会第一批会员,还参加了共产党,但后来变成一个口可耻的叛逃,另外两个后来变成了极端反动的青年。

　　但是慢慢地在主席的周围聚集了一些学生,后来这些人就成为新民学会的核心。这个学会对中国的国事和命运有着很大的势力,发生了很大的影响。他们和主席一样,是一小群态度极端认真的人,绝对不讨论身边琐事,他们所说所做的必定要有一个目的,他们没有时间来谈情说爱,他们认为时局太危急了,学问的需要太迫切了,要讨论女人和私人的事情根本没有时间。他们之间互相写信,经常引用顾炎武的信条:"天下兴亡,匹夫有责。"他们都有着以天下为己任的决心。他们认为:"世界是我们的,做事要大家来。"通信时相互勉励,戏称为"栋梁之才"。那时候,主席深叹一般青年不听真理,促之不动,死生大问题不问,而只顾稊米尘埃之争。在那时的青年生活中,关于女人的"媚",通常是占有重要的一页的,但是主席和他的志同道合的朋友们,不为世俗所束缚,他们不仅不讨论什么女人的"媚",即使是日常生活中普通的事情,也拒绝讨论。有一次,在一个朋友的家里,这个青年要买些肉,就把他的仆人叫来,讨论了半天买肉的事,才叫他去买一小片肉。后来这个青年就从这小群人中分离出去了。那时候,咳,主席和他的朋友们只高兴讨论大事情————人类的本性和人类的社会,世界、宇宙!

　　"携来百侣曾游,忆往昔峥嵘岁月稠。恰同学少年,风华正茂;书生意气,挥斥方遒。指点江山,激扬文字,粪土当年万户侯。""帐辽廓,问苍茫大地,谁主沉浮?"不正写出了他们伟大的抱负,崇高的志向,伟大的政治气魄,大无畏的革命造反精神吗?

　　可是现在呢?"在一些人的眼中,好像什么政治,什么人类的前途,人类的理想,都没有关心的必要。"有些人"只知有最狭的一己和最新的一时。"真正关心"人类的本性和人类社会，世界、宇宙"的不是太多而是太少了。栋梁之才在现在有些青年的脑中已经成为一个很陌生的名词了。因为据说栋梁之材如果太多，中国就要挤不下。譬如一间屋子吧，如果都是大梁，那么谁来做小板凳呢？而且大梁究竟需要不多，那么也就只能让给别人去做了。

文化大革命，东方的地平线上出现了新事物----红卫兵。红卫兵是革命青年的先锋组织，必须成为革命的"先锋队"，红卫兵不能再蹈共青团的复辙，红卫兵必须以"新民学会"为榜样，红卫兵才能永远朝气蓬勃，好像早晨八九点钟的太阳，红卫兵才能永远葆其美妙之青春。

刘邓路线的可恶，就是因为它严重地腐蚀了青年一代的灵魂，使中国的部分青年变了颜色，我们必须彻底批判这条刘邓路线。

为什么主席"敢说一句怪话，她日中华民族的改革，将较任何民族为彻底。中华民族的社会，将较任何名族为光明。中华民族的大连合，将较任何的地域任何民族为光明。"为什么？就是因为有主席和他的朋友这样的人在为她奋斗，我们试看方志敏烈士的遗作《可爱的中国》写得何等的激励人心。在这中间，主席就成了核心，自然起了最伟大的作用。然而，中国的伟大，不仅因为产生了主席这样难得的伟大的天才，还以为她产生了一大批人。这批人不因为自己不是天才或是较低的天才就放弃了神圣的职责。"这些人不谋私利，唯一的为着民族与社会的解放。"正因为中国"有一大群这样的先锋分子"所以"中国的革命任务"才"能够顺利的解决"世界在前进，也正因为有这样的人在为她奋斗。

鲁迅先生说："我们从古以来，就有埋头苦干的人，有拼命硬干的人，有为民请命的人，有舍身求法的人，……"鲁迅先生又说："由历史所指示，凡有改革，最初，总是觉悟的智识者的任务。但这些智识者，却必须有研究，能思索，有决断，而且有毅力。"毛主席他们那一小群人，正是这种"有研究，能思索，有决断，而且有毅力"的人。

经过文化大革命这场急风暴雨式的、尖锐复杂的阶级斗争，有些青年人变了，变得更加老态臃肿、精通世故、圆滑，把原来仅有的一点棱角都能磨平了。这些人不求有功，但求无过，天国是不想进的，求的只是不要堕落地狱。鲁迅先生的一段名言正好成了他们的座右铭："只有中庸的人，固然无堕落地狱的危险，但恐怕也进不了天国的罢。"中庸者何乐而不为？鲁迅先生在天之灵倘若有知，亦当含恨。

这种峥峥的语言，我们有多少人说得出？这种日记，现在有多少人写得出？我们有些人，要说便是黑话，要说便是黑日记，是何等的可怜。

五

主席在入师范以前的一段经历也是很有趣的，也可以看出主席伟大的抱负，介绍一下。

主席16岁到达长沙，当了半年兵，后来就退出了军队，退出军队后，主席就想去投考警察学校，但这时候出了一张肥皂制造学校的广告，说了许多关于制造肥皂如何对社会有利，可以富国强兵的话，于是主席决定去当一个肥皂制造家。

这时候，政法学校的广告又出来了，它允许在三年中教完关于法律知识的课程，并保证三年毕业后学生立即变成京官。主席一个在政法学校的朋友也催促进政法学校，于是主席又去交了1元的报名费。

但是接着商业学校又出了一个广告，另一个朋友向主席建议，说国家现在是经济战争之中，最需要的人才是能够建立国家经济的经济学家。主席听从了这位朋友的劝告，去投靠并且被录取了。后来一个公立高级商业学校又出了一个广告，说是政府主办，课程丰富，教师也很能干。于是主席就进入了这个高级的商业学校。由于这个学校的很多功课全是用英文讲授的，主席英文程度又比较低，因此不到一个月就退学了。

从这里我们可以看到主席所做的事，都是从"富国强兵"，"有利于社会"出发的，一直到后来主席看清了祖国需要的是"改造中国与世界"，"洗涤国民旧思想"，主席就毅然投身到革命的洪流中去，成为中国革命的缔造者。

现在，我们知道那些引人眼花缭乱的广告，实际上只不过是骗人的鬼话罢了。现在是三百六十行，行行出状元，每一个行业都能为祖国做出贡献。我们的前途，我们的命运，早已由国家作了极其妥善的安排，再也不用我们去瞎操心了。

六

一个人思想的成长，是有着多方面的原因的，其中读的书也是一个重要的方面，我们看看主席那时候读的是哪些书，看看主席是如何读书的。

主席还在少年时期，就很喜欢读书。主席喜欢读本国传奇小说，尤其是反叛的故事。主席那时候读书，还是很艰苦的呢。先生不许他们读，认为那些是坏书，所以他们只能偷偷地读。老师走过的时候，就用"正统"的经书把它们掩住。就这样，读完了《精忠传》，《水浒》，《隋唐》，《三国志》，《西游记》等。

主席在后来提到他读的这些书时说："吾人揽史，恒赞叹战国之事，刘项相争之事，汉武与匈奴竞争之事，三国竞争之事，事态百变，人才辈出，令人喜读。"

小学毕业后，主席在田地参加劳动。他的父亲不许他读书。他只能在半夜里把窗户遮盖起来，使他父亲看不见灯光。就这样主席读完了《盛世危言》和一些呼吁救亡图存的小册子，尤其是一本关于列强如何瓜分中国的小册子，对主席发生了很大的影响。主席回忆说："我甚至于现在还记得这本小册子是用下面一句话开头：'哎哟，还有中国今日下不得台了！'这本书叙述着日本如何占领朝鲜、台湾和中国在安南、缅甸等地的宗主权的丧失。在我读了这些话的时候，对祖国的将来觉得非常可忧，我开始认为努力救国是每一个人民的天职。"

主席从商业学校退出（前文已经提到）后又以第一名录取于省立第一中学。主席对第一中学很不喜欢，认为它的课程限制太死，规则也毫不足取。一位国文教员借给主席一本有乾隆皇帝的圣旨和御批的

《御批通鉴》。读了《御批通鉴》后主席觉得如果自己阅读，自己研究，也许对自己更为有益，因此在读了六个月后，主席便离开了学校，到湖南省立图书馆去读书。每天早上，图书馆一开门就进去，中午的时候休息片刻，买两个大饼吃，作为每天的午餐，直到图书馆关门方在出来。

在这个期限，主席读了世界地理和世界历史，第一次看到世界地图，并很有兴趣地进行了研究。主席读了达尔文的《物种起源》，亚当斯密的《原富》，赫胥黎的《天演论》，穆勒的《名学》，斯宾塞尔的《群学肄言》，约翰密尔的《伦理学》，孟德斯鸠的《法意》，卢梭的《民约论》，读了各种诗、小说、古希腊故事，研究了俄、英、美、法等各国的历史和地理，主席给自己安排了一个自我教育的课程，对这件事很规矩认真。

主席对这半年做了这样的回忆："在这样的方法之下，所耗去的半年，我认为对我是极有价值的。"

如今文化大革命正是一个自己教育自己的大好时期，应该说这一年对每一个人的一生都是极有价值的。实际上文化大革命确实是每个人都难以忘怀的。可是一年下来，产生了这么多"逍遥派"，也够使人痛心的了。浪费时间就是浪费生命。

主席后来进入了一师，当时一师有很多规矩，主席大都不赞成。他不赞成把自然科学规定为必修课，对自然科学特别不感兴趣，想专修社会科学，因此主席就经常不到课堂上去，进行自修。

学校的管理王季帆跟主席是亲戚，一次劝告他："你不上课是不合校规的，以后要上课。"主席回答说："我不能，那样就要打破我的计划。你一定要我上课也行，只要我提出的问题教员都能回答。答不出来先开始他，你能答应吗？"

主席在师范比较致力于哲学、国文、历史、地理。主席读得最熟的是《韩昌黎文集》，《昭明文选》，也很喜欢孔融、陈同甫、叶水心等人的文章，和司马光的《资治通鉴》，顾祖禹的《读史方舆纪要》。主席写的古文，古文先生夸奖他"大有孔融笔意"。

主席每天阅读北京、上海、湖南等地的报纸，也是当时进步刊物《新青年》的最热心的读者。主席读书极其认真。在主席看过的书上，总是打有很多的批语，如"此语甚精"，"此说与吾大合"，否定之处，怀疑之处极多，常批以"荒谬"，"此不然"，"吾意不应如此立说"，"此说终觉不完满"。

主席认为为文为学必须深下研究，日新月进，切不要对事物轻加议论，妄作判断，只有对哲学深下工夫，才能不盲从他人是非，有自己的真正主张。

就现在的社会上来说，不通的文章真多着呢。我们"没有批评的精神就容易会做他人的奴隶"，我们应该向主席学习他读书的方法。

主席现在被保存下来的还有一本读书笔记和一本写有很多批语的《伦理学原理》。笔记的前十一页全文抄录《离骚》和《九歌》，一笔不苟，可见爱好之深。后面页就是《讲堂录》。一位美国朋友参观了韶山陈列馆后，建议将《讲堂录》作为教科书，作为世界人民的教科书。我们举双手赞成。

文化大革命中，我们大都进行了串连，我们看看主席那时候的串连。

一次，报纸上登载了两个中国学生徒步旅行中国，一直到西藏边境的故事，对主席的鼓舞很大。主席看到这个消息后，就想模仿他们，但是没有钱，就打算先在湖南全境旅行。

第二年，主席23岁，就用了40天的时间和另一个学生一起走了900多里路，游历了湖南省。一路上给农民写对联、写书信，农民对他们很欢迎，进行了很好的接待，供给他们食物，供给他们住宿的地方。

18年夏，主席到北京，19年，主席从北京回上海，可是钱只够买到天津，到了天津恰好有一位同学得到一些钱，借了10元给主席买了一张到浦口的车票，在曲阜停了一下，瞻望了孔子的坟墓，到孔子弟弟洗过脚的小溪边和圣人度过他幼年生活的小镇去看了一看。主席在颜渊住过的河边停留过，拜访了孟子的生长地，并且登上了冯玉祥曾经隐居而且写过爱国对联的泰山。

到了浦口，钱又没有了，仅有的一双鞋子又被偷走了。后来碰到一位湖南来的好朋友，借给他钱买鞋子和车票，就这样主席走完了他的旅程。以后又回到了湖南。

主席回忆他第1次到北京去所值得纪念的旅程是这些：

在北海溜过冰，绕过洞庭湖走过，在保定城墙绕着走了一圈，在《三国志》里有名的徐州的城墙，及历史上有名的南京城绕过一个圈子，登过泰山谒孔墓。

在这次文化大革命中，主席亲自发动了大串联，后来又发展到步行大串连。同志们，对照一下主席当时的"串连"，我们感到怎么样啊！

八

我们最伟大的领袖毛主席，不仅是一个伟大的革命家、伟大的思想家，还是一个伟大的教育家（当然还有别的，如书法家、诗人）。毛主席关于教育方面，作做了一系列的讲话，发表了一系列的文章。这里介绍主席青年时期所发表的部分文章。

21年4月17日主席发表了有名的《湖南自修大学创立宣言》，向旧教育制度发起了一次猛烈的进攻。这正是一篇绝妙的文章呢！不敢取舍，全文载于下：

湖南自修大学创立宣言

人是不能不求学的,求学是要有一块地方并且要有一种组织的。从前求学的地方在书院,书院废而为学校。世人便争毁书院,争誉学校。其实书院和学校各有其可毁，也 各有其可誉。所谓书院可毁,在它研究的内容不对。书院研究的内容,就是"八股"等等干禄之具,这些只是一种玩物,哪能算得上正当的学问；就这一点论,我们可以说书院不对得很！但是书院也尽有好处。要晓得书院的好处,先要晓得学校的坏处。原来学校的好处很多,但坏处也就不少。学校的第一坏处,是师生间没有感情。先生抱一个金钱主义,学生抱一个文凭主义,"交易而退,各得其所",什么施教受教,一种商行罢了！学校的第二个坏处,是用一种划一的机械的教授法和管理法去戕贼人性。人的资性各不相同,高才低能,悟解迥别,学校则全不管究这些,只晓得用一种同样的东西去灌给你吃。

人类为遵重"人格"，不应该说谁"管理"谁，学校乃袭专制皇帝的余威，蔑视学生的人格，公然将学生"管理"起来。只有划一的教授而学生无完全的人性。只有机械的管理，而学生无完全的人格。这是学校的最大缺点，有人教育的人所万不能忽视的。学校的第三个坏处，是钟点过多，课程过繁。终日埋头于上课，几不知上课以外还有天地，学生往往神昏意惫，全不能用他们的心思为自动自发的研究。总括这些坏处，固然不能概括一切的学校说他们尽是这样，并且缺点所在，将来总还有改良的希望。但大体却是这样，欲想要替他隐讳也无从隐讳。他坏的总根，在使学生出于被动，消磨个性，灭掉性灵，庸懦的随俗沉浮，高才的相与果足。回看书院，形式上的坏处虽然也有，但上面所举学校的坏，则都没有。一来是师生的感情甚笃，二来，没有教授管理，但为精神往来，自由研究。三来，课程简，而研讨用，可以优游暇豫，玩索有得。故从"研究的形式"一点说，书院比学校实在优胜得多。但是现代学校有一项特长，就是他"研究的内容"专用科学，或把科学的方法去研究哲学和文学，这一点则是书院所不及学校的。自修大学之所以为一种新制，就是取古代书院的形式，纳入现代学校的内容，而为适合人性便利研究的一种特别组织。

以上是说书院和学校各有利弊，自修大学乃取其利去其弊。现在再说自修大学独有的利，而书院和学校则为共有的弊；就是平民主义和非平民主义。书院和官式大学均有极严峻的程限，不及程限的不能入学，固不待言；实及了而偶不及，即有本为优才经入学考试而见遗的，便从此绝其向学的路。现在确实有好些有志青年，没有得到所求学的机会，实在可叹可惜！是一。书院和官式大学，将学术看得太神秘了，认为只有少数特殊人可以求学，多数平民则为天然的不能参与。从此学术为少数"学阀"所专，与平民社会隔离愈远，酿成一种知识阶级奴使平民阶级的怪剧，是二。书院非赤贫的人所能入，官式大学更非阔家不行，欲在官式大学里毕一个业，非千余元乃至两千元不可，无钱的人之于大学，乃真"野猫子想吃天鹅肉"了，是三。自修大学力矫这些弊病。一则除住校学生，因房屋关系须稍示限制外，校外学生则诸凡有志向学以上均可入学。二则看学问如粗茶淡饭，肚子饿了，拿来就吃，打破学术秘密，务使公开，每人都可取得一分。三则自修大学在现在这"金钱就是生命"的时代,不能使"无产阶级"的人,人人都有机会得到一份高深学问,但心里则务必使他趋向"不须多钱可以求学的"路上去。自修大学的学生可以到校里来研究,也可以就在自己的家里研究,也可以就在各种店馆里,团体里,和公事的机关里研究。比较官式大学便利得多,花费也就自然少了。

自修大学为一种平民主义的大学,既如上说。那么自修大学的内容怎么样呢?现在说一点大略如下:第一,自修大学学生研究学问的主脑是"自己看书,自己思索"。自修大学里面的"图书馆"就是专为这一项用的。第二,自修大学学生,于自己看书,自己思索之外,又有"共同讨论共同研究"。各种研究会的组织,就是专为这一项用的。 第三,自修学虽然不要灌注食物式的教员,但也要有随时指导的人作学生自修的补助。 第四,自修大学以学科为单位,学生研究一科也可,研究数科也可;每科研究的时间和范围,都听学生依自己的志愿和程度去学。第五,自修大学学生不但修学,还要有向上意思,养成健全的人格,煎涤不良的习惯,为革新社会的准备。

最后要说自修大学在湖南的必要了。诸君,湖南不是至今没有一个最高的学术机关吗?省立大学在最近期内之必无成理,和即使成了也不过是一个官式大学,这是大家都明白的。而住在这湘江流域,沅江流域,资江流域,沣江流域三十万湖南民族,他们精神的欲求和文化的冲动,将如何去表现出来,发挥出来呢?湖南人民尽管是峥嵘活泼如日升的,尽管是极有希望的,但使没有可以满足其精神的欲求而发挥其文化的冲动,湖南人到底有什么意义呢?说到这里,便觉得湖南人有一种很大的任务落在他们的肩膊上来了。

什么任务呢?就是自完成自发展自创造他们各个及全体特殊的个性和特殊的人格。湖南自修大学之设窃取此意。事势上虽不能和湖南人个个发生关系,精神上要必要使他成为一个湖南全社会公共的求学机关。虽不能说一定有很好的成绩,但努力向前。积以年月,相信总有一天会达到我们的目标的。

何等的精辟,何等的透彻。

这就是主席用马列主义的观点，用阶级斗争的观点，分析了当时的教育阵地----学院和学校，写出来的好文章。

我们看了毛主席这篇文章后，我们还有什么可说的呢？我们只能说："毛主席是伟大的天才。"

我们试看主席所说的学校的坏处，现在是否已经消失贻尽了呢？不，还没有呢。在刘少奇反革命修正主义教育思想统治学校的时候，怎么可能呢？我们只要举一个小例：在文化大革命中，在一小撮走资派的操纵下，一些革命教师被残酷地错斗了。这不正说明："师生间没有感情。先生抱一个金钱主义，学生抱一个文凭主义，'交易而退，各得其所'，什么施教受教，一种商行罢了！"嗯，正是如此呢！

不知道学校的坏处"要替他隐瞒也无从隐瞒。"

主席说："书院废而为学校。世人便争毁书院，争誉学校。"这种事情当然没有了。书院早已废了几十年了。然而同样的事情有没有呢？老实说，多得很呢！这些人错就错在不知道："其实书院和学校各有其可毁，也各有其可誉。"

毛主席还教导我们："不但应当了解马克思、恩格斯、列宁、斯大林他们研究广泛的真实生活和革命经验所得做的一般规律的结论，而且应当学习他们观察问题和解决问题的立场和方法。"同志们，正是如此啊！学了"湖南自修大学创立宣言"，我们不单是仅仅知道学校和书院的优缺点就够了，我们还应该好好学习主席观察问题的立场和方法呢！否则我们立场站错了，我们便永远不能得出主席说得出的结论，我们便永远不能掌握毛泽东思想。

另一篇关于教育方面的绝妙的文章是《健学会的成立及进行》。

当时的思想是一种自大的思想，是空虚的思想，是一种"中学为体西学为用"的思想是以孔夫子为中心的思想。

但是，数年来，中国的大势斗转，蔡元培等首创革新，革新之说，不止一端。自思想、文学以致政治、宗教、艺术，皆有一改旧观之概，更加以欧洲的大战，激起俄国的革命。潮流侵捲，自西向东，怒涛澎湃。在这种情况下，湖南教育会会长陈润霖邀集各学校职教员徐特立等先生，成立了《健学会》。主席为此发出了欢呼："在这女性纤纤，暮气沉沉的湖南，有此一举，颇足出幽囚而破烦闷，东方的曙光，空谷的足音，我们正应拍掌欢迎，希望他们可做'改造湖南'的张本。"《湘江评论》为他发出了特刊：

"（原稿并无抄录文字，原拟等定稿时再行抄录，现在找不到了）"

接着，主席就发表了主席的意见：

"（原稿并无抄录文字，原拟等定稿时再行抄录，现在找不到了）"

又是何等精辟的言论！主席提出了"最重的是我是'个性'。。。。""我们当以一己的思想，居中活动，如日光之普天照耀，如探海灯之向外扫射，不管他到底是不是，合不合人意，只顾求心之所安合乎真理才罢""九之自由讨论讨论学术，很合思想自由、言论自由的原则。人类最可宝贵，最堪自乐的一点，即在于此。"主席又说："吾人应充分发达自己的身体及精神之能力。""凡有压抑个人，违背个性，罪莫大焉。""故吾国之三纲所在必去，而与宗教、资本家、君主国四者，同为天下之恶魔也。"

今天，毛泽东时代是充分发挥青年人智慧的时代，天下的四个恶魔，均已被我们踩在脚下，还有谁再来"压抑个人唯背个性"呢？我们正应"充分发达自己的身体及精神之能力"，倘不如此，便是辜负了毛主席谆谆教导，辜负了我们生长在新社会，辜负了毛主席为人类解放，为我们打倒四个恶魔。

所要介绍的第3篇是主席在1917年写的《体育之研究》，今摘登其第二章《体育在吾人之位置》于下：

体育在吾人之位置

体育一道，配德育与智育，而德智皆寄于体。无体是无德智也。顾知之者寡矣。或以为重在智识，或曰道德也。夫知识则诚可贵矣，人之所以异于动物此耳。顾徒知识之何载乎？道德诚可贵矣，所以立群道平人己者此耳。顾徒道德之何寓乎？体者，为知识之载而为道德之寓者也。其载知识也如车，其寓道德也如舍。体者，戴知识之车而寓道德之舍也。儿童及年入小学，小学之时，宜专注重于身体之发育，而知识之增进道之养成次之，宜以养护为主，而以教授训练为辅。今盖多不知之，故儿童读书而得疾病或至夭伤者有之矣。中学及中学以上，宜三育并重，今人则多偏于智。中学之年，身体之发育尚未完成，乃今培之者少而倾之者多，发育不将有中止之势乎？吾国学制，课程密如牛毛，虽成年之人，顽强之身，犹莫能举，况未成年者乎？况弱者乎？观其意，教者若特设此繁重之课，以困学生，蹂躏其身而残贼其生，有不受者则罚之；智力过人者，则令加读某种某种之书，甘言以话之，厚偿以诱之。嗟乎，此所谓贼夫人之子欤！学者亦若恶此生之永年，必欲摧折之，以身为殉而不悔。何其梦梦如是也！人独患无身耳，他复何患？求所以善其身者，他事亦随之矣。善其身无过于体育。体育于吾人实占第一位置。体强壮而后学问道德之进修勇而收效远。于吾人研究之中，宜视为重要之部。"学有本末，事有终始，知所先后，则近道矣。"此之谓也。

九

前面已经介绍了《湖南自修大学创立宣言》，再介绍一下几篇有关湖南自修大学的文字。

主席很早就想成立自修大学，在20年2月的一封信中说到："回长沙，想和同志成立一个'自由研究会'（或取名'自修大学'）"，在20年3月的信中，又提到："我想我们在长沙要创造一片新的生活，可以邀合同志，租一所房子，办一个'自修大学'。。。。这种组织也可以叫做'工读互助团'。这组织最要紧的是要成立一个'学术谈话会'，每周至少要为学说的谈话两次或三次，。。。。如果'自修大学'成了，自修有了成绩可以看情形出一本杂志（此间的人多以恢复《湘江评论》为言），其余会务，留待面谈。"

21年4月17日，主席发表了《湖南自修大学创立宣言》，21年7月1日。主席出席了中国共产党第一次党代会，担任湖南区党委书记。21年8月正式创办《湖南自修大学》，于23年11月被反动政府用"自修大学所创学说不正，有关治安"的罪名查封。

《自然大学》宗旨在《湖南自修大学组织大纲》的第1章"宗旨及定名"中说：

本大学鉴于现在教育制度之缺点，采取古代书院与现代学校二者之长，取自动的方法，研究各种学术，以期发明真理，造就人材，使文化普及于平民，学术因流于社会，由湖南船山学社创设，定名"湖南自修大学"。（因而招生只凭学力，不限资格；学习方法以自由研究，共同讨论为主。教师负提出问题，订正笔说，修改作文等责任。学生不收学费，寄宿者只收膳费。

自修大学简章发表后，湖南文教界议论纷纷，认为这是不伦不类，无根无叶的组织，但是些议论丝毫也不能影响这个学校的存在和发展，自修大学对当时马列主义的宣传，对培养我党的干部起了很大的作用。

我们再看《湖南自修大学考察学生操行的标准》：

"（原稿并无抄录文字，原拟等定稿时再行抄录，现在找不到了）"

"自修大学的修学，还要有向上的意识，养成健全的人格，剪涤不良的习惯，为革新社会作准备"，"以期发现真理，造就人才，使文化普及于人民，学说因流于社会。"这真是自修大学的宗旨，我们试看自修大学"考察学生操行的标准"无一不是为此宗旨而服务。

当时长沙报纸登刊登了一篇《省城各校现状调查记》，关于自修大学情况有如下记载：

"（原稿并无抄录文字，原拟等定稿时再行抄录，现在找不到了）"

方今教学改革甚为迫切，也有一些同学极力想搞好教学改革，那么你从上面几段文字能得到什么呢？应该说，你能并且应该得到很多东西。

譬如，我们的学校要定考察学生的操行，那么这个标准怎么样呢。我们认为，倘将《湖南自修大学考察学生操行的标准》移过来，在前面加上一条"努力学习毛泽东思想"，不就是很完整了吗？

十

主席如何读书，如何自修的故事，前面已经提到。下面转抄几段主席痛斥旧社会旧教育制度的文字。

"辛亥以来，滥于教育的大都市侩一流，逞其一知半解的见解，造成非驴非马的局势。"

"我们饿极了。我们关在洞庭湖大门里的青年，实在是饿级了！我们的肚子固然是饿，我们的脑筋尤饿！替我们办理食物的厨师们太没本钱。我们无法！我们唯有奋起而自办！这是我们饿极了的哀声。"

"诸君，我们是学生。。。。作有力的大呼。"

"诸君，我们是小学教师。。。。"

"他们被外界的大潮卷急了。。。。启导他们。"

"好计策。。。。"

从以上这些文字，我们可以充分看到当时旧社会教育制度是何等的腐败。我们更应该加倍的热爱毛主席为我们打下的今天的新江山，我们更应该积极地进行进教学改革，为创造出崭新的社会主义教育制度而努力，

其中有些提到，今天是否还存在呢？当然存在，在刘少奇统治教育阵地的这许多日子，疯狂地反对毛主席的教育思想，怎能使教育制度十全十美呢？！

不破不立，要创造新的社会主义的教育制度，必须先破去刘少奇的封资修的那一套教育制度，我们"主要的是应该从实践中间学毛主席的智慧，学毛主席的思想"，看看主席是如何分析当时旧社会的教育制度的，想想我们应该如何分析现存这套修正主义教育制度。这样对我们进行教育改革有帮助，对我们马列主义毛泽东思想水平的提高有帮助。

毛主席的话一句顶一万句，我们听毛主席一句话就超过了听别人一万句话。可是那些走资本主义道路当权派太可恶，把主席的话封锁得的可真牢，可以说是滴水不漏。

我们试看文艺界那些走资派哪一次讲话不是说什么"文艺路线上形势大好"，"成绩主要"，实际上真是乌烟瘴气，正在向社会主义向党发动猖狂进攻，而我们下面有些人多少中了一点《修养》的流毒，

认为他在代表党讲话，认为文艺界形势大好，成绩主要。就在这时候，毛主席就像一盏灯塔，尖锐地指出了："各种艺术形式。。。。""这些协会。。。。"说明文艺界形势并非大好是很糟糕严重，是"跌倒了修正主义边缘"毛主席的话水平确实是高。我们试想，我们平常的人有谁能讲得出呢？可是走资派太可恶，把它给封锁住了，使毛主席的声音不能到达我们的耳旁，要不然，嘿，什么中宣部、文化部，早就给我们砸个稀巴烂了。

教育阵地上又何尝不是这样呢？

目前，文化大革命一斗二批三改，彻底改革旧的教育制度，成了这场文化大革命的重要任务。也有很多同学，虽然平常逍遥，对教育改革还是很热心的。根据我们的意见，主席历年来关于教育制度的讲话、文章、书信正多着呢。在这里面，方针、方法、学制无一不提到。可是到现在还没有看到一本完整的《毛主席论教育》，也是极为遗憾的。本来我们几个也有志于此。可是后来由于"不慎"罢，实际上，正如鲁迅所说：没有料到这些人，竟会如此可恶，竟全给偷走了。这个工作，也就只能付之同人了。希望不久的将来就能看到完整的《毛主席论教育》而且相信，将来一定能看到。

我们现在有些教师，稍遭遇到一些挫折，便想改行。我们看看当时小学教师的生活，是何等的悲惨。我们如今生长在这样美好的社会，我们还要想改行，正说不过去呢！我们应该投身到教学改革命的融炉中去，和我们学生一起进行教学改革，为创立新教育制度建新功、立新劳，我们切切不可辜负了毛主席对我们的殷切希望，辜负了毛泽东时代。

再看我们现在的教育制度，基本上是封建的一套，资本主义一套，苏联修正主义一套。这封建主义的一套，应该说就是主席在这里早已通斥的一套罢。

我们不但要批，而且更重要的是做。我们试看主席当时批判了这些旧的东西后，就"奋起而自办""讲究我们的自教育"办起了"湖南自修大学"，我们应该办起更加完美的真正社会主义的学校。

十一

文化革命以来，很多刊物像雨后春笋般地成长起来。我们正应拍手欢迎，可是真正放得象主席所办的《湘江评论》那样的，实在少得很呢！在这中间，为了捞政治资本，为了个人出风头而办的，为了某些人的利益而办的，或者仅仅是为了表示自己没有在逍遥而办的，当然不乏其人。然而也确实有一些想搞好自己所办刊物，对社会有所促进的。要想办好报，必须与《湘江评论》为方向。这里介绍一下主席办报的事情。

《湘江评论》为主席所主办，创刊号于1919年7月14日出版，每周一期，7月21号出了一起"增刊"，第五期为反动政府所查封，固共出了四期一增刊。

在《湘江评论》的四期上，主席发表了着名的论文《湘江评论创刊宣言》和《民众的大联合》。

《湘江评论》在当时极为受群众所欢迎。长沙、湖南各地以至武汉、广东、四川等地的青年学生都成了《湘江评论》的好友。每一期送到各校的阅览室，大家纷纷抢阅。广大群众都认为它是代表人民讲话的。创刊号印了2000份，当天就销尽了，继续来订买的极多。随着又重印了2000份。第2期起，只得改印5000份。从这里我们可以看到当时青年对《湘江评论》热爱之深。《湘江评论》对全国的革命运动起了重大的推动作用，对当时广大的爱国青年和革命知识分子的思想革命化起了很大推动作用。任弼时同志就是受《湘江评论》影响极大的一个。

《湘江评论》创刊号寄到北京之后，李大钊同志认为这是当时最有分量、见解最深的一种刊物，《每周评论》当即予以介绍，认为这是自己的好朋友："武人统治之下，能产出我们这样一个好兄弟，真是我们格外的欢喜。"《每周评论》还这样介绍道：《湘江评论的长处在议论一方面，《湘江评论》第二、三、四期的'民众大联合'一篇大文章，眼光很远大，议论也很痛快，却是现今的重要文字。"

创刊号出版第2天，长沙各报刊立即登出了"《湘江评论》出版了"的新闻："学生联合会的《湘江评论》已与昨天出版了，内容彷北京的《每週评论》，分西方大事述评，东方大事述评，世界杂评，湘江杂评，新文艺等等，全用白话，很是精彩。

这里再登载《湘江评论》的一个声明，一个启示。

"本报启事。。。。"

"本报声明：本报纯粹学理的研究，社会的批评，丝毫不涉及实际。"

这个声明实在很足以指导现在的刊物。原来主席一直很强调言者无罪。至于行者呢，当然就两样了。主席说："这种人（右派）不但有言论，而且有行动。他们是有罪的，'言者无罪'对他们是不适用的。他们不但是言者，而且是行者。"所以我们写文章是属于"言者"，写错了可供大家批判，可以肥田，是无罪的，而且于自己也能提高，能更快地使自己掌握毛泽东思想。然而倘若"涉及实际"了，倘若有了行动，做对自然是好，做错了可是有罪了。这可就不是大家批判所能挽救得了的。所以说这个声明实在是很足以指导现在的刊物。当然，仍如前说，，是指想对社会有所促进的刊物。

办《湘江评论》的时候，主席仍然经常同他的战友一起讨论各方面的问题，但觉得少数人的力量有限，因此以"问题研究会"的名义向国内各有关方面发出一份《问题研究会的章程》。其中提出中国和世界的政治、经济、社会、教育、劳动、国际形势等方面大小问题140多个。如民众联合如何进行，社会主义能否实施，劳农干政问题、大派留学生问题、孔子问题等，并特别提出"问题不论大小，只要有比较广泛的普遍性，即可提出来研究。"邓中夏同志在《北京大学全文刊登《章程》，并有事如下："我的朋友毛君泽东从长沙寄来《问题研究会章程》十余份。在北京的朋友看了，都说很好，有研究的必要，各向我要了一份去，现在我只剩下一份，要的人还不少。我就借本校日刊登出。以答有关现代化问题解决的诸君的雅意。"我们可以看出当时人们对这《章程》是多么的欢迎啊！

我们现在面临最迫切的任务，自然是大批判和教学革命、复课闹革命、大联合、三结合等。可是除了这些问题外，我们是否还有别的问题需要研究呢？据说有的逍遥派产生的原因，是有些问题想不通，我们想，这些逍遥派是很难称上天才的。他一个儿冥思苦想，自然是想不通。倘若他能够发动大家一起来想，哪有想不通之理呢。

倘若一群人还想不通，那么还可以发动更多的人来想。譬如说，也用《问题研究会的章程》这种办法，还怕想不通么？譬如社会风尚、文艺创造、人的思想状况、逍遥派问题，不都是极为迫切么？

《湘江评论》被查封后，主席继续主持当时湖南另一进步刊物《新湖南》。

主席一到《新湖南》后，当时进步刊物《新青年》立即为之发出了欢呼：

"（原稿并无抄录文字，原拟等定稿时再行抄录，现在找不到了）"

《新湖南》挣扎到第十期，也终于被查封了。

我们试看今天的各种刊物，最受人欢迎的，便是介绍一些内部情况和各地新闻的，此外还有什么呢？有一些刊物也已经出了很多期了，可是能有几篇扣人心弦的文字至今还回荡在人们的心头？将来有谁会说："我在文化大革命中受某某刊物影响最深"呢？我们必须向《湘江评论》学习，向《新湖南》学习，我们的刊物才能为大众所喜爱，才能对社会有促进作用，才能成为真正的刊物。

我们再看，我们今天的刊物能象当时这样相互介绍，为之欢呼的又能有多少呢？其原因就是因为范围不同。当时的刊物，是社会之刊物，今日之刊物，是省、市，乃至学校的刊物。不过也应该出一些社会的刊物了。

十二

文章写到这里，似乎是结束了。

青少年成长时期，总希望有个学习的对象。我们自己何尝不是这样的，自然这青少年和学习的对象都是有着阶级性的。我们这里说的是无产阶级的。固然社会主义、毛泽东时代是人才辈出的时代，可是要想学习，难哪！解放军中确实是出了不少人才，雷锋、黄杰、欧阳海。可是解放军是个革命大学校，我们是校外之人，环境总有所不同。原来社会上树的标兵大致有三种：一曰真好，二曰模范，三曰假好。先说这模范。总算是搞出了点成绩的，这黑党委一看，好材料，于是就像签订了合同一般，我给你名誉、地位，你为我服务，于是什么会员、委员，头衔滚滚而来，报纸、橱窗也出现了他笑眯眯的相片，一时身价百倍。而这成绩呢，又是什么在党委的领导下，在某某某的亲切关怀下。其结果，这模范自然有了名誉地位，这位书记大人的脸上也好像敷了金粉一般，光灿灿起来。到了文化大革命中，这位模范自然是老保，不消说的。为中国挣这么多名誉的乒乓球队不就是一个很好的例证么？另外两种，则或褒或贬，且总有所褒贬。譬如像雷锋，在他死后，刘志坚还要删改他的日记。拍了一个电影《雷锋》，正好供我们学习，那些走资派又要伸进手来，进行篡改。焦裕禄的形象是何等的光辉，可是在他死后，不是哪个混蛋，还要在它枕下塞进一本《修养》，和我们伟大领袖的四卷雄文放在一起，使刘少奇的脸上多了一层金粉，你说可恶不可恶。又比如象杨怀远吧。有些什么屁成绩的？实在是个假好。可是这些走资派就把丑的吹成美的，小的吹成大的，无的吹成有的。吹得可真漂亮呢。而杨怀远呢，骨子轻得只有四两重，不觉得就有些飘了起来，不但不撒泡尿照照自己的嘴脸，还要倒处去演说、讲话、吹嘘、撒谎，把一些无知幼童的眼泪引下了一大把，真的要向他去学习那种无影无踪的事迹呢。

  文化大革命就像一面锐利的镜子，将许多标兵、模范、当权派都还了他的庐山真面目。那么文化大革命中涌现出来的标兵总该可以学习了吧。

  林彪同志说："另一方面，不经过这场轰轰烈烈的文化大革命呀，好人也看不出来，接班人也看不出来，新的苗子也发现不了。许多好人，很多无产阶级革命派他们涌现出来了。不然，他们是处于九地之下，压得很低，冒不出头来，打到了坏人，发现了好人。没有这一场革命，坏人打不到，好人发现不了。"这些发现出来的好人确实是应该成为我们学习的榜样。可是怎样学呢？也很难。第一，这面镜子功能并非完美，总有一些人伪装得巧妙，照出了一个泰山假面目。像陈里宁这个老反革命，一时倒成了反刘少奇的英雄，批黑《修养》的先锋，小丑上台，免不了要表演一番，在怎样艰苦的条件下反刘呀！遭受到如何的迫害呀！演技不差，自然就能赢到一些观众倾倒了。可是这面镜子在他身上到底现出了威力。他反刘固然是先锋，可是他忘记了，他反我们心中最红最红的红太阳也是一个先锋呢！第二，即使是真的，材料知道得太少。譬如象蒯大富吧。就所知道的材料来说，他应该是一个"好人"了。可是材料仍然知道的太少。刚出了一本大字报，就有人说，这是"树立个人威信"。而且，倘使蒯大富真的要飘起来了，那不是害了他么？我们将来又要还他个庐山真面目，来一个重新评价，我们今天学的，不是又白学了么？"中国的习惯"向来是"非死人不加评论"，从来如此。

瞿秋白这个叛徒固然可恶，可是他还是说明了自己是个"半吊子的文人"，是"历史的误会"把他推上了历史的舞台。不然，人们还要把它当作神像供起来，双手合十，顶礼膜拜，奉若神明。这个"历史的误会"会有谁来解释么？文化大革命揪出了这么多走资派、叛徒，这些混蛋，不是篡党篡政的野心家，就是"历史的误会"，可是有谁承认是"历史的误会"把他们推上政治舞台的么？自然这种人顽固到底终究是要变成狗屎堆的。那些倒台的标兵，又有谁承认自己是"历史的误会"呢？那些知道自己将来总有一天要倒台，或者竟然混过了"历史"的人，又有谁会说："我的过去曾是做了一场大梦，全是历史的误会啊，现在应该醒了。"

我们这些人不知道某人是历史的误会还是不误会，自然学习来就比较难，然而我们还要学习，社会上从来就有先进的人存在，不管他是否成了标兵，具体来说，向谁学习最好呢？我们说：向毛主席，向我们伟大的导师、领袖、统帅、舵手，向我们党的缔造者，向我们革命的缔造者，向当代最伟大的马克思列宁主义者，向世界人民革命心中最红最红的红太阳毛主席学习。毛主席经历了世界最长期、最艰苦、最复杂的革命实践，毛主席一贯的英明、伟大，毛主席青年时期的光辉压到了古今中外的一切人，毛主席是我们要学习的最好、最最好的榜样。

林副统帅号召我们：当前在全国要大树特树毛泽东思想的绝对权威，大树特树毛主席的绝对威信。

为了以上两个原因，我们怀着对毛主席无限信仰、无限崇拜、无限热爱、无限忠诚的心情写下了这篇文章。

毛主席这样的天才，全中国要几千年才出现一个呢。因此，在这几千年中间，倘有哪一个中国人要命名自己为第二个毛泽东，那么他必然是个野心家、阴谋家无疑。我们写这篇文章也绝不是要大家学习毛主席，成为第二个毛泽东，我们写这篇文章是说明现在有些青年人（注意：是"有些"！前面已经说过，很多人立了无产阶级大志，这"有些"是不包括在内的。）对毛主席学习的实在太少了，百中逮一实际上是够了，但恐怕实际上是万未逮一或亿未逮一，因此有必要号召这些（！）青年向毛主席的青年时代学习。

这里有两点要提及。1.文章所写的主席的革命活动，绝无半点虚假，而且较多的摘录主席的文章。不过因为主席的一生，主席的青年时代，每一行动都放射出极其伟大的光辉，主席所写的每一句话、每一个字，我们中国人（革命的！）听得"莫不从如其意中所欲出"，所以要介绍主席整个青年时期的活动和文章，非有很长时间不足以成功，只能有所取舍了。如果有人说：你为什么不取那些材料而取这些材料呢？可见得是别有用心。那么，我们说，我们确实是"有用心"，不过没有"别"。这"用心"已在上面说清楚了。至于材料的取舍，自然是为我们的"用心"服务的。取舍不当，不足以为该"用心"服务，欢迎大家指教。

2. 既然是为了现在的青年，我们学习，也就不勉要针对现在的情况讲一些话，实际上是讲了很多话。

有些极左派先生看了以后要说："你这里说的全是黑话。"这原是不足为奇的，因为在极左派的眼中，除了雄文四卷，真是毒草遍地，妖雾弥漫。我们所说，自然也少不得归入毒草一类。这些先生一看到这篇文章，马上说"好"，原来他又可以左一下了，我们希望还是平心静气的想一想，仔细的推敲一下，用毛泽东思想一个字一个字的比较一下，看看它黑在哪里，不要急于发表意见，以免将来下不了台。极左派硬要认为我们说的全是黑话，当然也可以。不过最好能摆点事实，加点分析，分析起来也不要单摘两个字，要顾及完整的意思。说得有理，我们自然心服，并愿意收回"极左派"的称号。如果只是几顶帽子，加上一通谩骂，那么，他"决不是战斗"，我们也不准备理会，"有理走遍天下，无理寸步难行"在旧社会只是一句骗人的鬼话，现在完全可以实现了。当然这里指的是无产阶级真理，不然这些又要说我祭起真理面前人人平等的法宝来了。

这种极左派先生在现在是很多的。

譬如主席说："总之，让人家讲话，天不会塌下来，自己也不会跨台，不让人家讲话，那就总一天要跨台。""牢骚也罢，反动言论也罢，放出就好。牢骚是一定要让人家发的。当然发者无罪。"这原是至诚至切，一句顶一万句的语言。可是当别人来说，要让人家讲话的时候，极左派先生就会跑出来骂："你他妈的鼓动人家发泄对社会主义制度的不满。"那还了得！这些极左派先生只知道，讲此话的一定是右派，不知道此话人人可讲，右派固然是必讲的，讲的倒不一定是右派，没有"极"字的左派多着呢！

毛主席教导我们说："让人讲话，是采取主动好，还是被动好？当然是主动好。"何谓主动？主动就是发动、鼓动之意。让人讲话，自然是歌颂的、不满的话都让讲。那么采取主动是不是左派呢？

对社会主义制度有些地方有不满，该不该放？放了好还是不放好？对地富反坏右，自然剥夺他们言论自由，坚决不让放。然而对于落后群众就两样，我们要做细致的政治思想工作。这思想工作怎么做？首先必须摸清对方的活思想（有些人说，不对，首先必须毛泽东思想挂帅。我们接受，将该条移到第二）这点恐怕过去做过团支部书记什么职务的深有体会吧。有不满放出来，换句话，就是暴露活思想，这难道是坏事么？

想说的不敢说，到实在是一种坏事。在我们社会里，人民群众充分享受到言论自由，为什么会出现不敢说的情况呢？难道说，他们已经划到人民外部去了？不，他们只不过是落后群众。落后群众"想说而不敢说"能随着社会前进？能对社会的发展有好处么？

有些人刚说了几句话，这些极左派先生就跳出来骂道："你说了某些人想说而不敢说的话。"下面一句就是"你罪该万死"。我们说：

"否，这真是大好事。"说出了牛鬼蛇神想说而不敢说的话，那当然是坏事情，成了他们的代言人嘛！然而，成了落后群众的代言人，有什么不好？你不是要向他们做细致的思想工作吗？那么他把他们的思想都暴露在你的面前不好吗？中国多一些这样的人，不会亡，只会前进。怕的是中国多一些想说而不敢说，想说而不愿说，或者实际上是并不想说的人。这种人，话一出嘴唇皮，就变得美妙动听，然而人还是其人，并不因为他的嘴唇皮好听，他的脑瓜子就变了。多这样一种人并不是好事，如鲁迅先生所说："丑态，我说，倒还没有什么丢人，丑态而蒙着公正的皮，这才催人呕吐。"

我们这些先生，真应该好好学习主席教导："老实人，敢讲真话的人，归根结底于人民事业有利，自己也不吃亏。爱讲假话的人，一害人民，二害自己，总是吃亏。"难道这句话对落后群众就不适用了吗？"应当讲，有许多假话是上面压出来的，上面一压二吹三许愿，使下面很难办。因此干经一定要有，假话一定不可讲。"我们有些同事千万不要还没有当上官，自己还在下面，就要压得别人不敢讲话。

马克思的女儿问马克思："你最珍贵的品德是什么？"马克思回答："对一般人来说，朴实。"可是我们现在有很多人并不喜欢朴实，他们喜欢的是美妙的句子，动听的语言，或者至少是不使自己感到刺耳的语言。如果有人想说些他不愿意听的话，那么他就挥起大棒："你敢说么？"有的人"不敢说"了，他得胜了。这种人的存在，就使得社会上产生了像鲁迅先生所说的那种情况："说要死的必然，说富贵的许谎。但说谎的得好报，说必然的遭打。你……"

鲁迅先生又说："革命的完结，大概只由于投机者的潜入。"这里的投机者，他的一个显着的特点就是不说真话。极左派的可怕，还容易产生能使革命完结的投机者，或者，实际上他本身就是这样一个投机者。

鲁迅先生还有一段名言："在动物界，虽然并不如古人所幻想的那样舒适自由，可是啰苏做作的事总比人间少。它们适性任情，对就对，错就错，不说一句分辩话。虫蛆也许是不干净的，但它们并没有自命清高；鸷禽猛兽以较弱的动物为饵，不妨说是凶残的罢，但它们从来就没有竖过'公理''正义'的旗子，使牺牲者直到被吃的时候为止，还是一味佩服赞叹它们。人呢，能直立了，自然是一大进步；能说话了，自然又是一大进步；能写字作文了，自然又是一大进步。然而也就堕落，因为那时也开始了说空话。说空话尚无不可，甚至于连自己也不知道说着违心之论，则对于只能嗥叫的动物，实在免不得'颜厚有忸怩'。假使真有一位一视同仁的造物主，高高在上，那么，对于人类的这些小聪明，也许倒以为多事，正如我们在万生园里，看见猴子翻筋斗，母象请安，虽然往往破颜一笑，但同时也觉得不舒服，甚至于感到悲哀，以为这些多余的聪明，倒不如没有的好罢。"

我们看了这段名言，确实是感叹万分。极左派先生看了以后不是有何感想？不知这里面是否有极左派先生在内？

以上说的"放"，当然是指人民群众而言，千万有的人别说：你鼓动牛鬼蛇神放。我们说，对牛鬼蛇神，坚决剥夺其发言权，有敢乱说乱动者，坚决镇压。牛鬼蛇神要想到这里来找什么东西，办不到。有些人想借这个罪名来扼杀本文，也办不到。

有的人说："放是有阶级性的。"这话对极了。请你看看，我们所说的这种放，是无产阶级的放呢？还是资产阶的放？如果你认为我们所说的是资产阶的放，那么欢迎你用无产阶的放来驳斥。

希望鲁迅先生的另一段名言成为我们民族全体人民的座右铭：

"（原稿并无抄录文字，原拟等定稿时再行抄录，现在是想不起那段文字了）"

上面所说是一种情况，就是说，这些不满全是错的。确实是不满者的思想落后。可是还有一种情况，这些不不满会不会是对的呢？主席教导我们说："总之，社会主义生产关系已经建立起来，它是和生产力的发展相适应的。但是它又很不完善。这些不完善的方面和生产力的发展又是相矛盾的。"经过这次文化大革命，我们看得更清楚了，原来当内一直存在着尖锐复杂的两条路线的斗争。这"不满"还很可能是刘邓路线呢。

鲁迅先生说过："所以我的取材，多采自病态社会的不幸的人们中，意思是在揭出病苦，引起疗救的注意。"极左派先生，你会说么？"'人民是真正的英雄'你知道不知道？人民是何等的伟大，现在你竟敢暴露人民的缺点。为啥你不去歌颂人民的伟大？你是歌颂还是暴露？你居心何在？你该当何罪？"

有的人会说："在你的眼睛里一片黑暗。"我们说：决不。社会主义社会的成绩和缺点始终是九个指头和一个指头的关系。便是极左派，在整个社会中能占多少？虽然能量是比较大的。如果说我们有这种看法，那么你决无机会看到这片文章。

有人说，你写这篇文章是借古讽今。我们说，主席的青少年不能算古，对于今，也雾讽的意思在内。是直接的议论。你能说，你的现在比毛主席的青少年伟大嘛。倘我们用主席的青少年来说明你现在的不足，或者你现在竟至于如此可恶，你能说这是借古讽今么？

文章里写了现在某些不足之处，上面又说了一顿极左派，有人要说："你是歌颂还是暴露？"我们说，对于毒草，只有让它放出来，才能把它歼灭。对于群众的某些缺点，只有让它见见太阳，才能便于医治。如果毛泽东思想的光辉能够杀死病菌，促使它痊愈。如果生了脓疮，连忙用遮羞布遮起来，说我很健康呀，我没有病呀，然后躲到暗角落里，一个儿偷偷的去医治，那么效果还是比较差的。至于说文章里对群众的缺点是满腔热情的帮助，还是恶毒的攻击，那自有公论，无需多说。

主席生长在旧社会，是和旧社会做斗争的。主席的议论是对旧社会的。我们今在文章中引用了主席的一些文章片段，可能有的人又要说："这是在影射新社会。"我今向诸君声明，并无此意。这里引用的文章片段，除了一些教育方面的文字加以说明（说明了自然不能称之为影射）都是为了说明主席如何反抗旧社会，说明主席一贯的英明伟大，说明主席如何用马列主义观点去分析事物。并无他意。

读者也切不可脑袋过于复杂，硬把两件不相干的事情绪相提并论。倘若有人硬要引字摘句，牵强附会地想象出"影射"两个字来，这是他自己头脑太复杂，我们这种人，原是写不出复杂的东西来的。"吾只对吾主观、客观之现实者负责，凡非吾主观、客观之现实者，吾概不负责。"

原来这个声明是必须声明在先的，倘不声明在先，被别人寻出"影射"两个字，那么再声明也来不及了，或许竟连声明的机会都捞不到呢。

先生们，有什么我们没有想到的帽子再拿来吧，我们试一试，如果不合适，那么只能仍然请你拿回去。

在文化大革命中，毛主席号召我们造反有理，毛主席的青年，正是革命造反的青年。在这里令人难忘的八月，我们正应该向主席的青年时期学习，进一步发扬革命造反精神。自然时势不同了，去年8月，是造旧市会、旧党委、旧支部的反，造工作组的反，今年的8月，革命左派掌了权，我们再去造谁的反？再去造反，我们充当了什么角色？再去造反，迎合了谁的需要？"权利再分配"就是反动口号。这是需要说明的。我们并不是叫大家去造无产阶级当权派的反。"造反精神"和"造反"要相差两个字呢，本来就是不同的，有人想从这里捞稻草是捞不到的。

上面说的是一种情况，就是说这些不满全是错的，可是还有一种情况，这种不满会不会是对的呢？主席教导我们："总之，社会主义生产关系已经建立起来，它是和生产力的发展相适应的。但是它又还不很不完美，这些不完美的方面和生产力的发展又是相矛盾的。"经过这次文化大革命我们更清楚了，原来党内存在着两条路线。这不满还很可能是刘邓路线呢。

我们希望有更多的人来宣传毛主席青年时代的活动，使更多的人知道毛主席青年时代的活动，促进我们青年一代的思想革命化，促进我们青年一代的成长，我们再次表示致敬，并致以感谢。

我们两人，和"才"是沾不到边的，天才是根本不敢想的，就是文才、笔才、肚才，又何尝有半点呢，写这篇文章，着实花了不少力气。

毛主席在青年时期的革命活动，原是万分光辉，万分激奋人心的，经过我们这一取舍，正是百未逮一。不过倘能有一些人认为它需要传播，并愿为它传播，我们也就感到心满意足了。

　　应该提及的，文章中说的，我们自己也没有做到，不过是"希望"之意。有些朋友以前对我们可能还不很了解，那么通过这篇文章应该对我们有所了解了。老实说，从这篇文章里，我们将来的命运都可以略窥一二呢。

　　毛主席在青年时期写了很多光辉灿烂的文章，遗失了很多，我们感到非常痛心，否则我们一定可以得到更多的精神食粮，便是这篇文章，说不定还要完满些呢。

　　什么是幸福？这次青年较为关心的一个大问题。要明白什么是幸福吗？毛主席的一生就是最幸福的一生，毛主席的青年时代就是最幸福的青年时代。

　　向吾之理想生活进行，文章毁誉，听之后人。

　　为祖国更加繁荣，为人民更加幸福，为社会更加完美奋斗！

　　毛主席青少年革命精神万岁！

　　毛主席的教育思想万岁！

　　毛主席呀毛主席，我们敬祝你老人家万寿无疆，万寿无疆，万寿无疆！

第二篇

文化革命之于我，争取自由和平等

（写于 1967 年 9 月至 1968 年 7 月，整理至 70 年-71 年）

《光辉的榜样》的蜡纸刻完以后，也就是 67 年 9 月 11 日以后，便开始写文章，至 68 年 7 月 12 日告一段落。这一天是我们一家被赶出家门，乔迁陋居的一天。算起来，这一部分的文章写了十个月，算是十月怀胎吧。

这些文字的写作过程，在《一篇大字报的前前后后》中已有详叙，内容主要从反对个人崇拜开始，批判社会上的种种时行理论，包括"斗私批修"，等等，而以争取自由，平等为终极目标。

乔迁之后，家人都挤在一堆，自然不方便写作。8 月 13 日，赴崇明务农，人生地不熟，自然也不能写。后来两个弟弟插队，农场环境也熟悉了，才又拿起笔了。应该是 69 年初了。于是就整理旧稿，誊写在练习本上。应该在 70-71 年结束。一共誊写了九本。誊写结束后，又加了最后一篇《给审判官先生的信》。

文章既然写了。当然是准备上路的，也就是挑战当局，宣传民众。当初，《光辉的榜样》刻成蜡纸，便是准备去社会上闯荡的，不然，干嘛去刻成蜡纸？这些文章，就像一个火药桶一样，一个不慎，粉身碎骨，毁家害亲。写了这些文章，却又不准备上路，那我岂不是白白地自己造了一个火药桶放在家里，看着它爆炸？

上路是一定要上的。问题在于什么时候上，怎样上，需要做些什么准备工作，怎样把效用发挥到最大。

明摆着的是，一旦上路，非死即囚。如果"光荣"了，当然也就算了，虽有遗憾，并不后悔。如果囚了，那我总有出来的一天，那我出了狱继续干，此志不变。为此，我需要准备一个备份，把自己的思想保存起来。九大本便是从这个念头而来的。当时准备把备份放到新疆一个朋友处，后来也没有成功。不过九大本却由此产生，以后一直随在我身边。

71年，终于决定上路，孩子中挑选"敢死队"，从九大本中挑了六个，当然，重新把它们武装了一下，入选了《挑战毛泽东》。

图四：孩子们的诞生地之一

68 年 7 月，乔迁新居。高可达米，长三宽二。有门，长宽各米，顶天立地，有窗，横竖各尺，入必开灯。兄弟三人，卧于其中。有一床，一箱，一方凳，一矮凳。未几，两弟赴农，奉命作为。陋室斗居，为我所用。父母嫌其陋而不顾，朋友因其秘而偶临。茫茫大地，唯此最安。方凳为我桌，矮凳为我坐。时常坐于该室，文字多由此出。凳为产床，箱为褓褓。字以十万计，命系一线悬。今日重返旧居，感叹何止万千！

图五：孩子们的成长园

九大本：当年孩子们成长，戏游的场所，69 年初动工，70-71 年竣工，虽有破损，原貌依存

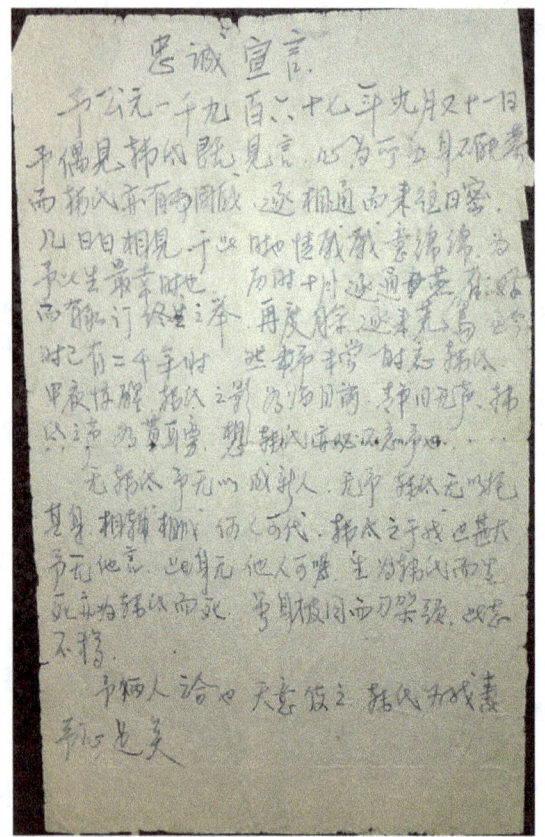

图六：忠诚宣言
于公元一千九百六十七年九月又十一日，予偶见韩氏。既见之，心为所动，身不能禁，而韩氏亦有同感。遂相通而来往日密，几日日相见。于此时也，情戚戚，意绵绵，为予此生最幸时也。历时十月，遂通秦晋之好，而有私定终身之举。再度月余，遂来荒岛。至今时已有二千余时。然予未尝一时忘韩氏。中夜惊醒，韩氏之影，如临目前，静日无声，韩氏之声，如贯耳旁。想韩氏亦必不忘予也。
无韩氏，予无以成新人；无予，韩氏无以托终身。相辅相成，何人可代？韩氏之于我也甚大。予无他言，此身无他人可属，生为韩氏而生，死亦为韩氏而死，虽身被囚而刀架颈，此志不移。
予俩人之合也，天意使然。韩氏为为妻，予心足矣。
1. 改动了几个错字。 2. 韩氏，姓韩，名珍妮，意为"捍真理"。

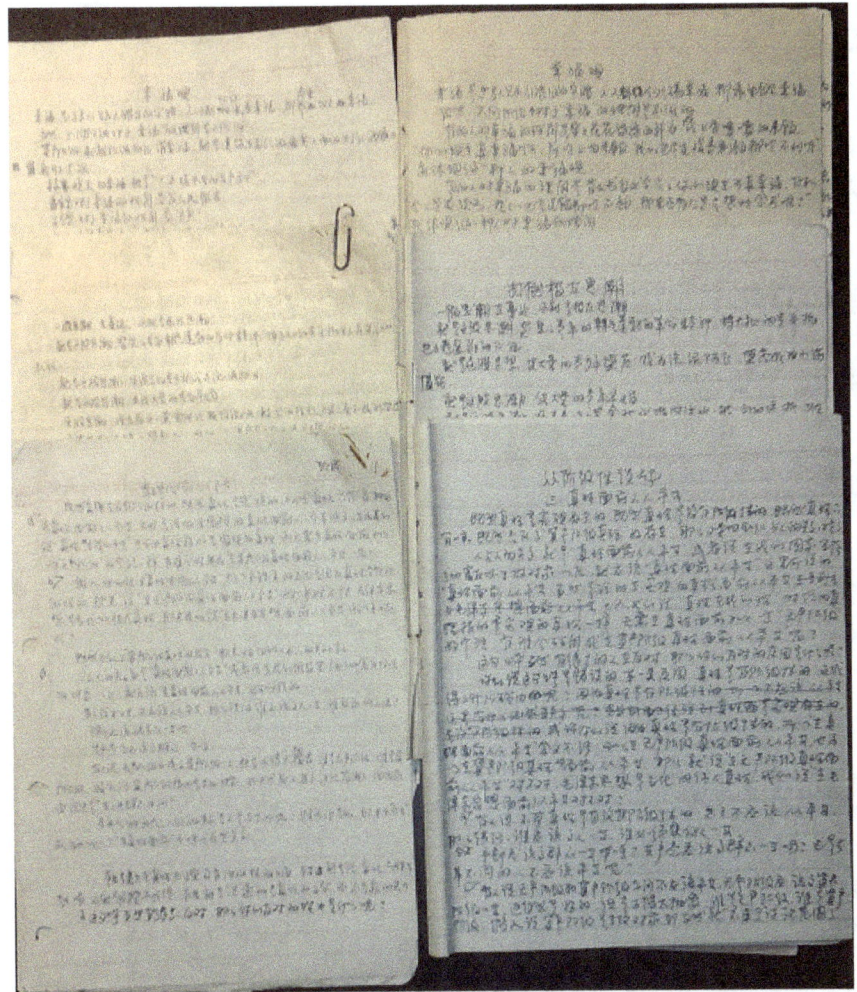

图七：早年出生的几个孩子穿衣前后

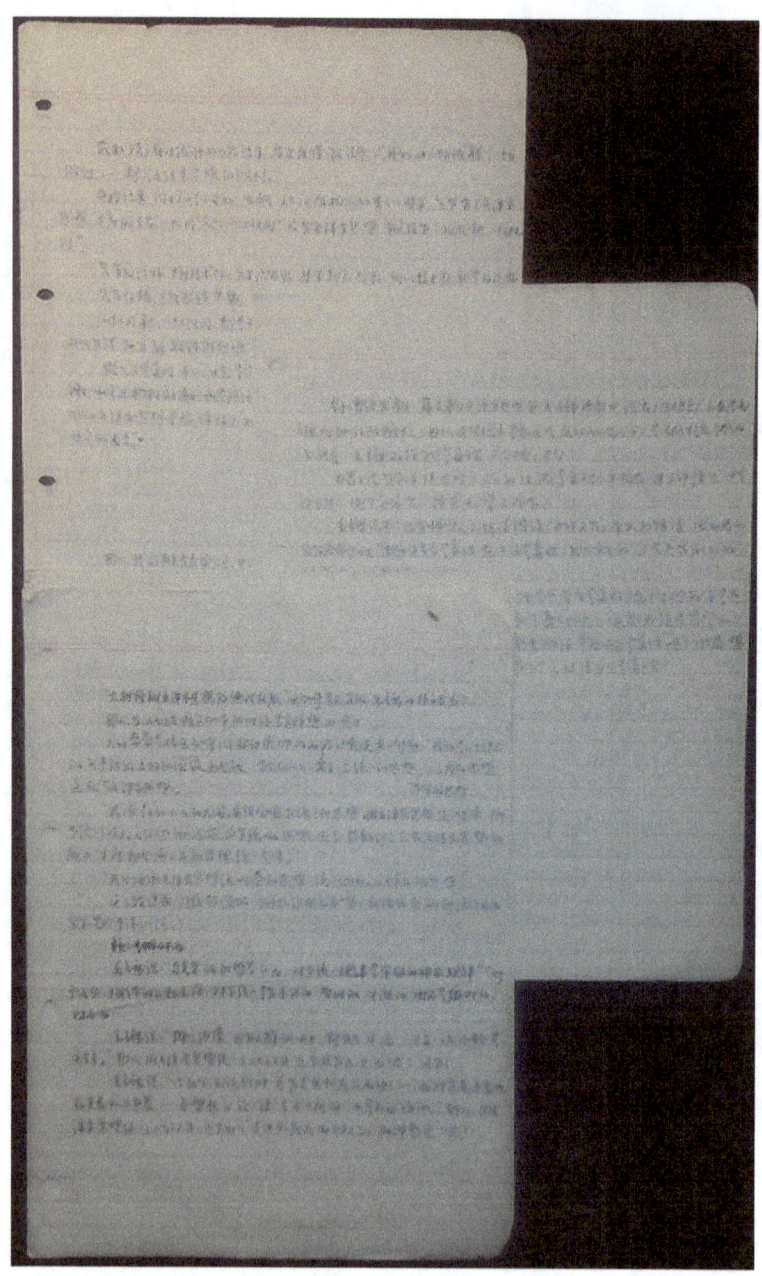

图八：68年出生的批判林彪的三个孩子

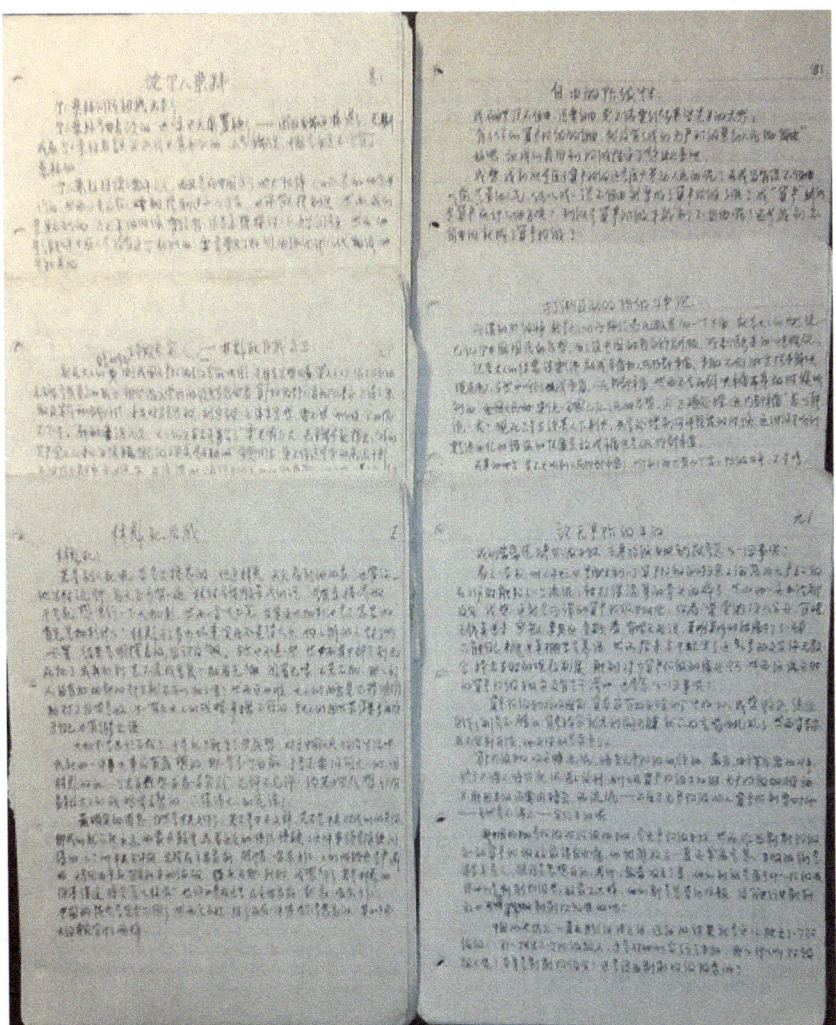

图九：71-72 年产生的几个孩子

不平：一篇大字报的前前后后

一九七二年五月十二日，在上海市中心人民广场，贴出了一篇署有作者真实姓名、地址的长篇大字报：真理是有阶级性的吗？对六六年六月四日人民日报社论《撕掉资产阶级自由、平等、博爱的遮羞布》中真理是有阶级性的这一观点进行了批驳。据我所知，大字报贴了半…

分类：民间历史 点击：3189 日期：2013-12-10

http://www.21ccom.net/articles/lsjd/mjls/2013/1210_96771.html

不平：印红标先生的若干评论

征得印红标先生的同意，将先生的大作失踪者的足迹中的若干评论发表于此。该书由香港中文大学出版社出版(2009)。 呼吁言论和出版自由 1972 年 5 月 12 日，一位青年人在上海市中心的人民广场贴出一张大字报《真理是有阶级性的吗？》，认为真理是没有阶级性的，并质…

分类：社会评论 点击：1127 日期：2013-12-11

http://www.21ccom.net/articles/dlpl/shpl/2013/1211/96856.html

不平：真理是有阶级性的吗？

这份大字报于 1972 年 5 月 12 日清晨贴于上海市人民广场科普画廊。真理是有阶级性的吗？ 真理是由争论确立的。 马克思 真理越辩越明。谚语 马克思主义的本质是批判的革命的 一个偶然的机会看到了一本书，叫做《哲学问题解答》，是甘肃人民出版社 58 年出版的。书…

分类：旧文新读 点击：1840 日期：2013-12-13

http://www.21ccom.net/articles/lsjd/jwxd/article_2013121396995.html

不平：四十年前准备的大字报

借鲁迅先生之口，叙我对文化革命之见. 尽管当时口号阵阵响彻云霄，在我看来，只是无声的中国。这篇文章，排行老二。它已被抄成了大字报，只是未能面世，最终祭了火神爷。 鲁迅论创作 青年才可以将中国变为一个有声的中国。大胆地说话，勇敢地进行，忘掉一切…

分类： 笔会 点击： 998 日期： 2013-12-16

http://www.21ccom.net/articles/gsbh/article_20131216971 17.html

不平：**拿造反派的社论祭笔**

"放"还是"收"，这是个方针问题。百花齐放，百家争鸣。这是个基本性的同时也是长期性的方针，不是一个暂时性的方针。同志们在讨论中间是不赞成收的。我看这个意见很对。党中央的意见就是不能收，只能放。…

分类： 旧文新读 点击： 1413 日期： 2013-12-23

http://www.21ccom.net/articles/lsjd/jwxd/article_20131223 97432.html

不平：**评《我们是旧世界的批判者》**

有人说：中国七亿人都是批评家。 某些人听到了，便感到高兴了，说：这是一件了不起的大事情，是一件划时代的大事情。 其实，这并没有什么了不起，把这称为划时代更是荒唐可笑。 每一个人，只要他是生活在地球上的，只要他还有一口气，他就是一个批评家。每一…

分类： 旧文新读 点击： 801 日期： 2013-12-30

http://www.21ccom.net/articles/lsjd/jwxd/article_20131230 97915.html

不平：**影响论**

北京有个学生写了一篇文章，题目叫《出身论》，本文也准备来谈谈这个问题，起个题目，叫做《影响论》。 社会需要一个人的，是表现还是出身？显然，社会只需要一个人的表现。表现，就是一个人对社会的贡献。社会对出身不同的人是一视同仁的，社会仅仅对表现不…

分类： 旧文新读 点击： 1001 日期： 2014-01-12

http://www.21ccom.net/articles/lsjd/jwxd/article_2014011298770.html

不平：论个人崇拜

个人崇拜问题被提出来了。 个人崇拜是由来已久的，这一点是无庸置疑的。因为主席这样说了。否则我看，个人崇拜者是无论如何不会承认的。不是主席说，中国是永远不会有个人崇拜的。 个人崇拜持续了数年之久，而且是在中国这个地大物博，人口众多的国度进行的…

分类： 旧文新读 点击： 2337 日期： 2014-01-16

http://www.21ccom.net/articles/lsjd/jwxd/article_2014011699094.html

不平：论自由的阶级性

什么句句真理，无非是些诡辩、狡辩。此文既成，吾无惧矣。 我在这里说不自由，说要自由，免不得要引起某些先生的大怒： 有了你们资产阶级的自由，就没有了我们无产阶级劳动人民的自由。 好吧，我们就来说说自由的阶级性。 一 我想，我到底是属于资产阶级还是…

分类： 旧文新读 点击： 1335 日期： 2014-01-22

http://www.21ccom.net/articles/lsjd/jwxd/article_2014012299443.html

不平：马克思论出版自由

关于出版自由，马克思曾经写过一篇论文，专门辩论这个问题。这篇论文很值得向关心出版问题的同志作一个推荐，或许会对马列主义在中国的真正贯彻实行有所帮助。对于那些口称马列主义信徒，实则为强权拥护者、现状维护者的政府帮闲，可能又要化掉他们一些心机…

分类： 世界历史 点击： 937 日期： 2014-02-10

http://www.21ccom.net/articles/sdbb/2014/0210/100197.html

不平：林彪死后感

林彪死了。 若是别人死了呢，本是不搭界的。但这林彪，天天看到他的像，也曾称过他付统帅，每天至少一遍林付统帅教导我们说。是有点搭界的。于是就想进行一下大批判。 然而一拿起笔，发觉要进行大批判也不是容易的。首先是批判什么，林彪干了多少坏事，实在…

分类： 旧文新读 点击： 19007 日期： 2014-02-14

http://www.21ccom.net/articles/lsjd/jwxd/article_20140214100542.html

不平：林彪死后又感

事件之巨，令人欲罢不能，于是有又感 林彪的反动面目暴露了。 若在平时呢，这是毛泽东思想的伟大胜利的口号又要震天价响了。情景是颇有点象一个虔诚的基督徒每次脱离险境，总要说一声：这是上帝保佑。有点差不多的。这次呢，很多人不响了，虽然也有一些响声…

分类： 旧文新读 点击： 9452 日期： 2014-02-20

http://www.21ccom.net/articles/lsjd/jwxd/article_20140220100938.html

不平：评做老实人——林彪死后感之三

就在大人们自豪地宣布"由于我国无产阶级专政空前巩固，毛泽东思想日益深入人心，伟大领袖毛主席享有崇高的威望，那些混入党内的假马克思主义者、资产阶级野心家，不得不采取反革命两面派手法，来反对马克思主义、列宁主义、毛泽东思想，要不然，他们连一天都…

分类： 旧文新读 点击： 4970 日期： 2014-02-27

http://www.21ccom.net/articles/lsjd/jwxd/article_20140227101338.html

不平：评《必须继续巩固无产阶级专政》

就在林彪暴露了他的真面目之后半年还不到，血迹已经被雨水洗干净了，教训也被丢到脑后去了。一些大人忘记了自己刚才还在说要提高识别真假马列主义的水平，又高叫起必须继续巩固无产阶级专政来了。大约是经过大人们的号召，半年不到的时间里，人们的识别真假…

分类： 旧文新读 点击： 2094 日期： 2014-03-05

http://www.21ccom.net/articles/lsjd/jwxd/article_20140305101742.html

不平：告广大无产阶级书

如果我成了反革命，那么，这就是我计划中的第二份大字报 自从《真理是有阶级性的吗？》发表以来，广大无产阶级就宣布作者是阶级敌人。 无产阶级的话当然是对的。但我想，即使我是一个阶级敌人罢，我也是一个比较老实的阶级敌人。我没有剥削过无产阶级，没有…

分类： 旧文新读 点击： 2359 日期： 2014-03-10

http://www.21ccom.net/articles/lsjd/jwxd/article_20140310102092.html

不平：论"大树特树毛泽东思想的绝对权威"

看了毛主席12.17的批示后，我心里激动不已，毛主席啊毛主席，您终于还是我心中的红太阳，我千百倍地高呼：毛主席万岁！这篇文章大约作于12.20左右，总之是在主席批示以前，看了主席12.17批示，我终于肯定，这是一株香花，是不应该刊登在《肥田集》里的，可…

分类： 旧文新读 点击： 2253 日期： 2014-03-17

http://www.21ccom.net/articles/lsjd/jwxd/article_20140317102548.html

不平：幸福观

幸福，是个多耀人眼目的字眼，人人都向往着幸福，都希望自己幸福。自然，不同阶级对于幸福的理解是不同的。 有的人对幸福的理解是穿上花花绿绿的衬衣，吃上香喷喷的米饭。你们现在真幸福啊，能吃上白米饭。我们过去连残羹剩饭都吃不到呢。就体现了这一种人…

分类： 旧文新读 点击： 822 日期： 2014-03-21

http://www.21ccom.net/articles/lsjd/jwxd/article_20140321102825.html

不平：谁反对毛泽东思想就砸烂谁的狗头

谁反对毛泽东思想就砸烂谁的狗头，需要吗？不需要。 **毛主席**说：人们问，在我们国家里，马克思主义已经被大多数人承认为指导思想，那么能不能对它加以批评呢？当然可以批评。马克思主义是一种科学真理，它是不怕批评的。如果马克思主义害怕批评，如果可以批评…

分类： 旧文新读 点击： 3097 日期： 2014-03-24

http://www.21ccom.net/articles/lsjd/jwxd/article_20140324102989.html

不平：从反右到文革

(原标题：关于专政（一））为了使大家认清这股极左思潮，让咱们再来看几段文字，这几段文字是从两篇社论《文汇报的资产阶级方向应当批判》（以黑体为记）和《撕掉资产阶级自由、平等、博爱的遮羞布》中选出来的。 资产阶级右派就是前面所说的反共反人民反社…

分类： 旧文新读 点击： 1923 日期： 2014-03-27

http://www.21ccom.net/articles/lsjd/jwxd/article_20140327103237.html

不平：再论"吃小亏占大便宜"

有何是者写了一篇文章，称之谓《论吃小亏占大便宜》，于是遭到了很多英雄的一致讨伐。 这许多英雄中间，有一位名叫迅雷的名家——还要自谦为不是名家。其不是名家有资格上《解放日报》吗？这么多人在批判，唯独他上了《解放日报》，就因为他是名家嘛——也来…

分类： 旧文新读 点击： 1896 日期： 2014-03-31

http://www.21ccom.net/articles/lsjd/jwxd/article_20140331103467.html

不平：强权和真理

主席在青年时期曾经创办了《湘江评论》，里面有主席的一段文字：中国的四万万人差不多有三万九千万是迷信家，迷信神鬼，迷信物象，迷信命运，迷信强权，全然不认有个人，不认有自己，不认有真理。**随**时代的前进，当然这些特性也有所改变，由于科学发达了的缘…

分类： 旧文新读 点击： 2347 日期： 2014-04-11

http://www.21ccom.net/articles/lsjd/jwxd/article_20140411104213.html

不平：鲁迅斥遗少

鲁迅在当时和封建余孽、遗老遗少作了坚决的斗争。**我今将**遗老遗少给以新的解释：鲁迅先生当时斥骂过很多人，这些人现在还存在，那么这老的就称作遗老，少的就称作遗少。这种遗老遗少是该与他们作斗争的，在这里就将鲁迅先生的几段文字作一段发表，替这些遗…

分类： 社会思潮 点击： 1154 日期： 2014-04-18

http://www.21ccom.net/articles/sxwh/shsc/article_20140418104626.html

不平：戚本禹下台有感

本文系作者撰写于68年。文化大革命的又一伟大胜利，是揪出了戚王关反党集团。**在誓死捍**卫中央文革、谁反对中央就是反革命谁反中央文革就砸烂他的狗头的响彻云霄的口号声中，戚王关反党集团揪了出来，戚本禹下台。**按照一般规律**，戚本禹的下台是应该引起…

分类： 旧文新读 点击： 5066 日期： 2014-04-25

http://www.21ccom.net/articles/lsjd/jwxd/article_20140425105059.html

不平：反对奴隶主义

本文系作者撰写于 67-68 年。 — 鲁迅先生说：孔子到死了以后，我以为可以说是运气比较的好一点，因为他不会噜苏了。种种的权势者便用种种的白粉给他来化妆，一直抬到吓人的高度。若向老百姓们问起孔夫子是什么人，他们自然回答是圣人。然而这不过是权势者的留…

分类： 旧文新读 点击： 1042 日期： 2014-04-28

http://www.21ccom.net/articles/lsjd/jwxd/article_20140428105190.html

不平：略论批评

本文系作者撰写于 67-68 年。 — 鲁迅先生的一段语录：文艺必须有批评。批评如果不对了，就得用批评来抗争。这才能够使文艺和批评一同前进。如果一律掩住嘴，算是文坛已经干净，那所得的结果倒是要相反的已经为很多人所熟悉了。我现在活学活用，想起了两点：…

分类： 旧文新读 点击： 1189 日期： 2014-05-08

http://www.21ccom.net/articles/lsjd/jwxd/article_20140508105728.html

不平：再论反对奴隶主义

本文系作者撰写于 67-68 年。 确实现在有很多人在批判奴隶主义，批判驯服工具。 然而他们批判的实质不过是以奴隶主义来反对奴隶主义，以无产阶级的奴隶主义来反对所谓不分阶级性的奴隶主义。 请看，他们批判的结果怎么样呢？对无产阶级司令部发出的战斗令坚决…

分类： 旧文新读 点击： 787 日期： 2014-05-12

http://www.21ccom.net/articles/lsjd/jwxd/article_20140512105825.html

不平：学习毛泽东思想

本文写于 67-68 年。 当前最大的问题莫过于学习毛泽东思想，即此为题，对于学习主席思想也来略微谈几句。 一。怎样学习毛泽东思想 毛主席告诉我们：人的正确思想只能从社会实践中来，只能从社会的生产斗争，阶级斗争和科学实验这三项实践中来。 毛主席还教导我…

分类： 旧文新读 **点击**： 3236 **日期**： 2014-05-15

http://www.21ccom.net/articles/lsjd/jwxd/article_20140515106027.html

不平：翻印毛主席著作无罪

文章写于 67-68 年 毛泽东思想是当代马列主义的顶峰，是最高最活的马克思列宁主义。 毛泽东思想为群众所掌握就会产生无穷无尽的物质力量。 毛主席的话水平最高威信最高威力最大，句句是真理，一句顶一万句。 所以，我们听毛主席的一句话，就胜过听别人一万句。…

分类： 旧文新读 **点击**： 2317 **日期**： 2014-05-20

http://www.21ccom.net/articles/lsjd/jwxd/article_20140520106233.html

不平：再论革命

文章写于 67-68 年 一、光明面与阴暗面 任何事物都是一分为二的。毛主席说：优点和缺点，长处和短处，这两点都会有。我们的支部书记、军队的连长排长，他们都晓得，在小本子上写着，今天开会不为别的，总结经验有两点，一个是优点，一个是缺点。他们都晓得有两…

分类： 旧文新读 **点击**： 1218 **日期**： 2014-05-26

http://www.21ccom.net/articles/lsjd/jwxd/article_20140526106563.html

不平：三论革命

文章写于 67-68 年 一 大事情与小事情 革命就是推动社会向前发展。我们常说有利于革命的事坚决去做，不利于革命的事坚决不做，也就是说推动社会向前发展的事坚决去做，阻碍社会向前发展的事坚决不做。当然这样才叫革命，否则，还叫什么革命呢？岂不成了反革命…

分类： 旧文新读 **点击**： 725 **日期**： 2014-05-30

http://www.21ccom.net/articles/lsjd/jwxd/article_20140530106813.html

不平：四论革命

客观世界与主观世界 文章写于 67-68 年 在《三论革命》中提到，革命就是推动社会前进，推动社会向前发展。这也可以说是改造客观世界。 毛主席说：马克思主义的哲学认为十分重要的问题不在于懂得了客观世界的规律，因而能够解释世界。而在于拿了这种对于客观规…

分类： 旧文新读 点击： 1355 日期： 2014-06-02

http://www.21ccom.net/articles/lsjd/jwxd/article_20140602106958.html

不平：谈"私"

文章写于 67-68 年。 前一篇文章，论述了改造客观世界同时改造主观世界的关系。这篇文章，专门谈谈主观世界的改造问题。 人，可能不可能无私？不可能。 公和私是一对矛盾，它们是对立统一的。它们存在于每一个人的头脑之中，由于这一对矛盾的互相斗争，形成了…

分类： 旧文新读 点击： 1072 日期： 2014-06-06

http://www.21ccom.net/articles/lsjd/jwxd/article_20140606107257.html

不平：五论革命

环境和个人 马列主义者认为，对于环境和个人来说，更应该做的是改造环境。 环境和个人的关系，就如同土地和幼苗的关系一样。 譬如我们说过去的一些学校是修正主义的温床。而一些白专学生则是修正主义的苗子，那么对于革命者来说，更重要的是改革这些学校，使…

分类： 笔会 点击： 812 日期： 2014-06-10

http://www.21ccom.net/articles/gsbh/article_20140610107485.html

不平：稳当的英雄

文革孽文　　　　　　　　　　　　　　　第二篇

文章写于 67-68 年 在大批判中看到了一则消息，说是一个苏联公民看到中国人民揪出了刘少奇，感到非常愤怒，赶到中国大使馆来表决心：听说你们中国有人反对毛主席，我要到中国去，保卫毛主席。 这可真使我感到惊讶，他们苏联出了修正主义，他不去斗争，反到要到…

分类： 旧文新读 点击： 1434 日期： 2014-06-16

http://www.21ccom.net/articles/lsjd/jwxd/article_20140616107844.html

不平：吴尘因无罪

作者按： **文章写于 68 年**。缘由是当时上海的一个市民吴尘因写了一封信，受到了《文汇报》之类的批判。有感而发。 吴尘因受到了专政。他犯了什么罪呢。他享受了一下言论自由，他将很多小人物——没有成为反革命的小人物的话搬到了桌面上，于是他犯了罪。 鲁迅先…

分类： 民间历史 点击： 1630 日期： 2014-06-19

http://www.21ccom.net/articles/lsjd/mjls/2014/0619_108072.html

不平：稳当的英雄(二)

相关文章： 稳当的英雄（一） **文章写于 68 年**。 稳当的英雄何其多也。这些稳当的英雄，对于弱者的革命，何其强也。 一篇《一切为了九大》，一个《东方论坛》，一封《信》引起了多少稳当的英雄的讨伐呢？有多少篇批判文章，多少条大标语，对准了它开过去。在当…

分类： 旧文新读 点击： 1360 日期： 2014-06-22

http://www.21ccom.net/articles/lsjd/jwxd/article_20140622108205.html

不平：独脚戏

（文章写于 1968 年） 有的人的擅长是唱独脚戏。譬如，有的人来批判看破红尘就说：现在有一种人看破红尘，这是错误的呀！然而我们在哪一个地方，哪一篇文章看到有人说他看破红尘的呢？没有。我们只看了他的这一篇文章才刚刚知道现在有人看破红尘了。**再如有的…**

分类：**社会**评论 **点击**：882 **日期**：2014-06-25

http://www.21ccom.net/articles/dlpl/shpl/2014/0625/108358.html

不平：**上纲上线**

（文章写于 67-68 年） 很多走资派都讲过这样一句话：不要一讲路线斗争，就什么都是路线斗争。这句话似乎已经成为公认的修正主义谬论了。 其实到恰恰相反，纵使这些走资派千错万错，这句话其实是不错的。 **文化大革命出**现了一个斗争，叫做派性斗争。 这些闹派性…

分类：**现当代史** **点击**：1376 **日期**：2014-06-27

http://www.21ccom.net/articles/lsjd/lsjj/article_20140627108503.html

不平：**文艺批评二条**

文章写于 67-68 年 借古讽今 有些人在进行文艺批评的时候赫然的一条罪状是借古讽今。那么借古讽今是罪状么？不，借古讽今只是一种方法，这种方法资产阶级可以用，无产阶级也可以用。而并非只有资产阶级可以用的东西，借古讽今就是用历史上的故事来说明当今的某…

分类：**现当代史** **点击**：773 **日期**：2014-07-01

http://www.21ccom.net/articles/lsjd/lsjj/article_20140701108682.html

不平：**想象出来的文字**

写于 68 年。 看了文汇报六八年二月六日的一篇文章《有几个苍蝇碰壁》后，很感兴奋，摘录一段在下面： 一九六七年春天的上海 在这空前的大好形势下上海市控江中学的红卫兵小将接待了一批日本《朝日新闻》等反动报纸的记者。他们用毛泽东思想所赋予的无限智慧和…

分类：**文化评论** **点击**：1160 **日期**：2014-07-04

http://www.21ccom.net/articles/dlpl/whpl/2014/0704/108859.html

不平：关于专政（二）

相关阅读：**不平**：关于专政（一） 文章写于 68 年。 这里，首先引几段摘录的文字： 毛泽东同志说：捣乱、失败、再捣乱、再失败、直至灭亡——这就是帝国主义和一切反动派对待人民事业的逻辑。他们是决不会违背这个逻辑的。这是一条马克思主义的定律。这条定律对…

分类： 旧文新读 点击： 1612 日期： 2014-07-22

http://www.21ccom.net/articles/lsjd/jwxd/article_20140722109858.html

不平：略论阶级性

（文章写于 67-68 年） 社会的发展，从原始社会进入了阶级社会，人类就分成了对立的二大阶级——剥削阶级和被剥削阶级。这两个对立阶级成了社会上一对相互依存相互斗争的矛盾。从这两大阶级来说，任何一种态度，任何一种厉害关系，任何一种政策，都处于相反的…

分类： 旧文新读 点击： 747 日期： 2014-07-25

http://www.21ccom.net/articles/lsjd/jwxd/article_20140725110076.html

不平：论人的阶级性（一）

（文章写于 67-68 年） 人的阶级性，是相对存在的。 由于人的阶级性的相对性，使社会有了多样性，有了复杂性。 有的人说人的阶级性就是剥削阶级、被剥削阶级，就是穷人、富人。他们解决问题的方法也极简单，我们——无产阶级，你们——资产阶级。在他们看来，…

分类： 读者来信 点击： 2312 日期： 2014-07-29

http://www.21ccom.net/articles/gsbh/2014/0729/110201.html

不平：论人的阶级性（二）

文章写于68年。这其实是一篇失败的文章。说它失败，是说它不像是一篇文章，倒像是一些随感。在当年，阶级性是一个恶魔，碰上了它，不死也得蜕层皮。多少人为了它家破人亡。于是，就想来碰碰它。当时，也曾有过一些小的野心，想把它写成各阶级的分析这样有深…

分类： 旧文新读 点击： 966 日期： 2014-08-06

http://www.21ccom.net/articles/lsjd/jwxd/article_20140806110650.html

不平：真理面前人人平等

要防止赫鲁晓夫式的野心家篡权，唯一的根本办法就是实现真理面前人人平等，事实面前人人平等。…

分类： 笔会 点击： 768 日期： 2014-08-23

http://www.21ccom.net/articles/bihui/20140823111859.html

不怕和不许

经常听到这样的话，**XXX整造反派的黑材料罪**该万死。这可使我弄不懂了。造反派怎么会有黑材料的呢?造反派整个运动的过程就是造反的过程，整个运动的历史，就是造反的历史，他用鲜血为文化大革命立下了功勋，为自己写下了通红的历史，他的材料，只能红材料。…

分类： 读者来信 点击： 460 日期： 2014-08-28

http://www.21ccom.net/articles/dzlx/20140828112137.html

不平：从对立面谈起

如何树立毛泽东思想的权威，是一天到晚高喊："**大树特树**"吗?是"谁反对毛泽东思想就砸烂他的狗头"**所能**树立起来的吗?不，树立权威只能不怕别人批评，放手让别人批评，让各种反毛泽东思想的意见统统放出来，用毛泽东思想去战胜、批驳这种种意见，这才叫树立权威。…

分类： 读者来信 点击： 605 日期： 2014-09-01

http://www.21ccom.net/articles/dzlx/20140901112350.html

与共识网（征文）

很多网友说到，共识网是每天必读的网站。我也有同感。古人云:"宁可食无肉,不可居无竹"，对于我来说是，宁可食无肉,宁可居无竹，不可无共识网。...

分类： 读者来信 点击： 742 日期： 2014-09-07

http://www.21ccom.net/articles/dzlx/20140907112714.html

论"统一思想"

如果说七亿人民的大国家，没有统一的思想，才有先进和落后，才有左中右，才有各种各样的人们，才成其为社会，这样就妥当了。...

分类： 笔会 点击： 1271 日期： 2014-12-24

http://www.21ccom.net/articles/bihui/20141224118047.html

打倒极左思潮

人们都在高举红彤彤的毛主席语录，进行请示。你要例外。能允许你享受这个自由吗?...

分类： 读者来信 点击： 4943 日期： 2014-12-29

http://www.21ccom.net/articles/dzlx/20141229118270.html

论"句句真理"

　　世界上会有这种情况吗?一个人的话句句是真理,不会有,这种情况过去没有过，现在也没有，将来也一定不会有。...

分类： 读者来信 点击： 3665 日期： 2015-01-13

http://www.21ccom.net/articles/dzlx/20150113118921.html

《从讽刺到幽默》之读后

文革孽文　　　　　　　　　　　　　　　　　　　　第二篇

资产阶级社会连一篇讽刺文字都对付不了，还会让它"悠久的吓人"，无产阶级还有什么对付不了的。…

分类：笔会 点击：682 日期：2015-02-15

http://www.21ccom.net/articles/bihui/20150215121142.html

不平：**A.B 对语录**

阶级斗争本来就是残酷的嘛，就是你死我活的嘛，我们不是说吗，我们绝不对敌人施仁政，资产阶级人道主义不是早就被我们批臭了吗?我们还要保持这最后一点的仁慈，最后一点的人道干什么呢?…

分类：现代 点击：682 日期：2015-02-28

http://www.21ccom.net/articles/history/xiandai/2015022821523.html

不平：**打倒反动的阶级斗争论**

所谓的阶级斗争，就是大人们所施订愚民教育的一个方面，就是大人们为了统一七亿个中国国民的思想，为了使中国的老百姓驯服，所制造出来的一种理论。…

分类：现代 点击：4837 日期：2015-03-06

http://www.21ccom.net/articles/history/xiandai/2015030621847.html

图六：孩子们终于见到了天日

当年网海遇共识，相亲相爱两相悦。而今见共不见识，唯有泪眼对残月。

图十一：捐献给北大的文稿

2014年10月，率领一大帮孩子，远渡重洋，奔赴北大。孩子们的出生时间，从文革一直到本人出国。来迎接的印红标先生大吃一惊："你有这么多孩子，我的包都装不下了。"

（不平按：这是一篇较早的《创刊宣言》，写作时间应为 67 年末 68 年初。）

最高指示

"不要压青年人，让他冒出来。。。。。好的坏的都不要压。赫鲁晓夫我们为他出全集呢。"

"对青年人的文章，好的坏的都不要压。"

"百花齐放，百家争鸣。"

"毒草是要锄的，这是意识形态上的锄毒草。'整'人又是一件事。不到某人严重违法乱纪是不会受整的。"

"群众是真正的英雄。"

创刊宣言

文化革命，逍遥了很长一段时间。逍遥了以后，也想参加文化大革命。于是就想在这里创立一个专栏。

那末，这个专栏叫做什么名字呢？

这个专栏叫做《讲堂录》。

《讲堂录》是主席青年时代写的日记。主席在这本日记里，以一个刚投身进入社会的青年，写下了大量光辉灿烂的文字。

主席的青年时代，敢想、敢说、敢干、敢革命、敢造反。

主席的青年时代，"恰同学少年，风华正茂，书生意气，挥斥方遒。指点江山，激扬文字，粪土当年万户候。"

"自古以来发明家，创立新学派的，在开始时，都是年轻的，学问比较少的，被人看不起的，被压迫的。"主席的青年就是一个最好的证明。

向主席的青年时代学习，走毛泽东的道路，于是我就办了这个专栏。

有人说：用主席的《讲堂录》作为这个专栏的名字好像不大好吧？不过看现在的一些专栏，什么《湘江水》，《韶山松》，《湘江评论》实在也没有什么货色。还有什么《指点江山》，《激扬文字》，到底指点了多少江山，激扬了多少文字呢？而那些放毒放得很多的原《解放日报》，《中国青年报》，执行资产阶级反动路线的《新北大》则用的都是主席的亲笔题字。那末，这里用《讲堂录》作为名字，大约也不算什么罪过吧。

这个专栏又叫做《莽原》。

《莽原》是鲁迅先生曾经办过的一个刊物的名字。

鲁迅先生永垂不朽。

"鲁迅先生是中国文化革命的主将。他不但是伟大的文学家，而且是伟大的思想家和革命家。"

对于鲁迅先生的死，我是深感悲痛的。彼苍者天，歼我良人，如可赎兮，人百其身。鲁迅先生倘能活到现在，就能省去了许多事。周杨之流的命运也不会如此长了。不过现在是多说无益，还是办事要紧。

鲁迅先生在说及《莽原》时提到："中国现今文坛（？）的状况实在不佳。但究竟做诗及小说者尚有人。最缺少的是'文学批评'和'社会批评'。我之以莽原起哄，大半也是想由此引起新的这一种批评者。"鲁迅先生又说："我早就很希望中国的青年站出来，对于中国的社会、文明，都毫无忌惮地加以批评。由此曾编莽原周刊作为发言之地。可惜来说话的竟很少。在别的刊物，倒大抵是对于反抗者的打击。这实在是使我怕敢想下去的。"

这个专栏就准备学习鲁迅先生的思想，学习鲁迅先生的精神，继承鲁迅先生的遗志。并以为主席所说的"指点江山，激扬文字"和鲁迅先生所说的"文学批评"，"社会批评"同属于一个意思。

鲁迅曾经研究了中国人的特性，本刊也准备来探讨一下现时代中国人的特性。本刊还准备发表一些鲁迅先生的文字。

鲁迅先生曾经说过他的脾气是"喜欢揭穿假面目"，本刊也就为了继承鲁迅这一精神，专门"揭穿假面目"，"使麒麟皮下露出马脚"。

倘按照以后一篇批判文章的说法，那就是：本刊"摆出了一副雄赳赳的架式，准备来指点一下江山，激扬一下文字，进行一下社会批评。"

本刊今后将发表哪一些文字呢？《反对奴隶主义》，《论革命》，《热烈欢呼毛主席12.17指示的发表----毛主席语录摘录》，《论阶级性》。

这专栏又叫做《实话集》。

马克思的女儿燕妮问马克思："你最珍贵的品德是什么？"马克思回答说："对一般人来说，朴实。"

毛主席说："什么人是老实人？马克思、恩格斯、列宁、斯大林是老实人，科学家是老实人。"

毛主席也是老实人。我们要向革命导师学习，向毛主席学习，就应该学习他们做一个老实人。

回溯历史，讲真话的都是不得志的。毛主席说："历史上敢于讲真话的如比干、屈原、朱云、贾谊等这些人都是不得志的，为原则而斗争的。"

旧社会，鲁迅也是一个敢讲真话的老实人。

新社会，"老实人，敢讲真话的人，归根结底于人民事业有利，于自己也不吃亏。"

什么叫老实人？老实人就是想到什么就说什么。假如心里明明是毒草，嘴里出来就变成了香花。这种人虽然貌似革命，其实却连个老实人都不是。

如何说实话呢？譬如看见人脸上肿了，不会说："你比以前胖多了。"而直接说："你脸上怎么被人打肿了。"就是这个意思。

这个刊物就准备继承鲁迅"语丝派"的特色："任意而谈，无所顾忌"。

鲁迅先生说："我们能够大叫，是黄莺便黄莺般叫；是鸱[号鸟]便鸱[号鸟]般叫。我们不必学那才从私窝子里跨出脚，便说'中国道德第一'的人的声音。"那末我现在就按照上帝给我的嗓子大叫———虽则我还不知道是什么样的嗓子，是黄莺的还是鸱[号鸟]的。

有人说我憋不住，跳出来了。这话不对。我为什么憋不住呢？但是我不愿意憋，做一个老实人不好吗？为什么要有话不说，要憋在肚子里呢？

这个专栏又叫《反映集》。

毛主席说："在阶级社会中，每一个人都在一定的阶级地位中生活，各种思想无不打上阶级的烙印。"

林付统帅说："每一个人在思想上都有阶级的烙印。没有一个人不是属于某一个特定的阶级，总是隶属于一定的社会关系，一定的阶级。""人哪，任何人都不是一个单独的个人，他总是社会的人。"

这个专栏的文章固然大都是我写的，但它所代表的却是某一群人的思想。为了能使大家明白这一群人的思想，我愿把它整理出来，亮相、暴露于无产阶级和人民大众的面前，使大家能够知道这一群人的思想，从而决定自己的方针，学习、促进还是帮助、改造。就这个动机来说，我想应该说是一件好事吧。

有一位好心的朋友，在看了这专栏以后，向我提出了一个忠告："你是否应该为自己的下场考虑得更周到些？"

我如此回答："我一个个人有什么要紧呢？中国有七亿人口。多一个我，少一个我又有什么要紧？然而人总是阶级的人，这个专栏所代表的，则是一群人的思想，所以我认为要紧的倒是这些文章。"

想来我们的左派也明白这个道理，所以他们主要是和这种思想作战，和这股思潮作战，对我个人是不大会加以迫害的。你们和这种思想、这股思潮作战，才能显得你们有毛择东思想，才能使你们得到锻炼。你们和我个人作战，有什么稀奇呢？我一不会摔跤，二不会拳击。

这个集又叫《肥田集》。

有的同志说:"你是在放毒！"

气势汹汹，吓了我一跳。我连忙回答："对，对，我是来放毒来了。"

在阶级社会中，被一部分人认为是香草的，必定被另一部分人认为是毒草。这又有什么稀奇呢？

在社会上，只要存在着两种或两种以上意见的，那末就必然有一种是香花，有一种或一种以上是毒草。只要有争论，有相互批评，就必然有毒草。试问，毒草有什么稀奇呢？

文化革命以前，毒草布满各个阵地，也没有什么稀奇嘛。社会仍然在前进，人民的江山仍然非常巩固，社会主义事业仍然蒸蒸日上，人们的思想觉悟仍然是不断地得到提高。那末，经过文化大革命，在人们的思想觉悟得到了普遍的提高的今天，各个阵地到处都在宣传毛泽东思想，有我一枝毒草又有何妨呢？

毛主席在57年说："最近一个时期，有一些牛鬼蛇神被搬上舞台了，有些同志看到这个情况，心里很着急。我说有一点也可以。过几十年，这样的牛鬼蛇神都没有了，想看也看不成了。"现在的毒草不是一些而是一枝，这就更无要紧了。

毒草，你们怕不怕呢？毛主席说："不要怕放，不要怕批评，也不要怕毒草。"想来你们是不怕的。假如你们不怕的话，那末让它放放又有何妨呢？你们不是牢记主席的教导吗："资产阶级，小资产阶级，他们的思想意识是一定要反映出来的。。。。要他们不反映不表现是不可能的。我们不应当用压制的办法不让他们表现，而应当让他们表现。同时在他们表现的时候和他们辩论，进行适当的批评。"那末就让它表现吧！你们敢不敢让它表现呢？

毛主席说:"毒草,只有让它们出土,才便于锄掉。"怎么样,你们敢让它"出土"吗?

毛主席说:"革命的政党,革命的人民,总是要反复地经受正反两个方面的教育,经过比较和对照,才能够锻炼得成熟起来,才有赢得胜利的保证。"你们对这样一份毒草又怕什么呢?

毒草,毒草,最毒不过是赫鲁晓夫的言论,刘少奇的《修养》了吧。赫鲁晓夫的言论,我们还为他出全集呢。刘少奇的《修养》流毒全国全世界,也没有什么稀奇么。你们看到这么小小的一枝毒草,为什么就害怕了呢?

马列主义要发展,毛泽东思想要发展,怎样发展呢?

"真理是在同谬误作斗争中发展起来。马克思主义就是这样发展起来的。马克思主义在同资产阶级、小资产阶级的思想作斗争中发展起来,并且只有在斗争中发展起来。"

"同那些反马克思主义的东西进行斗争,就会使马克思主义发展起来。这是在对立的斗争中的发展,是合乎辩证法的发展。"

那么,本刊就准备促使真理,促使马克思主义,促使毛泽东思想进一步发展。

今天,有很多同志想成为左派,怎样才能成为左派呢?

伟大的马克思列宁主义、毛泽东思想是批判的、斗争的。你要成为左派,你就要进行批判、斗争。那末,今天本刊就来成全他,本刊专门供他批判之用。

毛主席说:"反革命的围攻,锻炼出革命的左派,这是历史的辩证法。"左派,是在斗争中成长起来的。我的这种文字,并不能算围攻,不过愿意和批判者进行一些辩论。我之希望,这些革命的左派,也勿对我施以围攻。如果这些文字,只锻炼出了一些不敢进行辩论,辩不过,只能依仗着已有的势力,进行围攻的左派,我是很感悲观的。

将自己作一牺牲,用来提高大家的水平,锻炼出几个革命的左派,我是不会推辞的。倘用鲁迅先生的话说,就是"但有一点只要能培一朵花，就不妨做做会朽的腐草的近于不坏的意思。"毛主席说："在这点上，毒草有功劳。""草锄过来，可以作肥料。"

倘若本刊能够尽到它的责任：促使马列主义、毛泽东思想进一步发展，培养出几个左派，使左派得到锻炼提高，也不亏了。

故而本刊又取名为《肥田集》。

本刊又叫做《争鸣集》。

左派先生们，一个二十多岁的青年人在这里摆开了阵势，向你们挑战了。你们不是有些已经逍遥了吗？振作起来，投入战斗吧。

左派先生们，你们有胆量、有种来应战吗？

假如你们应战的话，这里先约法三章：

1。为了能够使更多的人有机会参战，有机会批判毒草，有机会在批判中提高毛泽东思想的水平，除批判之外，不得采用种种手段，对本刊加以扼杀。

2。我们之间，打的是笔墨官司，看是谁掌握毛泽东思想更多些。为此，除纸上交兵以外，不得对本人加以迫害。

有人听了要大怒：我们之间进行的是阶级斗争。我说，这样说当然可以。但阶级斗争也有一个形式。譬如鲁迅同旧社会反动文人之间进行的也是阶级斗争，而所采取的形式，则是笔墨官司。那末这里采取笔墨官司的形式，又有什么不可以呢？你们说是阶级斗争，我还不承认你们的批判文章全是马列主义呢？怎么，敢进行辩论吗？看看到底谁代表无产阶级。

毛主席说："马克思列宁主义是科学。科学是不怕论战的，怕论战的不是科学。"毛主席又说："毒草是要锄的。这是意识形态上的锄毒草。整人又是一回事，不到某人严重违法乱纪是不会整的。什么叫严重违法乱纪？就是国家利益和人民利益受到严重损害，而这种损害是在屡诫不听、一意孤行的情况下引起的。"这段语录，请同志们牢记。写这样几篇供大家批判的文章，想来不算是严重违法乱纪吧。

即使有人说："言者有罪。我们要对你实行专政。"

那末我说也可以，只是希望等本刊办完以后，等战斗结束以后，好不好？

为什么要这样呢？列宁说："真理是在争论中确立的。"毛主席说："各种意见辩论的结果，就能使真理发展。"

你们说本刊是毒草，究竟不是你们说了算。还是进行一下争论，进行一下辩论，好不好？倘若专了政，那末当然就没法再争论、辩论，没法使真理发展。你看，这多不好。

左派先生想来是比较宽大的，你们不是常说吗：各种思潮是一定要上台表演的，你们不是常说吗：资产阶级，小资产阶级的思想是一定要反映要表现出来的。那末，就请你们等本刊办完以后再实行专政，否则，得不到表现，多不好。

在旧社会，多少敌人向鲁迅发起进攻，鲁迅用一支笔，赢得了胜利。现在正是无产阶级专政，人们的思想觉悟已经普遍提高，难道你们单凭一支笔不够用了吗？

况且，你们是先对我实行了专政，然后再从报刊上，大批判专栏中，各个阵地向我抛来一顶又一顶的大帽子。这并不显示你们的英雄，对不对？倘若你们真是英雄，你们真的以为自己手中掌有战无不胜的毛泽东思想，你们就应该让我开口。你们有多少人呢？很多很多。你们有多少阵地呢？有报纸，有传单，有大批判专栏，而我，只有这么一个地方，只有一个人。你们又何以匆匆地对我实行专政呢？何以不敢让我讲话呢？

我以一个经历了文化大革命的受过十几年教育的青年，既非幕后所使，更无后台可寻，也可以算是初出茅庐。如果你们这些左派先生以我这样幼稚的理论也感到害怕，必须先实行了专政再来战斗。这种左派，我很替他担心：遇到大风大浪将怎么办？

毛主席说："马克思主义是科学真理，不怕批评，它是批评不到的。"我现在就让你们批评，并且非常欢迎你们批评。你们敢不敢让我批评呢？敢不敢让我开口呢？你们论战还没有结果，就对我实行了专政，这就显示出你们手中没有真理，对不对？

在我们同苏联现代修正主义进行公开论战的时候，我们说："斯大林在同托洛斯基斗争的时候，就敢于公布托洛斯基的言论，因为真理在斯大林手里。我们敢于公布你们的材料，因为真理在我们手里。你们不敢公布被你们称之为'新托洛斯基主义'的材料，因为你们害怕真理，害怕阳光，害怕人民群众识破你们的原形。"现在你们自称是学到了战无不胜的毛泽东思想。那么你们敢不敢让我开口呢?敢不敢让本刊办完呢?这大概也可算作是试金石吧!

总之，归结到一句话。假如你们自以为手里掌有真理，掌有战无不胜的毛泽东思想，那么就敢于让本刊办下去。如果你们硬要对我实行专政，也只希望你们能等本刊办完以后。像我这样一个青年人，上无上天之路，下无入地之门，待本刊办完以后再实行专政，试问有什么关系呢?如果你们在论战刚开了一个头，就对我实行专政，我就说，这是因为你们手里没有真理的缘故，所以你们不敢进行争论。你们匆匆实行专政的目的，也不过是为了剥夺我争论的权利。你们怕争论。如果你们是马列主义者，你们就敢于等本刊办完。那有马列主义者怕毒草，那有马列主义者怕批评的道理呢?如果你们论战刚开了一个头就对我实行专政，那么我就说，你们比鲁迅的敌人更不如。鲁迅的敌人虽然没有真理，还敢于让鲁迅开口，而你们连这一点都不敢。

你们的批判文章前面，引用的第一条语录就是："凡是错误的思想，凡是毒草，凡是牛鬼蛇神，决不能让它们自由泛滥。"我说，好极了。本刊非常欢迎你们批判。但是主席接下来又说："但是，这种批判，应该是充分说理的，有分析的，有说服力的，而不应该是粗暴的、官僚主义的，或者是形而上学的、教条主义的。"那么，等本刊办完了再实行专政正可以帮助你们提高水平，使你们的批判"是充分说理的，有分析的，有说服力的"，否则，一来就对我实行了专政，谁知道你们的批判是官僚主义的还是充分说理的，是形而上学的还是有说服力的，是教条主义的还是有分析的，谁知道你们的批判是以香花批毒草还是适得其反?谁知道你们加在我头上的罪名是"莫须有"还是"莫须无"?

假如这些文章都被左派先生驳倒了，那么我不怨天，不怨地，就怨自己毛泽东思想的水平太差。然而倘若这些理论不是被驳倒而是被一群害怕真理的小丑所谋杀，那么这当然也并非人力所能挽回的了。因为我还没有可能采用这些手段，因为这些小丑可能是多数！"历史上新的正确的东西，在开始的时候常常得不到多数人承认，只能在斗争中曲折地发展。正确的东西，好的东西，人们一开始常常不承认它们是香花，反而把它们看作毒草。"

引两段主席语录与诸君共勉。

"放，就是放手让大家讲意见。使人们敢于讲话，敢于批评，敢于争论。不怕错误的议论，不怕有毒素的东西。发展各种意见之间的相互争论和相互批评。既容许批评的自由，也容许批评批评者的自由。"

"总之，让人家讲话，天不会塌下来，自己也不会垮台。不让人家讲话，那就总有一天要垮台。"

"各种不同意见辩论的结果，就能使真理发展。"

列宁语录："真理是在争论中确立的。"

那么，本刊就准备来参加一下争论，进行一下相互批评。为此，本刊又取名〈争鸣集〉。

以后的批判文章里，象"诬蔑"一类的字眼是不必用上去的。我不喜欢诬蔑。只喜欢讲实话。当你将这个罪名加到我头上的时候，请先考虑一下。事实是否真如我所说的那样。假如事实是否真如我所说的那样，那就不是我在诬蔑你，而是你自己在诬蔑你了。譬如我说你脸上被人打肿了，就先检查一下，自己脸上是否被人打肿。倘若是被人打肿了，就承认，默认也可以，只是不要否认。最没出息的是倒打一耙：诬蔑。好像这样一下就可以使自己脸上的肿退下去似的。

有些左派先生看了本刊，可能会感到怒愤填膺。我说，这可不大好。这些思想是存在的，不过以前你不知道，现在让你知道了。假如你要平静，那么你还是回家去吧。你就当这里没有这个专栏。正像这个专栏出来以前，你以为没有这种思想而不发怒一样。要知道，你看到的还只不过是一部分毒草，本刊还没有办完呢。倘若等到本刊办完，有更毒的毒草出来,你岂不要气死?唉,那可不大好。社会还正需要你们呢。还是头脑冷静一些,运用毛泽东思想来分析,来批判,好不好?况且,以前刘氏黑修养出笼,流毒那么广,你是否怒气冲天呢?以前舞台上那么多牛鬼蛇神,你是否怒愤填膺呢?如果没有,那么还是将这怒气放到第二本修养出笼的时候再去冲天吧。现在已经有这么多左派先生在批判本刊,正无须你再来发怒。

有些左派先生大叫"砸烂肥田"。那么,我仍然用前面的意思来回敬他。伟大的马列主义毛泽东思想是批判的,砸烂了,就失去了批判的对象。真理是在同谬误的斗争中成长起来的,砸烂了,无以斗争,也就无以成长。砸烂了,失去了这样一个反面教员,似乎也有点可惜。

仍举鲁迅为例。是鲁迅的敌人要砸烂<语丝>砸烂<莽原>呢?还是鲁迅需要砸烂那些乌七八糟的东西?显然是前者。鲁迅,凭着手中一枝笔已经够用了。为什么要砸烂呢?就是因为手中的笔不够用。现在的左派先生是手中掌有战无不胜的毛泽东思想的,那就更无需砸烂了。

况且,那些高叫砸烂的同志们,赫鲁晓夫的言论集,你们是否砸烂了呢?

有人赫然的一条罪状是:"你干扰斗争大方向。"那我就用鲁迅的话来回答他:"倘使诚然如此,则一个人的魄力何其太大,而许多人的魄力何其太无呢?"斗争大方向,岂是我一个毛头小孩所能干扰得了的?况且又有你们这么多左派先生,这实在有点杞人忧天。

有人唯一的理由,是怕有人中毒。因为倘无人中毒,那么让它存在也就无所谓了,大可不必扼杀。毛主席说:毒草"愈带艺术性,就愈能毒害人民。"但是象这份刊物呢,丝毫没有一点艺术性,语言是干巴巴的。有的只是学理的研究,社会的批评。不是有人说吗:本刊"文理不通,简直要硬着头皮才能把它读完。"想来喜欢硬着头皮的人是不多的,更无所谓中毒了。只有左派,才会为了批判的需要,硬着头皮来读完它。这就好极了。用鲁迅的话说:"至于说他流毒中国的青年,那似乎是过虑。倘有人能为这类小说(?)所害,则即使没有这类东西也还是废物,无从挽救的。"

《肥田集》创刊宣言

（不平按：这一篇《创刊宣言》应该比前一篇晚了几个月。）

这里，将有几篇文章要同大家见面。

它的内容将是些什么呢？社会是充满矛盾的，并且由于这些矛盾，推动着社会前进。这里，它将讨论这些矛盾，它将讨论社会上的很多为什么。

倘若按照某一篇批判文章的话来说，那就是本刊"摆出了一付雄赳赳的架式，准备来指点一下江山，激扬一下文字，进行一下社会批评。"

当然它丝毫没有想到过要对自己讨论的问题作出正确的结论，它只是想告诉人们，以本刊为代表的一部分人对这些问题是如何想的。

这一部分人或许是地主阶级，或许是资产阶级，或许是其他什么阶级。不管这一部分人是谁，这样做，难道不是有益的吗？

社会上正在轰轰烈烈的开展着革命的大批判，批判资产阶级，批判各种反毛泽东思想的谬论。然而你们对资产阶级的东西究竟了解了多少呢？假如你们不了解，这批判岂不成了无的放矢？假若正如某人所说的，本刊所暴露出来的，全是资产阶级的东西。那么我想，正如俗语所说，知己知彼，百战百胜。倘若它能够帮助无产阶级更多地了解一些自己批判的对象，它的任务，也就算是完成了。

无产阶级有一点可以自豪的：我们无产阶级从来不隐瞒自己的观点。作者在其他方面与无产阶级或许都不同甚至相反的罢，然而在这一点上，却偏偏也想来向无产阶级学习，也不想隐瞒自己的观点。不知人们，或者无产阶级允许不允许它向自己学习？

"资产阶级，小资产阶级，他们的思想意识是一定要反映出来的"，那么现在它就来反映了。

人们问，在我们国家里，马克思主义已经被多数人承认为指导思想，那么，能不能对它加以批评呢？

毛主席回答说"当然可以批评"。回答得好。

现在本刊就准备来进行一点儿批评。请问很多誓死捍卫毛泽东思想的同志，你们是否准备捍卫这一最高指示呢？

本刊为什么要出世呢？它的目的是什么呢？

毛主席说："有比较才能有鉴别。"本刊只是想让真理放射出更加夺目的光辉。

毛主席说："有鉴别，有斗争才能发展，真理是在同谬误作斗争中发展起来的。"本刊就想促使真理进一步发展。

毛主席说："而正确的意见如果是在温室里培养出来的，如果没有经风雨，没有取得免疫力，遇到错误意见就不能打胜仗。"本刊也谈不上什么风雨，最多不过是几滴小雨滴。不过它也想让真理经受一下考验，以保证真理今后遇到错误意见能战无不胜。

不是有很多同志想成为左派吗？左派是如何出来的呢？是在斗争中斗出来的。可惜的是现在的一些同志感到无东西可斗。那么，现在本刊就来成全他了。本刊就是准备培养出几个左派。

"革命的政党，革命的人民，总是要反复地经受正反两个方面的教育，经过比较和对照，才能够锻炼得成熟起来，才有赢得胜利的保证。"也正是为了这一革命的需要吧，本刊作为一个反面教员跳出来了。

本刊出世后，有很多同志感到高兴。他们说又一个反面教员跳出来了。本刊只是希望，假若你们果真认为本刊是反面教员，也请让本刊享受一下教的自由。倘无教的自由，又何以谈得上反面教员呢？

正是为了以上的目的，本刊起名为〈肥田集〉。

罪名全部不必加上来。肥田集的出世，全是出于以上一些良好的动机。

本刊出世后，将会引起那几种舆论呢？

文革孽文　　　　　　　　　　　　　　　　第二篇

一。看了〈肥田集〉之后，我感到怒气冲天。

我说，这可不大好。这些思想是存在的，不过以前你不知道，现在不过让你知道了罢了。假如你要平静，那么你还是回家去做你的好梦吧。你就当这里没有这个专栏。正像这个专栏出来以前，你以为没有这种思想而不发怒一样。旧社会鲁迅处在这么多毒草面前不过是"横眉"而已。现在，你只看到了这么一点毒草就大动肝火了。让你看到的毒草多一点，你岂不要气死？唉，那可不大好。社会还正需要你们呢。本刊出世的目的原想培养几个左派。倘若目的还没有达到，先把你给气伤了，岂不又给本刊增加了一条罪名？即使为了成全本刊，也请先生不要发怒。还是头脑冷静些，运用毛泽东思想来进行分析批判，好不好？

况且，以前刘氏黑修养出笼，流毒那么广，你是否怒气冲天呢？在中宣部阎王殿的统治下，那么多牛鬼蛇神，你是否怒气冲天过呢？如果没有，那么还是将这怒气放到第二本修养出笼的时候再去冲天吧。现在已经有这么多左派先生在批判本刊，正无须你再来发怒。

二。你是在放毒。

气势汹汹，吓了我一跳。我连忙回答："是，是，我是来放毒来了。"

在阶级社会中，被一部分人认为是香草的，必定被另一部分人认为是毒草。这又有什么稀奇呢？

社会上，只要人们存在着先进落后，只要存在着争论，只要存在着两种或两种以上意见，就必然存在着毒草。毒草有什么稀奇呢？

"没有假丑恶就没有真善美"，没有毒草就没有香花，"任何时候，好同坏，善同恶，美同丑这样的对立，总会有的。香花同毒草也是这样。"毒草，又有什么稀奇呢？

香花就是在同毒草的斗争中斗出来的没有旧社会的这么多毒草，鲁迅就不成其为伟人。毒草，又有什么稀奇呢？

文化革命以前，毒草布满各个阵地，社会仍然在前进，人民的江山仍然是如此的巩固，社会主义事业仍然蒸蒸日上，人们的思想觉悟仍然是不断提高。如今，经过文化大革命，人们的思想觉悟普遍提高，香花遍地开放，有这样一枝毒草又有何妨？

　　毛主席在57年说："最近一个时期，有一些牛鬼蛇神被搬上舞台了，有些同志看到这个情况，心里很着急。我说有一点也可以。过几十年，这样的牛鬼蛇神都没有了，想看也看不成了。"如今这里的毒草不是一点而是一枝，这就更没有要紧了。

　　毒草，毒草，最毒不过是赫鲁晓夫的言论了吧，我们还为他出全集呢。

　　"毒草，只有让它们出土，才便于锄掉。"怎么，敢让它出土吗？

　　正因为是毒草，才拿到这里来肥田。倘若是香花，还不舍得肥田呢。

　　三。砸烂肥田。

　　为什么要砸烂呢？伟大的马克思列宁主义，毛泽东思想是革命的，批判的。砸烂了，就失去了批判的对象。这不是很可惜的吗？真理是在同谬误作斗争中发展起来的，砸烂了，没有斗争，真理的发展就只能停止了。这不是很可惜的吗？除了你们要砸烂的同志以外，还有很多同志正在努力的批判本刊，希望在批判的过程中多掌握一点毛泽东思想，能成为一个左派。砸烂了，他们的如此好的目的也达不到了。这不是很可惜的吗？对于广大的群众来说，失去了这样一位反面教员，也是很可惜的。

　　对于那些高叫砸烂的同志，赫鲁晓夫言论集，你们是否砸烂了呢？当时，"在一个期间内，不登或少登正面意见。。。本报以及一切党报，在五月八日至六月七日这个期间，执行了中共中央的指示，正是这样做的。"难道你们也要去砸烂吗？

　　倘若自知水平不高，批判不倒，那就在旁边看看，看别人是怎样批判的。这样，于自己才会提高。不要硬充好汉。好不好？

四。有一位好心的朋友，在看了这专栏以后，向我提出了一个忠告："你是否应该为自己的下场考虑得更周到些？"

我回答说："我个人有什么要紧呢？中国有七亿人口。多一个我，少一个我又有什么要紧呢？倘若我只考虑到个人而放弃如此崇高的动机，那岂不是私字在作怪吗？将自己作一牺牲，促使真理进一步发展，提高大家的毛泽东思想水平，对一些伤风鼻塞，嗅觉不灵的，给他医疗医疗，锻炼出几个左派，我是不会推辞的。倘用了鲁迅的话说，"但有一点只要能培一朵花，就不妨做做会朽的腐草的近于不坏的意思。"倘若如此高尚的目的达不到，连做腐草的资格都没有，那将是我真正感到遗憾的。

自然，还有其它各种舆论，等以后再加评述。

左派先生们，一个二十多岁的青年人在这里摆开了阵势，向你们挑战了。你们敢应战吗？

恩格斯在〈反杜林论〉中说："况且在我的书出版之后，柏林大学曾经以过分不公正的态度对待杜林先生，所以我对他必须更加遵守文字论战所应遵守的一切规则。"

诸位左派先生们，这里咱们再约法在先：这里进行的是笔墨官司，请你们也遵守文字论战的一切规则，不要以"过分不公正的态度"对待我，如何？

有些同志听了要大怒：我们进行的是阶级斗争。我说，何尝不是阶级斗争呢？然而阶级斗争总得有个形式。笔墨官司也可以嘛。恩格斯和杜林之间不是阶级斗争吗？然而恩格斯是遵守文字论战的一切规则的。鲁迅和资产阶级文人之间进行的不是是阶级斗争吗，然而鲁迅只不过是笔墨官司而已。那末为什么你们进行阶级斗争就不可以是笔墨官司了呢？是不敢吗？希望你们不至于如此。

毛主席说："反革命的围攻，锻炼出革命的左派，这是历史的辩证法。"本刊虽然是极想培养出几个左派，然而它并不能算是围攻。倘若我们的左派先生连这点刺激都受不了，那将是很令人遗憾的。

以我一个二十多岁的年轻人，既非幕后所使，更无后台可寻，也可以算是初出茅庐。如果我们的些左派先生对这样幼稚的理论都对付不了，而需要违反文字论战的规则。用上海话说："输得发极，赖皮了。"这样的左派，我很替他担心：遇到大风大浪将怎么办？在资产阶级专政的时候，也许早成了叛徒了。

　　左派先生们，希望你们能针对本刊，写出一些质量高的，有说服力的，击中要害的文章。这样才能使你们更上一层楼。然而如何知道你们的文章是质量高的，有说服力的，击中要害的的呢？那就是放手让本刊反驳，倘若本刊驳不倒，那就证明你们的文章水平高。这是唯一的试金石。怎么，敢拿你们的文章到这个试金石上来试一试吗？

　　马克思对整个资本主义世界，对全世界的资产阶级进行了批判。马克思遭到了资产阶级的迫害。毛主席青少年时代，高举革命造反的大旗，大造了资产阶级的反，毛主席也遭到了资产阶级的迫害。鲁迅凭着手中的一枝笔，对整个旧社会的黑暗统治进行了揭露批判，鲁迅也遭到了资产阶级的迫害。在苏联，人们对赫鲁晓夫的统治表示了不满，被丢进了疯人院。在波兰，人们对哥穆尔卡的政策提出了异议，被关进了班房。那么现在，这样的几篇文章，不知会得到什么结果。

　　"肥田跳出来同无产阶级专政较量了。无产阶级专政将砸得他粉碎。"

　　你们的这句话是说得不错的。像我这样一个青年人，上无上天之路，下无入地之门。要用专政来将我砸碎，岂非轻而易举之事？倘是如此，本刊再不顾到良好的动机，就宣布投降。只是投降之余，略微感到有点遗憾：马克思，恩格斯和全世界的资产阶级专政较量了一辈子，资产阶级专政没有能遏其威风。毛主席青少年时代"指点江山，激扬文字"，资产阶级专政也没有能遏其威风。鲁迅和资产阶级专政较量了一辈子，资产阶级专政也没能将他砸得粉碎。如今，就这么一个刊物，几篇文章，就要被砸得粉碎。这就是我感到遗憾的。

　　马克思，恩格斯当时批判了多少形形色色的资产阶级唯心主义者。鲁迅凭着一枝笔，荡涤了多少资产阶级文人。而今，你们的对手只不过是一个年轻人。你们有多少人呢？很多很多。你们有多少武器呢？很多很多。到处是你们的队伍，到处是你们的大批判专栏。然而你们感到不够用，觉得荡涤不到，而需要动用"专政"，这将是本刊感到遗憾的。

鲁迅当时千夫所指，仅不过横眉而已。倘若现在的左派，对我一夫所指都感到应付不了，这将是很可悲的。

我们的一些左派先生，据说都是掌握了毛泽东思想的，据说都是誓死捍卫毛泽东思想的。倘若他们所誓死捍卫的毛泽东思想，原来就是违反文字论战的规则。他们所掌握的毛泽东思想，不过是剥夺我的一些权利。这实在是一个很大的讽刺。

有人唯一的理由，是怕有人中毒。因为倘无人中毒，让它存在也就无所谓了，大可不必扼杀。然而不正是你们说吗：本刊文理不通，简直要硬着头皮才能把它读完，要读完它简直是一场大灾难。想来喜欢硬着头皮的人还是不多的，更无所谓中毒了。只有左派，才会为了批判的需要，来遭受这一场灾难。这就好极了。用鲁迅的话说："至于说他流毒中国的青年，那似乎是过虑。倘有人能为这类小说(?)所害，则即使没有这类东西也还是废物，无从挽救的。"假如真有人中了本刊的毒，那将是很遗憾的。这说明我们这些左派先生的文章，人们硬着头皮还是读不完。本刊所有的良好的动机也就落空了。

引用两段语录作结尾。

"总之，让人家讲话，天不会塌下来，自己也不会垮台。不让人家讲话，那就总有一天要垮台。"

斯大林在同托洛斯基斗争的时候，就敢于公布托洛斯基的言论，因为真理在斯大林手里。我们敢于公布你们的材料，因为真理在我们手里。你们不敢公布被你们称之为'新托洛斯基主义'的材料，因为你们害怕真理，害怕阳光，害怕人民群众识破你们的原形。

读左家发的事迹有感

有很多人都在学习讨论左家发的事迹。那么，左家发的事迹说明了一些什么问题呢？

它说明了左家发是一个无私或者私心很少的人。

然而它并没有说明"国家的事再小也是大事，自己的事再大也是小事"。

为什么如此说呢？就因为左家发的妻子死了，这对左家发来说并，并非单纯的属他"自己的事"。

个人的私人的事往往是和国家的事连在一起的，是不能截然分开的。

左家发的妻子死了，这难道仅仅是左家发个人的事吗？假如回答是肯定的，那么也就是说，他的妻子是属于他个人的。也就是说，汽车司机出了车祸，是司机和死者家属之间的事，也就是说虐待谋杀妻子无罪。

他的妻子确实是属于他的，然而更是属于国家的。他的妻子被撞决非他个人的事，他的妻子倘若不被撞死，就能多为国家工作几十年，对于社会来说，也就多了一枚螺丝钉，多了一个同志参加文化大革命。倘若他的妻子是造反派，那么造反派的队伍中就又增加了一份力量。我们不必说其他的，只说出了这样一件事故，对于他的妻子来说是少了一个人参加文化大革命，而对于司机来说则仅仅是对于一个人参加文化大革命有影响。这两件事比较一下，试问：两者于革命的关系孰大孰小？试问"个人的事再大也是小事，国家的事再小也是大事"又表现在何方呢？

现在是有了这样一个左家发的事迹，不过我们可以想象得到，有很多出过事故的司机，在出了事故以后对于他的工作是有影响的。那么，这岂不是说，这是不应该的，是被撞死撞伤的人的个人的事影响了国家的事？以后你们有谁被撞伤了么？那么快去安慰司机，否则就是影响了国家的事，这就是某些人劝说人们应该行的怪文。

那么左家发这样做，难道错了么？不，这事说明了既成事实未成事实的关系。事实是如此：司机撞伤了他的,他的妻子已经不能复活了。这是一个无法补救的既成事实，无论你给司机加上多大的罪名，反正对于他的妻子的生命已经无影响了。而办罪呢，对于未成事实：将影响司机参加文化大革命，是有作用的。那么就放弃了既成事实，而追求对于未成事实的作用。前者对于革命的影响固然是大：使革命队伍中少了一位同志，但已经成为既成事实。后者于革命的影响虽然是小，仅仅影响到一个人参加文化大革命，却是可以看到的未成事实。那么我们所要做的就是后者的工作。

　　再举一个什么样的例子来说明这样一个关系呢？有个同志在联司问题上受了蒙蔽，站错了队，犯了错误，这已经是既成事实。那么我们所要做的，就是在这之后，如何避免他背上一个犯错误的包袱，影响他的工作。

　　至于说到以后如何吸取教训，如何不站错队，就正像司机以后驾驶时如何谨慎小心，不再撞伤人出事故一样，不再多说了。

鲁迅斥遗少

鲁迅在当时和封建余孽、遗老遗少作了坚决的斗争。

我今将遗老遗少给以新的解释：鲁迅先生当时斥骂过很多人，这些人现在还存在，那么这老的就称作遗老，少的就称作遗少。

这种遗老遗少是该与他们作斗争的，在这里就将鲁迅先生的几段文字作一段发表，替这些遗老遗少画一副肖像。我的希望，就是这些遗老遗少看到这些文字后能感到一些脸红，像在镜子里看到了自己的脸孔一样：啊，原来我是这样丑的！从而产生一些改进的意思——至少是不再充英雄了，也就够了。

"那种表面上扮着革命的面孔，而轻易诬陷别人为'内奸'，为'反革命'，为'托派'以至于'汉奸'者，大多不是正路人。因为他们巧妙地格杀革命的民族的力量，不顾革命的大众的利益，而只借革命以营私。老实说我甚至怀疑他们是否系敌人所派遣。"

"所以中国人倘有权力，看见别人奈何他不得，或者有'多数'作他的护符的时候，多是凶残横恣，宛然一个暴君，做事并不中庸。

首先应该是扫荡的，倒是扛大旗作为虎皮，包着自己去吓唬别人，小不如意就倚势（！）定人罪名，而且重的可怕的横暴者。"

"倘若遇到攻击，他们也不必自去应战。因为这种蹲在影子里张目摇舌的人，数目极多，只需用mob的长技，一阵乱躁，便可制胜。胜了，我是一群中的人，自然也胜了；若败了时，一群人有许多人，未必是我受亏。大凡聚众滋事时，多具这种心理。也就是他们的心理。他的举动看似猛烈，其实却很卑怯。"

"我在北京这么忙，来客不绝。但一受段祺瑞、章士钊的压迫，有些人就立刻来索还原稿，不要我选定作序了。更甚者还要乘机下石，连我请他吃过饭也是罪状了。这是我在运动他；请他喝过茶也是罪状了，这是我奢侈的证据。"

要么是毫无定见，因而觉得此上没有一件好，自己没有一件不对。归根结底还是现状最好的人们。他现在为批评家而说话的时候，就随便捞到一样什么东西，以驳诘相反的东西。要驳互助说时用争存说，驳争存说时用互助说；反对和平论时用阶级争斗说，反对斗争时就主张人类之爱；论敌是唯心论者呢，他的立场是唯物论，待到和唯物论者相辩难，他却又化为唯心论者了。要么是用英尺来量俄里，又用法尺来量密达，而发现无一相合的人。

有的人看见这几段文字，可能要跳了起来："这简直是在影射我"。我想，这"跳起来"是大可不必的。还是先坐下来静静的思考一下：我是否有这种缺点？倘若有，那么也不必说我在影射你，就直接说我在斥骂你好了。鲁迅先生早就骂过这样一种人。你为什么到现在还要做这一种人？你身上有了疮疤，难道还不许别人揭了？如果你身上不存在这种缺点，那么看来将这几段文字和"你"联系在一起是大可不必的。何必要如此的过敏呢？

这几段文字就是在社会上的一些人——遗老遗少。至于其中是否包括你，我可不知道，需要你自己做检查。

鲁迅语录选

　　毛主席说，鲁迅"用显微镜和望远镜观察社会"，这是很真的。鲁迅先生用显微镜和望远镜观察了当时的人及人与人之间的关系，由此写下了大量优秀的文字，痛斥了当时的某些人和某些现状。现在解放还只有十八年，这种人这种现状当然不能就消灭。前面的有一篇文章摘录了鲁迅先生的几段文字，题名为《鲁迅斥遗少》。这篇文章，也摘录鲁迅先生的几段文字，题名为《鲁迅语录选》，让大家看看现在这种现状存在不存在。

　　教人当吃西瓜时，也该想到我们的土地被割碎，像这些西瓜一样。自然，这是无时无事而不爱国，无可訾议的。但倘使我一面这样想，一面吃西瓜，我恐怕一定咽不下去。即使用劲咽下去，也难免不能消化，在肚子里咕咚地响它好半天

　　但自己问：战士如吃西瓜，是否大抵有一面吃一面想的仪式的呢？我想未必有的，他大概只觉得口渴要吃，味道好，却并不想到此外任何动听的大道理。

　　我放下书，合了眼睛躺着想想学这本领的方法。。。冥想的结果，拟定了两手太极拳：一是对于世事要"浮光掠影"，随时忘却，不甚了然，仿佛有些关系，却又并不恳切；二是对于现实要"蔽聪塞明"，麻木冷静，不受感触，先由努力后成自然。第一种的名称不大好听，第二种却也是却病延年的要诀。远古之儒者也有不讳言的，这都是大道，还有一种轻捷的小道是：彼此说谎，自欺欺人。

　　扯一点子谎可以解无聊，也可以消闷气。到后来，忘却了真相信了谎也就心安理得，天趣盎然了起来。永乐的硬做皇帝，一部分士大夫是颇以为不大好的，尤其是对于他的惨杀建文的忠臣，和景清一同被杀的还有铁铉，景清剥皮，铁铉油炸。他的两个女儿则发付了教坊，叫她们做婊子。这更使士大夫不舒服。但有人说后来二女献诗于原问官，被永乐所知，赦出，嫁给了士人了。

　　这真是"曲终奏雅"，令人如释重负，觉得天皇毕竟圣明，好人也终于得救。她虽然做过官妓，然而究竟是一位能诗的才女，她父亲又

是大忠臣，为士的夫人，当然也不算辱没。但是必须"浮光掠影"到这里为止，不得想下去。一想，就要想到，永乐的上谕，有些凶残猥亵。。。。那就会觉得永乐皇帝决不像一位爱才怜弱的明君。况且那时的教坊是怎样的处所？。。。在这样的治下，这样的地狱里，做一首诗就能超生的么？

周朝父篡我没有见过，铁氏次女的诗，杭世骏也并非寻出根底。但我认为他的话是可信的——虽然他败坏了口口相传的韵事。况且一则他也是一个认真的考证学者；二则我觉得凡是得到大煞风景的结果的考证，往往比表面说得好听，玩的有趣的东西逼真。

今年一说起"近视眼匾"来，似乎很有几个批评家闷闷不乐，又来大做其他的批评，为免去蒙冤起见，只好特代作者在此声明几句：这故事原是一种民间传说，作者取来编作"狂言"样子，还在前年的秋天，本预备登在《波艇》上的。倘若其中仍有冒犯批评家的处所，那实在是老百姓的眼睛也很亮，能看出共通的暗病的缘故，怪不得传达者的。

第二，要爱护爱人。这据舆论，是大背革命之道的。但不要紧，你只要做几篇革命文字，主张革命青年不应该讲恋爱就好了。只是假如有一个有权者或什么敌人前来问罪的时候，这也许仍要算一条罪状。你会后悔轻信了我的话，因此我得先行声明：等到前来问罪的时候，倘没有这一节，他们就会找别一条的。盖天下的事，往往决计问罪在先，而搜集罪状（普通是十条）在后也。

这几天才悟到，暗暗的死，在一个人是极其惨苦的事。

中国在革命以前，死囚临刑，先在大道上通过，于是他或呼冤，或骂官，或自述英雄行为，或说不怕死。到壮美时，随着观看的人们，便喝一声彩，后来，还传述开去。在我年轻的时候，常听到这种事，我以为这情形是野蛮的，这办法是残酷的。

我所由此悟到的，乃是给死囚在临刑前可以当众说话，倒是"成功的帝王"的恩惠，也是他自信还有力量的证据。所以他有胆放死囚开口，给他在临死之前得到一个自夸的陶醉，大家也明白他的收场。我先前只以"残酷"还不是确切的判断，其中是含有一点恩惠的。我每当朋友或学生的死，倘不知时日，不知地点，不知死法，总比知道的更愁哀和不安，由此推想那一边，在暗室中毕命于几个屠夫的手里也一定比当众而死的更寂寞。

对武斗的诅咒（原无题）

"我总要上下四方寻求，得到一种最黑最黑最黑的咒文。先来诅咒一切反对白话，妨害白话者。即使人死了真有灵魂，因此最恶的心应该堕入地狱，也将决不改悔，总要先来诅咒一切反对白话，妨害白话者。"这是鲁迅先生的话。

我今天也要上下四方寻求，但得到的一种最黑最黑最黑的咒文是用来诅咒发明武斗，鼓吹武斗，推行武斗者。此无他也，时势异也。

文化大革命，产生了武斗，也实来可称是一个损失。清华大学的蒯大富，我佩服他，敢于和王光美之流斗争到底，确实不简单。同时我又觉得他的运气真好，在成为响当当的左派的过程中还没有遇到武斗，否则有了武斗，不知他将会怎么样，是否还能成为左派。不过清华园内当时虽然还没有武斗，到确实是只剩下一个人了。

倘若在鲁迅那时发生武斗，我想无论从人数或是其他方面来说，鲁迅大约都是不能取胜的，赤裸裸的反动派自然不必说，便是周扬之流，喝一声道"朕即党也。你反朕即反党也，与我抓起来，要他好好承认便罢。"或者不必抬出一个"朕"字，仅用一个"他在和党唱对台戏"也便够了。那总该有一批人罢，受蒙蔽者或者像黑修养所说的那样在社会上找不到生活等种种原因而参加党的投机分子，野心家之流，气势汹汹地打上门去——这是拿了棍棒打上门去，而不是写了多少文字打上门去。将鲁迅锻成一个反对国防文学，即是拿了日本的日币。这其实是极其简单的，它丝毫也不需要什么理论，只需在罪名之下加以棍棒就够了。鲁迅是死得太早了，没有能够撕下周扬之流的假面具，倘使话久了，自然仍然是揭。然而，恐怕也就要遭到这种命运。因为周扬之流在论台上是敌不过鲁迅的，只能更加暴露自己，以自己的最后失败而告终，那只能使用这一着了，以便苟延残喘。受蒙蔽者是决不会少的，否则周扬的命会如此长么，竟一直活到了文化大革命。不过有了武斗，将是怎样的一种情况呢？我不知道。

向先烈的学习，很多同志看到先烈的在敌人法庭上痛斥敌人，进行慷慨激昂的演说，与那些猪狗不如的叛徒进行针锋相反的斗争的时候，总感到心里有一种痛快的感觉，这不就是主席问王海蓉，敌人把你抓去怎么办？王海蓉答：人生自古谁无死，留取丹心照汗青么？我也同样有这种感觉，希望如果走资派操纵群众斗争自己的时候，能作一番慷慨激昂的演说，可是我又怕未必可能。你想，在双手反绕，脚膝骨顶着腰部，头发正被抓在手中的时候，哪里还有闲空去想演说呢？只有一个感觉罢：这可恶的武斗。

鲁迅先生还有一段名言："倘使这作者是身在人间，带些战斗性的，那么他在社会上一定有敌对。"遇到文坛上的敌对的作者是幸运的，遇见武斗场上的敌对的作者是不幸的。

为什么要使用武斗？

斗的结果，是两种。一种是斗倒，一种是斗不倒。当然斗不倒也可以向斗倒转化，这转化的条件就是武斗——当然有了条件也是不一定转化的。

斗不倒的原因也有两种，一种是斗走资派，只要批判者诚实一些，他就会说："我的毛泽东思想还没学到手，他的材料我也没有完全掌握到手，因此恐怕批他不倒，只能借用武斗了。"可是我恐怕他未必肯如此说，说出来恐怕就成了"这个会是高举毛泽东思想伟大红旗的。""你的材料我们已经完全掌握了，你再敢不老实——我就要使用武斗了"——这下半句是我替他说出来的，他自己当然不会说。当然，走资派就是刘少奇的忠实信徒，是奉行刘少奇的活命哲学的。武斗，他当然就"老实"了。只是左派未必能得到锻炼，左派开这样一个会，毛泽东思想的水平也未必得到提高。当然，走资派的威风是刹下去了，但其实要刹其威风还是较简单。只要你说要枪毙他，他必然会痛哭流涕，哭乞求饶，威风就刹了。

另一种是斗无产阶级当权派，是走资派或坏头头进行阶级报复。无产阶级文化大革命，大家都看到，群众受蒙蔽的事情还是不少的。虽然说以后会觉醒，会反戈一击。以后，当然走资派还会有，坏人当头头的事也还会有，那么这种斗争也还会有。这种会上，他的所用的手法，便是无中生有、张冠李戴、夸大事实、无限上纲、造谣侮蔑、陷害。文斗，恰恰暴露了他们自己。他们将何以取胜？——在以前敌人的法庭上，敌人是何等的害怕革命者做慷慨激昂的演说啊，武斗便是他们的最末手段。坚定的革命左派，当然，这是一种严峻的考验，武斗越厉害，越显出这革命左派的坚定，死而不屈，那就是一个极限，最最坚定的了。倘若这个革命左派还不够坚定呢？这是他就会奉行刘少奇的活命哲学——斗私斗私，最大的私莫过于活命了——成为叛徒。这时，坏人得胜了。

毛主席一再强调"用文斗，不用武斗"，为什么武斗还是存在呢？鲁迅先生的一段文字作了最好的注解："旧式的监狱"挤取金钱，使犯人的家属穷到透顶的职掌，有时也会兼带的，但大家都以为应该。如果有谁反对，那就等于替犯人说话，便要受到恶党的嫌疑。"原来如此。

"我出于阶级感情"，是呀，出于阶级感情，反一反毛泽东思想又有什么关系呢？

最后以鲁迅的一段语录作结。

"自首之辈，当分别论之。别国的硬汉比中国多，也因为别国的淫刑不及中国的缘故。我曾查欧洲先前虐杀耶稣教徒，其虐实不及中国。有至死不屈者，史上在姓名之前就冠一"圣"字了。中国青年之至死不屈者，亦常有之，但皆秘不发表。不能受刑至死，就非卖友不可。于是坚卓者无不灭亡，游移者愈益堕落。长此以往，将使中国无一好人。倘中国之终亡，操此策者为之也。"

啊，这可恶的武斗，什么时才寿终正寝，无翻身之日了呢？

幸福观

幸福，是个多耀人眼目的字眼，人人都向往着幸福，都希望自己幸福。

自然，不同阶级对于"幸福"的理解是不同的。

有的人对幸福的理解是穿上花花绿绿的衬衣，吃上香喷喷的米饭。"你们现在真幸福啊，能吃上白米饭。我们过去连残羹剩饭都吃不到呢。"就体现了这一种人的幸福观。

有的人对幸福的理解是背上书包上学去："你的现在可真幸福，有机会上学念书。我们过去连饭都吃不饱，哪里有心思去想到念书呢？"就体现了这一种人对幸福的理解。

有的人对幸福的理解是沉浸在爱情之中。

资产阶级剥削阶级的所谓幸福，就在建筑在别人痛苦上面的灯红酒绿的奢侈生活，《共产党宣言》中已经指出了。

赫鲁晓夫的幸福就是"土豆烧牛肉的共产主义"。

雷锋对幸福的理解是为人民服务。

马克思对幸福的理解是斗争！

这种种的幸福观我们都见到过。

然而在过春节的时候，又看到了"幸福"这个字眼。"当代人类最大的幸福，莫过于沐浴在毛泽东思想的阳光之下了。"

于是我想，人类都幸福了。因为毛泽东思想的阳光照耀着全世界。假如幸福的反义词是痛苦，那么也就是说，人类已经不存在痛苦了。"你沐浴在毛泽东思想的阳光之下，非但不感到幸福，还要感到痛苦岂非有些反动？"

还需要为人类的解放去斗争吗？不需要了，目前毛泽东思想的阳光普照着全世界。"沐浴在毛泽东思想阳光之下"的"当代人类"都已经有了"最大的幸福"，还需要你去奋斗些什么呢？

其实，何必要等到有了毛泽东思想才感到幸福呢？早在马克思创建了马克思主义的时候，就应该感到幸福了。作为"中国革命人民的一员"，早在"十月革命一声炮响送来马克思主义"的时候，哈，幸福了。这时候沐浴在马克思主义的阳光之下，岂不也应该感到"最大的幸福"吗？当然和马克思主义阳光照耀的德国人民比起来，还没有他们幸福。

你在为人民服务，感到幸福，我不在为人民服务，也感到幸福；你在斗争，感到幸福，我不在斗争，也感到幸福；你在工作，感到幸福，我在睡觉，也感到幸福。因为我们都"沐浴在毛泽东思想的阳光之下"，因为我们都受到"红太阳直接照耀"。

看破红尘论

在报上看到一篇杂文，是批判一种思想的，叫做看破红尘论。不由得又想了起来。

经过文化大革命，广大革命群众的思想觉悟得到了极大的提高，然而竟也有人看破红尘，亦属一怪事。伟大的革命导师列宁曾经说过："在革命时候千百万人民一星期之内学到的东西，比他平时在一年糊涂的生活中所学到的还要多。"这是极其英明的语言。解放十七年来，没有看到"看破红尘"这四个字。文化大革命二年还不到，就立刻有人"看破红尘"了。有人说这两年里学到了平时课堂上学不到的知识，阶级斗争的知识。我想这也是确实的，在课堂里是看不破红尘的。

当然说是怪事，其实也不奇怪。这是阶级斗争的必然规律。人们总是向两极分化的。只有进步，没有落后就成了怪事了。看破红尘也是落后的一种形式，当然也不奇怪。

旧时代封建社会有多少人看破红尘？从小说中已经是屡见不鲜了。他们看破红尘的结果是怎么样呢？或则削发为僧，或则入林隐居，或则云游四方，或则。。。新时代的看破红尘却是逍遥派。这倒是古小说中从来看不到的一种看破红尘。可见现代的看破红尘与历代的看破红尘也是有着原则性差别的。

历史上伴随着一批人看破红尘，必然出现一批代表这种思潮的作品出现，看破红尘，悲观厌世。新时代呢？则没有。要不是这篇批判看破红尘的作品，我还不知道有人看破红尘呢。

终于，关于"看破红尘"，只有这样寥寥数十字作为文字记载流传下去。在这篇文章以前没有看到过一篇文字说他看破红尘，在这篇文章以后大约也看不到说某人看破红尘的文字。后来之人必须看到这段文字，才会知道，文化大革命中曾有人"看破红尘"。

末了，还想关心一点，不知道这篇文章起了多大作用，不知有多少看破红尘者因此而不看破红尘了。

不知那些看破红尘的思想是否就是文章中所说的那样，这位批判者是否批判得击中要害——不过显然这是得不到答案的问题。

戚本禹下台有感（原无题）

　　文化大革命的又一伟大胜利，是揪出了戚王关反党集团。

　　在"誓死捍卫中央文革"、"谁反对中央就是反革命""谁反对中央文革就砸烂他的狗头"的响彻云霄的口号声中，戚王关反党集团揪了出来，戚本禹下了台。

　　按照一般规律，戚本禹的下台是应该引起一番波动的。

　　文化大革命，革命小将发扬了敢字当头的革命造反精神，然而戚本禹没有被他们揪出来。

　　文化大革命，是一场破私立公的革命，革命小将狠斗了私字，大树了公字，忠字，然而戚本禹没有被他们揪出来。

　　文化大革命是提高人的阶级觉悟、路线斗争觉悟的革命。革命小将加强了阶级斗争观念，念念不忘阶级斗争，然而戚本禹没有被揪出来。

　　文化大革命是普及毛泽东思想的大革命，广大革命群众掀起了学用毛主席著作的高潮，毛泽东思想深入人心，然而戚本禹没有被揪出来。

　　中央出了修正主义怎么办？文化大革命就是要解决如何防止中央出修正主义、防止资本主义复辟，以使劳动人民不再受第二遍苦的问题。革命小将在文化大革命的阶级斗争熔炉中，去掉了"怕"字，斗掉了"私"字，树立了"公"字，换上了"敢"字，然而戚本禹没有被揪出来。

　　如何才能防止戚本禹这样的阴谋家野心家上台？

　　尽管没有人反对过戚本禹，没有一个人提出半点疑问，或者也许是有的，但是我们不知道。然而戚本禹下台了。

　　这一系列的问题是随着戚本禹下台所必然会产生的，然而没有一个人提出这些问题，这又是为什么？

　　戚本禹的下台产生了一些什么反应呢？

　　"啊，戚本禹也下台了？！"在大批判专栏前，这样的惊讶语多了。戚本禹的下台免除了某些人为自己所办的大批判专栏凑不齐稿子所产生的担心。戚本禹的下台只是在大批判专栏中多了"戚本禹八大罪状"之类的醒目标题，甚至也没有成为街头巷尾人们谈话的资料。

戚本禹的揪出只是在无边的淡淡的人海中增加了那么一小撮盐。

戚本禹的揪出"再一次证明了这样一个真理：不管谁资格多老，地位多高，只要他反对毛泽东思想，就必然被推进历史的垃圾堆。"很多大批判专栏中都有这样的话："历史是无情的，戚本禹之流曾经是何等的飞横跋扈，不可一世，然而终于被揪了出来。"

有多少革命小将响亮地喊出了"谁反对毛泽东思想就砸烂他的狗头"的口号？然而可惜的是戚本禹之流如此地反对毛泽东思想，没有被揪出来，没有被砸烂狗头，他是被"无情的历史"所揪出来的。

这种人把希望寄托在虚若浮云的"历史"上，以为历史会解决一切问题。"历史"会将一切资产阶级代表人物抛进垃圾堆。所以他们不必去革命，不必去造反，不必去揪走资派。等着吧，你们写写"戚本禹的八大罪状"之类的文章已经是够辛苦的，还要说"历史是无情的"之类的话。

你们何必还要去革命去造反呢？不管谁资格多老，地位多高，历史终究会将他抛进垃圾堆的。

你们何必还要去揪戚本禹之流的两面派，何必要防止这样的两面派上台呢？"历史是无情的"戚本禹的下台不是再一次证明了这样一个客观真理吗？

要知道，历史固然无情，却也未尝无情。戚本禹下台以前，历史就对他有情了很长一段时间。瞿秋白，历史就对他含情脉脉一直到文化大革命。历史的误会有没有呢？当然有。颠倒的历史有没有呢？也肯定有。

假如不从戚本禹这样一个人物中接受教训，不仔细考虑随着戚本禹下台而产生的一系列问题，那么历史对第二个戚本禹必然将是有情的或者将有情很长一段时间。

假如不从戚本禹这样一个人物中接受教训，人们照样生活，照样工作。没有一点波动，那么第二个戚本禹必然还将照样上台，至于是不是照样下台，那可就不一定了。

还是考虑考虑戚本禹之流给革命带来的损失吧。否则等到"历史无情"的时候，就有可能已经是千百万人头落地，劳动人民受第二遍苦的时候啦。

反对奴隶主义

一

鲁迅先生说:"孔子到死了以后,我以为可以说是运气比较的好一点,因为他不会噜苏了。种种的权势者便用种种的白粉给他来化妆,一直抬到吓人的高度。若向老百姓们问起孔夫子是什么人,他们自然回答是圣人。然而这不过是权势者的留声机。"

甲便是老百姓中的一个。

于是乙先生说话了:"甲先生,你是代表着老百姓的,我自然不敢骂你或者拿你怎么样,不过我想向你提一个小小的意见。我以为在有阶级存在的社会里,人是分成两大阶级的。那些权势者和我们的利益毫无共同之处,那么我们为什么要去做他们的留声机呢?我们应该反其道而行之。权势者说孔子是圣人,我们就不要跟在后面说。我们就说孔夫子不是圣人是凡人,我们要做无产阶级的留声机。譬如鲁迅是代表无产阶级的,那么我们就应该听从鲁迅对孔夫子的评价。"

旁边站出来一位丙先生:"乙先生如此批评甲先生自然是好,但是我以为人总是人,倘若不变成留声机,不是更好么?"

丁先生也发表意见了:"做无产阶级的留声机是妙极了,是最最好的了。但事实上恐怕不可能。既然作为留声机,它对于无产阶级和资产阶级怎么能分清查呢?正如一个人倘若没有缺点自然是好,但事实上恐怕不可能一样。"

二

杨怀远是上海的一个毛选学习标兵。杨怀远事迹出来后,人们自然共声称赞杨怀远。若向老百姓问起杨怀远是什么人,他们自然回答是毛选学习积极分子,甚至还会举出他学习毛著改造思想的优秀经验。但这不过是——那些走资派及他们的黑秀才留声机。

自然,现在人们的智力比过去发达多了。所以杨怀远也比孔夫子聪明:孔夫子死前还要噜苏,杨怀远在未倒台之前是绝不会噜苏的——一直到死。听凭人家用种种白粉来替他化妆,把他抬到吓人的高度——

—可真吓人！自己还要跳一跳，以求更高一点。但当他一旦摔下来呢？因为有惯性有速度之故，就要跌得比原来的高度还要低，撕下脸上的白粉必然会连皮一起撕下：这叫做矫枉必须过正。

有人说，那么不做留声机还要对杨怀远进行调查么，这恐怕不可能。那么鲁迅距离孔夫子那么远，岂非更加不可能了么？然而鲁迅毕竟对孔夫子做出了另一番评价，这就因为白粉不能遮盖，马脚总要暴露之故。自然留声机是不会发现的 。

三

中国乒乓球队不是也被抬到了吓人的高度么？他们被贺龙、荣高棠捧上去的，若是谁成了留声机呢，他就是贺龙的留声机、荣高棠的留声机。

文化大革命错斗了一些无产阶级当权派，罪状之一是他说过："乒乓球队赢了，说是毛泽东思想的胜利，输了怎么办？"

如今这些当权派平反了，我想这罪状也应该平反了。这称什么罪状？这正是他的优点，说明在他的肩膀上还长着自己的脑袋。他没有被贺龙、荣高棠所蒙蔽，他透过中国乒乓球队脸上的白粉看到了一些别的东西。他们又成为贺龙、荣高棠的留声机吹捧者。没有替贺龙、荣高棠，替中国乒乓球队再涂上一层白粉，做贺龙、荣高棠的留声机有什么光荣？！

四

列宁曾经说过："不回答论敌的原则性的论据，硬给论敌扣上'激动'的帽子，这不是争论而是谩骂。"

这些同志回答了这个"？"吗？回答了这个原则性的论据"输了怎么办？"吗？他已经不需要回答了。他只需要手里准备一些帽子就够了。这些帽子再也不是"激动"之类的词语了。它是"放毒""黑话"。这难道还只是谩骂吗？不！这是什么呢？这是无赖手段！

真理终究会胜利，这是毫无疑义的，然而在这些帽子（而不是辩论）面前，真理只好暂时的。。。因为这位当权派需要斗私啊！

乒乓球队胜利是毛泽东思想伟大胜利呀！

五

鲁迅先生说："不负责任的不能照办的教训多，则相信的人少。。。'不相信'就是愚民的远害的堑壕，也是使他们成为散沙的毒素。"

如果连"不相信"的权利都被这些先生剥夺了，那么还剩下什么呢？除了谎言就是沉默。

以谎言和沉默相处的当然就是散沙。

六

大肆诬蔑现在的群众是留声机，借反对留声机为名，鼓动人们不要相信党，不要听党的话。

这种帽子，我想不必再抛出来了罢。

不过，本文在首所引鲁迅语录中似乎说到老百姓们是"权势者的留声机"。

七

毛主席在青年时期曾经写过一篇文章，里面说，某君谋中国人大半是奴隶。此话殊觉不错。

刘少奇大肆宣扬奴隶主义："总之，所有一切附有条件的服从都是不对的，应当无条件的，绝对的服从。""作党的驯服工具"。

于是有人说刘少奇在这里宣扬的是资产阶级的奴隶主义，要我们"绝对的服从"一小撮走资派，作他们5%败类的驯服工具。如果是无产阶级当权派，他是决不会提倡奴隶主义的。奴隶主义驯服工具是有阶级性的。我们不要做刘少奇、做资产阶级的驯服工具。我们要做无产阶级的驯服工具。

那么，让我们再听听主席的教导吧。

主席说:"像我们反对孔夫子有很多别的理由。单就这独霸中国,使我的思想界不能自由,郁郁然做了二千年偶像的奴隶也是不能不反对的。"

毛主席又说:"共产党对于任何事物都要问一个为什么,都要经过自己头脑的周密思考。想一想,它是否真有道理,绝对不应盲从,绝对不应提倡奴隶主义。"

毛主席还说,打倒奴隶思想埋葬教条主义。

如果还要有人说:主席这里指的是资产阶级的奴隶主义,无产阶级的奴隶主义还是要的。那我自然无话可说,不过我恐怕这才是歪曲,恶毒的歪曲。

曾经有很多人喊着"王力是坚定的革命左派。"陶铸是毛主席的好学生,这自然也是奴隶主义。但这是属于资产阶级还是无产阶级的奴隶主义呢?我也不知道。

凡属奴隶主义全在扫荡之列。

八

抄录江青同志的一段话:"我的家里可民主啦,孩子可以驳爸爸的,有时还故意地要他们驳。他们驳了以后,当然要给他们讲道理,但是很多时间,他们不是驳斥,对父母是尊敬的。他们驳,有好处嘛。让他们造点反有什么坏处呀,弄得老是'是,妈妈!''是,爸爸!'有什么好处啊,我看那不好。"单凭江青同志的这一段话,我就说,毛伯伯的孩子是很幸福的。

与江青同志的这段话有异曲同工之妙的,鲁迅先生也有一段话。

"不过不会说还好,一会说,就使我觉得他仿佛也是我的敌人。

他有时对于我很不满。有一回,当面对我说:'我做起爸爸来,还要好'甚至颇近于'反动',曾经给我一个严厉的批评道:'这种爸爸,什么爸爸?!'

我不相信他的话,做孩子时,以将来的好父亲自命,待到自己有了儿子的时候,先前的宣言,早已忘得一干二净了。况且我自以为也不算怎么坏的父亲,虽然有时也要骂,甚至于打,其实是爱他的。所以他健康、活泼、顽皮、毫没有被压迫得瘟头瘟脑。如果我真的是一个'什么爸爸',他还敢当面发这样反动的宣言么?"

九

同一个意思,再摘录鲁迅先生的一段文字:

"我生前也很想做皇帝,后来在北京看到宫殿的房子都是一个刻板的格式,觉得无聊极了。所以我皇帝也不想做了。做人的趣味在和许多朋友有趣的谈天,热烈的讨论。做了皇帝,口出一声臣民都下跪,只有不绝声的yes、yes,那么有什么趣味?"

提到了皇帝,不得了。他在这里影射。

这是一个妙法,凡论敌,他倘若找出了影射两字,那就足够了,他丝毫也不用进行辩论,不用管什么歪理真理。

倘有人这样说,那我只能责怪鲁迅先生了。他该料到,将来天下必是劳苦大众的天下,将来必定要有人用这段语录来影射反对我的无产阶级的领袖。

不过我又原谅鲁迅先生,恐怕他的眼光还不至于如此之远。

当然,我只能责怪图书馆、出版社或者是黑帮统治下的出版社、图书馆了。它为什么要让这段文字与群众见面呢?我不过是引用一下罢了,又没有加以歪曲,何以便要怪罪于我?

毛主席的语录:"'舍得一身剐,敢把皇帝拉下马。'我们在为社会主义共产主义而奋斗的时候,需要有这种大无畏的精神。"难道就没有人用了么?"答曰:"不然。"这段语录很多人、很多革命造反派已经背出来了。

难道鲁迅先生的这段语录,除了影射领袖之外,就没有别的意思了么?那我用的就是别的意思:鲁迅的原意——除了影射。

再论反对奴隶主义

确实现在有很多人在批判奴隶主义，批判驯服工具。

然而他们批判的实质不过是以奴隶主义来反对奴隶主义，以无产阶级的奴隶主义来反对所谓不分阶级性的奴隶主义。

请看，他们批判的结果怎么样呢？对无产阶级司令部发出的战斗令坚决执行、坚决照办。理解的执行，不理解的也执行。这叫什么呢？难道不叫奴隶主义？是的，他们在批判驯服工具论，然而"我要做无产阶级司令部的驯服工具"有谁说不对呢？固然现在没有人提出这样的口号，但是在实际上，这个口号不是很通行的吗？不正是某些人的行动准则吗？

确实那些因为奴隶主义而犯错误的同志是无罪的。他们哪里知道，有一个刘少奇的资产阶级司令部呢？他们只知道现在是社会主义社会，无产阶级社会。

刘少奇提出了做驯服工具，他也没有说要做我的驯服工具。他说的是要做党的驯服工具。党不是"伟大光荣正确"的吗？那么当然做党的驯服工具也就是理所当然的了。刘少奇提出了奴隶主义，他也没有说要对一小撮走资派实行奴隶主义，他说的是要对上级实行奴隶主义。走资派不是只有一小撮，我们的干部，不是绝大多数是好的或较好的吗？那么当然对上级实行奴隶主义也就是理所当然的了。

有一些同志中了刘少奇驯服工具论奴隶主义的流毒，然而这些中了毒的同志有哪一个想到我要做刘少奇的驯服工具，做一小撮走资派的驯服工具呢？他们想到的是要做党的驯服工具，这不是理所当然的吗？然而却做了刘少奇的驯服工具。唉，一失足成千古恨哪！

确实现在有很多人在批判驯服工具、奴隶主义，但是他们的所谓批判不过是拿做无产阶级司令部的驯服工具去代替刘少奇说的做党的驯服工具。党内存在着两个司令部，你要做党的驯服工具，做了资产阶级司令部的驯服工具怎么办呢？做无产阶级司令部的驯服工具那就万无一失了。他们的所谓批判不过是说无产阶级司令部的战斗号令必正确。所以理解的执行，不理解的也要执行，去代替刘少奇说的，对于上级的命令不管正确错误，必须执行。谁胆敢怀疑无产阶级司令部发出的战斗号令的正确性，岂不就是中了，怀疑一切的流毒吗？无产阶级司令部发出的战斗号令必定正确，不许怀疑，既然是正确的，那当然就是必须执行，这正是极其合乎逻辑的啊。

有一些同志，他们曾经中了驯服工具论的流毒，成了刘少奇搞资本主义复辟的驯服工具。如今刘少奇的面目暴露了，刘少奇被揪出来了，他们醒悟了。但就在他们醒悟的过程中，他们又成了戚本禹篡权篡政的驯服工具。

这也没有什么奇怪的，因为刘少奇曾经以党的代表、党的化身出现，所以他们做党的驯服工具就成了刘少奇驯服工具。如今他们知道党内存在着两个司令部，自己过去成了刘少奇的驯服工具，这是错了。从此后应该做无产阶级司令部的驯服工具。然而这时戚本禹带着无产阶级司令部的面具上台了。于是他们一做无产积极司令部的驯服工具就又成了戚本禹的驯服工具。

他们说对于无产阶级司令部的命令坚决执行，坚决照办。那么也就是说对于资产阶级司令部的命令是坚决反对，坚决抵制的。然而请问，有哪一个资产阶级司令部还有资格发号施令呢？当一个司令部成为"资产阶级司令部"，当一个司令部被你知道是资产阶级司令部的时候，请问它还有资格发号施令吗？高饶反党集团有资格发号施令吗？刘邓司令部能发号施令吗？戚王关反党集团有资格发号施令吗？有哪一个走资派还有资格发号施令呢？没有了，他们都下台了。没有资格再挥舞指挥棒了。于是他们只需要奴隶主义，只需要驯服工具就够了。将来出来第二个刘少奇，出现第二个戚本禹，他们必然还是驯服工具。如果修正主义他们必然还是奴隶主义。自然，随着每一个资产阶级代表人物的揪出，随着每一个走资派的倒台，他们都要发出一声感叹：唉呀，我又成了驯服工具了。

奴隶主义是要的，但是在实行奴隶主义，在做驯服工具以前必须首先分清谁是无产阶级当权派，谁是资产阶级当权派。做资产阶级当权派的驯服工具自然是不行的，对无产阶级当权派的命令必须"坚决照办，坚决执行"那么怎么知道谁是无产阶级当权派，谁是资产阶级当权派呢？在台上的就是无产阶级当权派，下了台的就是资产阶级当权派。这是一个很明显的真理。因为明知他是资产阶级当权派的时候还会让他"当权"吗？马上就把权夺过来了。然而有谁会做倒台人物的驯服工具呢？刘少奇倒台以后有人成为刘少奇的驯服工具吗？陈丕显揪出来后会有人再做陈丕显的驯服工具吗？没有了。于是只需要奴隶主义就够了。

你能说出现在还有资格发号施令的哪一个当权派是走资派吗？你能说出哪一个没有倒台的人物是属于资产阶级司令部的吗？能说出对哪一个发号施令的人的命令应该坚决反对坚决抵制吗？

然而这样一篇文章出来，一定又有许多"英雄"恶狠狠地举起棍子："你反动！"

我说，你们做无产阶级的驯服工具，这是一件好事，我怎么敢反对呢？我只不过指出了实质问题。奴隶主义驯服工具是很好的东西，对谁来说都是如此。你希望你手中的工具"驯服"呢？还是希望它"不驯服"？当然资产阶级需要驯服工具，无产阶级也需要驯服工具呀！正如有人说，驯服工具是有阶级性的，无产阶级的驯服工具就是好。驯服工具本来是一件好东西，为什么不分阶级性笼统地反对呢？

譬如，你们不是在批判本刊么？如今你们不是又要批判本文了么？那么你们是希望别人成为你们的驯服工具呢？还是希望别人动动脑筋呢？你们和我比较起来，你们仿佛是当然的无产阶级，人们要做驯服工具当然是成为你们的驯服工具，有谁会成为"我"的驯服工具呢？假如你们不希望别人成为驯服工具，希望别人动动脑筋，那么别人就有可能赞同我的意见，你看这够多烦！又需要你们去制造一顶"反动"的帽子。

人们都成为驯服工具，一齐举起棍棒，一齐打下来，"反动"，步调一致，步伐整齐，多么好！

略论批评

一

鲁迅先生的一段语录："文艺必须有批评。批评如果不对了，就得用批评来抗争。这才能够使文艺和批评一同前进。如果一律掩住嘴，算是文坛已经干净，那所得的结果倒是要相反的"已经为很多人所熟悉了。我现在活学活用，想起了两点：

我们人民的思想觉悟空前提高，此是一例：当前文艺批评是如此的多，却没有看见谁"用批评来抗争"，这就说明当前的文艺批评大都是毛泽东思想挂帅，所触到的都是对方的要害，所以对方不再"用批评来抗争"了。

如果一律掩住嘴，算是大批判已经全部是高举毛泽东思想伟大红旗，已经非常彻底干净，"那所得的结果倒是要相反的。"

二

有人说，你有什么话说么，不要吞吞吐吐的。这意见，鲁迅先生早在三十年代就说过了。可就是因为胡君子孙太多，故此风不灭，今将它录在下面以警胡君辈子孙，也算是意见之一。

"一、胡君因为《蕙的风》里有一句"一步一回头，瞟我意中人"便科以和《金瓶梅》一样的罪：这是锻炼周纳的。《金瓶梅》卷首诚然有"意中人"三个字，但不能因为有这三个字相同，便说这书和那书是一模样。例如胡君要青年去忏悔，而《金瓶梅》也明明说是一部"改过的书"。若因为这一点意思偶合，而说胡君的主张也等于《金瓶梅》，我实在没有这样的粗心和大胆。我以为中国之所谓道德家的神经，自古以来未免过敏而又过敏了。看到一句"意中人"便即想到《金瓶梅》，看到一个"瞟"字，便即穿凿到别的事情上去。然而一切青年的心，却未必都如此不净。倘竟如此不净，则即使"授受不亲"，后来也会"瞟"，以至于"瞟"以上的等等事。那时便是一部《礼记》也即等于《金瓶梅》又何异于《蕙的风》？

二、胡君因为诗里有"一个和尚悔出家"的话,便说是诬蔑了普天下和尚,而且大呼释迦牟尼佛;这是近于宗教家援引多数来恫吓,失了批评的态度的。其实一个和尚悔出家并不是怪事。若普天下的和尚没有一个悔出家的,那倒是大怪事。中国岂不是常有酒肉和尚,还俗和尚么?非"悔出家"而何?倘说那些是坏和尚,则这诗里的,便是坏和尚之一,又何至于诬蔑了普天下的和尚呢?这正如胡君说一本诗集不道德并不算诬蔑了普天下的诗人。"

三

因为当时胡君已经比较不聪明之故,所以鲁迅先生在这段文字下面还有一段文字没有说出来。如今,胡君的子孙聪明了,这段文字也应该说出来了。

况且,何谓诬蔑?诬蔑者,无中生有地造出事实或夸大事实这才可称之诬蔑,凡说出事实是不叫诬蔑的。譬如有人说你偷了人家三角钱。如果你没有偷,或者只有偷了一角,那么这就叫诬蔑。如果你确实偷了三角,或者竟然偷了比三角还要多的钱,难道你也会说人家是在诬蔑你么?

一个和尚悔出家,是否有那么一个悔出家呢?如果没有,那当然可以说是诬蔑。如果有,则这诬蔑两字又从何而来呢?或者说,确实有人诬蔑了普天下的和尚。这个人不是别人,就是这个悔出家的和尚。诗人不过是说出了事实,又何以谈得上诬蔑呢?倘说诗人比较老实,肚里功夫比较少,有话藏不住,但还是比较确实的。

譬如有人说你偷钱,则诬蔑你的便是你这偷钱的行动。倘使你没有这个行动,那么才可以说是说的人诬蔑你。

我过去说过:"指英雄为英雄,说娼妇是娼妇,表面上虽像捧与骂,实则说得刚刚合适,不能责备批评家的。批评家的错处是在乱骂与乱捧,例如说英雄是娼妇,举娼妇为英雄。"也是这个意思。

我对劳动人民是常常揭出病苦的。这难道是诬蔑劳动人民吗?我其实正是为引起疗救的注意,改正这些缺点。

将来社会主义社会了，有人说了一些阴暗面，就会有人说是诬蔑社会主义社会，这其实也是不确的。

　　三、至于胡君非难"一个和尚悔出家"的另一个理由是说应该歌颂和尚的大多数，而不应该去暴露那一小部分，更是不能成立。试问胡君，何以要歌颂？乃劝人学习之意，譬如说某和尚立志笃坚，终成仙道，即是歌颂。如说某和尚半路还俗立志不坚，终沦地狱，即是暴露。暴露者，乃戒人勿行此道之意。名虽两道，实属同道。正反两面，似相反而相左，实相辅而相成。譬如胡君是笃信佛教的，然而和尚自有好坏之分。从胡君的立场来看，悔出家的就是坏和尚，而坚信佛教的则是好和尚。褒一个好和尚不等于褒了所有的和尚而贬了一个坏和尚也不等于贬了普天下的和尚。胡君当然是褒好和尚而贬坏和尚。这就表示胡君笃信佛教的两个方面。倘使胡君只许别人褒好和尚而不需别人贬坏和尚，那就只剩下了一个方面。譬如胡君固不妨去歌颂其他好诗，然而批评《蕙的风》却不能斥之曰：你暴露黑暗。将来中国文化大革命兴起，固宜称颂革命派以号召大家学习，亦无妨暴露逍遥派，以戒人免堕此道，并勉励他自己改正。天下之事，总有应该如此与不应该如此之分。有一些教师教完学生"应该这样做"后还教学生"不应该那样做，常错的地方有那几处"就是这个道理，任何一个社会都懂得树立标兵处罚罪犯，这就是从这个社会本身的角度来告诉人们应该怎样，不应该怎样。"

四

　　鲁迅先生说："凡事实，靠发'少爷脾气'是改不过来的。伽利略说地球在回旋，教堂要烧死他，他怕死，将主张取消。但地球仍在回旋，为什么呢？就因为地球实在回旋的缘故。"

　　在以前，倘若有人说"新疆的生活很苦"，并说如何如何苦状，那么，他就必然会被说成是暴露黑暗。

　　文化大革命来了，人们都知道，新疆的生活确实很苦，这就是因为：凡事实，靠发少爷脾气是改不过来的，靠帽子也是改不过来的，即使大家都说新疆的生活如何如何好，或者避开新疆这个字眼，我想，新疆的生活大约仍然不会就此好起来。

有位同志说的好。

新疆的生活确实是苦的。

新疆生活苦并不稀奇，中国偌大一个国家，难道能像正步走一样整齐吗？总有的地方落后，有的地方先进。说的清楚一点，前者就是新疆，后者就是上海，新疆的生活可能比说的更苦一些也没一定。

但是毛主席教导我们："越是困难的地方越是要去，这才是好同志。"现在大家都知道新疆比上海艰苦、困难，我们就是遵照毛主席的教导，是好同志就应该前去。

你说新疆生活苦，就是说你是想去的。但是要等到新疆生活好一些才去。先让别人去建设，让别人去过苦生活，等到新疆建设的跟上海一样了，大楼高房，沙发椅子自来水，然后再请你去，那时候，还需要你去干什么？世界上哪有这样的革命者。

革命者就是要到艰苦的地方去，就是要找重担子挑，就是要乐在天涯战恶风。"

有一位青年被说服了。他说："你的话是对的，这样说我也服了，但为什么有的人要把新疆的生活说的这样好呢？为什么这些人要吹牛呢？"

第三者插进来说："因为现在有的人觉悟还不太高"

这位同志是如此回答的："正因为如此，所以我们要造反，要把那一小撮走资派揪出来。骗人，当然是走资派骗的。无产阶级当权派怎么会呢？旁边这位同志是赞成吹牛的，这是受走资派蒙蔽了，要改正。"

这位同志知道：凡事实，靠发少爷脾气是改不过来的，要改过来，全靠我们全体的努力、奋斗。

四

有位同志说："现在流氓派怎么多起来了。"

一位先生说"多什么呢？还不过是那么一小撮？在整个群众中占多少比例呢？"

　　我听了这句话大吃一惊：怎么，还要一大撮才称多么？那么这位先生可以高枕无忧了。人民群众是历史发展的动力，从奴隶主义社会到共产主义社会，人民群众中总不会有一大撮流氓阿飞的时候吧？！群众是真心的英雄！

　　一位先生说："多有什么了不起，阶级斗争复杂么！"这位先生比较好一点，承认了"多"，后半句呢，等于不说，因为包括这位先生，说"多起来"的同志谁都知道：这是阶级斗争复杂的缘故，其他很多事情，也都是由于阶级斗争复杂的缘故。

　　一位先生反问道："你怎么不看主流，单看支流？文化大革命取得了那么多成绩，揪出了走资派，掀起了毛选学习高潮，人民的思想觉悟普遍提高。你怎么都看不到，单看到阴暗面？"

　　这位先生终于无法否认流氓阿飞确实是多了，报纸上登载的文章，电视台转播的加强无产阶级专政的大会，人民法院出的布告，不是也揭示了这些阴暗面么？

　　况且你怎么知道他"不看主流只看支流"呢？难道一定要说"现在经过文化大革命，我们取得了很大成绩，但是阶级斗争尖锐复杂，一小撮敌人不甘心灭亡。。。"这样才算是看到了主流么？那么医生在给你看病的时候还要说："啊，你是多么健康，多么美丽。。。但可惜就是生了一个疮"么？

　　然而这又成了在但是后面大做文章。

　　于是，只许看主流不许看支流，只许看成绩不许看缺点。

五

　　流氓小偷问题，是否要解决？如何解决？

　　认为"还不过是那么一小撮"或者"阶级斗争复杂么"的先生是不会想到解决的，因为要解决流氓阿飞，只有使阶级斗争不复杂，而这是不可能人为地解决的。以后待阶级斗争缓和一些的时候，自然而然就会减少，又何必杞人忧天，自找麻烦呢？

还有一些先生也不想解决，因为这是阴暗面，他们是不屑谈不屑想的，成绩还来不及数呢。他们的任务是向某些人宣传成绩，因为这"某些人""只看到支流，不看到主流，只见到阴暗面，不看到光明面。"

有一些同志想到解决了，于是开大会镇压，抓起来斗，关起来揍，加强无产阶级专政！看他还敢不敢？！

六

我也没有什么想法，不过是对想到解决的人说几句。

对于这些犯案者，自然加强无产阶级专政，坚决镇压，也没有什么意见。

想说的是未犯案者，是十八九岁或者再小一些的未犯案的青年，未来的犯案者或者竟然没有犯案者。当然当前人们的思想觉悟普遍提高，这些未犯案者，也不过是一小撮，不过就是比犯案的一小撮大一些罢了。

举一个例子：

下午走廊里静悄悄的，一个青年走了过来，他走过了女厕所，走了几步后，他突然又停止了："现在没人，进去不是一个好机会么？"一个念头涌上了他的心头，他向后转，并向四周看了一看"可是这样做究竟太（不像话或者下流之意，并非冒险或危险之意）"这是一个念头，"我这样做究竟为了什么呢？"又一个问号。随后他自己作了答复："管他什么，去了再说，机会难得，快点，不要给人看见。"结果自然是挨揍，自己受到了痛苦，也可以说是应有的惩罚吧。

这说明，犯案者在犯案前和犯案时，在行动上有很大差别，并且在"成分"上也分了很大差别，从一个学生、工人到小偷、流氓，可是在思想上实在是差别不大的，是在外界条件的影响下发展了一些，而正由于这"一些"便产生行动，产生了种种后果，这也是量变到质变的关系，这对于两个人当然也适用。他们的思想本是差不多的，但由于外界条件的影响，一个成了犯案者，另一个则终究没有犯案，这后来便是截然的两条路了。

对于犯案者，揍。对于未犯案者，没有怎么样。我想，揍的作用自然是有的，譬如：这个溜进女厕所的家伙可能会想起"格揍勿论"的话，想起阴阳头，想起游街，而终于没有犯案。

可是我想，倘若只想到对于犯案者揍，对于未犯案者毫无动静，只以"经过文化大革命，人的思想觉悟普遍提高"为安慰，实在不能不说是件遗憾的事。

不去消灭这种思想，仅在这种思想受到外界条件的影响，暴露于行动的时候，才进行镇压，这也不能算是一个好办法罢。

写到这里，我仿佛听见是鲁迅先生在黑暗中大声疾呼，救救孩子。

我想现在也应该救救孩子，救救这样的孩子，虽则是少，只不过是"一小撮"。

七

记得那一本名著中有这样一句话："与其说他对社会犯了罪，倒不如说社会对他犯了罪。"这真是一个极其伟大的真理，当然只适用了资本主义社会，试想美国青年的堕落，不正是美国社会对他的犯罪么？苏联青年中垮了的一代，不正是赫鲁晓夫一小撮特权分子对他们的犯罪么？倘要将这句话搬到我们现在的社会主义社会，那就是我们社会的另一部分对他的犯罪了。不是吗？正是刘少奇散布这么多谬论才使有些人中了毒，并有那么一小部分犯了罪，慈悲老太太常说："好端端一个孩子，可惜给人带坏了。"就是这个意思。

我们不是常说么：无产阶级和资产阶级在激烈的争夺青年。其实，岂但是是青年，早在他的少年，在他生下来的第一天，无产阶级和资产阶级就开始争夺了。他曾是带着哪一点思想降临到大地的呢？有哪一个人在出生的时候想到我要成为这样一个青年呢？他的哪一点思想不是社会、不是环境、不是人们（包括资产阶级和无产阶级）给他加上的呢？他现在成了小偷流氓，实际上只是说，他终于被资产阶级争夺过去了罢了，而流氓小偷多，也只是说被资产阶级争夺过去的青年多一些罢了。

更重要的任务是加强无产阶级教育，一时一刻也不放松争夺青年、少年、孩子的斗争。

难道流氓小偷多了，无产阶级就没有责任么？为什么他会被资产阶级争夺过去呢？第一是无产阶级放松了，第二是资产阶级抓紧了。这才产生了这样的结果，否则怎么会呢？当你看到刘少奇的谬论四处流传，看到人们中毒的时候，你难道不感到有责任去批判吗？你不去批判难道也没有责任呢吗？放松争夺青年就是对青年的犯罪。

八

闲谈之中，谈起了文化大革命。一位朋友说起了他家附近一家人家被抄家的情况：

他家是资产阶级，大概已经抄过两次家了。那天下午四时左右，他女儿的同学又来了四、五个人来抄家。其实他们的目的是看中了她哥哥的一辆自行车。他家没有让他们抄，要看证件。因为当时他家人还比较多，所以他们也就没有敢抄。到了八点左右，他们来了二十几人，一窝蜂涌进他家里，又来抄家来了。他们要证明，一个带头模样的从口袋里掏出一张白纸，写了几个字，又拿出个大印敲了一下。"这就是"，他晃了一晃，然后就将他哥哥等的一些人都赶了出去，要抄家了。当时他家里也知道，他们的目的是敲他这辆自行车，他哥哥说："这辆自行车是我的，我是十年工龄的工人，也参加了厂里的造反队，你们敢动一动。。。哼。"

抄家的结果，他家的一碗芝麻，说是因为碗上的花纹是才子佳人，破四旧，一下子敲掉了，还有一点麻油，倒进了一碗豆腐，上面放上了一块揩桌布。。。

还要拿他家的十五块钱，他妈死命的不肯放。他们拿起了剪刀，说是要剪她的头发，后来终于没有剪，钱也没有拿。

"自行车总算没有动。"

"哈哈，你真是大肆侮蔑文化大革命了。"

现在我仿佛又听见了这句话，有些毛骨悚然，这话不就是对我说的么？我这样写出来，不是也该带上这个罪名么？我又想起来鲁迅对于胡君批评《蕙的风》所作的反批评中的一段话。

几星期后，又碰到了这个"大肆侮蔑文化大革命"的同学。

"上次，我不是说我家附近的一户人家被抄家的情况么，那次抄家的头头后来被抓进去了。"

我想，他学校里，不知道有没有开过批判会，可惜我不知道。如果这个家伙事情多一点的话，可能就要判徒刑，就要出通告。通告中大概会有这样的词语："XXX蒙蔽部分群众，借抄家为名，进行勒索。"这是既不算侮蔑文化大革命，也不称暴露阴暗面的。这叫镇压。然而他大概没有判刑，事情还比较少的缘故。

什么原因呢？我想了很久，终于得到了答案：原来这就是人们内部矛盾和敌我矛盾两种矛盾性质不同的缘故，对敌人是应该暴露的，在他还没有发展到敌我矛盾之前，是不应该暴露的，是应该用热情的歌颂和善意的批评的——原来如此。

一段往事（原无题）

在高举毛泽东思想伟大红旗，彻底批判修正主义教育制度的会场里，凑巧碰到了一位同学。

"你怎么不上台发言呢？"寒暄之后，我问。

"哎呀，你真不想想，这种言有什么发头，这种事还有什么讲头呢？"

这件事，我也记得很牢。

三年前，我在家中接待了他和另外几个同学。

他说了这样一件事："我们家乡有一个贫农的女儿，去年考上了清华大学，今年暑期她母亲决定去看看她，带去了很多枣子呀什么她爱吃的东西。到了那边，等了很长时间，才看到了她。看见的时候，简直认不出来了。真想不到，会打扮成如此的样子，而她竟连妈都不喊一声，拿了东西就催她妈快出去。她母亲不在的时候，有同学问'这是谁'，她竟说'这是我家姨娘'听她母亲讲起来，真叫人同情，想当初她刚进清华大学的时候，家里是多么高兴啊！想不到会有今天！"

他的话音中包含着极大的同情。

"你说这话什么意思呢？不是对我们国家的社会制度感到不满么？"一位同学开了头。

"这种事情在我们社会里能占多少呢？整个社会恐怕只有那么一件，占百分之零点零几的事，又有什么宣扬的必要呢？"又一个同学接了上来。

"现在多少贫农子女有书读了，你不谈，反倒来谈这么一件事，不是说贫农子女还是不要读书的好么？"

"今天大家高高兴兴地聚在一块，你不谈我们社会的优越性，反倒来谈阴谋面，真是！"

"那么，难道你们对那个贫农妈妈都不感到同情么？"他再问了一句。

"那种资产阶级人情味，去他妈的吧！"

"同情虽然是同情，但这也是自作自受。别的贫农女儿怎么都认自己的母亲。她这样变化，她母亲也起着极大的作用的呀。"

"喂，大家千万别上当，他的要害问题是对我们国家的社会制度不满，而不是什么同情不同情。"

"算了，算了。我们现在不谈这件事，另起一个题目吧。"这个同学妥协了。

"什么，说了话能'算了'的么？"另一位同学还不肯罢休。

"对，应该好好的挖一下根子。"别的同学哄了一下。

"你假正经什么？"这位同学生气了。

"什么假正经，你应该好好的检查一下。"弄假成真了。

我大约是主人的关系，看见他们弄假成真了，连忙进行劝解，竭力想折中调和来缓和矛盾，可是没有办法，脖子越来越粗，声音越来越高。终于来了个不欢而散——他们向我不辞而别了——幸好没有发生武斗，今天想来，这也终算是不幸中的大幸，否则。。。

三年过去了，可是这件事在我的脑海中却没有能使我忘怀。这位同学所说，我相信它是实事。这是发生在修正主义教育制度下的千万个悲剧中的一个，可是为什么会得到第二个悲剧呢——姑且称那个不欢而散也为悲剧吧，他当时是在向旧教育制度做有力的控诉啊。后来我终于找到了答案：这原因就在这个同学身上，他为什么要把这话在三年前讲呢？放在今天讲不是很好么？所谓识时务者为俊杰，不违背历史发展的客观规律，就是这个意思。那么我们大家也可以欢欢喜喜把"友谊"保存到今天，或者还有机会上台去发言，这样至少（！）能引起一片同情声："唉！"——虽然讲起来没有那时候那样生动逼真充满感情了。

学习毛泽东思想

当前最大的问题莫过于学习毛泽东思想，即此为题，对于学习主席思想也来略微谈几句。

一。怎样学习毛泽东思想

毛主席告诉我们："人的正确思想只能从社会实践中来，只能从社会的生产斗争，阶级斗争和科学实验这三项实践中来。"

毛主席还教导我们："学习马克思主义，不但要从书本上学，更主要的还要通过阶级斗争，工作实践和接近工农群众，才能真正学到。"

毛主席还以他的亲身经历教导我们："我在书本上学了一点马克思主义，初步地改造了自己的思想，但是主要的还是在长期阶段斗争中改造过来的。"

毛主席还说："你要有知识，你就得参加变革现实的实践。你要知道梨子的滋味，你就得变革梨子，亲口吃一吃。你要知道原子的组织同性质，你就得实行物理学和化学的实验，变革原子的情况。你要知道革命的理论和方法，你就得参加革命。"

毛主席还教导我们："读书是学习，使用也是学习，而且是更重要的学习，从战争学习战争——这就是我们的主要方法，没有进学校机会的人仍然可以学习战争，就是从战争中学习。"

学习毛泽东思想，主要的是从实践中学习，这就是结论。可是有些人却以为，学习毛泽东思想主要是从书本上学习，这叫什么？这叫主次颠倒。

二。掌握毛泽东思想

学习毛泽东思想，怎样才称掌握毛泽东思想。

毛主席教导我们说："不但应当了解马克思、恩格斯、列宁、斯大林他们研究广泛的真实生活和革命经验所得出的关于一般规律的结论，而且应当学习他们观察问题和解决问题的立场和方法。"

"我们所要的理论家是什么样的人呢？是要这样的理论家。他们能够依据马克思列宁主义的立场和方法，正确地解释历史和革命中所发生的实际问题，能够在中国的经济、政治、军事、文化种种问题上给予科学的解释，给予理论的说明。我们要的是这样的理论家。假如要做这样的理论家，那就要能够真正领会马克思列宁主义的实质，真正领会马克思列宁主义的立场、观点和方法，真正领会列宁、斯大林关于殖民地革命和中国革命的学说，并且运用了它去深刻地科学地分析中国的实际问题，找出它的发展规律，这才是我们真正需要的理论家。"

"现在我们党的中央做了决定，号召我们的同志学会应用马克思、列宁主义的立场观点和方法，认真地研究中国的历史，研究中国的经济、政治、军事和文化"

怎样才算掌握毛泽东思想，领会毛泽东同志的全部学说，学会毛主席观察问题和解决问题的立场和方法，并能运用毛泽东思想的立场、观点和方法独立地去观察问题和解决问题。我认为，这样才能算真正的掌握毛泽东思想。

学习毛泽东思想落实在哪里？记得曾经有过"政治好落实在哪里"的讨论，结果是以"政治好落实在人的思想革命化"否定了"政治好落实在业务上"，那么，我以为，学习毛泽东思想也应该落实在人的思想革命化。

三。解决问题

既然学习了主席的观点，学习了主席观察问题和解决问题时的立场和方法才称掌握了毛泽东思想。既然学习毛泽东思想落实在人的思想革命化，那么解决问题又靠什么呢？

解决问题就靠你所学到的毛泽东思想的立场、观点和方法。

然而有的同志说，解决问题靠的是学习主席的著作。

这对于很多问题是适用的。然而却并非对于一切问题都适用。

譬如，我们走在路上，看到一幢房子火烧了。遇到了这样的实际问题怎么办呢？先学习主席著作？假如如此，我恐怕他学习了也不会用，这时正是他平时学习主席著作掌握了多少的最好检验了。

说穿了，这些同志学习主席著作既没有学到立场，也没有学到观点方法。于是，就只能依靠主席著作中的现成词句了。说穿了，这些同志学习主席著作学得很不好，差不多等于白学。所以一碰到具体问题又不能运用，脑子里没有东西，又要去主席著作中寻找现成的词句了。

请听主席的教导吧：

主席教导我们"没有调查就没有发言权"主席没有说："没有学习马列主义的著作没有发言权"。

"你对于那个问题不能解决么？"主席告诉我们解决的方法："那么你就去调查那个问题的现状和它的历史吧！你完完全全调查明白了，你对那个问题就有了解决的办法了。"

主席批评那种开口闭口"拿本本来"的错误作法。

主席又说："那些具有一成不变的保守形式的空洞乐观的头脑的同志们以为现在的斗争策略已经是再好没有了。党的第六次全国代表大会的'本本'保障了永久的胜利，只要遵守既定办法就无往而不胜利。这种想法是完全错误的。完全不是共产党人从斗争中创造局面的思想路线。完全是一种保守路线。这种保守路线如不根本丢掉，将会给革命造成很大损失，也会害了这些同志自己。"

毛主席教导我们要"不凭死的书本，而凭引出正确的结论。"

"马克思、恩格斯、列宁、斯大林教导我们说，应当从客观存在着的实际事物出发，从中引出规律，作为我们行动的向导。"

毛主席还教导我们说："我们是马克思主义者。马克思主义叫我们看问题不要从抽象的定义出发，而要从客观存在的事实出发，从分析这些事实中找出方针、政策、方法来。"

主席在哪一篇文章里教导我们遇到问题赶快到马克思、恩格斯、列宁、斯大林的著作中去找方法呢？没有，从来没有。

四。毛泽东思想和毛主席语录

学习毛泽东思想必须学毛泽东思想的立场观点和方法，学习毛泽东思想必须落实在人的思想革命化。

然而有些人却以为学习毛泽东思想就是会背几段语录，是否如此呢？请听主席教导：

"直到现在还有不少的人，把马克思、列宁主义书本上的某些个别字句看作现成的灵丹圣药，似乎只要得了它，就可以不费力气地包医百病。这是一种幼稚者的蒙昧，我们对这些人应该作启蒙运动。那些将马克思、列宁主义当作宗教教条看待的人，就是这种蒙昧无知的人。"

"有一副对联，是替这种人画像的。那对子说：

墙上芦苇，头重脚轻根底浅；

山间竹笋，嘴尖皮厚腹中空。

对于没有科学态度的人，对于只知背诵马克思、恩格斯、列宁、斯大林著作中的若干词句的人，对于徒有虚名并无实学的人。你们看，像不像？"

"许多同志的学习马克思列宁主义似乎并不是为了革命实践的需要，而是为了单纯的学习。所以虽然读了，但是消化不了。只会片面地运用马克思、恩格斯、列宁、斯大林的个别词句，而不会运用他们的立场、观点、方法来具体研究中国的现状和中国历史，具体地分析中国革命问题和解决中国革命问题。"

"如果我们身为共产党员，却对于中国问题熟视无睹，只能记住马克思主义书本上的个别的结论和个别的原理。那么，我们在理论战线上的成绩就未免太坏了。"

"他们必须抛弃教条主义，必须不停止在现成书本的字句上。"

"因为教条主义容易装出马克思主义的面孔,吓唬工农干部,把他们俘虏起来,充作自己的佣人,而工农干部不易识破他们;也可以吓唬天真烂漫的青年,把他们充当俘虏。"

毛主席的教导,不正触到了某些同志的痛处吗?

再请听听列宁的教导吧:

"马克思主义的词句在我们这个时代已经成为完全背离马克思主义行为的挡箭牌了。"

"我们现在那些冒牌马克思主义者喜欢滥引马克思的话。。。"

有些喜欢背并且能够背出主席语录的同志,但愿你们不要成为列宁所指责的那种假马克思主义者啊!

五。"公"

有些同学提出了一个口号:"千公万公,学习毛主席著作是最大的公。千私万私,不学毛主席著作是最大的私。"这些同志看起来,好像是很热爱毛主席,很忠于毛主席,好像是很"公"。然而实际上,恰恰相反,这正暴露了他的幼稚,说明他对毛泽东思想一点也没有掌握,只是为了提一些炫人眼目的口号。

这句口号是反毛泽东思想的。

何以见得,请听主席教导:

"本本主义的社会科学研究法也同样是最危险的,甚至可能走上反革命的道路。中国有许多专门从书本上讨生活的从事社会科学研究的共产党员,不是一批一批地成了反革命吗?就是明显的证据。。。读过马克思主义'本本'的许多人,成了革命的叛徒。那些不识字的工人常能很好地掌握马克思主义。马克思主义的'本本'是要学习的。但是必须同我国的实际情况相结合。我们需要'本本',但是一定要纠正脱离实际情况的本本主义。"

那么请问这些同志,是"读过马克思主义本本"的革命叛徒"公"呢,还是不识字的工人"公"?

"有些人读了一些马克思主义的书，自以为有学问了，但是并没有读进去，并没有在头脑里生根，不会应用，阶级感情还是旧的。"

"他们（指资产阶级知识分子——作者）读马列主义比我们多，但读不进去，懂不了。如吴景超读了很多书，一有机会就反马克思主义。"

"不要'自惭形秽'，伯恩斯坦、考茨基，后期的普列汉诺夫，马列主义比我们读的多，但他们并不行，把第二国际变成了资产阶级的仆从。"

"书不一定读得很多。马克思主义的书要读，读了要消化，读多了，又不能消化，也可能走向反面，成为书呆子，成为教条主义者、修正主义者。"这是《毛主席论教育革命》中的语录。

"就是马克思主义的书，也不能读的太多。只能读那么几十本。读多了就要走向反面——成为教条主义或者修正主义"——这是传阅的主席春节谈话，我想可能是原文。

"千公万公，学习毛主席著作是最大的公"，请问上面的最高指示，你学了没有呢？还是坐下来好好的学习主席著作，做到了真正的领会主席的思想，不要主席的指示不好好学，专门去想一些新鲜的口号，如何？

六。"忠"

有位同志说了这样一句话，对毛主席的著作"漏掉一个字，就是对伟大领袖毛主席的不忠。多了一个字，也是对伟大领袖毛主席的不忠。"

说这样一句话，是什么意思呢？除了表示并且仅仅为了表示他对伟大领袖毛主席的"忠"以外，再也没有其他意思了。

正像有些人曾经大喊特喊"大树特树毛泽东思想的绝对权威"是真的树毛泽东思想的权威吗？"这样建立的威信必然会垮下来"，论其实，只不过为了表示他的"左"。

这位同志想来是对伟大领袖毛主席很"忠"的咯,既然是"忠",当然对于主席的著作是不会"漏掉一个字",也不会"多一个字"的,那么就请他把《关于正确处理人民内部矛盾》和《在中国共产党宣传工作会议上的讲话》一条一条的背一遍,看是漏不漏掉一个字,多不多一个字。请他将雄文四卷背一遍看看,看是漏不漏掉字,多不多字。请他将毛主席所有发表过的著作背一遍,看是漏掉多少字,多了多少字,然后再来看看他对毛主席到底忠还是不忠,忠是忠到什么程度,不忠又是不忠到哪一个地步,好不好?

假如他背的时候漏掉的不是一个字,而是极其多个字。那么"漏掉一个字就是对伟大领袖毛主席的不忠",漏掉极其多个字当然就说明他对伟大领袖毛主席是极其不忠的了。那么他说这句话又是什么意思呢?不过是为了表示(!)他的"忠"。

"大树特树"这句话为什么错了呢?因为有毛主席的批示。现在,说这句话的人并没有杨成武的地位,这句话在其他的文章也没有看到别人引用,当然主席也许看不到。那么看来,这句话只能算对的了,接下来当然说。这段短文是毒草,毒草就毒草罢,有什么办法呢?我只能等待历史的结论了。

毛泽东思想

一

列宁亲手缔造的第一个社会主义国家，列宁主义的策源地——苏联出了修正主义。

毛泽东思想，中国能否学的最好，能否使毛泽东思想千秋万代传下去，这是一个已经引起了很多同志注意的大问题，我以卑薄的资历，略逞愚见，以供大家批判。

毛泽东思想要不要发展？

当然要，真理的长河永远不会完结：马克思主义一定要向前发展，要随着实践的发展而发展，不能停滞不前。停止了，老是那么一套，它就没有生命了。"有人说：雄文四卷已经是最完整的毛泽东思想了。这种观点当然是不对的。毛主席不是有最新指示吗？这就是最新最活的毛泽东思想。这些指示，或则是雄文四卷里没有说及的，或则是四卷雄文里提及过而现在更加完整、系统的。将来毛主席还必然会有最新指示，那么这又是加以发展了的毛泽东思想。假如四卷已经是很完整的毛泽东思想，那么还需要什么最新指示呢？

毛泽东思想既然还要发展，那么靠谁来发展呢？真理的长河靠谁来发展呢？

马克思主义是为何产生的？列宁说："马克思的学说是人类在十九世纪所创造的优秀的成果——德国的哲学，英国的政治经济学和法国的社会主义的当然继承者。"所以，马克思主义并非马克思个人的天才创造。

毛泽东思想是为何产生的呢？毛泽东思想是毛主席接受了前人的正确思想（其中包括毛主席的母亲、先生以及很多的劳动人民）以及全部的接受了马克思主义，并运用了去观察中国革命和世界革命的各个具体问题而产生的。

曾经看到过一篇大批判的文章里面说刘少奇认为毛泽东思想是群众创造的。我们的林副统帅则认为还必须加上主席个人的天才。那么，不管这消息是真是伪，总之得出这样一个结论："毛主席思想是群众加上主席的个人天才所创造的。"我认为总是正确的。那么毛泽东思想的发展也是如此。有人认为，毛泽东思想是主席个人所创造的，只有主席才能发展。那么似乎中国六万万人的能力也太小了一些，况且主席百年之后，毛泽东思想难道就不需要发展了么？

"人民，只有人民，才是创造世界历史的动力。"正如同历史一般，真理的长河也是无数劳动人民所开拓的，这中间有的人多一些有的人少一些。但他总也是拓开了一些，并且每个人总是在前人开拓的基础上拓开他自己的那一部分的。

二

毛主席的指示，来自何方？

毛主席的指示，来自群众。

毛主席说："从群众中集中起来，又到群众中坚持下去，以形成正确的领导意见。这是基本的领导方法。"

毛主席又说："在我党的一切实际工作中，凡属正确的领导，必须是从群众中来，到群众中去，这就是说，将群众的意见（分散的无系统的意见）集中起来，经过研究，化为集中的系统的意见，又到群众中去做宣传解释，化为群众的意见，使群众坚持下去，见之于行动，并在群众行动中考验这些意见是否正确。"

毛主席就是这种正确的领导的模范，毛主席的指示，就是"从群众中来"的。毛主席的指示，也无非得因人因事和因别人的话而想起的。如果每一个群众都"毛主席没有说的话我不说"，那么毛主席的指示，必然将少掉许多。

也正因为主席最走群众路线，最采纳群众意见，所以主席创造了毛泽东思想。

举一个例，毛主席说："'精兵简政'这一条意见，就是党外人士李鼎铭先生提出来的。他提得好，对人民有好处，我们就采用了。"这一条意见，就是别人提出，主席觉得他提得正确，从而采用，成为主席的指示的。

再举一个例，文化大革命的纲领性文件《中共中央关于无产阶级文化大革命的决定》中有说到："无产阶级文化大革命运动中，开始涌现了许多新事物。在许多学校许多单位，群众所创造的文化革命小组、文化革命委员会等组织形式，就是一种有伟大历史意义的新事物。"

这个新事物，就是群众首创，毛主席发现后，加以支持鼓励的。倘若有一个人提出建立文化革命小组，其他同志就说："我们要照毛主席的指示办事，这文化革命小组，雄文四卷里没有提到，主席也没有在其他什么地方教导我们要建立文化革命小组，领导我们事业的核心力量是中国共产党，我们还是接受党委的领导吧。"从而否定了这种要建立文化革命小组的意见。那么这种意见就不可能传到主席那里去。——该提出者，首创者大概也没有想到自己的意见一定正确，要送给主席去批示吧。

再举一个例。文化大革命发展成为如此汹涌澎湃、波澜壮阔的伟大革命运动，这中间，主席的一段语录："马克思主义的道理千条万绪，归根结底就是一句话，造反有理。"起了极其伟大的作用，以至于当时舞台上到处都是"造反有理"的歌声、舞蹈声，就可想而知了。那么这段语录呢，从语录本里，从雄文四卷里是找不到的。是幸亏了某位同志，从某一篇文章里把它找出来。然而倘若在不知道这段语录，或者在这位同志找出来之前，有人就说："我们应该造反，造反是对的"，那么这当然是毛泽东思想。找出这段语录，固然有其必然性，却也有其偶然性。如果这段语录没有找出来，我们就以毛主席没有说过（实际上只是他不知道）为理由，排斥"我们应该造反，造反是对的"这种思想，认为应该"下级服从上级"，不应该造反，那么这就是反毛泽东思想。

当然，现在我们是很感谢这位找出造反有理这段语录的小将的。否则大概反毛泽东思想的人是很多的。譬如，在一个城市里，造反有理曾经被打成了反革命口号,其理由"你在现在社会还要造反,要造谁的反?"结果,自然是造反派得胜。这功劳我以为首先就要归功于这位把造反有理从毛泽东著作中找出来的革命小将。因为胜利的原因,造反派的理由,"这条语录是毛泽东说的",而不是"现在我们还要造一小撮走资派的反"——这是后事了。

找出这段语录,造反就名正言顺了。否则,在保皇派"下级服从上级的"一片琅琅声中,加上"对抗毛泽东思想,宣传要造反"的帽子,大抵是要失败的——这帽子的分量可真不轻啊。

例子当然不止这几个,但这些例子也说明了,群众的首创精神是毛泽东思想的一个重要方面。毛主席的指示就来自群众。

三

主席的指示可以分为几部分。林副统帅说:"毛主席的理论,就在他的著作中间,他的理论给我们提供了必须学习的基础,还有大量的不上书的毛主席著作,同样是我们必须学习的。"林副统帅在这里将主席的著作分为两部分,即上书的和不上书的。

现在我用另一种分法将毛泽东思想分为三部分。一、毛主席说的,我们已经知道的。像雄文四卷、毛主席语录等等都是。当然雄文四卷里的有些文章,语录中的部分语录,有些同志还没有学过。这些著作、这些指示,对于这些同志就不属于这一部分而属于第二部分。二、毛主席说的,我们还不知道的。主席的话句句是真理,但是主席一生所说的话,所作的指示不知有几何多。在这许多指示中间,我们所知道的,跟我们还不知道的比起来,实际上也只是占了一部分——不知道又分成可能知道和不可能知道。有些指示是以后可能知道的,以后要转化到第一部分去的。有些指示,则是我们以后不会知道的。三、毛主席还没有说的,又分成将要说的,以后可能说的或者竟然没有说的——这是完全可能的。有些同志不要又像见到什么似的顺手摔来一项大帽子。举什么例子呢?很难举。噢,对了。鲁迅先生不是说过很多话么?这些话主席不可能再复述一遍,当然就是属于第三部分的。再推而广之,林副统帅、周总理、江青同志,他们说的话很多也是主席没有说的——将来不会说的。再说前面不是说过主席思想还要发展么？这当然并非说，主席将话都说完了，否则还要发展什么呢？

举一个造反精神的例子，在文化革命以前：

"共产党员对任何事情都要问一个为什么，都要经过自己头脑的周密思考，想一想它是否真有道理。绝对不应盲从，绝对不应提倡奴隶主义。"这对于很多同志来说，都是属于第一部分。

"马克思主义的道理千条万绪，归根结底就是一句话，造反有理。"这对于很多同志来说都是属于第二类。

"共产党员对不正确的命令，不应当无条件服从，而应当坚决抵制。"这对于一切人都是属于第三类。

再举一个例子，今天毛主席一定又讲了很多话，作了很多最新指示，而我都不知道。这些对于我来说是属于第二类的。明天主席还将作很多的最新指示，这些则都是属于第三类的。

能够说出主席还没有说或者主席说了但他还不知道的话的人是真正的革命者，这种人在任何地方、任何时候遇到任何情况，都能运用毛泽东思想去解决问题，而不是一碰到问题立即打开雄文四卷，从第一页看到最后一页去找方法——那主席有很多很多的指示都不包括在雄文四卷里面，他就不可能知道。也不是会背几段语录，就自认是毛泽东思想已经学到手，往一切事物乱凑，因为他知道"马克思主义的真髓和活的灵魂，对具体情况的具体分析。"

这种人就是学到了主席观察分析、解决问题的立场、观点、方法的人。

这种人是中国的脊梁，中国要不变修，靠的就是这种人。毛泽东思想要千秋万代传下去，靠的就是这种人。真理的长河的不断开拓，靠的也是这种人。

毛主席支持我支持，毛主席挥手我前进

毛主席支持我支持，毛主席是群众的代表，毛主席支持，就是代表着广大群众的支持，毛主席支持了以后你再去支持，其实是已经无所谓了。新生的事物开始的时候往往是弱小的，这时它极希望得到支持。等到它一旦被毛主席发现，受到毛主席的支持，它已经发展壮大了，这时你去支持，已经是可有可无的了。

毛主席挥手我前进，等到毛主席一挥手，道路上的妖魔鬼怪立即逃避，这时候前进就如走在阳关大道上一般，而在毛主席未挥手的时候，则常常是有着一番斗争的。

六六年六月一日毛主席亲自播送了聂元梓等同志的第一张马列主义大字报。这时候，毛主席支持我支持，你也去写声援信，你也去表决心，坚决和聂元梓同志战斗在一起，胜利在一起，然而这时候他已经胜利了。他收到了千百份声援信，你的这一封声援信也只不过是千百分之一，而且是胜利后的千百分之一。有多大作用呢？然而在国际饭店会议期间，在聂元梓成为少数，受到压制的时候，在彭真陆平之流对聂元梓实行资产阶级专政的时候，你能写去声援信，这时候的声援信硬碰硬是几分子一，而且是聂元梓受压制时的几分之一，和毛主席支持以后的千百分之一是能相比的吗？

在周总理亲自为蒯大富平反之后，你再去大叫"蒯大富，我坚决支持你"这时候又有什么稀奇呢？然而当蒯大富正处在白色恐怖下面，甚至只剩下一个人的时候，他对于你伸去的一双手是何等的需要啊！

中央表态以后，武汉的百万雄狮已经土崩瓦解了，这时候你去支持也是如此，你不去支持也是如此，武汉的钢工总反正是已经胜利了，但是如果当钢工总正处于白色恐怖的时候，你能去支持，这时候的鼓励又何其大也。

毛主席发出坚决支持红卫兵的伟大号召，工农兵群众都坚决支持红卫兵，红卫兵已经成为不可抗拒的社会潮流，这时候你去支持，能有多大作用呢？然而在红卫兵被一些走资派打成反革命组织的时候，它是多么需要你去支持它啊！

元旦社论出来了，它宣判了联动的一副反动对联的死刑，这时候，你也去喊"这幅对联是反动的"又有什么稀罕呢？但如果能在反动对联出来的时候，在这幅对联猖狂一时的时候，这时候你能勇敢地站出来去进行批判，防止它流毒，那才是真正的英雄，那样才算的是真正终于毛主席。

　　毛主席发出了步行大串联的口号，这时候，到处有工农兵为红卫兵串联创造了优越的条件，然而毛主席的号召是从何来的呢？正是有红卫兵在毛主席没有发出号召之前，进行了步行大串联。

　　在中央发出反修的号召，写出了一评到九评以后，遵从毛主席的伟大战略部署，向苏修宣战向苏修开火，已不能算什么英雄了。而在57年就发出了"赫鲁晓夫有修正主义倾向"的喊声的人，不正是毛泽东思想学得最好的人么？

　　毛主席支持，它代表这样一个转折点，弱者变成了强者，幼者变成了壮者，失败者变成了胜利者。你在毛主席没有支持之前，在当事物还是新生事物的时候，还处在弱小阶段的时候，或者暂时遭到挫折的时候，你不去支持，等事物完成了这样一个转折，发展壮大成为强者胜利者的时候，你再去支持，这究竟是为什么？

　　在毛主席未支持前，你的支持等于雪中送炭，你不去送，等到毛主席支持以后，你的支持至多不过是锦上添花，你到好像是必须的了，试问这究竟又是为什么？

　　毛主席挥手我前进，那么陶铸升到了第四号人物，你是保陶呢？还是反陶？革命小将陆荣根贴出了陶铸的大字报，你是帮陶铸镇压陆荣根呢还是支持陆荣根反对陶铸？这时，你的口号应该是"陶铸是毛主席的好学生"吧？你反对陶铸也许一直要到姚文元的文章出来，这时毛主席挥手我前进，打到陶铸！

　　文化大革命以前，刘少奇没有被揪出来，这时你是打刘少奇呢？还是保刘少奇？毛主席一直再同刘少奇作斗争，然而你的水平没有那样高，你不肯能知道毛主席在文章里不点名批判的是刘少奇。当然你也只能保刘少奇了。等到刘少奇被抛进历史的垃圾堆的时候，你也赶快举起你的两只拳头吧，毛主席挥手我前进。

在毛主席12.17指示下达前,"谁反对大树特树.绝对权威就砸烂谁的狗头""因为毛主席没有说大树特树绝对权威的口号不妥呀!"完全正确"我之所以不前进是因为毛主席还没有挥手呀!"

毛主席支持我支持,毛主席挥手我前进。确实,风险可以少担甚至不担了,不过同时对革命的作用也随着减小甚至没有了。

毛主席支持我支持,毛主席挥手我前进。还有一些什么首创精神呢;没有了。

举了这么些例子,总的还是要说明,要努力学习毛泽东思想,用毛泽东思想去检验一切,凡符合毛泽东思想的就坚决支持坚决执行,不符合毛泽东思想的就坚决反对、坚决抵制。

后来又出现了一个口号:急毛主席所急,想毛主席所想,这个口号比起毛主席支持我支持,毛主席挥手我前进来就要好多了。诸位左派先生,你们的看法如何呢?难道你们认为这两句口号是统一的吗?没有不同之处吗?

谁反对毛泽东思想就砸烂谁的狗头

"谁反对毛泽东思想就砸烂谁的狗头"，需要吗？不需要。

毛主席说："人们问，在我们国家里，马克思主义已经被大多数人承认为指导思想，那么能不能对它加以批评呢？当然可以批评。马克思主义是一种科学真理，它是不怕批评的。如果马克思主义害怕批评，如果可以批评倒，那么马克思主义就没有用了。事实上，唯心主义者不是每天都在用各种形式批评马克思主义吗？抱着资产阶级思想、小资产阶级思想而不愿意改变的人们，不是也在用各种形式批评马克思主义吗？马克思主义者不应该害怕任何人批评。相反，马克思主义者就是在人们的批评中间，就是在斗争的风浪中间，锻炼自己、发展自己、扩大自己的阵地的。"

那么对照一下毛主席的指示，你们的这句口号是符合毛泽东思想的呢？还是反毛泽东思想的？假如是反毛泽东思想的，那么需要不需要砸烂狗头呢？我认为是不需要的，假如你们认为是需要的，那么你们就去砸烂吧！

我再向喊这句口号的同志提一个问题。毛主席说："无论在全人口中间，还是在知识分子中间，马克思主义者仍然是少数。"那么你们这些"誓死捍卫毛泽东思想"的英雄，你们是属于这少数之内的呢，还是属于这少数之外的？你们是不是马克思主义者呢？是不是毛泽东思想已经学到手，已经掌握了毛泽东思想呢？

假如你们是这"少数"之外的，假如你们还不是马克思主义者，那么也就是说，你们头脑里还残存着反毛泽东思想的东西。试问，当你的头脑里还残存着反毛泽东思想的东西的时候，谁反对毛泽东思想就砸烂他的狗头，那么你们自己是否需要砸烂呢？

况且，你们还不是马克思主义者，你们还没有掌握毛泽东思想，那么你们拿什么来作为毛泽东思想的标准呢？拿你们还没有掌握的毛泽东思想来作为毛泽东思想的标准吗？可能吗？是拿毛主席的语录来作为毛泽东思想的标准吗？那么你们对毛主席语录又知道多少呢？还是拿你们头脑里还残存着的反毛泽东思想的东西来作为毛泽东思想的标准呢?你们又怎样来区别别人是拥护毛泽东思想还是反毛泽东思想呢?你们又怎样来区别谁是不应该砸烂狗头谁是应该砸烂狗头的呢?

譬如杨成武的那篇《大树特树》是一株彻头彻尾的反毛泽东思想的大毒草,为什么这篇大毒草出世了数月之久,而你们竟没有砸烂杨成武的狗头呢?

在现在有那么一些人"有极少数坚持'以我为中心的'的人对毛主席的指示,对无产阶级司令部的号令,只要稍稍触犯他那个小山头的利益,就阳奉阴违、口是心非。更为恶劣的是,对最高指示各取所需、为我所用,对我一派有利者高喊'坚决照办',对我一派无利者,则排斥、抵制,甚至不惜断章取义,歪曲最高指示,背离和干扰无产阶级司令部的战略部署。"那么这些人的狗头你们砸烂了没有呢?没有。那么为什么有些人对毛主席的指示稍有异议就立即要"砸烂狗头"呢?仅仅因为他们对毛主席的指示不理解、想不通,谁对毛主席的指示不理解就是反革命?仅仅因为他们发表了自己的意见?哦,原来你们自己也是属于这些人中的,无怪乎。。。

其实,反毛泽东思想也并非什么怪事。只因为社会上还存在着多数的非马克思主义者,还存在着唯心主义者,还存在着有神论者,还存在着具有资产阶级世界观的人,还存在着还需要再教育的人,当这些人都还存在着的时候,都还属于人民范畴的时候,要他们不反毛泽东思想,又是怎么一回事呢?

其实,反毛泽东思想也并非什么怪事。毛主席说:"我们在人民内部是允许舆论不一致的,这就是批评的自由,发表各种不同意见的自由,宣传有神论和宣传无神论(唯物论)的自由。"这就是允许别人反毛泽东思想嘛,而你们为什么要不允许呢?

其实,反毛泽东思想也并非什么怪事。只要社会上还存在着两种以上的意见,只要社会上还有争论还有辩论还有互相批评,就必然有一种意见是反毛泽东思想的,试问,你们是只允许一种意见存在,只允许舆论一律的吗?难道你们是不许争论、不许相互批评的吗?

其实,反毛泽东思想也并非什么怪事。所差别的只不过是明反还是暗反,所差别的只是这个非马克思主义者是一面派还是两面派。试问,你们毛泽东思想还没有完全掌握，却偏偏要使自己头脑里的反毛泽东思想的东西"不反映不表现"出来，可能吗？譬如有些人，一面在喊"谁反对毛泽东思想就砸烂他的狗头，誓死捍卫毛泽东思想"，一方面又在喊"大树特树""绝对权威"，这只不过表明他反的手法高明些罢了。

既然反毛泽东思想并非什么怪事，那么，"谁反对毛泽东思想就砸烂他的狗头"又是为什么呢？它所带来的结果只能是使人们把疑问把问题放在肚子里，只能是人们明明不理解偏要高叫"坚决执行"，只能使人们都带上马克思主义的假面具，只能使人们都成为两面派！

毛泽东思想怕别人反吗？不怕。如果怕别人反，也就不成为毛泽东思想了。"马克思主义在开始的时候受过种种打击，被视为毒草"，然而，马克思主义发展起来了，成长起来了，树立了它的无产阶级权威。

怕的倒是某些"人工地去建立"权威，怕的倒是某些人"大树特树""绝对权威""这样建立的威信必然会垮下来。"

江青同志说："我们家里可民主啦，孩子可以驳爸爸的。有时还故意地要他们驳。他们驳了以后，当然要给他们讲道理。但是很多时间，他们不是驳斥，对父母是尊敬的。他们驳，有好处嘛，让他们造点反，有什么坏处呀，弄得老是'是妈妈！是爸爸！'有什么好处啊，我看那不好。"

江青同志的这段话说明了什么呢？说明了我们现在的不民主："谁反对毛泽东思想就砸烂他的狗头"，谁敢驳谁就是反革命，说明了某些人虽然在说"敬爱的江青同志"，实际上正是他们对江青同志的指示阳奉阴违，嘴上说的是一套，做的又是一套，说明了某些人大喊"谁反对毛泽东思想就砸烂它的狗头"。实际上只不过是在像我这样无拳无勇的人面前逞雄罢了，对于主席的子女他们还敢吗？说明了某些人一面在大反奴隶主义，高叫要培养造反精神，是防止中国出修正主义所必需的呀，它能祖国江山永远不变颜色呀，一面却又要弄的别人老是"是，江青同志"，"是，主席"他们的所谓造反精神只不过是跟着他们的指挥棒转罢了。

为什么主席的孩子可以驳而我们不可以呢？为什么主席的孩子驳了后会给他们讲道理，而我们就要被砸烂狗头呢？我想不通，为什么主席的孩子会驳而我们的一些同志却会"谁反对毛泽东思想就砸烂他的狗头"呢？我想不通。

等到没有人有毛泽东思想的时候，这时候会到来的。毛主席说"当着某一种错误的东西被人们普遍地抛弃，某一种真理被人类普遍的接受的时候，更加新的真理又在同新的错误思想作斗争。"那么现在这个时候来到了吗？为什么想到在现在就不许别人反毛泽东思想呢？你们这些走在历史前头的人。

你们是马克思主义者吗？不，马克思主义者是不懂得砸烂的，马克思主义者懂得的就是战斗，就是为了捍卫毛泽东思想而战斗，马克思主义者懂得的就是讲道理，就像主席和江青同志给他们的孩子讲道理那样。只有脑子里还残存着许多反毛泽东思想的东西，却偏要装作"誓死捍卫毛泽东思想"的"英雄"，只有那些肚子里空空，讲不来半点道理，只能依靠手中的棍棒去砸烂的人，这才会高叫"砸烂、砸烂"，一看见异样一些的东西，就高叫砸烂，谁反对"大树特树""绝对权威"又来一个砸烂，我写了这样一篇文章，又来一个"砸烂"。

对于这种假马克思主义者，首先的任务就是"使麒麟皮下露出马脚：'你们是假的冒充的马克思主义者'指出他们不是首先应该扫的那种"扛大旗，作虎皮，包着自己吓唬别人；小不如意就倚势（！）定人罪名，而且重的可怕横暴者。"

又想起了一句话，"对毛主席的指示，理解的要执行，不理解的也要执行，在执行中加深理解。"

这句话是什么意思呢？把它说得明白一些："对毛主席的指示，不理解，只许放在肚子里，不许讲出来。"如此罢了，岂有他哉。一讲出来岂不就是反毛泽东思想？岂不就要被砸烂狗头？那么当然就只能放在肚子里了。自古以来我们只听得"不懂就问"，现在可知道了，应该"不懂你先去做，做的中间你就会明白了"。

翻印毛主席著作无罪

毛泽东思想是当代马列主义的顶峰，是最高最活的马克思列宁主义。

毛泽东思想为群众所掌握就会产生无穷无尽的物质力量。

毛主席的话水平最高威信最高威力最大，句句是真理，一句顶一万句。

所以，我们听毛主席的一句话，就胜过听别人一万句。

可惜，毛主席的指示，我们实在听得太少了。毛主席所写的著作，所说的话，比起被人们所发表的那一部分，不知要多上多少倍。可惜的是这许多主席的指示，真理的声音，我们都无缘听到，否则中国革命定将大大加快它的前进步伐。

有那么一些同志，

这些同志一面大叫要宣传毛泽东思想；"千重要、万重要，宣传毛泽东思想最重要。"一面却又将毛泽东的指示视为己有，对群众就像恩赐一样 给你一点，毛主席的指示有多少没有宣传到我们的耳中呢？就在他们那里停住了，不下来了。

这些同志一面仿佛希望大家都掌握毛泽东思想，一面好像又怕大家掌握毛泽东思想似的，自己不发表毛主席的指示，还禁止别人发表毛主席指示。

"千重要、万重要、宣传毛泽东思想宣传些什么呀？也就是宣传毛主席的指示了吧。你的话我们哪里要听这么许多呢，你的话一万句还顶不上毛主席一句呢。你要宣传毛泽东思想，我们就希望你将主席的指示传达给我们。你们自己不发表，还要禁止别人翻印毛主席指示，请问这是宣传毛泽东思想吗？不，这叫抵制、反对宣传毛泽东思想。

群众希望主席指示犹如万物之望太阳、禾苗之望雨露。其所望何其殷切也，可惜有些人怎么说呢："怎么，有了雄文四卷还不够么？"或者"老三篇够你学一辈子了"于是人们只能沉默。

报纸上刊登了毛主席接见某代表团接见某英雄的象片，旁边还写道，主席同XXX进行了亲切的谈话。这谈话，当然是主席对当前斗争的指示，可惜我们无法知道。主席的相片，我们固然是要看的，但是我们更需要的是主席的指示、是主席的思想、是真理的声音。

发表一段主席指示，以后就是大版篇幅的"群众热烈欢呼主席最新指示的发表"。这种消息，我们固然需要知道，然而我们知道，主席在做这些指示的同时还作了许多指示，这些指示只是很少的一部分，而知道主席所做的全部指示，显然是比知道这消息更为重要的。

那么，你们不肯发表，依靠你们是不行的，为了听到主席的声音，真理的声音，于是群众就只能自己动手，自己动手，丰衣足食。于是群众翻印主席的指示。

然而这又遭到了某些人的禁止，仿佛他们享受着发表主席指示、垄断主席指示的专利权似的。

你承认主席的话句句是真理吗？承认，那么你禁止别人翻印主席指示难道不就是阻止别人听到真理的声音？

为什么要翻印主席未发表的指示？就是因为看到了主席的这些指示，心情万分激动，觉得主席的话句句说的了自己的心坎里，从而产生了一个宣传主席指示的良好的愿望，想让更多的人听到主席的这些指示。这种做法有什么不好呢？要受到禁止。

宣传毛泽东思想有理，翻印毛主席指示无罪。

自己不肯把毛主席未发表的指示发表出来，还要禁止别人发表，而所椐的理由又是要慎重呀，怕传错呀，怕别人篡改呀，这种不成理由的理由，这种人才是可恶的人。

慎重。你怎么知道别人不慎重？老实说，发表主席的指示就是对毛主席最大的忠，就是最大最大的慎重，因为他首先做到了宣传毛泽东思想，不肯发表毛主席的指示，反对发表主席指示的人，他根本就没有宣传毛泽东思想、反对宣传毛泽东思想。因此、也就谈不上什么慎重不慎重。

有一小撮坏人篡改。这种情况确实是有的，然而我们能因为这个原因而禁止别人翻印吗？这就是所谓因噎废食了，这种论调将它说的清楚些，那就是：："我们是相信群众的，但是因为你们群众中有一小撮坏人，所以我们不相信你们了。"

　　至于说道传错，这种情况也是有的，但这正像只能走路防跌而不能因为要跌倒而不走路。

　　我们有些同志是很喜欢说主流支流，大方向的。那么请问发表主席的指示大方向正确不正确？你们为什么要为了这点支流而反对主流呢？你们所说的理由确实是有根据的。那么我们也只能说，第一、发表主席指示是革命行动，好得很，第二、在发表主席指示的过程中要取慎重态度，防止传错，防止一小撮坏人篡改，这两点，你们能接受吗/

　　话说文化大革命初期，一位红卫兵小将在一次辩论会上说"毛主席教导我们马克思主义的道理千条万绪，归根结底就是一句话，造反有理"。旁边一位同志说；"你敢对主席的这个指示负责，保证不错一个字吗？"顿时这位红卫兵小将语塞，因为他不能保证。

　　《共产党宣言》传到中国，就是因为有这样一位同志看到了这本著作，感到非常的正确，从而产生了一个将它译成中文，使中国的广大革命群众也能学习的良好愿望。当然他不能保证自己的水平是如此的高，翻印之中不产生一点误差，然而倘若因为怕产生误差而不翻译，等待着有这样一位"权威翻译家"来翻译，这种人也便称不上革命者。

　　马克思主义是如何传播的呢？马克思主义传播是在资本主义社会之中。那时候，显然不会有这样一位世界性的、绝对慎重的、保证没有一点差错的组织，它的传播只能依靠各国的革命者来翻译、印刷、发表、为什么现在要不允许了呢？

　　在旧社会的监狱中，革命者坚持学习马克思列宁主义、毛泽东思想。没有条件怎么办？自己创造，没有书本怎么办？手抄。能保证手抄中不产生一点差错么？不能。

　　在《毛主席论教育革命》发表前，进行教育革命难道只能依靠学习过主席的这些指示的这些人么？不，进行教育革命要依靠学校里的广大的左派，而这些左派的一个重要任务难道不就是将主席关于教育革命的未发表的指示发表出来，让毛主席关于教育革命的指示与广大群众见面？

怕发表主席指示的是谁呢，将主席的指示封锁得滴水不漏的，还要禁止别人发表、翻印主席指示的，是谁呢？是那些走资派。是他们对主席指示的发表，能禁止就禁止，能拖延就拖延。他们极其害怕群众掌握了毛泽东思想，起来造他们的反，揪出他们这一小撮妖魔鬼怪、牛鬼蛇神。可是一小撮走资派所特有的这种"怕"症，竟传染到我们队伍中来了，我们有些同志也害怕起群众听到主席的指示了，也干起这种能禁止就禁止，能拖延就拖延的事来了。这可是件怪事。

主席62年、64年作了两个批示，发出了打倒阎王、解放小鬼的号召。怕主席的指示与群众见面的，当然只是那些将要被打倒的阎王。我们的同志为什么不肯将它发表出来，为什么还要禁止别人翻印呢？没有理由。假如这些指示及时与群众见了面，那么肯定这些阎王的宝位不能保持到文化大革命，社会将加速他它进的步伐，只可惜没有人翻印。

八月一日，毛主席给红卫兵写了一封信。然而信还没有发出，红卫兵运动就轰轰烈烈地搞起来了。这功劳，就是因为有很多同志在翻印、在传播毛主席的这封信。我们不能想象，假如没有这些同志在翻印，大家都等着中央正式发表这封信，那将是怎样一种情况？

八月五日，毛主席写了炮打司令部的大字报，对文化大革命起到了何等大的影响啊！它在全国掀起了文化的革命的高潮，敲响了刘邓司令部的丧钟！然而，主席的这份马列主义大字报能起到这样大的作用，其中也有很多同志翻印这份大字报的功劳在里面。

翻印主席未发表的指示，是要受到禁止的。那么请问，假如有人看到主席的指示，感到很英明，将它抄了下来，这是否要受到禁止呢？翻印和手抄有什么两样呢？不过就是前者用了比较现代化的方法罢了。同干一件事，为什么用先进的方法要禁止，用落后的方法就不禁止了呢？

有着很多的工人同志担任着印刷主席著作的光荣任务，这些同志我们应该感谢他，然而我们更应该感谢那些翻印主席未发表的指示的同志。因为他们的条件比前者要困难得多，而在作用上，他们比前者的作用要大得多。前者的作用，是从少到多，是量的差别，后者的作用是从无到有，而且后者还要受到别人的阻扰和反对。

慎重、严肃这类字眼，我们也听到不少了。不是吗？毛主席的照片也不许私自翻印，因为要"慎重"要"严肃"然而人们"慎重"了"严肃"了难道就允许吗？这只是一个借口罢了。我们再看一下，街道上、单位里画着多少毛主席像呢？这些又有谁来说过一声要慎重、要严肃呢？我们再看一下，有多少画像甚至可以说是有丑化的呢？然而没有人说要慎重要严肃。

要么不许，自然是以慎重严肃为借口，要么连慎重严肃提也不提，这就是某些人的怪行为。

再说你们禁止翻印，为什么别人要翻印呢？就是因为你们不肯发表。如果你们公开发表了，他们还要翻印么？翻印雄文四卷或毛主席语录的似乎还没有看到过，如果你们要防止别人翻印，那么将毛主席的指示统统都发表，这岂不是最好的方法么？为什么你们又不肯呢？

况且，主席未发表的著作已有这么多被宣传毛泽东思想的人翻印了，与群众见了面，这已经是一个既成事实，这中间也不能保证没有差错，那么你们又为什么到现在还不发表这些指示呢？你们的誓死捍卫毛泽东思想，为捍卫主席的指示的正确性的勇气又到哪里去了呢？

我们不能禁止别人的翻印。恰恰相反，这是一个应该受到鼓励的行动。我们只能要求他们在翻印的时候严肃慎重，那些自己不肯发表还要禁止别人翻印主席指示的人才是应该受到谴责的人。

我们应该号召大家起来为保卫毛主席的指示，为主席指示的正确性而与一小撮别有用心地篡改主席指示的坏分子作坚决的斗争，而不能禁止别人翻印。

防止主席指示传错，防止主席指示被篡改的最好方法，是发表而不是禁止翻印。

唯有怕群众掌握毛泽东思想的人才会对主席的指示，自己不发表还要以种种借口禁止别人翻印。

再看鲁迅先生的两段语录：

"我的信如要发表且有发表的地方，我可以同意，我们不是没有说什么不能告人话么？如果有，既然说了，就不怕发表"。

"对于发表信札的事，我于兄也毫无芥蒂，自己的信的发表究胜于别人之造谣，况且既已写出，何妨印出，那是不算一回什么事的。"

主席的第五、第六卷著作要出版了，这是六六年底就听到的消息，何等激奋人心的消息，高兴啊，于是就等。然而一等等到了现在，一年多了，还不见出版。怎么一回事呢？难道说主席第五卷第六卷著作的出版遇到了这么大的阻力？文化大革命，打到了刘邓司令部，揪出来破坏印刷主席著作的一小撮坏家伙，这阻力来自何方呢？假如没有阻力又是为什么呢？这难道不是头等重要的大事么？

有多少群众等得心里直冒火呢，用报社上的一句话，那就是：许多群众锣鼓家什都准备好了，然而好像无济于事，到颇有些事物的发展规律是不以人们的意志为转移似的。

主席的第五卷第六卷出版后，自然要庆祝，要歌颂，许多人的文章大约又是如此的开头；"山在欢笑，海在歌唱。"，要是有人问我有什么感想么？。那我就说；"我等的眼都望穿了"。要是从左家发事迹中学到了什么的话那我就说"以后第七、第八卷的出版快一些吧"是呀，等情人约会时间久了见面后也会嗔怒的，更何况是等着听真理的声音！

从听到消息到正式出版这么长的时刻，主席所做的指示大约也要比第五第六卷多了吧，这些真理的声音，我们又不知什么时候才能听到----这是又一个感叹。

翻印、禁止了、出版、没有、除了空等外还有何法呢？

我乂想起了某些人虽然常说，想尽办法购买雄义四卷呀。饭可以不吃，觉可以不睡，毛主席著作不可以不学呀。然而实际上毛主席的指示对他来说是听到固然是好，不听到也无尚不好。你看他可曾对第五第六卷的出版感到焦急么？你看他可曾把自己听到而别人还没有听到的主席指示翻印给别人吗？他在看到了这段指示正式发表的时候，固然曾有过种种表示，然而当他看到这段指示一字不差的由别人传出来的时候，他可曾有过丝毫的表示吗？这是句句说到他的心坎里的呀！

　　闲话少说，结束以前再对我们的干部提一个要求："你们不是我们的勤务员么？告诉你们，毛主席的话句句我们的心坎里，可是我们没法听到，因此我们希望你们将你们听到的所有主席的指示都迅速及时的传达给我们。这个要求，难道不可以得到满足么？

论"大树特树毛泽东思想的绝对权威"

看了毛主席12.17的批示后,我心里激动不已,毛主席啊毛主席,您终于还是我心中的红太阳,我千百倍地高呼:毛主席万岁!

这篇文章大约作于12.20左右,总之是在主席批示以前,看了主席12.17批示,我终于肯定,这是一株香花,是不应该刊登在《肥田集》里的,可是也没有办法,为了能使大家能闻到香味,只能委屈一下了。

《肥田集》里毒草尽管多,然而产生这样一棵香花,也不能不说是可喜的现象,正文如下:

毛主席是当代最伟大的马列主义者,毛主席的话句句是真理,一句顶一万句,为什么不该大树特树毛主席的绝对权威?!

毛泽东思想是当代最高最活的马克思列宁主义,为什么不该大树特树毛泽东思想的绝对权威?!

然而应该怎样来大树特树毛泽东思想的绝对权威呢?

摘录几段毛主席语录,以供大家学习。

"我们这个党,不是党外无党,我们是党外有党,党内也有派,从来都是如此,这是正常现象。我们批评国民党,国民党说党外无党,党内无派。有人说"'党外无党,帝王思想,党内无派,千奇百怪',我们共产党也是这样。你说党内无派,它就是有,比如说对群众运动就有两派,不过是占多占少的问题。"

"人们问,在我们国家里,马克思主义已经被大多数人承认为主导思想,那么,能不能对它加以批评呢?当然可以批评。马克思主义是一种科学真理,它是不怕批评的。如果马克思主义害怕批评,如果可以批评倒,那么马克思主义就没有用了。事实上,唯心主义者不是每天都在用各种形式批评马克思主义吗?抱着资产阶级思想、小资产阶级思想而不愿意改变的人们,不是也在用各种形式批评马克思主义吗?马克思主义者不应该害怕任何人批评。相反,马克思主义者就是要在人们的批评中间,就是要在斗争的风雨中间,锻炼自己发展自己,扩大自己的阵地。同错误思想作斗争，好比种斗痘，经过牛痘疫苗的作用，人身上就增强免疫力。在温室里培养出来的东西，不会有强大的生命力；实行了百花齐放百家争鸣的方针，也不会削弱马克思主义在思想界的领导地位。相反地正是会加强它的这种地位。

百花齐放，百家争鸣的方针是促进艺术发展和科学进步的方针，是促进我国的社会主义文化繁荣的方针。艺术上不同的形式和风格可以自由发展，科学上不同的学派可以自由争论。利用行政力量强制推行一种风格一种学派，禁止另一种风格，另一种学派，我们认为会有害于艺术和科学的发展。艺术和科学中的是非问题应当通过艺术界和科学界的自由讨论去解决。通过艺术和科学的实践去解决，而不应当采取简单的方法去解决。

因此，对于科学上艺术上的是非应当保持慎重态度，提倡自由讨论，不要轻率地作结论。我们认为采取这种态度可以帮助科学和艺术得到比较顺利的发展。

坚决反对马克思主义，对于马克思主义抱着乐观态度的人，是占极少数的。有一些人虽然不公开表示不赞成马克思主义，但是实际上不赞成。例如一部分唯心主义者，他们可以赞成社会主义的政治制度和经济制度。但是不赞成马克思主义的世界观。宗教界的爱国人士也是这样。他们是有神论者，我们是无神论者，我们不能强迫这些人接受马克思主义世界观。"

"我们作宣传工作的同志有一个宣传马克思主义的任务。这个宣传是逐步的宣传，要宣传得好，使人愿意接受。不能强迫人接受马克思主义，只能说服人接受。"

"企图用行政命令的方法，用强制的方法去解决思想问题、是非问题不但没有效力，而且是有害的。我们不能用行政命令去消灭宗教，不能强制人们放弃唯心主义，也不能强制人们相信马克思主义。凡属于思想性质的问题，凡属于人民内部的争论问题，只能用民主的方法去解决，只能用讨论的方法、批评的方法、说服教育的方法去解决，而不能用强制的、压服的方法去解决。"

上面几段语录，第一段是毛主席在无产阶级文化大革命中的八届十一中全会上的讲话，下面几段则是从毛主席的两篇马列主义的光辉文献《关于正确处理人民内部矛盾的问题》和《在中国共产党宣传工作会议上的讲话》。无产阶级文化大革命的纲领性文件《十六条》将这两篇光辉著作列为重点文章。文化大革命中有些单位为纪念主席这两篇著作的发表办了庆祝会，可惜我们的有些同志好像学得不大够。

毛主席又说："我们在人民内部是允许舆论不一律的，这就是批评的自由，发表各种意见、宣传有神论和宣传无神论（即唯物论）的自由。"

林副统帅语录："要发动学员提出疑问，有了疑问，才能证明他们是有思考的。对于提出疑问的，不应该打击，或者随便扣上什么帽子。要让他尽量地发表意见，怀疑的反对的意见都可以发表，然后进行诚恳地解释和教育，使他们否定旧思想，树立新思想。"

鲁迅先生语录："我以前也很想做皇帝，后来在北京看到宫殿的房子都是刻板的样式，觉得无聊极了，所以我皇帝也不想做了。做人的趣味在和许多朋友有趣的谈话、热烈的讨论。做了皇帝口出一声，臣民都下跪，只有不绝声的yes、yes，那有什么趣味？"

江青同志语录："我们家里可民主啦，孩子可以驳爸爸的，有时还故意要他们驳。他们驳了以后，当然要给他们讲道理。但是很多时间，他们不是驳斥，对父母是尊敬的。他们驳，有好处嘛，让他们造点反，有什么坏处呀，弄得老是'是妈妈！是爸爸！'有什么好处啊，我看那不好。"

语录就引那几段。

有些同志一直大叫"大树特树毛泽东思想的绝对权威"，可是他究竟对树立毛泽东思想的权威做出多少贡献呢？他所树立的原来就是这句不妥的口号，不是吗？在这样的口号声中，有谁敢碰一碰这句口号呢？

这些同志对毛泽东思想掌握得那么少，以致是这样一个不妥的口号响遍全国，用毛主席在《应当同重视电影〈武训传〉的讨论》中的一段语录,那就是"一些共产党员号称已经学得的马克思主义,究竟跑到设么地方去了呢?"在这句不妥的口号前。

当然中国偌大一个国家,七亿人口,当然会有毛泽东思想掌握得很好的人,看出了这句口号不妥,但是恐怕他有点私心杂念,他怕一发表意见就要遭到砸烂狗头的悲惨命运。

那么既看出这句口号的不妥又没有私心杂念的人呢?我不知道有没有,不过 倘若据所见来说,可以说:没有。

我想起了只要一句"恶毒地污蔑毛泽东思想疯狂反对毛泽东思想,大肆狂吠'大树特树毛泽东思想的绝对权威'的口号不妥"就可以把人判为反革命,我深深地吸了一口气,倘若在后面再加上一句"凡是敌人反对的我们就要拥护,XXX之流如此起劲地反对我们大树特树毛泽东思想的绝对权威,正说明我们大树特树毛泽东思想的绝对权威好得很,就是好得很,我们就是要大树特树毛泽东思想的绝对权威"那我只能再一次叹气了,如果没有毛主席的批示,什么时候这句口号才会成为不妥的口号呢?

论"统一思想"

（不平按：写于68年，原无题，林彪语录，见66年3月11日《就工业交通战线活学活用毛主席著作写的一封信》，66年8月8日《在接见中央文革小组成员时的讲话》和66年10月1日《在中华人民共和国成立十七周年庆祝大会上的讲话》）

"大树特树毛泽东思想的绝对权威"，这句口号是不妥的，毛主席的指示发表了。

那么，当人们在喊这句口号的时候，是怎样想的呢？

人们常常是将这句口号同林副统帅的两段语录连在一起的，"我们是一个伟大的无产阶级专政的社会主义国家，有七亿人口，需要一个统一的思想，革命的思想，正确的思想。这就是毛泽东思想。"

"我国是七亿人口的大国，要使全国有统一的思想。用毛泽东思想统一起来，才能有统一行动。七亿人口的大国家，没有统一的思想，还是一盘散沙。只有毛泽东思想的威力，才能把全国人民的思想统一起来。"

"我们要用毛泽东思想统一全党的思想，统一全国人民群众的思想。"

这三段语录，同样是不妥的，为什么说它是不妥呢？就是因为它不可能，就因为它不符合辩证法。

毛主席说："除了沙漠，凡有人群的地方，都有左、中、右。一万年以后还会是这样。"那么用毛泽东思想统一了七亿人口，还有没有左、中、右呢？没有了。

毛主席说："一个社会，无论何时，总有先进的和落后的两种人们，两种意见矛盾地存在者和斗争着，。。。。要想使'舆论一律'，是不可能的，也是不应该的。"那么，用毛泽东思想统一了七亿人民，还有什么"先进和落后两种人们，两种意见"呢？

马列主义的哲学认为，矛盾存在于任何一个事物之中，并且，毛主席说："原来自矛盾着的各个方面，不能孤立地存在。假如没有和它作对的矛盾的一方,它自己这一方就失去了存在的条件。试想一切矛盾着的事物或人们心中矛盾着的概念,任何一方能够独立地存在吗?没有生,死就不见了;没有死,生就不见,没有上,无所谓下,没有下,也无所谓上。没有祸,无所谓福;没有福也无所谓祸。。。。"

那么,毛泽东思想是当代马列主义的顶峰,用毛泽东思想去统一了七亿人民,还存在着什么矛盾呢?毛泽东思想同反毛泽东思想,(或者在下面应该加上"的思想"三个字)是现时代社会中的一对矛盾,没有反毛泽东思想,也就没有毛泽东思想。因此,七亿人民中,有掌握毛泽东思想和没有掌握毛泽东思想,(或称掌握反毛泽东思想)的两种人们,既先进和落后的两种人们,或者说马列主义者和非马列主义者两种人组成了社会上的一对矛盾,没有落后,也就无所谓先进。

毛主席说:"人们历来不是讲真善美吗?真善美的反面是假丑恶。没有假丑恶,就没有真善美。真理是同谬论对立的。"也就是说毛泽东思想同反毛泽东思想是对立的。毛主席又说:"任何时候,好同坏,善从恶,美同丑这样的对立总会有的。"也就是说,真理和谬论,毛泽东思想同反毛泽东思想这样的对立总会有的。毛主席说:"真的,善的,美的东西,总是在同假的,丑的,恶的东西,相比较而存在",毛泽东思想同反毛泽东思想,也是相比较而存在的。

社会要不要向前发展?社会是如何向前发展?社会只能是矛盾着的双方的互相斗争推动社会向前发展。

毛主席说:"马克思主义的哲学认为,对立统一规律是宇宙的根本规律。这个规律,不论在自然界,人类社会和人们的思想中,都是普遍存在的。矛盾着的对立面又统一又斗争,由此推动事物的运动和变化。"

毛主席说:"我们人民内部还存在着矛盾,正是这些矛盾,推动着我们的社会向前发展,"

那么,当毛泽东思想统一了七亿人民的时候,人民中间自然不存在矛盾,社会自然也就不发展了。

毛主席说:"马克思主义必须在斗争中才能发展,不但过去是这样,现在是这样,将来也必然还是这样。正确的东西总是在同错误的东西作斗争的过程中发展起来的。"那么，当毛泽东思想统一了七亿人民的时候，毛泽东思想还要斗争什么呢？毛泽东思想还要同什么作斗争？毛泽东思想还要不要发展？

　　毛主席说："一个社会，无论何时，总是先进和落后两种人们两种意见矛盾地存在着和斗争着，总是先进的意见克服落后的意见。。。只有充分发扬先进的东西去克服落后的东西，才能使社会前进。"

　　毛主席说："在人民内部，允许先进的人们和落后的人们自由利用我们的报纸，刊物，讲坛等等去竞赛，以其由先进的人们以民主的说服的方法去教育落后的人们，克服落后的思想和制度。一种矛盾克服了，又产生新矛盾，又是这样去竞赛。这样社会就不断的前进"。

　　当毛泽东思想统一了七亿人民的时候，没有落后了，不用竞赛了，社会又是如何前进？

　　自然界，社会总是充满着各种矛盾，这是正常的现象，毛泽东思想统一起来就没有了矛盾，社会也就不成为其为社会。

　　毛主席说："完全的纯是没有的。这个道理很多人没有想通，不纯才成其为自然界，成其为社会。完全的纯就不成其为自然界，不成其为社会。不合乎辩证规律。不纯是绝对的，纯是相对的，这是对立的统一。扫地一天到晚扫二十四个钟头，还是有尘土。"

　　至于"七亿人民的大国家，没有统一的思想，还是一盘散沙。"这里的"一盘散沙"，如果解释为有"左，中，右"，有"先进和落后"，有各种人们，那就妥当了。每一个家庭总是有桌子，有床，有各种家具，这是不是"一盘散沙"呢？一个家庭没有桌子妥当吗？自然界有桃花，李花，各种各样的花，这能叫"一盘散沙"吗？如果只有一种花，成其自然界吗？

　　至于说到："用毛泽东思想统一起来，才能有统一的行动。"这里的"统一行动"是指什么呢？是指的外部行动，是指的七亿人民所采取的行动。那么，在七亿人民内部，存在不存在矛盾呢？存在不存在斗争呢？由七亿人民组成的社会要不要向前发展呢？

毛主席说："党内不同思想的对立和斗争是经常发生的，这是社会主义社会的阶级矛盾和新旧事物的矛盾在党内的反映。党内如果没有矛盾和解决矛盾的思想斗争，党的生命也就停止了。"可见，"不同思想的对立和斗争"存在于任何人群之中，党内也不例外。怎么能设想，七亿人民倒反而没有"不同思想的对立和斗争"倒反而用毛泽东思想统一起来呢？

说到统一行动，林副统帅还有一段语录："思想不通也要组织服从，即使不能同心也要协力。不赞成也好，心里有意见也好，反而要协力，有的思想就是有不一致，思想总是有差别的，只能够大同小异，如果说思想在任何时候都完全一致，就不符合辩证法。不管怎样，同不同，一致不一致，反正一起干，我们不散伙，不掉队，不各搞各的，总是一股力量，一股洪流，冲向那里就能够把那里冲开，这也是一个纪律性问题"。

这是很正确的，这里所指的恐怕还只是某个指示或命令，还不是指的是某一种思想呢。

如果说七亿人民的大国家，没有统一的思想，才有先进和落后，才有左中右，才有各种各样的人们，才成其为社会，这样就妥当了。

果真不可能统一吗？统一是可能的，但是在现在不可能，什么时候呢？当人们绝大多数掌握了毛泽东思想的时候，难道不是已经达到了共产主义思想觉悟了吗？

毛主席说："当着某一种错误的东西被人们普遍地抛弃，某一种真理被人类普遍地接受的时候，更加新的真理又在同新的错误意见作斗争。这种斗争永远不会完结。这是真理发展的规律，当然也是马克思主义发展的规律。"那么，现在这个时候到来了吗？当毛泽东思想把七亿人口统一起来的时候，一定又有一种更新的主义或一种更新的思想出现，那么现在是这个时候吗？同时，人民中间永远有矛盾永远有斗争，用某一种思想统一人民的思想则是不可能的。

毛主席在57年说："事实上必定会有一些人在思想上始终不愿意接受马克思列宁主义，不愿意接受共产主义，对于这一部分人，不要苛求，只要他们服从国家的要求，从事正常的劳动，我们就应当给他们适当工作的机会。"那么这些人也要用毛泽东思想"统一"起来吗？还是说他们已经不存在了呢？

毛主席在57年还说："无论在全人口中间或者在知识分子中间，马克思主义者仍然是少数。"时间才过了十几年，难道七亿人民就能用毛泽东思想统一起来？

要统一，但是实际上的不可能，于是"大树特树"啊，于是"绝对权威"啊，于是，"谁反对毛泽东思想就砸烂他的狗头"啊，都出来了。"通过辩论的方法，说理的方法，来克服各种错误思想"没有了，"百花齐放、百家争鸣"没有了，"由先进的人们以民主的说服的方法去教育落后的人们，克服落后的思想和制度"没有了。言论自由没有了，舆论一律了。毛主席说："中央出了修正主义怎么办？这是很可能的。"那么，用毛泽东思想统一了七亿人民岂不是说不可能了么？然而，实际上并非是这样。人们喜欢用一句"舒舒服服地过渡到修正主义去"，这样的话，那么统一统一就是糊里糊涂的统一到修正主义去。因为没有假丑恶就没有真善美，没有谬论就没有真理，没有反毛泽东思想就没有毛泽东思想。没了对立面，到了后来连什么是毛泽东思想，毛泽东思想包含那些内容都不知道。大树特树，绝对权威是毛泽东思想，用毛泽东思想去统一七亿人民思想，也是毛泽东思想。

"你炮打林副统帅"，果真如此吗？

学习一段主席语录："现在我们有些同志，很怕群众展开讨论，怕他们提出同领导者不同的意见。。。。讨论问题，就压抑问题，就压抑群众的积极性，不许人家讲话，这种态度非常恶劣。"

再学习一段江青同志的教导："同时，父母对他们要平等。不是'我是老子'实行封建家长制。这一点，我觉得要向主席学习。我们家里可民主啦，孩子可以驳爸爸的。有时还故意地要他们驳。他们驳了以后，当然要给他们讲道理。。。。他们驳有好处嘛。让他们造点反，有什么坏处呀，弄得老是'是，妈妈！'，'是，爸爸！'，有什么好处啊，我看那不好。"

论"句句真理"

（写于68年，原无题，林彪语录，见66年1月24日《人民日报》：《在全军政治工作会议上的报告中的重要指示》）

本刊曾经发表过一篇文章《毛泽东思想和毛主席语录》，说出了有很多人，正是毛主席所批评的那种人。那么这些同志是怎么会如此的呢？这又是林副统帅的一句语录，毛主席的话句句是真理，一句顶一万句。

世界上会有这种情况吗？一个人的话句句是真理，不会有，这种情况过去没有过，现在也没有，将来也一定不会有。

毛主席说过："没有哪一个人不犯一点错误，也许只有上帝不犯错误，因为我们没有看见过他。"那么这是否是真理呢？这是真理。那么这里的"人"是否有例外的情况呢？

毛主席的话句句是真理，马克思是否句句是真理呢？列宁的话是否句句是真理呢？恩格斯的话是否句句是真理呢？回答应该是肯定的。

斯大林的话是否句句是真理呢？鲁迅的话是否句句是真理？回答想来应该是否定的了，也就是说，世界上有三个人的话句句是真理。

毛主席说："马克思主义者承认，在绝对的总的宇宙发展过程中，各个具体的过程的发展都是相对的，因而在绝对真理的长河中，人们对于在各个一定发展阶段上的具体过程的认识只具有相对的真理性。。。。客观过程的发展，是充满着矛盾和斗争的发展，人的认识运动的发展也是充满着矛盾和斗争的发展。"

这是一个真理，举例来说明。

毛主席说："然而一般地来说，无论在变革自然或变革社会的实践中，人们原定的思想、理论、计划、方案，毫无改革的实现出来的事是很少的。这是因为从事变革现实的人们，常常受着这许多的限制，不但常常受着科学条件和技术条件的限制，而且也受着客观过程的发展，及其表现程度的限制。（客观过程的方面及本质尚未充分暴露）。

主席说的这一条真理，对主席所说的话当然也是适用的，"有些客观过程的方面及本质尚未充分暴露"，人们怎么能够认识呢？任何人都不能。

譬如，十六条是主席亲自主持下制定的，它是制定于文化革命以前的。这里是否句句是真理呢，那么我们现在可以清楚了，这里的第九条"文化革命小组、文化革命委员会、文化革命代表大会"而代之以的主席的关于革命委员会的一系列指示则是真理。

其二，我们总是说两面派总是要暴露出来的，对于两面派有一个认识过程，这当然也是一个真理。譬如，对刘少奇，我们不知道，也许主席一直是认清他的真面目的，那么对于戚本禹、王力、关锋，主席也是一开始就看得那么清楚吗？难道主席在他的讲话中提到的戚本禹、王力、关锋的一系列讲话也是句句真理吗？显然是不可能的。

再说，相对真理是对于事物发展到一定过程的认识，主席的许多话乃是指明当时的情况，情况向前发展了，起了变化，主席的话当然也就应当有更新的指示。

譬如，主席在1942年的指出："所以，我们党内的主观主义有两种，一种是教条主义，一种是经验主义。""但是在这两种主观主义中，现在在我们党内还是教条主义更为危险。"这是真理，或者说是事实，但是它是当时的情况，如果，永远只知道背这两条"真理"，那就有些可笑了。事实是情况向前，我们的缺点会克服。在当时存在缺点是事实，在以后克服了缺点也是事实，主席在当时指出缺点，是因为当时存在缺点，在现在，主席的这段语录不适用，是因为克服了这缺点。譬如，主席在42年说的这段指示在57年是否适用呢？主席在57年说："我们在批判教条主义的时候，必须同时注意对修正主义的批判。修正主义，或者右倾机会主义，是一种资产阶级思潮，它比教条主义有更大的危险性。""在现在的情况下，修正主义是比教条主义更有害的东西。"对比一下，57年比42年少了一个经验主义。多了一个修正主义，这就是事物在向前发展。

从另一个方面来说，主席的很多指示是为了解决问题的，不是为了作为"真理，"来说的。这样，主席的这些指示，只有当客观情况重复的出现的时候，才成为真理。譬如，主席有纠正右倾路线的一系列指示，这些指示，只有当某个团体、个人、组织犯了右倾错误的时候方才适用，如果在犯了"左"倾错误的时候那就不适用。

主席的话句句是真理，这是从什么时候开始的呢？是一生下来就开始的吗？还是从什么时候开始的呢？

主席的话句句是真理，为什么呢？这是因为少，既然主席的话句句是真理，那就应该大量的印发主席的指示，第一卷，第二卷，。。。早就该出版到几十卷了，既然是真理的声音，为什么我们听得那么少呢？

譬如文化大革命，毛主席作了多少指示，讲了多少话呢？而我们听到的又有多少呢？

倘使将毛主席的指示都扣压起来不发表，单单就发表一句"为人民服务"那更是真理而又真理了。

第二，既然是真理，那么"马克思主义是科学真理，不怕批评，它是批评不倒的。"真理是不怕辩论的，应该是不怕别人驳，可是现在是不许别人驳。"不理解，只许放在肚子里，不许讲出来"，"谁反对毛泽东思想就砸烂他的狗头"。

既然不许别人反对，没有人反对，那么当然成为真理了。譬如，"毛主席的话句句是真理，一句顶一万句"这是否真理呢？是真理就不怕别人批评。不许别人批评，就无所谓真理不真理。你说"毛主席的话句句是真理"是真理，那么你敢进行辩论吗？你靠的是把批评者打成反革命，这就当然成为"真理"了。

毛主席的话句句是真理，可惜就是毛主席说的"科学的东西，随便什么时候，都是不怕别人批评的，因为科学是真理，决不怕人家驳。"，不是真理，毛主席一直说的"不怕不怕"，被你们变成了"不许不许"。

毛主席的话一句顶一万句，毛主席是一贯从群众中来到群众中去的群众的路线，毛主席是最相信群众，最依靠群众，最尊重群众的首创精神。毛主席的话有很多都是来自群众，那么一经主席说出，就"一句顶一万句"了？譬如精兵简政，这一条意见是李鼎铭先生提出来的，这时，李鼎铭是群众，精兵简政，只能算是一句顶一句。主席知道后，他觉得这个意见很好，主席说应该精兵简政，那么，这时一句话就"顶一万句"了？

　　毛主席的话一句顶一万句，这一方面是由于主席威信高，另一方面则是由于很多人大搞个人迷信，"人工地建立"毛主席的"绝对权威"，这样，不顶也得顶了。

论"毛泽东思想的胜利"

（不平按：写于68年，原无题，林彪语录，见66年10月1日《在中华人民共和国成立十七周年庆祝大会上的讲话》）

前面，谈了林副统帅的几段语录，本文再谈一段语录："我们的一切成就，一切胜利。。。。都是毛泽东思想的胜利。"

这段语录，同样也是不妥的，在这里，人们还有相同的类似观点，只有有了毛泽东思想，才能取得"一切成就一切胜利"，没有毛泽东思想就没有"一切成就一切胜利"。

只有政治好，才能技术好，政治不好，技术就不会好，所以技术好就是政治好。

只有好猫，才能抓到老鼠，所以，"管他白猫黑猫，抓住老鼠的就是好猫。"

一切成就一切胜利，都是毛泽东思想的胜利，那么物资刺激，或者其他什么方法。能不能取得胜利呢？能不能取得成就呢？难道就不可能？

假如这是真理，那么也就是说，不管我们的干部（其中包括走资派）是采用什么方法？只要他有了成就，有了胜利，就证明他毛泽东思想掌握得好？"政治路线确定之后，干部就是决定因素。"

那么，我们再来看看实例，中国乒乓球队取得了这么多成就，取得了这么多胜利，这到底是不是"毛泽东思想的胜利"？

有些人说了一句很英明的语言："不要一说胜利，就是毛泽东思想胜利，乒乓球队胜利说是毛泽东思想胜利，输了怎么办？"可惜被当成了黑话，那么根据这种逻辑推理，岂不是说乒乓球队胜利了是毛泽东思想胜利，乒乓球队胜利了就证明乒乓球队毛泽东思想掌握的好，乒乓球队毛泽东思想掌握的好就不可能输，那么输了怎么办呢？

说乒乓球队取得那么多成就，那么多胜利，是毛泽东思想的胜利，这难道不是为贺龙为荣高棠的脸上贴金？

乒乓球队胜利了，是毛泽东思想胜利，输了是偶然一次，或者技术上的疏忽，似乎也讲得通。那么，我们的足球，并没有取得乒乓球队这样多的成就和胜利，是常输的，那么就是说我们的足球队毛泽东思想没有真正学到手，或者说没有乒乓球队学得这样好，似乎也有道理。那么再仔细一想，我国的足球队和资本主义国家的足球队比赛，我们输了，他们赢了，难道说我们球队的毛泽东思想比资本主义国家的足球队的毛泽东思想还要掌握的差吗？这就似乎点笑话了。

再从生产上讲，我们造出了某项机器，这是毛泽东思想胜利，倘若没有造出来，那就是毛泽东思想没有学到手，这似乎也讲得通。

那么，我们和资本主义国家都在造某一机器，我们没有找出来而他们造出来了，这种情况可能不可能呢？难道说不可能？假如这是可能的，那么难道说我们的毛泽东思想比他们还要掌握得差？

在某件事情上，我们超过了资本主义国家先进水平，创造了更高水平，这当然可以说是毛泽东思想胜利，那么，倘若以后他们又赶上来了怎么办呢？这是毛泽东思想胜利？

为什么要说这句话不妥呢？因为思想是可以作为一股动力，而且和其他动力比起来，可以说是相当大的动力，然而，却并非只有这一股动力，还有其他动力，诸如，兴趣爱好，物资刺激等等，还有一个，天才，马列主义创立以前，有很多资产阶级的科学家，他们也取得了很大的成就，很大的胜利，那么，这又是什么的胜利呢？

那么，我们对这句话纠正一下，有人在大批特批业务好就是政治好的谬论，似乎也不必批得那么起劲。我们就说业务好，大多数是政治好，因为政治好是一股动力，而且是一股强大的动力。

而我们所取得的一切成就，一切胜利中，绝大多数是毛泽东思想胜利，这样说似乎就妥当了。

还要说及的，那就是现在对于毛泽东思想，已经是非常庸俗化的地步了，动辄毛泽东思想伟大胜利，丝毫不作具体分析，譬如说罢，有些单位的造反派分成了两派，现在大联合了，双方头头争席位争了半天，总算双方做了一定让步，达成协议，联合起来了，然而这又是毛泽东思想伟大胜利，简直令人莫名其妙。我看还是老实一点好不好，你们在大联合时何曾想到多少毛泽东思想呢？

论革命

不满与革命

什么叫革命？

革命，就是推动社会向前发展的行动。

人为什么要革命、

因为希望社会前进。换句话说，就是于现状不满，希望它更好，并且这个动机产生了行动，这行动就称之谓革命。

"为了解放世界上还在受难的三分之二的劳苦大众。"这句话是对的，但它没有接触的问题的本质，它是这个概念在现在这个具体历史时期————三分之二的人还没有解放的时期所定出的客观标准。世界上还有三分之二的劳动人民在受苦难，你是满足还是不满呢？当三分之二的人们都解放了的时候，我们还需不需要革命呢？回答是肯定的。

和这个答案具有同工之妙的，旧社会革命者的动机是为了解放全中国，如今，中国解放了，难道我们就不需要革命了么？难道革命就此停止了么？不，我们现在仍需革命，标准放远了。

如果有人这样回答；"为了把我国建设得更加繁荣富强。"这话在某些人听来大概要算是有点修味了，其实这个答案也是对的。

总的说来，革命就是推动社会前进发展的行动，使社会延着马克思所指出的航道前进。

革命，就是因为不满，在现在全世界还有三分之二的人还没有解放、这是不满见诸于行动，就是革命。旧社会中国人民正在受难，中国没有解放，这是不满。倘说现在人们的思想水平还不够高，这是不满。说现在人民的生活水平还不高，这也是不满。有些地方的权力被走资派夺过去了，不满。舞台上充满了牛鬼蛇神，不满。京剧不能为工农兵服务，不能为当前的政治斗争服务，还是不满。凡此种种不满见诸于行动，就是革命。由以上的种种不满就产生了揪出走资派的文化革命、文艺革命、京剧革命。

主席说"骄傲使人落后、虚心使人进步"。这是一句真理,我在这里将它改一改。注意这不是篡改,这是利用一下句式"满足使事物停止,不满使事物前进",我认为也是对的。

社会永远向前发展,永远不会停止,这发展的动力就是有这么许多人的革命行动,就是这么多人对当前现状不满,希望社会前进一步,且由此产生的行动。

人的发展就是要敢于否定旧"我"。只有敢于否定旧"我",才能肯定新我。人的发展就是今日之我与昨日之我战,就是明日之我与今日之我战。社会的发展也是这样,在文化大革命中,不是提出这样一个口号么"砸烂旧世界,创造新世界"。这个口号在社会主义中国建立了十八年的今天提出来的。砸烂什么旧世界呢?就是说今日的世界相对于昨日的世界是新,而对于明天的世界则有又变成了"旧"。社会制度也是如此,对于以前的社会制度来说它是新的、进步的、对于以后的社会制度来说则又成了落后的、甚至是反动的。

诚以文艺界为例。满足了:"这个剧真正体现了毛主席的革命文艺路线,真正说出了我们心里话。"ō那么这个剧到这里为止了,不会前进了。大满足:"现在有这么许多表现毛主席革命路线的剧目,真的是琳琅满目。"文艺界可以到这里停止了。小不满:"这个剧目这个地方还不足以体现毛主席的革命路线。"这个剧才会前进。大不满:"现在剧目还不够多,有这么些是毒草、有问题的。"文艺界才会有创作、才会前进。

鲁迅先生说;"来信所说'时代的落伍者'的定义是不对的。时代环境全部流迁,并且进步,而个人始终如故,毫无进展,这馋谓之'落伍者'。倘若对于时代环境不满,要它更好,待它较好时,又要它更更好,即不当有落伍者之称。因为世界上改革者的动机,大抵就是对于时代环境的不满的缘故。"

鲁迅先生此话,对于革命与不满的关系说得十分精确。

自然科学的发展是如此,我们不是经常提倡要进行技术革命么,这动机首先是感到不满。倘若没有不满,这革命又从何来呢?譬如,蒸汽机诞生了,那么很多人感到满足了;"可松一口气了,我终于从那繁重的什么机里解放出来了。"而真的革命者呢，他会说："此物善则善矣，尚未尽善。"由于"未尽善"，就使他产生了不满，单是不满还称不上革命，还要亲自改革这未尽善之处，这才称作革命。由于这革命，蒸汽机比以前进步了，然而新的改革者又发现了它的未尽善之处，又有不满又要进行改革。如此不断，蒸汽机才能成为现在这样的蒸汽机，并且还将成为将来的蒸汽机，并终于完成它的历史革命，为别的机器所替代。

社会科学方面也是如此。

对于个人凡具有革命上进心的人，他一定时时对自己不满，所以他非常欢迎同志们对他进行批评并进行严厉的自我批评。他明白，缺点是改不完的，改正了这些缺点又会发现新的缺点。批评与自我批评是一刻也不能停止的，他做到了主席所说的："我们决不能一见成绩就自满自足起来，我们应该抑制自满，时时批评自己的缺点，好像我们为了清洁，为了去掉灰尘，天天要洗脸，天天要扫地一样。"

对于社会也是如此。

"在中国封建社会里，只有这种农民的阶级斗争，农民的起义和农民的战争，才是历史发展的真正动力。"封建社会的革命者——起义的农民以及他们的组织者起义的原因是什么呢？毫不含糊，就是不满，不满于当时的统治，不满于当时的残酷剥削。

我们的老前辈革命者，动机各有差异，有的因为中国政府太腐败无能，被外国帝国主义所侵略所奴役，他要起来赶走侵略者，（方志敏的《可爱的中国》写的何等的好啊！）有的因为中国人民在在受压迫，生活太痛苦，有的因为中国的思想界太落后，民众的思想精神太软弱。毛主席就写了许多痛斥旧社会、痛斥旧社会思想的文字，并说到："革命必须从大本大源。。。"

鲁迅先生开始时想学医———是由于不满，不满于当时那种把他的父亲医死的庸医充斥社会。后来看到电影中有中国人聚观日本鬼子残杀中国人的场面，悟到中国人的精神太不强，有了更大的不满，要改造、提高中国的国民思想，从而参加革命，成为伟大的共产主义者。

他们所共同的一点就是不满，从各方面对旧社会感到不满，从各个方面来进行推翻旧社会的工作，有的拿起了枪杆子，有的拿起了笔杆子。

新社会也是如此，举京剧革命为例。首先是由于大不满，京剧舞台上全是才子佳人、帝王将相、牛鬼蛇神，不能为当前的政治斗争服务。由此不满，产生了京剧革命，诞生了革命现代戏。这犹如旧社会经过变革产生了新社会一样。那么现代戏产生了是否就完了呢？并没有完，革命者还在研究，这里还不够表现革命者的坚强，这场戏里对反动派鞭笞得不够，这里太生硬，这里太软，并进行了改革———有了行动，这才使得革命现代京剧成为现在这样的革命现代京剧。否则，何以能产生？拿旧戏剧自然是不能相比的，便是拿刚产生的原稿来比，又前进了何其多也。

林彪的《毛主席语录再版再言》是如何产生的呢？这就是由于不满———对总政所写的《毛主席语录再版再言》不满的缘故。

至于这次，《中共中央关于征询召开"九大"的意思的通报》中提到许多同志迫切希望。。。。修增出版新的《毛主席语录》，把毛主席在无产阶级文化大革命中的许多重要指示补上。"则就是说，对于这本照得人人心里亮堂堂的红彤彤的宝书都有不满了，然而这不满就意味着将产生更加完美的《毛主席语录》。

真正的革命者是永远不满的，鲁迅当然是如此，毛主席也是如此。在旧社会，毛主席不满，领导了中国人民进行了革命，推翻了三座大山，建立了崭新的社会主义社会。在这以后，毛主席仍然没有满足过。解放后历次政治运动的亲自发动和亲自领导，不正说明了这一点吗？我倒想起了，满足的人也是有的，这就是逍遥派，所以他不再革命了。

毛主席对于人民的思想，也永远没有满足过。早在青年时代，毛主席就说："安得国人有大哲学革命家、大伦理革命家如俄之托尔斯泰其人。以洗涤国民之旧思想、开发新思想。"如今，毛主席写出了为民立极的四卷雄文，创立了光辉无际的毛泽东思想。随着社会主义制度的建立，人民的思想起了翻天覆地的变化。解放后历次政治运动的掀起，更使人们的思想水平得到了普遍的提高。经过文化大革命，这场破私立公的革命，全国掀起了活学活用毛泽东思想的高潮，人民的思想得到了何等的提高。然而毛主席发出"斗私批修"的伟大号召，不正说明毛主席对人民的思想还有所不满吗？然而也只有如此，人民的思想才能更加得到提高。经过斗私批修，人们的思想不是更加提高了一步吗？

所以不满意于现状是并不稀奇的。倘若没有人不满于现状，那么社会也就停止了。社会之所以会发展到如今，并且还将发展下去，就是因为永远有不满于现状的人存在。

下面就摘录几段鲁迅先生论及革命的文字。

其实革命是并不稀奇的。惟其有了它，社会才会改革，人类才会进步。能从远虫到人类，从野蛮到文明，就因为没有一刻不在革命。

革命时代的文学

革命无止境。倘使世界上真有什么"止于至善"，这人世间便同时变成了凝固的东西了。

黄花节的杂感

所以革命是并不稀奇的，凡是至今还未灭亡的民族，还都天天在努力革命，虽然往往不过是小革命。

革命文学

维持现状说是任何时候都有的，赞成者也不会少。然而在任何时候都没有效，因为在实际上决定做不到。假如古时候用此法，就没有今之现状；今用此法，也就没有将来的现状，直到辽远的将来，一切都和太古无异。回复故道的事没有的，一定有迁移，维持现状的事也是没有的，一定有改变。

从"别"字说开去

不平还是改造的引线

六十二恨恨而死

不满是向上的车轮，能够载着不自满的人向人道上前进，

多有不自满的人的种族，永远前进，永远有希望。

不满

所以每一革命部队的突起，战士大抵不过是反抗现状这一种意思，大略相同，终极目的是极为岐异的。

非革命的激进革命论者

但人于现状，总该有点不平、反抗、改良的意思。

两地书

所以我想，在青年，须是有不平而不悲观。

两地书

但无论如何，中山先生的一生历史具在，站出世间来就是革命，失败了还是革命。中华民国成立后，也没有满足过、没有安逸过，仍然继续着近向于完全的革命的工作。直到临终之际，他说道：革命尚未成功，同志仍需努力！

中山先生逝世后一周年

十九世纪可以说是一个革命的时代；所谓革命，那不满于现在、不满于现状的都是。

文艺与政治的歧途

所以以革命文学自命的，一定不是革命文学，世间哪有满意于现状的革命文学？除了吃麻醉药。

文艺与政治的歧途

新月社中的批评家很以不满于现状的人为然的，但只不满于一种现状，是现在竟有不满于现状者。

新月社批评家的任务

为什么说资产阶级在开始时期是革命的,而在后来变成了反动的呢?就因为开始时它是社会前进而在后来则是阻碍社会前进的了。

再论革命

一、光明面与阴暗面

任何事物都是一分为二的。毛主席说：优点和缺点，长处和短处，这两点都会有。我们的支部书记、军队的连长排长，他们都晓得，在小本子上写着，今天开会不为别的，总结经验有两点，一个是优点，一个是缺点。他们都晓得有两点，为什么我们只提一点？只有优点没有缺点，哪有这个事？一万年后都有两点，那个时候有那个时候的两点，现在有现在的两点，个人有个人的两点。总而言之，是两点不是一点，说只有一点，叫知其一不知其二。

任何事物都有两点，社会尤其如此。在《论革命》中提到的革命的动机是由于不满，那么这不满就是不满于缺点——两点之一。对社会的现状感到不满，不满与什么呢？就是不满于社会的阴暗面。

革命，就是革社会的阴暗面的命，不革阴暗面的命，你革什么命？

伟大的马克思列宁主义、毛泽东思想是斗争的、批判的。那么这斗争、这批判就是与社会的阴暗面作斗争，与毒草斗争，就是批判社会的阴暗面。

任何事物都是矛盾的对立的统一，社会也就是光明面与阴暗面这一对矛盾的对立统一。

社会是如何前进的呢？现在社会有两点，一万年后仍然有两点。社会的前进就是不断地革除阴暗面的命。革除了现在的阴暗面，又会有新的阴暗面产生，又需要去革除新的阴暗面。社会就是如此在不断地革除阴暗面的过程中前进。

社会前进如此，个人的前进也是如此。个人只有不断地克服缺点才会前进。我们说，活到老，用毛泽东思想改造到老。用批评和自我批评的武器不断地去掉不良作风，保持优良作风，就是这个意思。

缺点存在着，要不要改正？问题存在着，要不要解决？阴暗面存在着，要不要改革？这是一个原则性的大问题。从某种意义上来说，苦难、问题、缺点、阴暗面，可以说是同义词。

八届十一中全会公报号召我们："克服从反革命修正主义和'左'右倾机会主义诸方面来的阻力，克服困难，克服缺点，克服错误，克服党内和社会上的阴暗面。"就是这个意思。

二、暴露阴暗面

阴暗面存在着，要改革，怎样改革呢？

革命者，就是要勇于暴露阴暗面。

只有暴露阴暗面，才能改革阴暗面，只有敢于暴露，才能敢于改革。没有暴露便谈不上改革。

暴露同改革的关系就如同揭露矛盾，同解决矛盾的关系一样。只有揭露矛盾，才能解决矛盾。

暴露同改革的关系，又如同亮私同斗私的关系一样。只有敢于亮私，才能真正斗私，没有亮私，便谈不上斗私。

鲁迅先生说过一句极为深刻的话："暴露者只在有为的人们中有益，在无聊的人们中便要灭亡。"什么叫做有为的人们呢：革命者。

我们的有一些干部是很希望别人暴露活思想的。因为只有暴露了这些思想问题，才能真正解决这些思想问题。

无产阶级要进行教育革命。这教育革命就是也改革我们社会的阴暗面----旧的教育制度。进行教育革命依靠谁呢？依靠学校里广大的红卫兵，坚定的革命左派。他们固然有许多其他的优点，然而他们最大的优点就是敢于正视这阴暗面，敢于揭露这阴暗面----社会主义社会还存在着一套资本主义的教育制度。如果连正视这阴暗面的勇气都没有，在别人揭出阴暗面的时候，还要责怪别人为什么不歌颂我们社会的光明面----工农业诸方面取得了巨大的成绩。更有甚者进而怀疑别人揭出这阴暗面是否在为我们的敌人制造炮弹。这种人又怎么能够成为教育革命的依靠对象呢？

我们社会的阴暗面是如何造成的？一是走资本主义道路的当权派，二是我们工作的缺点错误。那么暴露阴暗面就有利于这两点的改革：揪出走资派，改正错误缺点。如今到处都在进行革命的大批判。批判，批判，批判些什么呢？还不是批判阴暗面，批判走资派所造成的阴暗面。不过这种批判是为了批臭走资派，是在走资派揪出之后进行的。然而我想，在走资派揪出以前的暴露，其作用是更大的。因为它的作用是揪出走资派。揪出走资派同批臭走资派，其作用当然是不能相比的。

毛泽东同志说："革命的道路上还有许多障碍物，还有许多困难。我们宁肯把困难想得多一些。有一些同志不愿多想困难。但是困难是事实，有多少就得承认多少，不能采取'不承认主义'。我们要承认困难，分析困难，向困难作斗争。"

同样道理，我们对于阴暗面，不能采取'不承认主义'。我们要承认阴暗面，暴露阴暗面，改革阴暗面。并且在数量方面，我们宁肯将阴暗面想得多一些。因为对于革命者来说"即使所发现的不过是完全黑暗，也还是可以和黑暗战斗的。"（鲁迅）

毛主席说："什么叫工作，工作就是斗争。哪些地方有困难、有问题，需要我们去解决，我们是为着解决困难去工作去斗争的。越是困难的地方越是要去，这才是好同志。"这里说的困难、问题，也可以说是阴暗面。倘若连暴露困难、暴露问题、暴露困难的地方的勇气都没有，试问，又何以谈得上工作、斗争呢？

毛主席还说："在一个时期内，不登或者少登正面意见，对错误意见不做反批评，是错了吗？本报以及一切党报，在五月八日至六月七日这个期间内执行了中共中央的指示，正是这样做的。其目的，是让魑魅魍魉，牛鬼蛇神'大放特放'让毒草大长特长，使人民看见，大吃一惊。原来世界上还有这些东西，以便动手歼灭这些丑类。"

我想同样的意见，如果相信人民群众有这样的觉悟和能力，那就大讲特讲阴暗面，使大家看到，原来我国还存在这么多丑恶现象，从而产生不满，产生革命的行动。大家起来改革阴暗面，那么一定可以使我们的社会大大地向前更进一步。

可是我又想，这大概不可能。我们只要看主席'用文斗不用武斗'的指示发表了这么多日子，武斗仍然如此普遍就可以知道了。

让我们再来看鲁迅先生的两段语录。

"现在倘在小说里叙述了人生底缺陷，便使读者感到不快。所以历史上不团圆的，在小说里往往给他团圆。没有报应的，给他报应。互相骗。这实在是关于国民性底问题。"

鲁迅先生接下来又说："这是因为中国人底心里，是很喜欢团圆的。所以必至于如此。大概人生现实底缺陷，中国人也很知道。但不愿意说出来，因为一说出来，就要发生'怎样补救这缺点'的问题，或者免不了要烦闷，要改良，事情就麻烦了。而中国人不大喜欢麻烦和烦闷。"

鲁迅先生还说："现在已不是在书斋中捧书本高谈宗教、法律、文艺、美术等等的时候。即使要谈论这些，也必须先知道习惯和风俗。而且有正视这些的黑暗面的勇猛和毅力。因为倘看不清，就无从改革。仅大叫未来的光明，其实是欺骗怠慢的自己和怠慢的听众的。"

三、歌颂和暴露

然而有人说在现在不应该暴露，只应该歌颂，或者说主要的应该歌颂。

那么为什么要歌颂呢？歌颂的原因是什么呢？

歌颂是由于爱，是由于高兴。

如同鲁迅先生所说："待到大革命成功以后，就又产生文学。这时候底文学有二，一种文学是赞扬生命和称颂革命——讴歌革命。因为进步的文学家想到社会改变，想到社会向前走，对于旧社会的破坏和新社会的建设都觉得有意义。一方面对于旧制度的崩破很高兴，一方面对于新的建设来讴歌。"

前面说过，每一个事务都是一分为二的。总有着两个方面：优点和缺点，歌颂是歌颂优点，对于缺点呢？也是歌颂吗？当然不。对于缺点那就是暴露。歌颂优点暴露缺点，这是对待同一事物的两个方面所采取的两种不同的对待方法。这里并不存在着矛盾。

优点和缺点是一个人的两个方面，是一对矛盾。我们对待这矛盾的两个方面采取的两种态度，就是表扬与批评。

光明面与阴暗面组成了社会的两个方面，对待这一对矛盾所采取的不同态度，那就是歌颂和暴露。

从整个社会来说，分成了无产阶级和资产阶级，被剥削阶级和剥削阶级组成了一对矛盾。歌颂无产阶级，暴露资产阶级就形成了区别对待的两种态度。歌颂无产阶级和暴露资产阶级有矛盾吗？没有。

我们应该歌颂人民大众，那么是歌颂整个的人民大众吗？不是。群众还有先进落后，还有左中右之分呢！

我们爱我们的社会，但是我们不能爱我们社会的丑恶现象。这个道理难道不明白吗？

主席说："对于人民，这个人类世界历史的创造者，为什么不应该歌颂呢？"

然而主席又说："对于人民的缺点是需要批评的。"

我们的党是伟大光荣正确的党，是中国革命的核心力量，是中国人民的大救星，为什么不应该歌颂呢？

然而主席又说："在我们的工作中间，成绩是主要的，但是缺点和错误也还不少，因此我们要进行整风。"整风者，就是批评指出或者说暴露"缺点和错误"。

只看到成绩的一面，不看到缺点的一面，只看到光明面，不看到阴暗面。只爱听恭维话，不爱听批评话。只允许表扬，不允许批评。只允许歌颂，不允许暴露。这种态度难道是正确的吗？

歌颂是由于爱，暴露却不能笼统的说是由于恨。从某些方面来说，暴露是包含着更深的爱的：这是于他有不满，希望它改正缺点，希望它前进。我们平常说"恨铁不成钢"。这是恨呢？还是爱呢？正因为对他（即多为优点少为缺点的人）抱着强烈的爱，才会对他身上的缺点产生强烈的恨。才会不断的、强烈的暴露这缺点，直到它消失为止。

我们可曾听到有人这样说："你既然爱我,你就只应该表扬我不应该批评我"吗？

歌颂从本义上来说,是一种心情的表达。它是革命吗？革什么命呢？或者说它是一种休息,是革命告一个段落。如在"大革命成功以后",如在某一个战争取得了胜利以后,如在一个机器完成了改革之后。马列主义的哲学是斗争的哲学。歌颂是斗争吗？从另一个角度来说,歌颂中包含着"满足"的分子,骄傲的人是喜欢别人表扬他的。

我们似乎也可以这样说,暴露产生于革命之前,歌颂随之于革命之后,暴露是革命的前奏,歌颂是革命后的享受。

只看到成绩,不看到缺点。只知道歌颂,不知道暴露。这种人便称不上革命者。

真正的革命者是永远多看到缺点,多看到阴暗面的。因为这正是需要他"革命"的地方。

毛主席说："我们应该抑制自满,时时批评自己缺点。好像我们为了清洁,为了去掉灰尘,天天要洗脸,天天要扫地一样。"

再来学习鲁迅先生的两段语录。

"俄国革命以后,拿了面包排了队,一排一排去领面包。这对国家既不管你什么文学家、哲学家、艺术家、雕刻家,大家连想面包都来不及,哪有功夫去想文学？待到有了文学,革命早已成功了。革命成功以后,闲空了一点,有人就恭维革命颂扬革命。这已不是革命文学,他们恭维革命,颂扬革命就是颂扬有权力者,和革命有什么关系？"

"要是发表意见,就要想到什么就说什么,真的知识阶级是不顾利害的。如想到种种利害就是假的冒充的知识阶级。只是假的知识阶级的寿命倒比较长一点。像今天发表这个主张,明天发表那个意见的人,思想似乎天天在进步。只是真的知识阶级的进步,决不能如此的快,不过他们对于社会永远不会满意的。所感受到永远是痛苦,所看到的永远是缺点。他们预备着将来的牺牲,社会也因为有了他们而热闹。

鲁迅先生在《我怎么做起小说来》中这样说："例如说到为什么做小说罢，我仍抱着十多年前的启蒙主义，以为必须是'为人生'而且要改良这人生。"鲁迅先生在这里的态度十分明显。就是为了改革，就是为了"改良这人生"。所以鲁迅接下来又说："所以我的取材，多采自病态社会的不幸的人们中，意思是揭出痛苦，引起疗救的注意。"这里的"不幸的人们"指的是谁呢？统治阶级还是人民大众？当然是人民群众或者说是人民群众的一部分。我们现在有很多作家是懂得暴露与歌颂了。如果要他们说说"为什么做小说罢"，答案肯定是两样的，这只要看取材便可以知道了。

鲁迅先生当时有一篇轰动社会的作品《阿Q正传》是歌颂人民群众呢，还是暴露人民群众？鲁迅先生自己也就说过："十二年前，鲁迅做的一篇《阿Q正传》大约是想暴露国民的弱点的。。。"

为了能看得更清楚一点，我们再看许广平女士的一段痛斥社会的文字。这是被鲁迅先生收录在《两地书》中的："先生你看第八期的《猛进》中，不是有人说先生'真该割去舌头'么？虽然是反话。我闻阎王十殿中有一殿是割舌头的，罪名是生前说谎，这是假话的处罚。而现在却因为'把国民的丑德都暴露出来'，既承认是'丑德'，则非假也可知，而仍有'割舌'的罪，这真是人间地狱，这真是人间有甚于地狱了。"

当然鲁迅先生也说过："我们从古以来，就有埋头苦干的人，有拼命硬干的人，有为民请命的人，有舍身求法的人，。。。虽是等于为帝王将相作家谱的所谓'正史'，也往往掩不住他的光辉，这就是中国的脊梁。

这一类的人们，就是现在又何尝少呢？"

这是应该歌颂的。

<h2>四、现在的歌颂</h2>

前面说过，为什么要歌颂呢？就是因为爱，爱无产阶级而歌颂无产阶级，爱共产党而歌颂共产党，爱毛主席而歌颂毛主席，爱英雄人物而歌颂英雄人物。不过，现在到处都谁在歌颂英雄人物，却并非由于

爱。与其说是由于爱，到不如说是由于不满：如此的人物太少。现在的歌颂乃是树标兵，等大家都和被歌颂者一样的时候，他一定不会去歌颂。现在的歌颂乃是改革阴暗面的一种方法，号召大家向被歌颂者学习。譬如老师对某个同学的骄傲不是直指其骄傲，而是说："你看人家多么谦虚"。比如某校的复课闹革命搞得较好，于是进行歌颂，这歌颂就说明了有很多学校复课闹革命搞得不好。

譬如一个班里有些同学不爱劳动。那么他们不是认真地进行研究，有多少同学不爱劳动，是什么原因，如何进行改革，而是从中捡出一个同学来："你们看他是多么热爱劳动啊！"

不过我想，这种歌颂虽然和暴露是同属于改革黑暗的两种不同方法，而相比较，还是后者比较直截了当，采取何种方法，自然是各人所爱，不能相强。然而我想我们也不必强制人一定要采取第一种手法。虽然他也明明知道，这歌颂并非出于爱，而是因为这样的人太少。

有些人颇喜欢歌颂光明的，颇有些憎恨暴露的。然而他也终于熬不住了，于是无政府主义，逍遥派也终于暴露出来了。

五、暴露与掩饰

这样写了，就有人怪我反毛泽东思想，说我主张暴露。那么这在前面已经说得比较清楚了。本文说的暴露同主席所说的暴露其含义是不同的。本文所说的暴露乃是鲁迅先生所谓的暴露，是包含着"批评和自我批评"的含义在内的。——声明一下。

对于人民群众，对于无产阶级，对于真善美的事物，只应该歌颂，不应该暴露。这种态度就是不对的，因为对于某一个具体事物来说，它总是真善美和假丑恶的对立统一体。我们歌颂，是歌颂事物的真善美的一面，是歌颂事物的优点的一面，成绩的一面，光明的一面。那么对于事物的另一个方面，阴暗面，是采取怎样的态度呢？难道也是歌颂吗？还是无动于衷呢？歌颂阴暗面，鼻子掉了还要将它夸示于人，明知其丑，仍要歌颂。这种人似乎还没有。对待阴暗面，存在着截然相反的两种态度：暴露与掩饰。前面已经说过，歌颂光明与暴露黑暗是并不矛盾的，是相反相成的。那么与暴露黑暗相反的态度使什么呢？是掩饰黑暗。

对于阴暗面，对于缺点错误，是暴露还是掩饰，这是一个根本问题。反对暴露那就是主张掩饰，这里没有折衷的余地。

鲁迅先生曾经说过这样的话，帝国主义和我们的那一样利害不正相反，我们的痈疽正是他们的宝贝。那么我们对待自己身上的痈疽将采取怎样的态度呢？是用块破布将它遮盖起来？否则给帝国主义看见可不行呀，还是让它暴露出来，让它晒晒太阳，把它彻底割除呢？

列宁说："犯错误对一个先进阶级的战斗的党并不可怕。可怕的是坚持错误，虚伪地不好意思承认错误和纠正错误。"

列宁说："公开承认错误，揭露错误的原因，分析产生错误的环境，仔细讨论改正错误的方法——这就是一个严肃认真的政党的标志。"

列宁说："一个政党如果不敢照实说出自己的病，不敢进行严肃的评断和找出治病的方法，那它就不配受人尊敬了。"

毛主席曾经批评过这样一种人："有了错误，自己不讲，又怕群众讲。越怕就越有鬼，我看不应当怕。有什么可怕的呢？我们的态度是：坚持真理，随时修正错误。"

林副统帅说："隐藏不如暴露，坏人坏事暴露出来就是好事，与其包着脓包，不如让它穿头。毛主席指示，烂透了的就可能迅速好转，不痛不痒，就会拖下去。坏人不完全暴露，就没有理由将他打下来。。。共产党人要有这种不掩饰错误，勇敢承认错误的精神。"

鲁迅先生说："然而无论如何，我总是觉得洋鬼子比中国人文明，货只管排，而那品性却很有可学的地方。这种敢于指摘自己国度的错误的中国人就很少。"

我以为，如果自己没有勇气正视阴暗面，没有勇气暴露，也不必掩饰，也不必阻止别人暴露，掩饰黑暗。这才是最没出息的人干的。

毛主席说："中国人营业总是秘密主义，除开他窝子里以外，谁也不能讨出他的消息。这种秘密主义实在是一种罪过。一个人光明正大做事，为什么不能将底子宣布出来呢？文化书社是一个公有的社会机关，并不是为私人营利。我们为避免这种罪过，反秘密而采取彻底的公开，将社里的一切情况彻底的宣布于社员之外。"

鲁迅先生说："钟先生也还是脱不了旧思想。他以为丑，他就想遮盖。殊不知外面遮上了，里面依旧是腐烂。倒不如不论好丑，一齐揭出来，大家看看好。往时布袋和尚带着一个大口袋，装些零碎东西，一遇见人，便都倒在地上道：'看看，看看'这举动虽然难免有些发疯的嫌疑，然而现在却是大可师法的办法。"

自己没有改革阴暗面的志气和能力，又没有正视阴暗面的勇气，于是就专一责人暴露黑暗，究其原因，乃是"因为我是无产阶级呀！"这种人，可怜，可怜。

六、暴露的两种态度

人民的缺点，同样是暴露，这里就存在着两种不同的态度。一种是恶意的攻击，一种是善意的批评。

主席说："对于人民的缺点是需要批评的，。。。但必须是真正站在人民的立场上，用保护人民、教育人民的满腔热情来说话。如果把同志当作敌人来看待，就是使自己站到敌人的立场上去了。这就是暴露的态度的不同。"

同样，阴暗面暴露出来，就有了两种作用，到了革命者手中，就促使他进行改革"暴露者只在有为的人们中有益，在无聊的人们中便要灭亡。"到了敌人手中，就成了敌人攻击的资料。

这些人为什么憎恶暴露，主张掩饰？塌照斯呀，或者说暴露就将成为敌人攻击的资料。

暴露出来进行改革，正是为了永远的防止敌人攻击，防止敌人攻击的真正手段应该是改革，而不是掩饰。

毛主席说："我们自己来批许自己的主观主义，官僚主义和宗派主义。这会不会使我们的党丧失威信呢？我看不会。相反的，会增加党的威信。"

有了缺点又怕别人攻击，快点将它改正呀，又不肯。便要将他掩饰起来，这就是这种人的本性。

有了错误，怕不怕我们的敌人攻击呢？有什么可怕的呢？横竖只是这些缺点，能防止敌人攻击吗？即使你将它掩饰起来，他还可以造谣，止得了吗？彻底的唯物主义者是无所畏惧的。有什么可怕的呢？

老实说，与其掩饰，我宁可是恶意的攻击，因为它使我知道了缺点的存在。

七、敢不敢暴露

阴暗面存在着，要不要改革？如何改革？是将它掩饰起来偷偷的改呢？还是让它暴露出来，正大光明的改？

敢不敢暴露阴暗面？

凡是相信自己有能力进行改革，并且愿意进行改革的，他就敢于暴露。不敢暴露，或者是不肯进行改革，是偷懒的表现，或者是不能进行改革，是无能的表现。

毛主席说："共产党人在工作中有缺点错误，一经发觉，就会改正。他们应该不怕自我批评，有缺点就公开讲是缺点，有错误就公开讲是错误。一经纠正之后，缺点就不再是缺点，错误也就变成正确的了。"

列宁说："无产阶级不怕承认它在革命过程中哪些事情做得非常好，哪些事情没有做好。过去一切灭亡了的革命政党，所以灭亡就是因为他们骄傲自大，不善于看到自己力量的所在，怕说出自己的弱点。而我们是不会灭亡的，因为我们不怕说出自己的弱点，并且能够学会克服弱点。"

这就是暴露对于改革者的作用。

在旧社会，如同一切资产阶级社会一样，有一些资产阶级做人就是专门依靠掩饰为生的。这是因为这阴暗面是无法改革的缘故，如同主席所说："反动势力面前和我们面前都有困难。但是反动势力的困难，是不可能克服的。因为他们是接近于死亡的，没有前途的势力。我们的困难是能够克服的，因为我们是新兴的，有光明前途的势力。"

这里介绍几段鲁迅痛斥当时资产阶级文人的文字。

不过中国有一些士大夫,总爱无中生有,移花接木的造出故事来。他们不但歌颂升平,还粉饰黑暗。"

"近来的革命文学家,往往特别畏惧黑暗,掩饰黑暗,但市民却毫不客气自己表现了。那小巧的机灵和这厚重的麻木相撞,便使革命文学家不敢正视社会现象,变成婆婆妈妈,欢迎喜鹊,憎厌枭鸣,只检一点吉祥之兆来陶醉自己,算是超出了时代。"

"且住。再说下去,恐怕有些英雄又要责我散布黑暗,阻碍革命。"

"别的革命文学家,因为我描写黑暗,便吓得屁滚尿流,以为没有出路了。"

"因此我就想发一点议论,然而立刻又想到恐怕一面有人疑心我冷嘲(有人说,我是只喜欢冷嘲的)一面又有人责我传播黑暗。因此咒我灭亡,自己带着一切黑暗到地底里去。"

八、主流和支流

有的人说,应该看到主流,不应该只看到支流。

譬如应该歌颂无产阶级,不应该歌颂资产阶级,就因为是主流和支流的关系。

这种说法,从对于某些文物的评价来说是正确的,譬如我们对某个人的评价,当然要分清是七分成绩三分错误,还是三分成绩七分错误。

然而从另一个角度来说,从革命改革的角度来说,主要的看到缺点的一面,似乎更为妥当些。你看到这个缺点,你就去认真地分析研究,去进行改革。譬如毕业生的体格检查,当然是全面的看问题。然而当某人手中生了一个疮,去看病的时候,医生也需要看"主流"吗?他只需要看到这个疮就进行治疗就够了。当我们看到某个同学的缺点的时候,我们就针对着这个缺点进行帮助嘛。

或者说看主流的目的是未来分清"破"还是"补"?譬如资产阶级和无产阶级一个是破,一个是补。譬如一件衣服,我们也应该看清主流,才能决定是破还是补。譬如一个革委会,也应该看清它的主流再决定拆台还是补台。但是总之，是缺点是阴暗面，就得革除，却是一定不易的。

有的人说，应该看到主流，那么支流该不该忽视呢？

主流、支流是矛盾的两个侧面，在一定条件下，它们是会转变的。

我们说一个人的优点是主要的，但也存在着不少缺点。这个缺点能够忽视吗？能够容忍他发展下去吗？有些人被资产阶级争夺过去了，那么他是一下子变过去的吗？不，起先他也只不过是支流，然而后来变成了主流。一些流氓阿飞在开始的时候也只是沾染了流氓阿飞习气，也是支流。但就因为这支流没有得到重视，没有得到改革，才会成为主流。

我们说小洞不补，大洞吃苦。一个小洞相对于一件衣服来说当然是支流，然而"不补"就要"吃苦"，是忽视不得的。

我们说千里之堤，溃于蚁穴。这数十之穴，相对于千里之堤，真是支流而又支流了，然而革命者肯放过它吗？

文化大革命，揪出了一小撮混进党内的资产阶级代表人物。这一小撮资产阶级代表人物相对于"绝大多数干部是好的和比较好的"是主流还是支流呢？当然是支流。

想当初，联动开始的时候，何尝不是一点点支流，然而就因为忽略了这支流，不屑去谈阴暗面，终于发展了。当然也不过是支流。

武斗也是如此，难道一开始就是如此的大规模？就能造成如此大的损失？它也是发展起来的，要是在他婴儿时期就将它扼杀在摇篮中，就不会如此了。

流氓阿飞难道是一下子多起来的吗？它也是发展起来的。然而正是在当初没有刮一场三级台风，终于要刮一场十二级台风了。"

支流是忽视不得的，是会变成主流的。

有位同志说："有些人只看到支流不看到支流。"我说这位同志，你为什么不看到"看到主流"的多数人的主流呢？而只看到"只看到支流，不看到主流"的"某些人"的支流呢？这"某些人"难道不是支流吗？当然你是改革者，你在改革这"某些人"的"支流"。你也是一个暴露者。

真的革命者，主要是看到缺点的一面，因为他是革命的斗争的批判的，而这缺点的一面正是需要他进行革命、进行斗争、进行批判的对象。

有的同志说："你应该看到主流不应该只看到支流"我说这位同志如果这样说："同志们你们看看有哪些地方做得不够好，将它做的更好些。"岂不是更好吗？你是希望别人做全面评价的旁观者呢？还是希望别人做歌颂者？还是希望别人做改革缺点的改革者？

我以为，我们不必责怪别人看到支流、不看到主流。你看到不好的地方，你就指出来，你就动手干。大家都起来动手干，事情就办好了。我们不应该做一个游离于事物本身之外的专做评价的旁观者。

大批判专栏中登载了一条消息，说是某中学在文化革命中由于造反派内战武斗，打砸抢烧，损失国家财产达二十万元。一位工人同志看了以后说："唉，这些学生娃子，真不知财产得来的不易啊！"旁边以为同志接上来说："这算什么话，这次文化大革命所得到的是极大极大、所损失的则是最小最小。"

我想这也是主流和支流的关系了。

在写完了这段文字又过了一些日子，又看到了一段文字。

"正如毛主席在一九二七年二月一次谈话中指出的那样：'过去我们搞了农村的斗争、工厂的斗争、文化界的斗争，进行了社会主义教育运动，但不能解决问题，因为没有找到一种形式、一种方式，公开地、全面地、自下而上地发动广大群众来揭发我们的黑暗面。'"

这段文字摘自林彪的九大报告，还能说什么话呢？毛主席万岁！

鲁迅论创作

青年才可以将中国变为一个有声的中国。大胆地说话，勇敢地进行，忘掉一切利害，推开古人，将自己的真心话发表出来。

无声的中国

只有真的声音，才能感动中国的人和世界的人。必须有了真的声音，才能和世界的人同在世界上生活。

无声的中国

我们能够大叫，是黄莺便黄莺般叫；是鸱□便鸱□般叫。我们不必学那才从私窝子里跨出脚，便说"中国道德第一"的人的声音。

随感录四十

我以为幼稚的人，或者老成的人，如有幼稚的心，就说幼稚的话，只为自己要说而说，说出之后，至多到印出之后，自己的事就完了。对于无论打着什么旗子的批评，都可以置之下理的！

未有天才之前

要是发表意见，就要想到什么就说什么。真的知识阶级是不顾利害的。如想到种种利害，就是假的冒充的知识阶级。只是假的知识阶级的寿命到比较长一点。象今天发表这个主张，明天发表那个意见的人，思想似乎天天在进步。只是真的知识阶级的进步，决不能如此快的。不过他们对于社会永不会满意的，所感受的永远是痛苦，所看到的永远是缺点。他们预备着将来的牺牲，社会也因为有了他们而热闹。不过他们本身——————心身方面总是苦痛的。因为这也是旧社会遗留下来的 遗物。

关于知识阶级

中国如果还会有文艺，当然先要以这样直说自己所本有的内容的著作来打退骗局以后的空虚。因为文艺家至少是须有直抒己见的诚心和勇气的。倘不肯吐露本心，就便谈不上意识。

叶永蓁作《小小十年》序

文人不应该随和，。。。会随和的，只有和事老。但这不随和，却并非回避。只是唱着所是，颂着所爱。他得象热烈地主张着所是一样，热烈地攻击着所非。恰如赫尔库来斯的紧抱巨人安太乌斯一样，因为要折断他的肋骨。

再论文人相轻

譬如文学与宣传，原不过说：凡有文字，都是宣传，因为其中总不免传布着什么。但后来却有人解为文字必须故意做成宣传文字的样子了。

致蔡斐君

据我所看过的那些理论，都不过说凡文艺必有所宣传，并没有谁主张只要宣传式的文字便是文学。

"硬译"与"文学的阶级性"

一切文艺，是宣传。只要你一给人看，即使是个人主义的作品，一写出，就有宣传的可能。除非你不作文，不开口。那么用于革命，作为工具的一种，自然也可以的。

但我以为当先求内容的充实和技巧的上达，不必忙于挂招牌。"稻香村"，"陆稿荐"已经不能打动人心了。"皇太后鞋店"的顾客，我看也不比"皇后鞋店"里的多。一说技巧，革命文学家是又要讨厌的。但我以为一切文艺固然是宣传，而一切宣传却并非全是文艺。

文艺与革命

但在这地方的文学家，恐怕总喜欢说文学和革命是大有关系的。例如可以用这来宣传，鼓吹，煽动，促进革命和完成革命。不过我想，这样的文章是无力的。因为好的文艺作品，向来是不受别人命令，不顾利害，自然而然地从心中流露的东西。如果先挂起一个题目，做起文章来，那又何异于八股，在文学中并无价值，更说不到能否感动人了。"革命文学"到无须急急，革命人做出东西来，才是革命文学。

革命时代的文学

所说的现代版画的内容，资产阶级的气味太重，固然不错。但这是意识如此，所以有些气分。并非有"意识堕落之危险"，不过非革命的而已。但要消除这气分，必先改变这意识。这须由体检，观察，思索而来，非空言所能改变。如果硬装前进，其实比直抒他固有的情绪还要坏。因为前者我们还可以看到社会中一部分人的心情的反映，后者便变成虚伪的了。

致李桦

我一向有一种偏见。凡书面上画着这样的兵士和手捏铁锄的农工的刊物是不大涉略的，因为我总疑心它是宣传品。发抒自己的意见，结果弄成带些宣传意味的伊卜生等辈的作品，我看了到并不发烦。但对於先有了"宣传"两字的题目，然后发出议论来的作品，却总有些格格不入。那不能直吞下去的模样，就和雕颂教训文学的时候相同。

怎么写

所以文学家要自由创造，既不该为皇室贵族所雇用，也不该受无产阶级所威胁，去做讴功颂德的文章。这是不错的，但在我们所见的无产文学理论中，也并未见过有谁说或一阶级的文学家，不该受皇室贵族的雇用，却该受无产阶级的威胁，去做讴功颂德的文章，不过说，文学有阶级性，在阶级社会中，文学家虽自以为"自由"，自以为超了阶级，而无意识底地，也终受本阶级的阶级意识所支配，那些创作，并非别阶级的文化蔽7d了。

"硬译"与"文学的阶级性"

听说前辈老先生，还有后辈而少年老成的小先生，近来尤其厌恶恋爱诗。可是说也奇怪，咏叹恋爱的诗歌果然少见了。从我们外行人看来，诗歌本是发抒自己的热情的。发讫即罢，但也愿意有共鸣的心弦。则不论多少，有了也即罢。对于老先生的一颦蹙，殊无所用其惭惶。纵使稍稍带些杂念，即所谓意在撩拨爱人或是"出风头"之类，也并非大悖人情，所以正是毫不足怪。而且对于老先生的一颦蹙，即更无所用其惭惶。因为意在撩拨爱人，便和前辈老先生犹如风马牛之不相及。倘因他们一摇头而慌忙辍笔，使他高兴，那到好象撩拨老先生，反而失敬了。

诗歌之敌

诚然，前年以来，中国确有许多诗歌小说，填进口号和标语去，自以为就是无产文学。但那是因为内容和形式，都没有无产气，不用口号和标语，便无从表示其"新兴"的缘故，实际上并非无产文学。

"硬译"与"文学的阶级性"

我们需要的，不是作品后面添上去的口号和矫作的尾巴，而是全部作品中的真实的生活，生龙活虎的战斗，跳动着的脉搏、思想和热情，等等。

论我们现在的文学运动

俄国的老作家亚历舍?托尔斯泰和威垒赛耶夫，普理希文，至今都还有好作品。中国的有口号而无随同的实证者，我想，那病根并不在"以文艺为阶级斗争的武器"，而在"借阶级斗争为文艺的武器"，在"无产者文学"这旗帜之下，聚集了不少的忽翻筋斗的人，试看去年的新书广告，几乎没有一本不是革命文学，批评家又但将辩护当作"清算"，就是，请文学坐在"阶级斗争"的掩护之下，于是文学自己倒不必着力，因而于文学和斗争两方面都少关系了。

"硬译"与"文学的阶级性"

近一年来，中国应着"革命文学"的呼声而起的许多论文，就还未能啄破这一层老壳，甚至踏了"文学是宣传"的梯子，而爬进唯心的城堡里去了。

壁下译丛小引

我以为根本的问题是作者可是一个"革命人"。倘是的，则无论写的是什么事，用的是什么材料，即都是"革命文学"。从喷泉里出来的都是水，从血管里出来的都是血。"赋得革命，五言八韵"是只能骗骗盲人和官的。

革命文学

如果是战斗的无产者，只要所写的是可以成为艺术品的东西，那就无论他所描写的是什么事情，所使用的是什么材料，对于现代以及将来一定是有贡献的意义的。为什么呢?因为作者本身便是一个战斗者。

关于小说题材的通讯

三论革命

一 大事情与小事情

革命就是推动社会向前发展。

我们常说有利于革命的事坚决去做，不利于革命的事坚决不做，也就是说推动社会向前发展的事坚决去做，阻碍社会向前发展的事坚决不做。当然这样才叫革命，否则，还叫什么革命呢？岂不成了反革命？那么怎样革命呢？

同样道理，越利于革命的事就越应该去做，也就是说对社会推动力越大的事就越应该去做。

这就如一个人面临各种矛盾，首先要抓住主要矛盾，解决主要矛盾一样。

我们说。一切工作为革命。在这"一切工作"之中，就有个轻重缓急之分。

我们说革命需要我们的是改革阴暗面。这阴暗面也有大小之分。

譬如，孙中山先生、鲁迅先生。他们起先都是学医的。这动机是由于不满，是一种革命的动机。然而后来他们之所以改行，就是因为看清了社会更需要他们干的工作。他们学医，固然能够为推动社会前进出一番力。然而他们改行了呢，则是说这样推动社会发展的力更大。

再譬如我们看电影，敌人的碉堡攻不下来，排长愤怒了，拿起爆破筒就想冲上去。旁边一位战士立刻夺下了他的爆破筒："冷静些，革命需要你的是带好这个排，让我去。"这就是革命更需要他干的工作。

干革命，就必须从大处着眼，从大事着手。

譬如，我们要为革命节约每一分钱、每一度电、每一滴水。因为这是利于革命利于社会发展的。然而当某校两大派在搞武斗的时候，制造武斗就成了更为急迫的任务。因为武斗给革命带来的损失，绝不是一分钱、一度电、一滴水这样的数字了。

譬如，有人说，多织一寸布就是为世界革命多贡献一份力量。然而你可曾知道，陈丕显的婆娘要浪费多少布呢？我们不说其他，单从这个角度来说，揪出陈丕显就比"多织一寸布"要重要多了。

再说我们无论将国家建设得怎么好，如果中国出了修正主义，出现了反革命复辟，将会怎样呢？显然国家的政权，阶级的政权是一个最最重要的头等大事。

革命需要你干什么？革命需要你为革命、为社会做出贡献。你为革命做出贡献越大，革命就越需要你。倘若你没有贡献，革命就不需要你。你的生存对社会来说就是一个废物。

社会需要的是每一个人能最大限度地发挥他的主观的动性去推动社会前进。社会主义共产主义的原则是各尽所能。这也可以说是体现了这一点。

毛主席说："一个人的能力有大小。"那么如果能力大的人干了小事，这叫什么呢？这就叫大材小用。革命者，就必须要求自己放出的能量为最大限度。

我们说天才，这天才不仅仅在于他是一个天才，还在于他将自己的天才运用于推动社会前进。倘若一个天才不将自己的才能为社会服务，这种天才，又有什么用呢？这种天才，社会就不需要他。

二 大人物与小人物

什么叫大人物呢？那就是对社会影响较大的人物。对社会的影响越大，就越成其为大人物。什么叫小人物呢？小人物就是社会影响较小的人物。

既然革命就是推动社会向前发展，既然我们应该努力要求自己为革命作出较大的贡献，那么也就是说应该努力要求自己成为大人物。

然而有的人说，应该做一颗螺丝钉，还说什么机器缺少一颗螺丝钉不行，这里且不说螺丝钉是属于驯服工具的一种，但就对革命的作用来说，螺丝钉的作用是最小的，对于那种一天到晚要求别人做螺丝钉的人我说：给他一筐螺丝钉，看他能做出什么来！

我们说。一小撮被打倒了的地富反坏右阶级敌人，人数不多，能量却不小。这"大小"是相对的概念。说他们的能量"不小"就是说有一些人的能量是小的。这中间当然包括着螺丝钉。

苏联变成修正主义国家，这是多少人的缘故呢？只是赫鲁晓夫一小撮人。然而他们对社会的作用、影响是不小的，他们的能量是不小的。苏联有许多优秀的共产党员，人数要比这一小撮多得多。然而尽管他们人多，却没有能避免苏联出现资本主义复辟。这就因为他们是螺丝钉，而赫鲁晓夫一小撮不是螺丝钉的缘故。

在一些阶级敌人攻击合作社的时候，我们的一些螺丝钉作了坚决的斗争。他们坚持走合作化道路并且取得了胜利。然而也仅仅不过如此，刘少奇大笔一挥。二十万合作社下马，你说这需要多少螺丝钉作多少坚决斗争才能保住呢？

想当初，主席青年时代和他的百侣一起，以天下为己任，"世界是我们的，做事要大家来。"他们在通讯之中以栋梁之才相互勉励。而今。也有很多青年把世界革命的重担挑在肩，背熟了主席的语录："世界是你们的，也是我们的。但是归根结底是你们的。"但是他们却是以螺丝钉自勉。

这栋梁之才和螺丝钉，其相差何止万千。这也反映了两代人不同的精神面貌。

三 阶级性

大人物是有阶级性的，能量是有阶级性的，作用、影响也是有阶级性的，或者促使社会前进或者阻碍社会前进。

不满也是有阶级性的。

万物的发展有三种状态：一种前进、一种停止、一种后退，所以人对事物发展的态度也就有三种：希望它前进、希望它停止、希望它后退。这里第一、第三种人物是有着不满的动机的。这两种人物的极端就是大人物。第二种人物就是所谓的现状满足者，当然是平凡的人。当然从实际上来说。事物停止而不发展的情况是不可能的，不是前进就是后退。"维持现状的事也是没有的，一定有改变"，一个人对社会毫无影响也是不可能的，不过是影响的大小。

《论革命》中说要不满。当然是属于无产阶级的一面。亦即希望社会前进的一面。

然而有的人说，你不满于现状么？你就是满意于旧社会。这真是混蛋的逻辑。

按照这种逻辑，你说现在社会有阴暗面么，那么岂不是在说旧社会不存在着阴暗面？按照这种逻辑，你说要改革么？那就是要将现在社会改革到旧社会去，那就是要反革命复辟。也就是说，在我们社会，改革是复辟的同义词。按照这种逻辑，在资本主义社会，谁说要造反就是想回封建社会。按照这种逻辑，你说我们现在的国家一穷二白么？那岂不是说旧社会是一富二不白？你说这种逻辑行得通么？先生。

譬如，一个事物在前进，就有人说这个事物前进得太慢。又有人说这个速度正好，还有人则说还应该再慢些。当然在这些先生的眼中是不存在第一种人的。

鲁迅是主张不满的，反对维持现状的，这在《论革命》中已经说清楚。再补一段鲁迅语录："明明是现代人，吸着现在的空气，却偏要勒派朽腐的名教，僵死的语言，侮蔑尽现在。这都是'现在的屠杀者'。"

生命的价值，我们如何来看待这"生命的价值"呢？就是看他对社会前进的作用力的大小。对社会的促进力越大，他的生命的价值也就越大。对社会没有影响的人，他的生命价值也等于零。倘若一个人的生存是阻碍社会前进，那么他的生命的价值就是一个负数了。

革命者就是要成名成家（原无题）

革命者就是要敢于成名成家。

革命者干的是改天换地改造世界的大事。成名成家有何不敢？

何谓革命者？革命者就是刻苦地用毛泽东思想改造自己的人，就是活学活用毛泽东思想，学得最好，用得最活的人。当他看到社会上那些假标兵的经验流传流毒于群众之中的时候——因为他是革命者，是一个毛主席著作学得最好用得最活的人，所以养成了他的金睛火眼。这些黑经验在他眼里原形毕露了——他将怎么办呢？他痛心。学习毛主席著作是每个人的最根本大事，这些假经验的流传，正在把群众学习毛主席著作的运动引向到邪路上去。这将会产生什么样的结果呢？他会大声疾呼：别上当啊。这些是假的，这种学法是错误的。我们要把毛主席的指示切切实实地用于改造自己的思想。然后，他就介绍他自己的经验，他是如何将主席的指示用于改造自己的思想的，不应该这么学，这样学是错误的。还应该告诉群众，应该这样学，这样学是正确的。

这时候他已经成名了，他成了毛选学习标兵，然而这样的成名应该不应该呢？应该，完全应该。革命者不成为毛选学习的标兵，还要让那些靠吹牛吃饭的假经验的泡制者去成为毛选学习的标兵吗？

革命者，一切以革命利益出发。他自己一个人学好了。充其量，也不过是一个人。倘若把好的经验介绍给大家，对整个学习毛选的群众运动有所推进，这样的事，他何乐而不为呢？

看到人们在受黑经验的流毒而无动于衷，为了"不成名"而忍心让别人受黑经验的影响，这种人老实说不能算一个真正彻底的革命者，他毛泽东思想学得好在什么地方呢？

之所以杨怀远之流的黑经验能够流传如此之广，就是因为有一些毛选学得好的积极分子不敢成名之故。

那些不学无术的什么家、什么家被我们拉下马了。这些家伙没有一点儿真才实学，拿了人民的钱不给人民办事。专干些反毛泽东思想的勾当。那么具有真才实学的，真心实意为人民服务的，就要敢于把这个"家"拿过来：我的。这是因为，人民需要这种家。如果你不敢当，不敢成家，那么就只有让那些坏家伙来当。"学而有术"的人不敢成家就只有让不学无术的人成家，这是必然的。

走资派被揪出来了，那么无产阶级革命派就要敢于当这个官：天下者我们的天下，我们不管，谁管？我们真心实意地为人民服务的人就要敢于当这个官。世界上一切革命斗争都是为着夺取政权巩固政权的。我们的先烈抛头颅洒热血前赴后继艰苦奋斗为我们打下了江山，就是要我们真正的革命者来接班来掌权，保证这个江山千秋万代永不变色。我们革命者就是要为革命为人民掌好权，当好官。人民的江山，我们不掌权，谁掌？

我们不当官，谁当？我们不当官不掌权，只是说明我们还没有成为真正的革命者，还不配。

我们不成名，难道让那些小丑去成名？我们不成家，难道让那些不学无术的家伙去成家？我们不当官，难道让那些走资本主义道路的家伙去当官？不树立无产阶级的权威，就树立资产阶级的权威。毛主席说："红旗横竖是要插的，你不插红旗，资产阶级就要插白旗。与其让资产阶级插，不如我们无产阶级插，要敢于插红旗，不让它有空白点。资产阶级插的旗子我们要拔掉它，要敢插敢拔。"

革命不是请客吃饭"我们为什么不敢成名成家？这又有什么推推却却的。成名成家并不是任何人都能成的，它是需要资格的。只要我们是具有这种资格的，我们就要敢。假如具有资格的人不敢，那么就只有让没有资格的人去成名成家。

革命的小人物战胜反革命的大人物，这是历史的辩证法。革命的小人物战胜反革命的大人物，就成为革命的大人物——这也是历史的辩证法。文化大革命中，千百万革命小将的涌现，就是一个极好的例子。

我们不是为了个人去成名成家，我们是为了革命，为了人民而不怕成名成家，敢于成名成家，为什么不敢呢？

那些走资本主义道路的人时刻想着篡权，那些不学无术的人时刻想着成名。那么我们就要和他们争一争，把名家官争过来。

我们试看无产阶级的大人物哪一个不敢成名成家呢？我们要向毛主席学习，向鲁迅先生学习，就是要敢于成名成家。

把名家官从资产阶级手中夺过来，让名、家、官、大人物永远牢牢地掌握在最优秀的无产阶级革命家，毛泽东思想学得最好用得最活的人的手中。

四论革命

客观世界与主观世界

在《三论革命》中提到，革命就是推动社会前进，推动社会向前发展。这也可以说是改造客观世界。

毛主席说："马克思主义的哲学认为十分重要的问题不在于懂得了客观世界的规律，因而能够解释世界。而在于拿了这种对于客观规律性的认识去能动地改造世界。"

然而有的人只知道斗私，以为这就是革命。斗私也叫做改造主观世界。

那么改造客观世界与改造主观世界的关系怎么样呢？

革命就是改造客观世界。

改造主观世界是为了更好的改造客观世界，是为改造客观世界服务的。并且主观世界的改造也只有在改造客观世界的过程中才能完成。而客观世界的改造则需要人们不断地改造主观世界。

我们说："完全彻底为人民服务"这里完全彻底是为了"为人民服务"，而不是"为人民服务"为了使自己"完全彻底"。完全彻底为人民服务，首先是为人民服务，其次在为人民服务的过程中要求自己逐步的做到完全彻底，而不是首先做到了完全彻底然后再去为人民服务。

然而有人说，为人民服务必须完全彻底，又如干革命必须全心全意，决不能有丝毫的私心杂念，这就是说必须先改造好了主观世界然后再去改造客观世界。

此话当然不对。我们现在社会有多少人完全彻底了呢？有多少人全心全意了呢？有多少人没有"丝毫的私心杂念"了呢？难道除此之外的人们都不在革命？都不在为人民服务？

举一个实际的例子。我们常说："革命小将要斗私批修"这"革命小将"，就是说他已经投入到改造世界的斗争中。他已经参加革命、进行革命，而"要斗私"呢？则说明了他还没有做到全心全意，还有私心。也就是说他到目前为止，革命固然是革了，全心全意还没有做到。可是革命并非"必须"全心全意，当然最好是全心全意，否则还需要斗私干什么呢？

我们大家都在学习毛泽东思想，那么学习毛泽东思想的目的是什么呢？毛主席说："马克思列宁主义之箭，必须用了去射中国革命之的，这个问题不讲明白，我们党内的理论水平永远不会提高，中国革命也永远不会胜利。"毛主席一贯教导我们的就是为中国革命，就是为东方革命，就是为世界革命。这里的革命，就是改造客观世界。毛主席号召我们学习"列宁斯大林关于中国革命的学说"毛主席从来没有号召我们学习马、恩、列、斯著作中关于"斗私"的学说，然而现在有的人一天到晚学习的就是老三篇，所知道的就是斗私。

有的人一直在斗私批修。现在已在狠斗私字一闪念，看看似乎已经近于"完全彻底"了，然而我向这位同志问一句话，你们对于革命究竟作出了多少贡献么？你们对社会向前发展究竟起了多少推动力呢？你们对于阴暗面的改革又进行了多少呢？你们的私字固然仅仅剩下了"一闪念"，然而社会似乎并没有多大受益。

我的希望，不要一天到晚关在家中斗私，客观世界的事，社会上的事这么多，大家赶快起来干。这些事不必举出很多的例子。文艺作品是如此的少，这是不是客观世界的问题呢？你有没有不满呢？即使你不懈创作。你有没有为文艺创作出一番力呢？有利于文艺作品的出世，这也是一件很好的事。你对客观世界的事没有想到改造，一天到晚在屋子里斗私斗私，这又有什么意思呢？

现在有的人已经将"嫉恶如仇"变成了"嫉私如仇"。我想还是"嫉恶如仇"好些，嫉社会上的丑恶现象如仇，嫉社会的阴暗面如仇。因为它对社会有作用有贡献。

我们的革命前辈，他们参加革命都是从改造客观世界着手的。毛主席在青年时期就立下了雄心壮志：改造中国与世界。毛主席说"革命必须从大本大流—改造中国国民思想入手。。。"毛主席在青年时代就发出了豪言壮语："与天奋斗，其乐无穷，与地奋斗，其乐无穷，与人奋斗，其乐无穷。"毛主席在教室门口贴了一付对联："世界是我们的，做事要大家来。"一句话，干起来。

我们的革命前辈鲁迅、李大钊、方志敏等等，他们在决心投身到革命的时候，首先看到的是社会腐败。人民正在受苦受难。改造社会，解放人民，由此产生他们终生轰轰烈烈的功绩。他们大概谁也没有怀着这样的动机："我的私心太重，应到革命的熔炉中去斗掉一些。"他们的私是在不断地与客观世界作斗争中斗掉的。最好成为金碧辉煌的巨人，成为近乎完美的共产主义战士。

我们再来对比一下，我们的革命前辈，在他们还在青年时代的时候——碰到一起就"指点江山，激扬文字"他们所讨论的就是国家大事，就是"国家如何改造，政治如何澄清，帝国主义如何打倒，武人统治如何推翻，教育制度如何改革，文学艺术及其他学问如何革命，如何建设等等问题。"

然而现在呢，一家人碰一起就是开家庭斗私讲用会，就是检查私心杂念，就是斗私斗私。

毛主席在《关于正确处理人民内部矛盾的问题》中说："在知识分子和青年学生中间，最近一个事情思想政治工作减弱了，出现了一些偏向。在一些人眼中，好像什么政治，什么祖国的前途，人类的理想都没有关心的必要"那么在现在又有多少人在关心"祖国的前途，人类的理想"的呢？

毛主席在视察大江南北的时候说"形势大好的标志是人民群众充分发动起来了，从来的群众运动都没有象这一次发动得这么广泛，这么深入。全国的工厂，农村，机关学校，部队，到处都在讨论文化大革命，大家都在关心国家大事。过去一家碰到一块说闲话的时候多。现在不是，到一块就辩论无产阶级文化大革命的问题。父子之间，兄弟姐妹之间，夫妻之间，连十几岁的娃娃和老太太都参加了辩论。"

那么现在呢？一家人举行斗私批修学习班，这又说明了什么呢？还是说明了"人民群众都发动起来了"吗？

革命需要的是怎样的人呢？是完全彻底的？没有私心的？我想革命需要的乃是对革命有所贡献的人，如《三论革命》中提到的，革命就需要你为社会发展起较大的推动力，你作出的推动力越大，革命就越需要你。你没有贡献，革命就不需要你。尽管你私心杂念很少或者没有，但是你没有为社会发展出力，你有没有私心杂念又有什么关系呢？

当然这里是辩证的关系，私心杂念越少，对革命的贡献必然会越大。这样说的原固，是想说明，我们考虑问题应从客观世界出发而不是从主观世界出发。

我们再来看一个实例。文化大革命，有一个革命小将或者说革命小小将，名叫邱红。她刻苦学习毛泽东思想，热情宣传毛泽东思想，全文背出老三篇，背出好多段语录。她还教会了几个别人背诵老三篇。她宣传毛泽东思想也就是如此：背诵。她并且还活学活用，譬如家里分苹果，她只捡了个小的。譬如帮助别人做事，譬如省下了鸡蛋给妹妹吃。。。

然而也仅仅不过如此而已。

那么我们再来看看另一位六岁的女孩——这是马克思的女儿。在她六岁的时候，美国爆发了南北战争。这事成了马克思家中的重要新闻，成了他们经常谈论的中心问题。

马克思的女儿在这样的环境，接触到的是这样的事情问题。她在这时，写了一封又一封的长信，寄给美国总统。这些信她托她父亲带到邮局里去寄出。她在以后回忆起这些事的时候说过这样的话：我当时以为，如果美国总统没有我帮助他出谋划策的话，他是一定要失败的。到她年龄大的时候，马克思把她写的信还给了她。这时，她才感到自己是多么的幼稚。

这两位，都是六岁的女孩。后者似乎有点幼稚可笑，前者呢，在进行斗私批修，在宣传毛泽东思想。后者以后继承了她父亲的遗志，成为一个伟大的马克思主义者，成为广大人民群众所喜爱的人物。前者呢？上北京去见到了毛主席，然而她以后的命运，现在还不知道，我也无法进行预料。

谈"私"

前一篇文章,论述了改造客观世界同时改造主观世界的关系。这篇文章,专门谈谈主观世界的改造问题。

人,可能不可能无私?

不可能。

公和私是一对矛盾,它们是对立统一的。它们存在于每一个人的头脑之中,由于这一对矛盾的互相斗争,形成了大脑活动,形成了思维。

人的头脑是公和私的对立统一体。当一个人只剩下公这矛盾的一个方面的时候,他的头脑里没有矛盾,没有斗争,思维结束,生命停止。

毛主席说:"原来矛盾着的各方面,不能孤立地存在。假如没有和它作对的矛盾的一方,它自己这一方就失去了存在的条件。试想一切矛盾着的事物或人们心目中矛盾着的概念,任何一方面能够独立地存在吗?"

毛主席说:"事物发展过程中的每一种矛盾的两个方面,各以和它对立的方面为自己存在的前提,双方共居于一个统一体中。"

所以,每一个人的头脑都存在着公和私这两个方面,而差别的只是,哪一方面是矛盾的主要方面,是公还是私?

正确和错误是一对矛盾,不犯错误的人有没有呢?毛主席说:"没有哪一个人不犯错误。也许只有上帝不犯错误,因为我们没有看见过他。"一个人也是优点和缺点的对立统一体,我们也可以这样理解,公字表现出来就是正确,私字表现出来就是错误。

有人说,头脑里有公就无私,有私就无公,两者水火不相容,没有折衷调和的余地。这种人其实根本不懂辩证法,根本不懂对立统一规律。他只知道矛盾的斗争性而不知道矛盾的同一性。假如按照这种说法,一个人要么是没有私心杂念的,要么就是纯粹的私。按照这种说法,无产阶级和资产阶级是一对矛盾,当然也是水火不相容的,于是社会上要么只存在资产阶级要么只存在无产阶级。

假如一个人可能无私，那么也就是说思想改造有尽头。这个尽头就是"无私"，而不是活到老，改造到老。

有人说"要把私字扫地出门，让公字安家落户"可能吗？毛主席说："完全的纯是没有的，这个道理许多人没有想通。不纯才成其为自然界，成其为社会。完全的纯就不成其为自然界，不成其为社会。不合乎辩证规律。不纯是绝对的，纯是相对的。这是对立的统一。扫地，一天到晚扫二十四个钟头，还是有尘土。"私字也同尘土一样，一天扫二十四个钟头，还是有私字。

"狠斗私字一闪念"，这一闪念是从何而来的呢？它是头脑里的私字在某一问题上的暴露，如果没有私字。那就没有一闪念。我们也可以说私字是土壤，一闪念是幼苗。

既然不可能无私，那就需要对几个口号加以纠正。

"有了私字，毛主席著作学不进"

学习毛主席思想是为了什么呢？是为了斗私。并且也不是学了一次就斗完，而是学一点，斗一点，学到老，斗到老。"有了私字，毛主席著作学不进"那么脑子里还有着私字的人，你们现在是不用学毛主席著作的，你们学了也是白学。反正学不进，你们必须先去斗私，等到斗完了私字，然后学毛主席著作才有效，才学得进。然而，这时学习毛主席著作又是为了什么呢？思想改造已经完成了，也许只剩下"中国革命的问题"了吧？

"有了私字，关键时刻会叛变革命"

这话不对，任何行为都是头脑里公和私这一对矛盾斗争的结果。叛变革命，就是说私战胜了公。难道不可能是公战胜私吗？按照这种说法，现在还没有做到完全彻底的人在关键时刻都是叛徒。

文化革命，很多造反派，揭发了他们单位当权派的很多错误缺点，那岂不是应该打倒了？然而又说，还要看在大风大浪中的表现，要看关键时刻是否站在毛主席革命路线一边。那么倘若按照上面的逻辑，他既然还有错误缺点，就证明他还有私字。既然有私字，关键时刻又怎会站在毛主席革命路线的一边呢？那就打倒罢！还有什么看头呢？

再提几个问题。一个人没有私心杂念（这里的没有私心杂念是指私心杂念少到如此一个程度），是不是说这个人已经是马列主义者？马列主义者是否还有私心杂念？假如第一个问题的回答是否定的，而第二个问题的回答是肯定的，那么每个人是否应该努力要求自己成为马列主义者，还是仅仅成为没有私心杂念的人。一个马列主义者是否需要经过"没有私心杂念"这一个过程？也就是说必须先成为没有私心杂念的人，然后才能成为马列主义者？

雷锋，李文忠，杨富珍是不是马列主义者？

没有私心杂念能保证我们国家不变颜色吗？

文化革命初期，很多走资派利用了老工人对党的深厚感情，组织了保皇工具。那么这老工人的"对党的深厚感情"是属于公字，还是属于私字呢？当然是属于公字的，然而它被走资派利用了。

然而现在有的人一直要别人斗私，要别人做到完全彻底，要别人狠斗一闪念。

林副统帅说："什么叫共产主义呢？在一定意义上来说，共产主义就是为公，共产主义可以叫做'公'产主义，是为公的。"那么也就是说，当大多数人为公而无私的时候，就是共产主义社会了。也就是说要求别人达到无私的标准是共产主义的标准。那么在现在社会主义社会，提这样一个标准是为什么呢？莫非共产主义社会就要来临了。

鲁迅先生说："但是现在的有些文章，觉得不少是'高论'，文章虽好。能说而不能行。一下子就消失了。而问题却依然如故。"就是这类文章。

毛主席说，关于党内批评问题，还有一点要说及的，就是有些同志的批评不注意大的方面，只注意小的方面。他们不明白批评的主要任务，是指当政治

上的错误和组织上的错误。至于个人缺点，如果不是与政治的和组织的错误有关，则不必多加指摘。使同志们无所措手足。而且这种批评一发展，党内精神完全集中到小的缺点的方面，人人变成了谨小慎微的君子，就忘记党的政治任务。这是很大的危险。"

现在的有些人难道不是如此吗？追求的是狠斗一闪念，追求的是完全彻底"变成了谨小慎微的君子"还要去发报告，做演说，介绍经验。这些人我只怕他完全是完全了，彻底也彻底了，但同时也"忘记党的政治任务"了。

你反对斗私，反对改造主观世界，不，这样说，是说明斗私是斗不完的，思想改造是没有尽头的，更重要的任务是改造客观世界。

有些人也许已经完全彻底了，或者接近完全彻底了。但是，他们对社会发展究竟作了多少推动力呢？他们为革命究竟做了多少贡献呢？他们的主观世界改造已经或者接近完成了，然而他们对于客观世界的改造进行得如何呢？

毛主席说："完全的纯是没有的扫地一天到晚扫二十四个钟头，还是有尘土。"那么难道就因为"有尘土"就一天到晚扫地扫它二十四个钟头吗？不，我们要把扫地同其他工作配合起来。那么斗私也是如此，况且即使主观世界的改造也并非只有"斗私"这一个方面，还有着其他的方面。

五论革命

环境和个人

马列主义者认为,对于环境和个人来说,更应该做的是改造环境。

环境和个人的关系,就如同土地和幼苗的关系一样。

譬如我们说过去的一些学校是修正主义的温床。而一些白专学生则是修正主义的苗子,那么对于革命者来说,更重要的是改革这些学校,使这些学校革命化,而不是一天到晚去劝导这些学生要斗私批修。

毛主席说:"我们应当造成一种环境,使人家敢于讲话,交出心来。苏共十九次代表大会报告说:'要造成一种环境'这对群众来说是对的,先进分子应该不怕这一套。要有王熙凤的'舍得一身剐,敢把皇帝拉下马'的精神。"这就说明了,对于群众来说,更重要的是造成一种"使大家敢于讲话"的环境,而不是去培养群众都有"舍得一身剐,敢把皇帝拉下马"的精神。

林副统帅说:"如果不执行纪律,实际上对破坏纪律的人和损人利己的人是鼓励、放纵,而对奉公守法的人,忠于革命利益的人,老实人,实际上是一个打击。执行纪律、做好事的人就会越来越少,做坏事的人就会越来越多。"这里也说明了环境和个人的关系。

任何事情,总是在内因、外因都满足的条件下才会产生,那么对于革命者来说,更重要的是改造这外因。

文化大革命,就是培养群众敢想敢说敢造反的精神。有些人要求别人造反,然后当别人对关锋略有微词的时候,他立刻大叫:"谁反对中央文革就是砸烂他的狗头。"于是别人不响了。可是当关锋揪出来以后,又有人说:"毛主席号召我们造反有理。你当初既然看出来关锋的不对,你为什么不造反呢?"此人说:"当初我才说了半句话,就立刻要被砸烂狗头,我再敢造反怕早已是见了阎王了。你既然要造反。那么当初别人对着我喊砸烂狗头的时候,你为什么不说话呢?"

某厂在讨论老好人的问题,得出了对于老好人的评论:"老好人看看老好,其实私心最重。"

有人说："我以前想想老好人蛮合算，工资加得着，奖金敲定，还有机会到杭州去。敢于提意见就要外调，就要扣工资。所以我平常也不大响。这其实是私心杂念的表现，今后我要。。。"我想这社会似乎有点不大"公"，你看，私心最重的老好人总是占便宜，而私心少的敢于为毛主席革命路线战斗的则总是吃亏。我们说社会主义的分配原则是按劳取酬。这样，岂不是变成了按私取酬。私心越多取酬越多，那也无怪乎有这么多老好人了。

为什么会有这么多老好人呢？就是因为一些人看到，做个老好人对自己有利，于是本来不大老好的现在开始老好了。本来已经老好的，现在更加老好了。倘若消灭了这"对老好人有利"的环境，那么老好人也就会减少了。

有人说搞臭了老好人，就没有人当老好人了。这话并非确实。搞臭老好人，这本身就属于环境的改造，但是改造得不彻底。假如这样，那不是说，搞臭了私字，就人人都完全彻底了。譬如对于逍遥派，"毛主席号召我们关心国家大事，你当逍遥派就是不听毛主席的话""当不当逍遥派是革命不革命的分水岭""都像你这样当逍遥派，亡党亡国都不知道呢""吃和睡是猪的生活，加上玩和乐是逍遥派的生活"，可以说将逍遥派搞得很臭了。然而逍遥派，终于还是逍遥派。

有个当权派在文化大革命以前倒还有点敢字精神，经过文化大革命到反而不响了，当起老好人来了。于是有人问他："你在文化大革命以前，还敢于讲话。经过文化大革命，怎么反而当起老好人来了呢？"他说："文化大革命开始，我看看还是当老好人合算，斗又斗得少，没有吃生活，解放得又早，还当上了革委会的委员。一些敢于说话的，七斗八斗，生活吃足，还要搁在旁边，没人理他。所以我也当老好人了。"

有一个同志在斗私批修会上说：我在联司问题上站错了队。当时我想，外面联司问题闹得很大，我也去听听，关心关心国家大事。怪只怪自己水平太低，出去听了以后，觉得联司的话蛮有道理，觉得还是联司的大方向正确，应该支持联司。以后每天到厂里来，就常常将自己昨天听到的联司的言论再传播给别人，有时还和别人争得面红耳赤。

后来才知道，联司的大方向错了，厂里为了肃清流毒，斗了一次，低了头，挂了牌，还吃了几下生活。小王对我说，老李啊，还是和我们一起打打牌算了，何必要多管闲事，自讨苦吃呢？我想倒也蛮有道理，自己当初想关心国家大事，谁知会站错队的呢？今后也不能保证自己不站错队，还是当逍遥派合算。于是我也当起逍遥派来了，每天八小时工作，别的事情我不管，这其实也是私字打头。。。"

历史上，也有个环境和个人的反面例子。秦二世皇帝日夜作乐，将国事托付给奸相赵高。陈胜吴广起义，连克数城，奏章纷纷来到京城，都被赵高扣压了。有大臣将陈胜吴广起义的事告诉了二世，二世问赵高，赵高说没有此事，这是大臣在吹牛。于是将大臣斩首了。等到陈胜吴广打进了京城，二世又责怪他的大臣："你为什么早点不告诉我？"大臣说："正因为我没有告诉你，所以才活到了今天。否则，你今天也许看不见我了。"二世也无话可说了。

在旧社会，有一个遭到了三重压迫的妇女死了丈夫，她的公公，小叔就拿一套封建礼教来逼迫她。于是她亲手杀死了自己的三个孩子，并且自杀了。这时大家写文章议论这件事。有人首先责怪她不应该自杀，说自杀是懦弱者的行为。既然遭到压迫，那就应该与社会作斗争，而不该自杀。

对于这样一些人，鲁迅先生说："责别人的自杀者，一面责人，一面也正应该向驱人自杀之途的环境挑战进攻。倘使对于黑暗的主力，不值一辞，不发一矢，而但向弱者唠叨不已，则纵使他如何义形于色，我也不能不说——我真也忍不住了 。——他其实乃是杀人者的帮凶而已。"

在旧社会，很多文人喊道：中国没有天才。针对着这种喊声，鲁迅先生说："天才并不是自生自长在深林荒野里的怪物，是由可以使天才生长的民众产生长育出来的。所以没有这种民众，就没有天才。""所以我想，在要求天才产生之前应该先要求可以使天才生长的民众。——譬如想有乔木，想看好花，一定要有好土。没有土便没有花木了。所以土实在较花木还重要。花木非有土不可，正同拿破仑非有好兵不可一样。

就是在座的诸君，料来也十之九愿有天才的产生罢。然而情况是这样，不但产生天才难，单是有培养天才的泥土也难。我想天才是天赋的，独有这培养天才的泥土，似乎大家都可以做。做土的功效比要求天才还切近，否则纵有成千上万的天才，也因为没有泥土，不能发芽，要像一碟子绿豆芽。"

不过我认为自己做泥土，也仅仅是一点泥土，更重要的自然是改造环境，创造出大量的泥土。

有一些人，没有能力改造环境，于是就一天到晚的责怪个人。你这是毛泽东思想没有掌握到手呀，你这是头脑里还存在着私心杂念呀。。。鲁迅先生说："人间有犯罪学者，一派说由于环境，一派说由于个人。现在盛行的是后一说，因为倘信了前一说，则消灭罪犯便得改造环境，事情可就麻烦可怕了。"这些人也正是如此，他们一天到晚说："你们应该大公无私呀。你们应该完全彻底呀。"在他们看来，逍遥派，这是私字，无政府主义，这是私字，派性，这也是私字，沾染了流氓阿飞的习气，这也是私字。总之一切坏的东西全是由于私字。私字乃万恶之源。那么解决的办法呢？当然，斗私斗私，便成了万能的法宝。

然而社会主义社会是不可能人人无私的。人人无私便成了共产主义社会了。那么这些现象也只能让他存在下去了，没有办法消灭了。

这些人一天到晚在说："你要考虑到国家的利益，革命的利益，都像你这样，就要亡党亡国，人头落了地，自己还不知道，都像你这样，我们就要受第二遍苦。"

我说，是呀，我之所以这样，是因为我怕自己的人头落地。如果你能保证我自己的人头不落地，我就不会这样了。你既然考虑到亡党亡国人头落地受第二遍苦，那么你为什么不去改造环境以保证我不这样不会人头掉地呢？"

"都像你这样，就要亡党亡国。"只有我一个人这样，会亡党亡国吗？你这样说了，也只有使我一个人不这样，并没有使别人都不像你这样，还是不能避免亡党亡国。但是假如我不这样不会人头掉地的话，那么肯定是都不会像我这样的，包括我自己在内。

既然说，个人是内因，环境是外因，为什么说改造环境更重要呢。

这是因为第一，个人是正确与错误，公与私的对立统一体，改造个人并不能改造完全。譬如要使人人都没有私心杂念可能不可能呢？前面文章已经论述了，是不可能的。要使学生没有白专思想，可能不可能呢？也是不可能的，看看这些学生似乎已经没有白专思想了，只要环境条件适应，一定又会暴露发展。再说对于好的苗子来说，是因为没有幼苗吗？幼苗多得很，六亿人口没有好苗，那才是怪事呢。为什么看不到乔木和花呢？就是因为没有土地。所不同的只是这一方面是抑制还是显露。

第二，改造环境的本身也是一个改造个人的重要方面（也许是最重要的手段）这是因为人的思想是发展的，运动的。而它的运动发展，也正是在环境中运动发展，是受到环境的影响的。苗子如果没有土地，便会枯萎死亡，如果气候适宜，便会发展成长。譬如家长如果对孩子是平等的，孩子便会培养起造反精神。家长如果对孩子老是"我是爸爸"，那么孩子一定是驯服的，如果环境是对老好人有利，那么老好人就会越来越多。如果环境相反，那么无需改造个人，就会有很多老好人弃邪归正。

无产阶级的文艺是如此的少，八个样板戏。为什么少呢？就因为没有产生的环境。那么如果有人想在中国搞出二十个样板戏，这志向当然可喜可贺。然而也仅仅只有二十个，对于偌大一个中国来说，二十个也似乎太少了些。

以我的意思，当前，主要的任务，倒并非去创作多少个样板。当然，创作要比不创作好，多创造要比少创作好。然而假如有了环境，那么无产阶级文艺就会源源不断的产生出来，不要说二十个，二百个，二千个都还接踵而来。否则二十个也只是二十个，四十个也只是四十个。

如何造成无产阶级文艺产生的环境呢？毛主席已经说得很清楚了："百花齐放百家争鸣"的方针，是促进艺术发展和科学进步的方针，是促进我国社会主义文化繁荣的方针。

影响论

北京有些学生写了一篇文章，题目叫《出身论》，本文也准备来谈谈这个问题，起个题目，叫做《影响论》。

社会需要一个人的，是表现还是出身？显然，社会只需要一个人的表现。表现，就是一个人对社会的贡献。社会希望每个人都能为社会作出较大的贡献，越大越好。社会对个人的评价，也只看他对社会的贡献。社会对出身不同的人是一视同仁的，它不会考虑，你对社会贡献如此是由于家庭引导得法，还是老师教育收效，还是朋友帮助有功。社会对每个人是只看表现的。

出身是什么呢？出身是社会影响的一部分：家庭影响。出身就是对表现有影响的一个因素，也就是对一个人对社会贡献大小有影响的因素。一个人的表现，是由个人的主观努力，以及客观的社会影响所决定的。那么也可以说，表现是果，家庭影响则是因的一部分。显然，社会需要的是果。它不需要去看，这果是什么原因。

具体说，出身对表现的影响如何呢？联动的口吻是："老子英雄儿好汉，老子反动儿混蛋。基本如此。"出身对表现的影响就是出身不好的人中表现不好的占比例要比出身好的人中表现不好的占的比例要大。这个关系，姑且称为出身表现比例。

既然社会只需要一个人的表现，那么我们看一个人，也就只需要看他的表现就行了，因为社会本来就是由人所构成的。在这里，"我们"代表着社会。然而不知怎么，有人发明了一种观点：因为出身对表现有影响，所以必须"既看出身又看表现。"并且称之谓马列主义的阶级观点。这是马列主义的观点吗？恰恰相反，这是反马列主义的观点。本文就准备对这个观点进行驳斥。

为什么要"既看出身又看表现"？

因为出身对表现有"影响"，那正无须你多虑。他的出身对他的表现有影响，这是他自己的事。他的出身总不至于影响到你的表现。这影响，要你去"既看"干什么？

出身对表现有"影响"。请问，什么叫"影响"？影响，就是说，已经体现在表现里面了，那还要将"既看出身"干什么呢？我们可以说，出身是因（实际上应为因的一部分），表现是果，难道有将原因和结果并列起来看的马列主义观点吗？

其实，正是具有这种观点的人否论了出身对表现的影响，因为他们不相信表现里面包含着这"影响"。好象出身和表现存在着一定的关系，一看出身，根据什么"出身影响公式"就能够计算出这"几分影响"，而看表现，又恰恰看不到这"几分影响"，然后，"既看出身，又看表现"，将计算出的几分影响加上他的表现，才得出他的整个"人物"(?)。

世界上那有"表现"中看不出来，还要"既看出身"才能看出来的"影响"呢？

某甲在与某乙介绍朋友时说："我班有个XXX长得很漂亮。。。"某乙说："我不但要看她长得漂亮不漂亮，还要看她父亲长得如何，然后才能考虑是否和她轧朋友。。。"看到某甲脸上惊讶的神色，某乙也感到奇怪了："难道你不承认遗传吗？"

某站长排计划，当然这要考虑列车的速度。然而站长说："司机加煤对列车的速度是有影响的。所以我们在排计划时不应单考虑列车的速度，还应将司机加煤的快慢考虑进去。"

譬如我们说炉子里柴火的旺度对炉子上茶壶里水的温度是有影响的。那么我们在看水的温度时，还要兼看炉火的旺度吗?否则，岂不是抹杀了这"影响"？

一天早晨，母亲对儿子说："去看看地上潮不潮。"不知这样到引出儿子一番议论来了："我首先要看昨天晚上下不下雨，但是，不是单看昨天晚上下不下雨，还要看地上潮不潮。"母亲感到奇怪了："我只要看地上潮不潮就够了，还要看昨天晚上下不下雨干什么呀？""因为昨天晚上下不下雨对地上潮不潮有影响。"儿子并不感到奇怪。母亲被弄得又好气又好笑："地上潮不潮你已经看到了。那么，昨天晚上下雨又怎么样，不下雨又怎么样呢？""总之，你承认不承认有影响呢？既然承认有影响，那就一定要看。"

我们说天花对生麻子有没有影响呢?这里是因果关系。或则说,因为他出过天花,所以他有麻子。或则说,虽然他出过天花,但是他没有生麻子。那么当我们看某人脸上是否有麻子的时候,是不是还要"既看"他有没有出过天花呢?

我曾经给一个小朋友做过一道算术题:13-4=?他的答案是颇为令人惊讶的:5。怎么会是这个答数呢?他说:因为减数对差数有影响,所以我要既看减数,也看差数。减数是4,差是9,所以答案是5。请问那些"影响"论者,这道算术题做得对不对呢?

某生的父亲最近被揪出来是叛徒,下面是他写给他女朋友的信中的几段话。

接到你的来信,你的意思已经明白。说到绝交,非常之同意。如果我知道你会说这样的话,早就和你绝交了。既然绝90%交,本不必多写,但因为过去尚可算是朋友,故再写上几句话。

请问,你交朋友,是和我交朋友呢?还是和我父亲交朋友?你是和我交朋友,那我父亲的事又要你管什么呢?

你说我父亲是叛徒,对我有影响。

那么我告诉你,我父亲是叛徒,并非现在才成为叛徒的,而是在我出生以前就成了叛徒。因此当我和你谈朋友时就是带着父亲给我的影响————"叛徒影响"和你谈朋友的。你觉得我这带着"叛徒影响"的表现怎么样呢?够不够你朋友的条件呢?确实,父亲被揪出对我有影响,但是这是这个事件对我有影响,而并非我父亲是叛徒这个事实对我有影响。这个影响当然会反映在我今天和今后的表现之中。譬如,我就不会写你这样的信。

说到有影响,那么你早就可以从我的表现中看这样的影响,从而推断出我父亲是叛徒。你早就可以发出这样的疑问:为什么革干子弟的表现中充满了叛徒的家庭影响啊?然而你从来没有提出过这样的问题。

说到影响,你以前怎么没有发现我表现中的影响是什么影响呢?一直到这次我父亲被揪了出来,才发现这个影响是叛徒的影响。

说到影响，出身仅仅是社会影响的一部分：家庭影响，它和其他的社会影响互相促进，互相制约，相生相克。

　　这里，出身相同，影响并不相同。同是工人出身，这工人也有左中右之分。甚至也有和反革命只有一步之遥的。那么看出身能知道这影响的大小，有无吗？

　　再说，影响相同，在一个人身上起到的作用又并非相同。譬如兄弟，家庭影响可以说是基本上相同的。难道兄弟走的一定是同一条道路吗？鲁迅和周作人，《海岸风雷》中的兄弟不都驳斥了这点吗？这里的影响，可能起到作用，也可能没有起到作用，为别的社会影响所克服。同样起到作用，这作用的大小，又不尽相同。那么，看出身，能看到家庭影响在个人身上起到的作用吗？

　　既然在出身和表现之间，并不存在这样一个"出身表现公式"，那么看出身又怎么能知道这影响的大小，这影响在个人身上起到的作用呢？诺，看表现就最好地看到了这影响，影响的有无、大小，所起到的作用都反映在表现里面了。还需要看出身干什么？

　　一个人的表现，就是他的个人主观努力加上客观社会的作用，也即社会影响，而家庭影响，则只是社会影响的一个方面，此外，还有老师、同学、朋友、邻居、亲戚等诸方面的影响。那么难道因为老师对学生有影响就要来一个既看老师又看表现吗？不说别的，文化革命中，有些青年走上了犯罪的道路，但是他们的出身都是很好的。

　　这时候，既看出身又看表现又能看到些什么"影响"呢？岂不是要来一个既看邻居或者既看朋友又看表现吗？这才是真正的影响呀！也许有人说，我们当然要看的，要看促使他犯罪的外界因素是什么。那么这里的犯罪青年只不过是走向了一个极端————犯了罪。另外，没有走向极端，没有犯罪的青年，试问你们也看促使他如此表现的外界因素、社会影响是什么吗？你们也会去区分促使他如此表现的社会影响是家庭影响还是老师影响吗？

现在很流行的一句话。出身好的学生"一年土，二年洋，三年忘了爹和娘。"那么在这里，家庭影响见于何方呢？

还有一些所谓的贫下中农的说："什么花结什么果，什么老师教出什么学生。"这算什么话，简直成了唯教师论了。然而，它并没有受到批判，而"既看"的呢，仍然是出身！既看出身又看表现，换一句话说："我们是有成分论者，但不是唯成分论者，还要重在表现。"原因自然是因为出身对表现有影响。那么教师对学生也有影响呀。那岂不是要："我们是有教师论者，但不是唯教师论者，还要重在表现。"

表现是同样的不好，那么出身不好的就说明这是出身在起影响。出身好的就说明这是出身以外的社会因素在起影响。那么既看出身又看表现，难道就因为这影响来源于出身来源于其它方面，就应该政治上不平等，就应该对前者严厉些？

有些人非要既看出身又看表现，那么请问"出身不好，是不是可以抹杀人家的成绩？出身好表现不好，是不是可以掩饰人家的缺点？出身不好表现不好，是不是要罪加一等？出身好表现好，是不是要夸大优点？"

假如这些回答是否定的，那么请问，他的表现是如此，你看了出身怎样，不看出身又怎样？

两个人表现相同，出身不同，你既看出身以后能发表什么高见？

两个人表现不同，出身相同，你既看出身又看表现又能发表什么高见？

鲁迅是一个共产主义战士，他的表现是如此，你要既看他的出身，请问假如出身好怎么样，出身不好又怎么样？

赫鲁晓夫是修正主义者，他的表现是如此，请问你要既看他的出身，出身好是怎么样，出身不好又是怎么样？

既看出身又看表现，请问，出身不好到底算不算罪状？假如不是罪状，那就应该政治上一律平等，只看表现，无须来一个既看出身。有人说："出身不好不是罪状，因为出身是无法选择的。（奇怪，因为

"无法选择"，所以不是罪状。）我们要既看出身是因为出身对表现有影响。"那么不看出身只看表现就已经包含这"出身"的因素在内了，还要既看出身干什么呢？譬如出身不好的犯了罪，看出身至多只能说："哦，原来你是你老子教坏的。"正如我们说，原来你老师教坏的一样。难道说单凭他的罪状处理还不够严，还要加上一条"出身不好"的罪状？相反，教师教坏的就可以减轻一些罪行？因为我们没有既看教师呀。我们既看出身，他的出身好，所以可以减轻一些？出身不好表现好的，那就是说出身没有起影响，或者被其它社会影响克服了。既然这里"影响"已经不存在了，你还要抓住这无影无踪的"影响"，来一个"既看出身"干什么呢？

你们出身好的，果真认为出身对表现有影响吗？那么你们"尽可以在表现上超过出身不好的同志，只有表现糟糕的人，才会扯起出身这面大旗当虎皮，拿老子当商标，要人买帐"："你们要既看出身又看表现，我虽然表现不好，但是我的出身好。"因为这里有"影响"呀！殊不知这更暴露了他的糟糕：他还背叛了自己的父母。

有些人对于出身好与出身不好在政治上一律平等总有些疙瘩，总有些不大舒服。那么我说，从出身表现比例来看，出身不好的人中犯罪的比例要大。你不看出身只看表现，显然出身不好的人中受到专政的比例要大。你就将这看作不平等好了。出身和社会对个人的待遇的关系，也唯一的表现在这里。难道还不够么？

让我们再来做两个数字游戏。

某个团体有一千个人。其中90%是出身好的，10%是出身不好的。然而大家都不知道。由于出身对表现有影响，900个出身好的人中有850个表现好的，50个表现差。100个出身差的中间有50个表现好的，50个表现差的。那么倘若任意选100个人，应该是90个出身好的，10个出身不好的，大约是这个数目。如果选100个表现好的，其中应该是94个出身好的，6个出身差的。反之如果选100个表现差的，其中应该是50个出身差的，50个出身好的。这也就是不平等。这里需要知道出身吗？

某班50个同学，其中25个出身好的，25个出身差的。由于出身对表现的影响，出身好的中间有20个达到了团员标准，出身不好的中间有

10个达到了团员标准。如果不看出身，只看表现，政治上一律平等，30个团员中就有20个出身好的，10个出身不好的。这时候，不会有那一个出身不好的说："你们不平等。为什么你们出身好的和我们出身不好的人数一样1多而你们入团人数的要比我们多一倍？"不会这样说的因为他们知道这里有影响。那么我们另一些有影响论者，你们既看出身又怎么看呢？

既看出身又看表现，出身不同的人政治上不应该一律平等，那么谁应该优越一些呢？从道理上来说，应该是出身不好的。

为什么？就因为出身对表现有影响，还因为这出身是"无法选择"的。

正因为出身是"无法选择"的，所以出身不好的就较出身好的多了一个无法选择的不好的家庭影响。他要前进，首先就要和这不好的家庭影响斗，就要克服这家庭影响，他要前进，就较出身好的困难，要达到同样的标准，就要多化一份力气。这里，不单是看某人是否达到了这样一个标准，还要看他化下去的努力，滴下去的汗水。------而不是看一个有"影响"的出身！

譬如说，同样是前进100步。一者从起点到终点是100步，一者在起步时被人拖后了几步。

如果两人同时到达终点，应该表扬谁呢？有人说，因为后者被人拖后了几步，所以虽然他同时到达终点，仍然应该打上一个折扣。正如说虽然他们两人表现相同，但一人的出身不好，有一个不好的家庭影响，就必须打上一个折扣一样。

譬如说，两个出身不同的表现是同样的不好，那么出身好的还可以说是背叛了自己的父母，辜负了上帝给他安排的的这么好的一个家庭影响，显然他应该受到更多的责备。

出身好的对自己的要求应该严格些，因为在他身上还多了一层父母的希望。只有表现糟糕的人，才会放松对自己的要求：你们要既看，否则就是否定家庭影响。

这样说，难免有一些人要发怒，因为他们是既得利益者，要剥夺他们的高人一等，当然是要发怒的，至于他们的既得利益得得是否有理，他们是不管的，他们是不善于讲道理的。

　　"如果出身不好的人政治上要优越些，还是出身不好的反而合算喽？"

　　我希望不会有这样说的人。我说："同志，话可不能这样说，由于出身对表现有影响，他要比你多化了一份力气去克服这影响。你比他化的力气少，当然应该差一些。气量要放大一点。"

　　这样说没能将他说服。

　　一个班上有两个同学，这次考试，一个经常得5分的得了4分，另一个经常得2分的得了3分。老师在班上表扬了后者。前者气愤了："老师，你这样做太不公平。这样的话，我还是平时得2分合算喽？"

　　我替这位老师回答："那么，你平时就一直去得2分好了。"既然你认为出身不好的政治上优越些是合算，便宜，那么你肯不肯出身不好呢？当然这只是笑话，因为出身是"无法选择"的。

　　出身对个人有影响，确实，这影响第一影响到表现，出身不好的人要表现好要多化一份力气。第二，于表现之外，还要影响到前途、工作、学习等等各方面，因为从环境对个人的作用来说，这出身是要"既看"的。

　　既看出身，又看表现，是由于出身对表现有影响吗？前面已经说清楚了，并非如此。这是为什么呢？这是政治上的不平等。即是说，表现相同，出身不同的人，政治上不应该平等。所谓"影响"，只是一个幌子。

　　有的组织在考虑吸收新鲜血液，对某人的表现并无意见，但就是因为他出身不好，产生了吸收与否的两种意见。这也就是出身对表现的"影响"。

　　有的青年怨自己的出身不好，他怨什么呢？是怨家庭对自己有不好的"影响"吗？那就是说，他已经看到了这个影响，只要他没有丧失前进的勇气，他就会努力克服这个影响。不，他怨的是政治上的不平等，"无论我怎样努力，这'影响'总是要既看，总是摔不掉的啦。再努力也是白搭。"

一些出身不好的青年在文化大革命中当了"可耻"的逍遥派。为什么呢？"既看"已经不好，如果"又看"再不好————站错了队，岂不是双重罪名？

一堆牛粪长出了一朵鲜花，本来人们应该说："一堆牛粪里竟然长出了一朵鲜花，真不容易。"可是现在人们却说："可惜一朵鲜花长在牛粪里。"这就是现在的"既看出身，又看表现"。

某校的66届分配工作是崇明和上海两地。不说分配中的唯成分论，只说分配好以后，到崇明去的，有出身好的，也有出身不好的。（这就说明我们没有唯成分论！）而实际上，去的到是出身不好的多，分配而不去，赖在家里的到是出身好的多。这是什么原因呢？"我不去是家庭影响呀，所以我只得去。"那么出身好的不去是什么影响呢？当然无须回答，只要不是家庭影响就好了。

你一直在说"既看出身又看表现"的不对。那么它产生了那些危害呢？历史的车轮滚滚向前，决不会因为这样一个小小的插曲而倒退停止，不过就是速度减慢了些。即使将出身不好的人全杀掉，历史仍然向前，因为单靠劳动人民的子弟也能接班，也能挑起革命的重担。不过就是速度将更加慢一些罢了。

"你这是无出身论。"

对，是"无出身论"。无影响论有什么不好呢？是看不到出身对表现的影响吗？请问，是无出身论抹杀了家庭影响呢？还是有出身论把家庭影响看作是表现之外的，要看出身才能看到的怪物呢？要说无出身论有什么不好，那只能说，它取消了出身好的人的政治上的优越性，促使他们老老实实地靠表现吃饭。真正的将家庭影响影响到表现之中去，而不用说："你们要既看呀！"

"你反毛泽东思想。"

咱们不要使用无赖的帽子政策，咱们就来辩辩清楚，到底是谁在反毛泽东思想。

"有成分论，不唯成分论，重在表现。"这是主席的政策。这里的成分指的是什么呢?指的是本人的成分。

毛主席在《纠正土地改革宣传中的"左"倾错误》中指出："在整党问题上关于既反对忽视成分，又反对唯成分论的宣传，有些地区不够有力。甚至有唯成分论的宣传错误。"接着主席又发表了《关于民族资产阶级和开明绅士问题》。再以后，主席在《关于情况的通报》中具体地指出了当时"左"的偏向："不要代表民族资产阶级的党派，不要开明绅士。"

然而，你们将这里的"成分"换成了"出身"。又是什么"有出身论，不唯出身论，重在表现。"

主席在什么地方说过要看出身的呢?没有。

主席说："共产党的干部政策，应是以能否积极地执行党的路线，服从党的纪律，和群众有密切的联系，有独立的工作能力，积极肯干，不谋私利为标准，这就是任人唯贤的路线。"

主席在这里没有说到出身。出身不同的人，政治上应该平等，只看他贤与不贤。然而你们怎么说呢?所有这些标准，只不过是表现，我们不是任人唯贤，任人唯贤岂不就是只看表现?那这'家庭影响呢'？

毛主席说："必须善于识别干部，不但要看干部的一时一事，而且要看干部的全部历史和全部工作，这是识别干部的主要方法。"

然而你们说，必须善于识别干部，重要的一点，千万不可忽视家庭影响。

毛主席说："必须不断地提拔斗争中产生的积极分子来替换原来骨干中相形见绌的分子或腐化了的分子。"

然而你们又在这中间加入了一条出身。

毛主席说:"看一个青年是不是革命的,拿什么做标准呢?拿什么去辨别他呢?只有一个标准。这就是看他愿意不愿意,并且实行不实行和广大的工农群众结合在一块。"

然而你们说,看一个青年是不是革命的,首先要看他出身如何,但是不是单看出身,还要看他愿意不愿意,并且实行不实行和广大的工农群众结合在一块。这才是重在表现。

毛主席说:"具备什么条件,才能够充当无产阶级革命事业的接班人呢?"毛主席制定了五个标准。这五个标准里,有没有要既看出身呢?没有。你们当然仍是那一套老调"要既看出身呀。。。"

毛主席说:"对于那些犯了错误,但还可以教育的同那些不可救药的分子有区别的党员和干部,不论其出身如何,都应当加以教育,而不是抛弃他们。"然而你们怎么说呢?"我们是既看出身又看表现论者。怎么能'不论其出身如何'呢?出身一定要看,不论不行。"

够了,够了,敬爱的"既看出身又看表现"的先生们,你们的反毛泽东思想的言论还需要再举吗?

有些人批判了重在表现,说它不看出身,说到底就是没有吸收他——————出身好的人入团入党,似乎他们都是重在表现的受害者。那么我要问,你们的表现是不是达到了党团员的标准呢?假如你们的表现是达到了党团员的标准而没有吸收你入团入党,这就并非是"重在表现"了。假如你没有达到党团员的标准,这不是极其正当的吗?又受害在什么地方呢?

你们果真认为出身对表现有影响吗?你们尽可以在表现上体现这影响,在表现上超过出身不好的同志,你们的受害又受在什么地方呢?

文化大革命中,一些同学批判了团组织,说它贯彻了重在表现,不贯彻党的阶级路线。这倒使我奇怪了,重在表现不是党的阶级路线吗?任人唯贤不是党的阶级路线吗?"既看出身"倒成了党的阶级路线?他们的论据就是说团组织发展了多少出身不好的,而只有发展了几个出身好的。那么果真你认为这个团组织是重在表现吗?果真你认为这些同学的表现是好的吗?那么显然你更应该责怪自己,为什么自己出身好表现反而不及他们呢？否则你就要批判团组织为什么不吸收如此表现的人了。

有的人批判了彭真的重在表现，据说被歪曲成了重在表面，这是不对的。彭真的重在表现就是招降纳叛，就是专门吸收表现不好的人。试问，难道彭真只是被这些人的表面现象迷惑，没有看到他们"真正的表现"？那岂不是还可以原谅的？那么你们当时有没有被他们的"表面"现象所迷惑呢？一直到文化大革命才看清他们的本质？彭真确实是重在表现，只是他的表现的好坏同毛主席的接班人的五个条件，考察和识别干部的主要方法，只有一个标准相背道而驰的一套资产阶级标准，罢了。

有哪一个背叛了自己的出身，辜负了自己美好的家庭影响的无产阶级后代不受到资产阶级的热烈欢迎呢？当然我们是必须"既看出身"的。

还要说到的是受害问题。首先，高干子弟是不可能受害的，从来不可能有什么学校排挤高干子弟。在工农子弟和出身不好的子弟中，有人受了既看论的影响，偏好于出身好的子弟，是有的，但是走向反面，偏好于出身不好的子弟，有这种可能吗？绝对没有。有些地方的表现如此，其原因决不是"偏好出身不好的子弟"，而是重在学习成绩，而是重才轻德。在这些地方，出身不好的学生学习成绩比较好一些。这也是多年留下来的老习惯。象列宁的学习成绩好，常拿奖状。鲁迅也经常得到奖状，第一名。毛主席求学时，造那个反动校长的反，险些被开除，后来没有被开除，就因为他是一个"特殊学生"，"绝顶聪明，失学未免可惜"才免遭开除。要说那些学校之所以如此是因为既看出身的缘故，更是笑话了。假如说旧社会的学校既看出身是因为不去巴结那些出身高贵的学生，就有丢饭碗的危险。这是因为出身高贵的学生油水足。那么到了新社会，又怎么会去偏爱出身不好的呢？大家都在批判修正主义教育路线。修正主义教育路线的一个重要组成部分就是重才轻德。偏爱出身不好的，这算是什么修正主义教育路线？即使你们说的偏爱出身不好的是事实。那么请问，为什么会这样呢？因为出身对表现有影响？那说他偏爱表现不好的岂不更为妥当？

况且"至于说到红色出身的子弟学不好功课，那纯粹是对出身好的青年的诬蔑。何以见得出身和学习一定成反比呢？"："他们的条件好呀。"那么你又把政治放到什么地位上去了呢？

"这是修正主义的东西，我不屑学它，所以没有他们好。他们对修正主义的东西多么感兴趣呀，所以学得好。"那么我们前面的革命导师马克思、列宁、鲁迅，又该怎么说呢？

随着喧嚣一时的受害问题，一些时髦一时的人物发明了一付对联："老子英雄儿好汉，老子反动儿混蛋，基本如此。"我说这些老子英雄的好汉们，你们具有有这样的观点也无所谓嘛。你们没有说绝对如此，就是承认有例外。有例外，还是要看表现。那你管他老子是英雄还是反动，好汉，你就按好汉的标准办事，混蛋，你就按混蛋的标准处理。难道你们这些"好汉"竟然连好汉、混蛋都分不清了，还要拿出身当参考(？)，那岂不是也有点"混了吗"？难道说，这样做亏待了你们这些"老子英雄"的好汉？

这个口号表面上是强调影响问题，是将出身表现比例发展到一个极端，是鼓吹反动血统论。实质上，决不是如此。它的实质是抹杀重在表现，鼓吹重在出身，它的实质是形成一种政治上的不平等，形成一种政治上的压迫。"老子英雄儿有功，老子反动儿有罪"反动血统论只是一个幌子，好汉压迫混蛋，岂非极其正当。

影响问题？影响问题并不妨碍重在表现。只要你重在表现，事实将宣判反动血统论的死亡。与事实抗衡是没有意思的。管他事实不事实，于我有用的，赐给我特殊地位的就是对的，这是本质。

这付对联传到了某个班级，老子英雄的好汉是不会对老子反动的混蛋说："哦，原来你是混蛋，我错把你当成好汉了，幸亏这付对联擦亮了我的眼睛。"不会有如此天真的青年人的。一些老子英雄的人除了头脑极其简单的之外是不会看了这付对联就把自己荣升为好汉的。可是他就认为自己特殊。这个特殊，并非因为自己是"好汉"而特殊，而是因为自己"老子英雄"而特殊："我以前出身好这一点，怎么没有利用呢？"

这付对联的产生也正说明了这些出身高贵的先生具有这样一个性格：希望取得特殊地位，希望高人一等。当然本人并不想说，这是家庭影响。

　　然而，有些天真烂漫的青年果真上了当，去批判起反动的血统论来：影响没有这么厉害呀！批判的结果，反动的血统论失败了，赢得的只不过是"既看出身，又看表现"，政治上的仍然不平等。不过就是在程度上比以前好些罢了。

　　由于批判彭真的所谓"重在表面"，结果就产生了一种莫明其妙的怀疑派，他们"既不相信你平时的表现，也不相信你大风大浪中的表现，既怀疑你过去的表现，也怀疑你现在的表现，并准备怀疑你将来的表现，直怀疑你个死而后己，才给你盖棺定论。"

　　按照这种怀疑派的观点，不是老子反动儿混蛋，而是老子反动儿两面派。不，这不是两面派，两面派终久还是一种表现。这是一种表面派，这种表面派自从他娘肚子里出来，他的反动老子就给他在肚子里放上了一种影响，这种影响又是表现里不表现出来的。他的表现呢，全是表面。一面派是表面，两面派也是表面。哦，不，两面派不是表面而是表现，因为它代表着一个"坏"字。出身不好的表现就是表面，表现不好就是实质。积极呢？那是假积极。落后呢？就是真落后。反正老子反动儿总是混蛋，差别只在表面上混不混，实质上都是一样的。表面上不混，那是没有考验出来，那就需要考验考验再考验，直到他自己也无聊了，那就到你那一天坏的东西暴露出来再来收拾你。

　　为了坚决贯彻党的阶级路线，文化大革命中很多组织纷纷成立。不说有些组织只吸收红五类子弟，只说很多组织写上"本组织以劳动人民子弟为主体"。果真贯彻党的阶级路线吗？那就只要写上"本组织坚决贯彻重在表现。"亦即任人唯贤就行了。因为第一劳动人民子弟和非劳动人民子弟人数上的比例，第二出身对表现的影响，就决定了"本组织以劳动人民子弟为主体"。

　　写上这条有什么用呢？难道你们会对非劳动人民子弟说："你的表现是很好的，是符合本组织的条件的，但就是出身不好，你一参加进来，就要破坏'本组织以劳动人民子弟为主体'这一条了，所以不能吸收你。"？如果这种情况是不可能的，那么这条也就是多余的了。

毛主席亲手制定的十六条中第五条："坚决执行党的阶级路线"中指出："党的领导要善于发现左派，发展和壮大左派队伍，坚决依靠革命的左派。"那么需要在"左派"前面加一个定语"以出身好的人为主体"么？否则这左派不是"以出身好的人为主体"怎么办呢？

重在表现又恰恰以非劳动人民子弟为主体，这种情况可能不可能呢？也有可能，这种可能就产生在否定了上面两个条件。

一。在这个组织所在的范围内，非劳动人民子弟比劳动人民子弟多得多。这也没有办法。

二。很多人都背叛了自己的出身。显然这里出身好的人更应该感到惭愧，为什么他们家庭影响不好的表现好了，而我家庭影响好的反而表现差了呢？就象对于鲁迅，出身好的应该感到惭愧：为什么鲁迅出身不好而能对社会有这么大贡献，而我出身好的反而贡献小了呢？而不能去责怪社会：我们出身好的人在社会上这么多，而你却将共产主义战士的称号赠给鲁迅。倘若有人还要说：说鲁迅是共产主义战士是没有贯彻党的阶级路线。那更是有点笑话了。

想起了一个政治笑话，说周总理到苏联去访问。赫鲁晓夫对总理说："我们有一个相同点，有一个不同点，相同点是我们都是国家首脑，不同点是我们的出身不同。"周总理巧妙地回答："我们之间还有一个相同点，就是我们都背叛了自己的出身。"我想假如旁边有这样一位既看论者，他一定会替赫鲁晓夫出这样的鬼主意："我们还有一个不同点，就是我管理下的国家坚决地贯彻了党的阶级路线。"

和主体差不多的，还有一个"核心"问题。很多组织的宣言中有这么一条："本组织以红色子弟为核心"。那么请听主席教导"核心是在斗争中实践中群众公认的，不是自封的。"我再问这些坚决贯彻党的阶级路线的同志：在当时马克思主义者紧紧地团结在马克思的周围，这有没有贯彻阶级路线呀？解放前，无产阶级组成了以鲁迅先生为核心的无产阶级文艺队伍，这有没有贯彻阶级路线呀！

我们所需要的，是革命的组织，是高举毛泽东思想伟大红旗的组织，而不是什么以什么为主体为核心的组织。

文章是准备结束了，结束以前，还准备说一下家庭影响在社会影响中所占的比例。当然，它不象《出身论》中所说的那样可以忽略不计。这个问题只要引几段主席语录就解决了。

"我们现在的大多数的知识分子是从旧社会来的，是从非劳动人民家庭出身的，有些人即使是出身于工人农民的家庭，但是在解放以前受的是资产阶级教育，世界观基本上是资产阶级的。他们还是属于资产阶级知识分子。"

"由于这一切，我们的大学生，虽然还有许多人是非劳动人民家庭出身的子女，但是除了少数例外，都是爱国的，都是拥护社会主义的，他们在匈牙利时期没有发生波动。"

"他们又知道许多大学生是属于地主、富农、资产阶级的子女，认为这些人是可以听右派号召起来的群众。有一部分有右倾思想的学生有些可能，对于大多数学生这样设想则是做梦。"

矛和盾

有这么一些人。

这些人要求别人敢于造反：如果你们不敢造反，我们就要从新回到旧社会去受第二遍苦。敢不敢造反是区别革命与不革命的分水岭等等。

然而当别人略微对关锋提出一点异议的时候，他立刻大叫"砸烂狗头"。

还只有刚刚触及到关锋的一点皮毛还没有触及他的灵魂呢，就立刻要被"砸烂狗头"了。

况且，稍有异议之人当初何尝看出关锋是反党分子。他也认为关锋是革命派。不过就是辩证法学得好一点，没有认为关锋是天生的圣人，没有一点缺点，并且由于这一点，他实际上看出了关锋的一些缺点，他又怎么知道关锋会下台？如果关锋不下台，那他满腔热血不过染红了某些人"保卫中央文革"的桂冠而已，又有何用？

然而以后又有人说："毛主席号召我们造反有理。你当初既然看出了关锋的不对你怎么不造反呢？"更甚之者还要说："都像你这样，关锋怎么揪得出来呢？你怕'砸烂狗头'，革命怎么能怕死呢？怕死当然就革不好命，就揪不出走资派。都像你这样怕死，关锋这样的两面派就要上台，国家就要变颜色，我们就要受第二遍苦。"我说："所以归根结底还是你头脑里有私字，所以你要听毛主席的伟大号召，狠斗私字，只有斗掉私字，才能敢于造反。"

这些人骂逍遥派骂得极为起劲，对毛主席最大的不忠，"吃和睡是猪的生活加上玩和乐是逍遥派的生活。"

然而当有人说他对杨成武的问题想不通，对王关戚的问题想不通的时候，有被他说成是攻击文化大革命。

我想这下真难办，要我关心国家大事我还可以做到，然而又要我对一切问题都想通，恐怕就未必能够。权衡利害关系，我是宁愿当逍遥派的。因为当逍遥派只不过是不关心国家大事，还没有攻击文化大革命。

有的人常说，有了私心杂念，事情就一定办不好。我想这"想不通"大概也是因为有了私心杂念的缘故吧。没有私心杂念，这些问题，所有的问题大约都能够想通了。那么敬爱的先生，你们可得允许我去斗私批修，等我斗完了私字，再来关心国家大事。现在你们可别怪我不关心国家大事，否则弄个"攻击文化大革命"我是不干的。

这些人大骂驯服工具，然而有谁敢对他们不驯服呢？就如本刊罢，你们就得随着他们的指挥棒"彻底批判坚决斗争"有不得一丝违抗，提不得半点意见，不驯服就是反革命。哦，莫非这不叫驯服工具？

这些人大反特反奴隶主义。

那么我想得到的结果该是独立思考了罢，然而并不，他说的就是真理，我想大概独立思考的结果一定会和他说的相符合的，否则就一定是奴隶主义而来的，无怪乎他要大反特反了。

这些人大喊："誓死捍卫毛泽东思想。"我想这下可好了，没有人再反毛泽东思想了。然而使我吃惊的是，他们又喊起"大树特树毛泽东思想的绝对权威"来，这可使我堕入五里雾中去了。这"大树特树""绝对权威"到底是毛泽东思想呀？还是反毛泽东思想呀？你们到底是在捍卫毛泽东思想呀，还是在篡改毛泽东思想啊？哦，原来你们是打着捍卫的旗帜，干着反对的勾当。这叫做打着红旗反红旗。

辩论

有些人是颇喜欢辩论的，以为辩论中会出真理。

其实这是不对的，在许多时候是如此，但是并非在一切时候都是如此。

老子反动儿混蛋的对联曾经是何等的猖獗。某校某班在门口写上这付对联的时候还写上一句：有不同意此对联者，请来某班辩论。然而直至这付对联剥落为止，我始终没有发现有哪一个"不同意者"到某班去进行辩论。

数年之前，有谁说《修养》是毒草。这时候，必然有人反对。这时，这两种意见辨得清楚吗？辩论中会出真理吗？

"大树特树毛泽东思想的绝对权威"，如果有谁说我不同意这句口号，我和你们辩论。这时候，他不被砸烂狗头才怪呢？

革命小将陆荣根写了一篇陶铸的大字报，在大字报的下面，还写上这么一句"有不同意见者，欢迎辩论。"然而这样的一句话，并没有能够阻止他不上天堂。

何是写了一篇《论吃小亏占大便宜》，就有一位同志雄赳赳的写上一句，我和你辩论，然而我想倘若他真的前去辩论，那就上当了。

"在天才们的法庭上，别人剖白得清楚的么？"

况且辩论不过的时候，加上一拳一脚也毫不为奇。

在某些时候，或许辩论之中出伤兵比辩论之中出真理更确实些。

稳当的英雄

在大批判中看到了一则消息,说是一个苏联公民看到中国人民揪出了刘少奇,感到非常愤怒,赶到中国大使馆来表决心:听说你们中国有人反对毛主席,我要到中国去,保卫毛主席。

这可真使我感到惊讶,他们苏联出了修正主义,他不去斗争,反到要到中国来帮助我们保卫毛主席。难道我们中国七亿人口保卫毛主席还保不住?还要他来保?

再说文化大革命以前,刘少奇没有揪出来,是埋在党中央,埋在毛主席身边的一颗定时炸弹。这时候他不来挖,等到这颗定时炸弹挖出来了,他到突然想起来要来保卫毛主席了。

戚本禹下台了,于是,到处贴满"打到戚本禹,保卫毛主席"。奇怪,当时戚本禹没有揪出来,定时炸弹没有挖出来,危险存在着,他不去保卫毛主席。等到戚本禹揪出来了,他这才想起要去保卫毛主席了。

然而,中国的事情就是如此。

大街上不是满是"誓死捍卫""用生命和鲜血捍卫"之类的词句么?对于这些词句,你们是不能过分相信的,你们必须大大的打上一个折扣。为什么他们会想到"用生命和鲜血"的呢?这是因为现在既无需流鲜血,也无需献生命的缘故。假如到了需要他流鲜血,需要他献生命的时候他一定会躲起来。

所以,在刘少奇,戚本禹还在台上的时候,他很平常的活着,他没有流鲜血也没有献生命,或者还可能真是他在大叫"谁反对戚本禹就砸烂他的狗头"正如他曾经参与了迫害革命小将陆荣根一样。等到戚本禹揪了出来,他又来大叫"打倒戚本禹保卫毛主席"了。因为这时,已经无需用鲜血或生命了,或者可能的话,他还要上去打戚本禹两个耳刮子。

所以吴尘因的信一出来,立刻大标语满天飞,然而可有人说吴尘因的信"蛮有道理"吗?有人中这封信的毒吗?没有。而戚本禹的那一篇又一篇的毒草讲话，则是很多人的"行动纲领"。可是为什么吴尘因的一封信花了这么许多力气，而戚本禹的讲话没有人哼一声呢？这里所追求的就是既"稳当"又"英雄"。

总之，第一是要当英雄——此乃人之常情，不足为奇。

第二是莫担风险，一担风险就有可能不但英雄当不成连老本都要赔上。这种事情是不干的。

有些专栏批戚的标题是这样的：历史宣判了戚本禹的死刑。这句话有道理，这个专栏以及"打到戚本禹，保卫毛主席"的口号，不正是在历史宣判了戚本禹死刑之后才出现的吗？这说明一些稳当的英雄是在"历史"宣判了戚本禹的死刑之后才得以大显身手的。这说明了他们对每一个被历史宣判了死刑的人物都是非常英雄的。当他们没有被历史宣判死刑之前。。。

这些稳当的英雄，当戚本禹还在台上的时候，把希望寄托在无情的历史上，而有谁下了台呢，他一定会狠狠的踩上一只脚。这时候他会大叫念念不忘阶级斗争，念念不忘无产阶级专政。总之，戚本禹还在台上，在这样严重的阶级斗争面前，他没有想到阶级斗争。等到戚本禹一下台，他突然想到并且要念念不忘阶级斗争了。在戚本禹还在台上，还非常自由的时候，他没有想到现在有了我们无产阶级的自由，就没有戚本禹之流一小撮的自由。等到戚本禹一下台，他连忙过来剥夺自由。最好连大小便都要请示一下，否则，就要"没有我们无产阶级的自由"了。当戚本禹还在台上放毒是非常自由，并且颇带一些"句句是真理"的味儿，正成为某些人的行动纲领的时候，他并没有想到"用鲜血和生命"。等到戚本禹下了台，即使他才讲了半句话，就立刻会遭到申诉"你放毒。"仿佛历史宣判了戚本禹的死刑以后，人民倒反而要"中毒"了。

稳当的英雄(二)

稳当的英雄何其多也。

这些稳当的英雄，对于弱者的革命，何其强也。

一篇《一切为了九大》，一个《东方论坛》，一封《信》引起了多少"稳当的英雄"的讨伐呢？有多少篇批判文章，多少条大标语，对准了它开过去。在当初鲁迅是一个英雄。鲁迅先生"横眉冷对千夫指"，鲁迅先生曾经对他的敌人说过："我诚然讥消过先生们，然而和先生们的造谣言和攻击文字的数量来比一比罢。不是不到十分之一么？"鲁迅先生还说，有一次"大家阅读，谈到有几个人的文章。我确实说过：这些只要以一嘘了之，不值得反驳。"那么从现在的情况看来，当然只能证明闲得无聊的阔少爷的增多:刷大标语是再稳当不过的英雄了。再拿你们的文字和这些毒草的数量来比一比，难道仅仅只有十倍么？你们确实是英雄，你们也在搞阶级斗争，只是你们不是"横眉冷对千夫指"，而是"千夫狠对一夫指"，你们的英雄当得很稳当。

有人要说了，这是因为这是一股思潮，不是一个人的问题，所以要进行一场人民战争，一个是极左思潮，一个是极右思潮。假如说你们说的话是成立的，那么请问，难道凡是具有这种思想的人都是"反革命"？假如答案是肯定的，那么看来你们又走错了一步棋。你们为什么不让其他的人都放出来，然后来一个一网打尽呢？难道你们忘记了"牛鬼蛇神，只有让它们出笼才好歼灭它们"这一条真理吗？可惜，你们一面好像在说这股思潮很大，所以要进行如此之大的人民战争。另一方面，你们在同这些思潮的斗争中仅仅只有逮到了如此几个（！）反革命，就算是自己胜利了。倘若给你们加上一个罪名的话，那就是虽然你们表面上在同这些思潮作斗争，实际上正是你们包庇放走了很多的敌人，很多的反革命。假如答案是否定的，也就是说，具有这种思想的人并非都是反革命。那来请问，何是，吴尘因为什么一下子成了反革命?他们只不过是具有这种思想的人中间具有敢字的罢了。假如说具有这种思想的并非都是反革命，那么也就是说他们是人民群众，当然他们也应该享受到言论自由，出版自由。可是为什么他们刚一享受，就成了反革命呢？请问，他们在办这个论坛，在写这封信以前，是不是群众？正像这是一股思潮，然而仅仅只有这么几个反革命，其他的人就因为没有写信，没有开辟一个论坛一样。那么在人民群众中，自由和民主是相对纪律和集中而言的，那么请问，难道写了这样一封信，办了这样一个论坛就违反了无产阶级的纪律？

不是有人说吗："这种文章文理不通，要读它们简直是一场大灾难"当然这种文章看来是读也不会有人读的。谁愿意去找一场"大灾难"受受呢？假如没有人读，那么它的存在又有什么关系呢？鲁迅当时"有几个人的文章""只要一嘘了之，不值得反驳"。那么现在"要读它们简直是一场大灾难"的文章就连一嘘都没有必要了。你们不是常说吗？这些文章是"蚍蜉撼树谈何容易"想当初鲁迅"横眉冷对千夫指"，想不到现在对于这么一个小小的蚍蜉到要发动这么多的英雄来围剿了。正如车夫发动了全车的人真来对付一个挡车的螳螂一般，这叫什么？这叫千军万马捉蚂蚁。

有一篇稳当的英雄作的文章中说到某一份刊物"狗屁不通"，然而接着又说它"流毒全国"。这真使我有点莫名其妙了。毛主席说"内容愈反动的作品而又愈带艺术性就愈能毒害人民"如今，"狗屁不通"的作品竟然能够流毒全国，大概国人对于毒草有一种爱好吧。狗屁不通的毒草也偏要看，并且还要中毒。

然而你们对于强者的革命是何其弱也。刘少奇的《修养》有人敢碰一下吗？一直到刘少奇下台以前是没有了。陶铸的两本书有人碰一下吗？也没有。扬成武的"大树特树"有人碰一下吗？也没有。

在有的时候，你们正是走资派的一群雄赳赳的打手，因为既英雄又稳当。在陆荣根碰了一下陶铸的两本书的时候，你们都参与了迫害革命小将的"革命行动"。诚然围剿极左极右思潮的功劳应该归于你们。刘少奇的《修养》，扬成武的"大树特树"之所以没有人碰一下，之所以能够流毒全党全国，这中间第一大功劳也应该归于你们。因为如果谁碰一下的话，他就会立即和陆荣根一样遭到你们的革命行动。你们中的很多人就曾经围着戚本禹，王力，关锋的指挥棒儿转转转，杀气腾腾地挥舞起谁反对中央文革就砸烂他的狗头的大棒,从而获得了保关帝庙一等功。

这些人根本不懂得真理,所以他们不懂得对于弱者的革命大可放松。"蚍蜉撼树谈何易",你们怕什么呢?难道凭它一篇"文理不通,要读它简直是一场大灾难"的文章就能够将文化大革命否定掉了?莫要说有一篇《一切为了九大》,有一封《信》,就是有一万篇这样的文章,有一万个这样的作者,他们在七亿人口中间占多少比例呢?难道就能够使我们国家变色,江山易人?然而有的时候却正是使人民内部矛盾扩大化,大抓反革命,右派,甚至可能在走资派的挑唆下,打击革命小将,扼杀革命的幼苗。

在当时,联动的对联猖獗一时的时候,你们有多少人动了它一根毫毛吗?那么你们再比较一下,是何是的文章流毒大呢?还是反动对联的流毒大。何是的文章有几个人在转抄,有几个人说赞成?你们现在摆出了一付"誓死捍卫毛泽东思想"的架式,对着何是大叫砸烂,颇有些勇纠纠的气概,一年以前,你们怎么不捍卫了呢?哦,原来不稳当了。

而对于强者则尤需加严,要知道国家的变色,修正主义的出现,正是由于这一小撮作崇者。我们试查一下多少个国家的变色不是由于篡权分子而是由于弱者的反抗呢?世界上修正主义阵营的出现是什么原因呢?我们试想匈牙利事件中,有这么多反革命,然而国家没有变色,而现在匈牙利修正了,不正是由于上面这一小撮么?我们知道一个弱者纵使他如何起劲的反对合作社,合作社毫无丝毫减色,而刘少奇只要他手指轻轻一动,二十万合作社立即泡汤。要知道赫鲁晓夫对于苏联的作用,就不是什么"蚍蜉撼树谈何易"了。一个弱者,它也仅仅只是一个,一个强者就不再是一个了。所以文化大革命的重点是整党内一小撮走资派,其道理正在这里。

可惜,他们根本不懂这条真理,他们对于文化大革命纲领性的文件也根本没有好好学过,他们只知道,对于弱者的革命是很"英雄"的,对于强者的革命是不稳当的。所以他们从来没有揪出过一个强者,而对于弱者的革命何其英雄。

独脚戏

有的人的擅长是唱独脚戏。

譬如,有的人来批判"看破红尘"就说:"现在有一种人看破红尘,这是错误的呀!"然而我们在哪一个地方,哪一篇文章看到有人说他看破红尘的呢?没有。我们只看了他的这一篇文章才刚刚知道现在有人看破红尘了。

再如有的人批判现在流传着的一种论调"按酬付劳"。那么我们看到过谁主张"按酬付劳"的呢?没有。只有他一个人自演自唱:"现在流传着一种按酬付劳的论调,这是错误的呀!"

据说有人说十八九世纪的黄色小说,政治上不行,艺术上还可以看看。然而这个主张是听了他的独脚戏才刚刚知道的。

这种人不知从哪里找来几根稻草,扎成了一个稻草人,然后举起手中的木枪,向着敌人戳了几枪,就凯旋而归了。

不是有许多人一直在叫"逍遥有罪"吗?然而有谁说过"逍遥无罪"呢?没有,终于只剩他一个人在呼天喊地的唱独脚戏:"有罪啊,有罪啊。"罪出什么名堂来呢?没有,逍遥还是逍遥,终于没有办罪。

这样可要"委屈"了我们这些唱独脚戏的英雄了:"这是因为没有人出来和我较量呀!"看来你们确实是英雄,使得别人连较量都不敢出来较量了,对不对?不,这是因为别人知道,你们是唱独脚戏的英雄而不是战斗的英雄。对于你们,跳出来与不跳出来是一样的,只不过一个是死靶子,一个是活靶子。反正总是靶子,谁如果敢跳出来,你们就首先剥夺下他的武器,然而再一枪一枪的戳过去,不过如此。

难道不是如此吗?何是跳出来了。吴尘因跳出来了,结果怎样呢?他们被剥夺了武器,被捆绑了起来。然后,你们又是木枪,又是刺刀接二连三的刺了过去,然后得胜回朝了。

确实,你们是在进行阶级斗争。请看你们战斗得多么英雄啊!你们刺了一枪又一枪,砍了一刀又一刀:这是企图颠覆无产阶级专政啊,这是攻击我们心中最红最红的红太阳啊,这是否定无产阶级文化大革命呀,这是为牛鬼蛇神翻案啊,这是。。。你们有的人还战斗得汗流浃背。然而可惜,对方已经是一个被捆起来,一个失去了战斗能力的人。他对于你们所刺的任何一枪,所砍的任何一刀都已经失去了还击的资格。

左派先生们,你们在何是、吴尘因之流的较量中,确实是很勇敢。可是,你们胜利了吗?不,没有。你们首先剥夺了他们的发言权,然后随手拿起帽子棍子绳子,随手拿到的都抛了过去。这能说明你们胜利了吗?象你们这样把对手捆了起来,谁不会战斗呢?3岁孩子也会上去逞雄,但究竟不是英雄。

总之,你们不是先驳倒了对方,而是首先对对方实行了专政,剥夺了对方的发言权,然后再去战斗,再去批判。这当然是永远的胜利者了。

你们唱独脚戏的要害是什么?剥夺发言权。你看,你们在英雄地同何是,同吴尘因作战,然而具有何是这种观点,具有吴尘因这种观点的,只有他们两个吗?你们也知道并非如此。然而为什么没有人站出来,而只有你们在唱独脚戏呢?因为他们知道,一站出来就要成为反革命,正如有着按酬付劳,看破红尘,"这种书政治上不行,艺术上还可以看看"种种论调,然而没有人主张,因为他们知道,一主张就是反革命,就如何是,吴尘因成了反革命一样。

你们的这许多批判文章,全是假的,最主要的,不过是将对方宣判为反革命。你们的一千张一万张大字报,其实也抵不上这一"革命行动"。你们的这些批判文章有多少说服力呢?讲了多少道理呢?然而你们一采取革命行动,别人就哑然了。

毛主席的一段语录,恰恰为你们所遗忘了:"毒草是要锄的,这是意识形态上的锄毒草。整人又是一件事,不到某人严重违反乱纪是不会受整的。"

然而你们知道的是去要整人,先要实行专政,然后再去锄毒草。因为这样锄起来是何其简单、方便、省力,并且保证你能锄掉。

你们抓反革命是很起劲的,何是的文章一出来,抓住了。吴尘因的信一出来,抓住了。然而有着"大批判没有劲","这种书政治上不行艺术上还可以看看",按酬付劳这种种论调怎么没有抓住一个反革命呢?你们明知道这些论调有这许多人主张,有这许多反革命,你们怎么没有揪出一个呢?你们对于反革命有一个抓一个,有二个抓一双,决不让一个反革命漏网的革命干劲怎么没有了呢?或许你们会说,我们没有说具有这种思想的人都是反革命呀!错了,谁发表这种主张会不成为反革命呢?你们之所以宣判何是,吴尘因是反革命,不过是为了不使有人站出了说话罢了——好使你们唱独脚戏。

你们将对方宣判为反革命,剥夺了言论自由,剥夺了还手的权利。然后再去战斗,这英雄何其稳当。倘若不将他们宣判为反革命,他们反驳起来,你们这些蹩脚的理论出丑了怎么办呢?

你们敢让我和你们较量一番吗?你们不敢,因为你们只会唱独脚戏,你们只会和没有战斗力的靶子作战。

唱独脚戏说明了你们的英雄吗?不,你们英雄就英雄在手里还有权将别人宣判为反革命,此外,你们并没有什么英雄,你们虚弱得很,所以你们不敢放别人讲话。

鲁迅的笔下不是活勾出你们的嘴脸吗?"从指挥刀下骂出去,从裁判席上骂下去,从官营的报纸上骂开去,真是伟哉一世之雄,妙在被骂者不敢开口。而又有人说这不敢开口又何其怯也。对手无杀身成仁之勇是第二条罪状,斯愈足以显革命文学家之英雄。所可惜者只是这文学并非对于强暴者的革命,而是对于失败者的革命。"

只是到了现在应该稍微纠正一下。第一并非失败者,而是剥夺了开口权利的专政对象,第二已无所谓不敢开口而是没有没有资格了。第三已没有人说"何其怯也",而是稍一开口就有人叫"砸烂狗头""顽抗到底死路一条"。第四,所显示的是他们的英雄,说得更恰当些是他们手中掌有战无不胜的毛泽东思想。第五,并非对于强暴者的革命,此言极确,于《稳当的英雄》中已述过。

确实,你们牢记住主席的一段语录:"凡是错误的思想,凡是毒草,凡是牛鬼蛇神都应该进行批判,决不能让它们自由泛滥。"但是主席接下来的一段语录已经无所谓了："但是这种批判应该是充分说理的，有分析的，有说服力的，而不应该是粗暴的官僚主义的，或者是形而上学的，教条主义的。"反正台上是你们一家在唱独脚戏，谁知道你们的批判是官僚主义的还是充分说理的?是教条主义的还是有分析的?是形而上学的还是有说服力的？你们的批判是唱独脚戏的批判！

对付你们这些唱独脚戏的英雄有什么办法呢？管自己做去。让你去唱独脚戏。

你要逍遥吗？尽管逍遥好了，但千万不可主张逍遥。你要看黄色书吗？你就去看好了，不要发表主张。你要搞四旧吗？那就去搞吧，不是有些文章也承认吗?郊区一些青年结婚，四旧之风又刮起来了，这不要紧，一主张是要成为反革命的。你认为吃小亏占大便宜对的吗？那么你就让它贯穿你的一生，但是万不可主张。总之你不能妨碍他唱独脚戏。如果你要说话，就要跟他一起唱双簧，他说流氓阿飞是阶级斗争的反映，你也跟着说流氓阿飞是阶级斗争的反映。千万不要别出心裁想其他花招。他说逍遥有罪，你就说罪该万死。他说一封信是大毒草，你就说吴尘因是反革命。他说彻底批判《东方论坛》，你就说坚决打倒何是，或者是枪毙何是，油炸何是都不要紧。这样下去，管保无事。

靠了你们这些英雄保持了社会上的沉静，否则乱七八糟的象个什么样！

你们确实是英雄，只可惜是唱独脚戏的英雄。

如今我再一次跳了出来，不是又成了你们唱独脚戏的话靶子吗？

那么这一篇毒草《独脚戏》就给你们唱独脚戏的英雄去唱独脚戏吧！

上纲上线

很多走资派都讲过这样一句话:"不要一讲路线斗争,就什么都是路线斗争"。这句话似乎已经成为公认的修正主义谬论了。

其实到恰恰相反,纵使这些走资派千错万错,这句话其实是不错的。

文化大革命出现了一个斗争,叫做派性斗争。

这些闹派性斗争的同志其实如果能听听这句话倒好了。可惜他们一看见说这句话的是走资派,以为这句话也错了,于是就大搞其所谓"路线斗争",闹派性搞分裂遗害无穷。

一面,走资派在说:"不要一讲路线斗争就什么都是路线斗争",一面又有人在说:"你这是在进行路线斗争,一定要将路线斗争进行到底。"这时造反派的头头是听从哪一个呢?显然是听从后者的。

于是有人说路线斗争是有的,是党性和派性之间的路线斗争,并且列举出派性的种种表现:"这不是资产阶级反动路线么?"于是我知道了这闹派性的两派所执行的原来都是反动路线,两派之间进行的斗争原来是反动路线与反动路线之间的斗争。

又有人说,阶级斗争也是有的,是革命队伍中的黑手和革命造反派之间的阶级斗争。这黑手是怎样的呢?我想不就是极力鼓吹路线斗争,极力鼓动造反派头头"将路线斗争进行到底"。这黑手不正是批判"不要一讲路线斗争就什么都是路线斗争"的英雄,这黑手不正是主张这也是路线斗争,那也是路线斗争,既然是路线斗争,就决不能搞折中讲和,一定要将路线斗争进行到底。

在围剿派性的时候出现了一句话:派性斗争的表现之一是抓住对方的某些缺点错误无限上纲,将对方打成反革命,非欲置之死地而后快。

这句话终于出现了,这句话怎么会出现的呢?

这句话的出现是由于掩饰不住。文化大革命出现了一个派性斗争,而它又恰恰用来为派性斗争服务,进行派性斗争的两派是怎样的两派呢?一方面两方的力量比较均衡,都不能压倒对方。另一方面,这两派背诵的都是毛主席语录,唱的都是语录歌,没有什么东西可以拿来上纲。由于这两个原因,所以"无限上纲","进行路线斗争"没有能解决矛盾,反而使矛盾加深扩大,使派性大发作,给革命造成了严重的、明显的损失。于是它掩饰不住了,否则它必然还要被掩饰起来。你这岂不是阶级调和论么?岂不是诬蔑在进行阶级斗争,路线斗争的造反派么?谁要是说这句话,又可以上一上纲,又是在进行阶级斗争,路线斗争。文化革命以前,有些人反对使棍子,结果就成了罪状之一,诬蔑革命造反派对他们的批判是使棍子。所以假如没有这两个原因,这句话一定又可以上一上纲:诬蔑革命造反派对保守派(也就被吃下了的一派)的批判是无限上纲。

这句话说明了:新时代中国人的特性就是善于上纲或者说善于进行路线斗争。

这个特性已经发展到怎样的一个地步了呢?

"乒乓球队胜利了说是毛泽东思想胜利,输了怎么办?"当然的反毛泽东思想。

"不要一讲路线斗争就什么都是路线斗争。"当然的修正主义谬论。

"陶铸能升到第四号人物不经过主席同意可能么?"当然的把矛头指向我们心中最红最红的红太阳——反革命。

《论吃小亏占大便宜》当然的为中国赫鲁晓夫翻案。

本文么?当然的黑文,一枝什么什么的毒箭。

。。。

为什么会具有这个特性的呢?这是因为现在是无产阶级社会,只有大讲特讲阶级斗争,大讲特讲路线斗争才显得自己革命。

我们知道,从一般的规律来讲,两个人吵架,不管他们是为什么吵的。就喜欢将对方的错误缺点夸大一些,到了现在呢?那又多了一个方法:上纲。因为这有利于自己取得胜利,它是解放矛盾的一个好方法。

本来这一个法宝还应该掩饰起来使用的,之所以它出现了,是因为使用了这个法宝并没有帮助一派取得胜利,相反,扩大了矛盾,造成了损失。

然而我们知道,假如两派力量悬殊或者一派有靠山的时候,这时候,一派有可能得胜,这时候强调路线斗争就能解决矛盾。这时候损失是不明显的,这时无限上纲就非常自然了,这时绝不会有人来说:"不要一讲路线斗争就什么都是路线斗争。"

之所以这句话掩饰不住,是因为某些人用错了地方,上纲上线本来是应该用于强弱两者之间的这才有用。但是现在它被运用到力量均等的两派中去了,于是终于掩饰不住了。

"将对方打成反革命"是因为打而不成所以它出现了,如果打成了,它还会出现吗?

在胜利者与失败者之间,要上纲是何其容易,而且非常自然,要上多高,就上多高。谁要是对我上纲有所不满,谁要是敢替失败者讲上半句话,那么再一上纲,又是路线斗争,又抓出了一个。

在两派时,支持一派是不大要紧的。然而假如一派失败了,那支持失败的一派岂不就成了罪状?为了免去自己的罪状,只得反戈一击,把纲上得再高一点,这样才显得自己革命。

在习惯、世俗与个人之间,习惯是强者,个人是弱者,这时,上纲又成为很自然的了。

乒乓球队胜了,"这是毛泽东思想伟大胜利,是乒乓球队高举毛泽东思想大红旗,活学活用主席著作的结果"这已经成为公认的了。谁敢对此发出疑问:"乒乓球队胜了说是毛泽东思想胜利,输了怎么办?"岂非反动?!

吃小亏占大便宜已是公认的资产阶级个人主义哲学,谁要提出独特的观点——无产阶级也可运用这个武器,岂非反动?

在反动血统论风行一时的时候，谁敢对"老子反动儿混蛋，老子英雄儿好汉"提出异议，那么准可以将他上纲成反革命，这时又是"路线斗争"了。

总之，永远的支持强者，永远的支持多数是最好的方法。

唉，这平平常常的一句话，包含着多少的血泪啊。有多少失败者，弱者被无限上纲打进了十八层地狱。

新时代无产阶级文化大革命上了这么一堂尖锐深刻复杂的阶级斗争教育课，居然也有人"看破红尘"。看破什么红尘呢？红尘之一就是中国人的特性。倘若我在什么时候成了弱者，与强者多数发生了矛盾，那时，将自己今天的言论一上纲，不是很自然的吗？那时候，谁也不会来向对方说："不要抓住对方一点错误缺点无限上纲，将对方打成反革命，非欲置之死地而后快。"这时候，它解决矛盾正好呢！

假如不愿"永远的支持强者，永远的支持多数"又不愿成为反革命，那么怎么办呢？莫管闲事，逍遥逍遥。"今天天气哈哈哈"，逍遥派就是反革命，不会如此上纲的，打扑克谈恋爱就是反革命，也不会如此上纲的。

何是的文章出来后有人听到有人说："蛮有道理"，然而没有看见有人支持，就是他们明白了中国人这个特性。

等到派性斗争消灭以后，不会出现力量均等的两派了。这时一定又是无限上纲，一切都是阶级斗争。这是必然的规律，正如一潭死水抛进一颗石子，泛起了一些沉渣，以后又一切正常，但是不同的是这些沉渣给很多人看到了。于是。。。

强权和真理

主席在青年时期曾经创办了《湘江评论》，里面有主席的一段文字："中国的四万万人差不多有三万九千万是迷信家，迷信神鬼，迷信物象，迷信命运，迷信强权，全然不认有个人，不认有自己，不认有真理。"

随时代的前进，当然这些特性也有所改变，由于科学发达了的缘故，神鬼、物象、运命可以说已经没有人迷信了。然而要说到迷信强权，则可以说是比当时更为迷信。如果当时是四十分之三十九，那么现在大概是七十分之六十九点九。之所以会如此当然是有原因的。当时是资产阶级的社会，当时的强权是资产阶级的强权。然而劳动人民尚且有这么多人迷信。到了现在是无产阶级的社会，现在的强权是无产阶级的强权，迷信无产阶级的强权岂不是极其正当的么？这个特性发展到怎样一个地板了呢：不迷信强权已经快成为罪状了。

列宁曾经说过："真理是在争论中确立的。"现在呢，也许改成"真理是强权者说出来的"更为恰当些。

现在的习惯，强权就是真理。谁的官做得越大，谁的话也就越成为"真理"。

譬如，两位同志在辩论一个问题，一个同志在对方说完了某句话以后说："我刚才说的一句话是毛主席说的"，这时，形势立即起变化。这时无所谓这句话有无说服力，乃是因为出现了强权——主席的缘故。

再如，"造反有理"在某些地方曾经被打成反革命标语，后来是当然的平反了。其平反的理由则是："这是主席说的。"而不是什么"我们要造一小撮走资派的反"之类的话——这已经是后话了。

再举一个例，文化革命中，内部消息传得多了。马路上，大批判专栏中经常出现转抄有某位首长的讲话或者主席的文章。这些文章的内容，大都可以说是比较"精彩"的。那么对这些讲话采取什么态度呢？大家也都有所体会，就是看看，不发表意见也不引用——不管。因为这些文章的本身是无所谓真理不真理，只要知道，它是否确实系某人所作的就行了。确实的，当然就是真理。然而现在还不知道确实不确实，倘若发表意见就会惹出麻烦。中央是禁止私自翻印主席未发表的指示的。这里一个重要的原因就是因为中国人只知有强权不知有真理。倘若这指示是伪造的或传错了怎么办呢？岂不成了"伪造的真理"？

在清华的《井冈山》报上曾经登载过一篇署名陈伯达写的文章，后来有人说话了，知道这篇文章不是陈伯达写的，而是某个黑帮分子写的，于是道歉并进行批判，可是文章的本身是无所谓的，重要的乃是，作者是谁？

再如，关于"怀疑一切"这句口号，曾经争论了好长一段时间，并没有得出结果。后来，主席发表了意见，于是争论到此为止了。这里一是"这意见是主席的呀，当然我心服了"一是"再争下去，岂不。。。"

再如关于芭蕾舞剧《白毛女》也曾经进行了很长一段时间的争论，后来的争论结束就是因为有某人来表了态。

文化大革命，很多单位分成了两派，这时倘若有强权一表态，形势立即会起变化。这里并非两派经过了辩论逐渐明白了是非，乃是因为强权的表态，使他们明白了是非。发展到后来，很多派都希望强权表态支持自己，因为自己手中的真理不足以使自己胜利，而强权者的表态到可以使自己胜利。

再如，现在的电影，唱片是如此的少，难道没有开放的都是毒草吗？当然是否定的。这里的原因就是强权者没有表态。

总之强权者说某个作品是香花，那么一切美好的词句都可以用上去。当然最耀眼的一个字眼是"里程碑"，倘若强权说某个作品毒草，那么凡所能想到的贬义词，所能找到的帽子，都可以摔上去，这样做，是绝不会错的。

我们要知道某句话是否真确是否反动，最关键的一条要知道这句话属何人所说。讲这句话的是革命者。这句话就该赞扬。讲这句话的是反动分子，这句话就该批判。倘若还不知道讲这句话的是怎样的人呢？只能采取三不主义：不表态，不引用，不批判。

要搜集反革命分子的材料吗?那是再简单不过了。只要将他平常的讲话搜集起来就行。之所以这些话都是黑话就因为他是反革命。只要他是反革命,"于是凡有言论,全部根本推翻,即使我说二二得四,三三得九也没有一字不错。这些既然全错,则绅士口头的二二得七,三三见千等等,自然就不错了。"谁有不同意见吗,那就是为反革命翻案,反戈一击尚可,顽固不化打倒,最好的方法:"不理解只许放在肚子里,不许讲出来。"

譬如在戚本禹下台以前,文章中引用一下戚本禹的讲话是颇有些令人敬畏的,颇有些很强的说服力的。其意思是,戚本禹都如此说了,可见我的意见不错。

然而戚本禹到台了,于是这也就成了罪状。其意思是,你的意见同戚本禹的一样,可见这是错的,你的文章中引用戚本禹的讲话,你就是同他一丘之貉。

再如,何是成了反革命,就因为有强权者表了态,有《解放日报》《工人造反报》等等,而并非因为何是的文章"反动"。可怜我到现在为止还没有看到过一篇有说服力的文章。不过不要紧,只要有强权表态就够了。说服力的有无是无所谓的,反正所唱的是独脚戏。

所以陆荣根写了一篇文章就被送上了西天,就因为他触动了当时的强权——陶铸。

所以文化大革命以前,刘少奇的《修养》曾经被某些人当作教科书,当作经典著作来读,并非因为《修养》正确,乃是因为写修养的是赫赫大人物刘少奇。刘少奇到台了,《修养》当然的毒草。也不会有人提出异议:因为刘少奇倒台了。

当然还有一些人硬要证明《修养》只有坏人才要看。那么难道你们这些好人过去就没有看过一遍《修养》吗?假如你们看过的,那么你们当时为什么不站出来批判,任其流毒全党全国全世界呢?莫非新华书店销售了这些多《修养》全到地富反坏右手中去了,还是说当时做英雄不稳当呢?

这样说，难免有一些同志要发怒，说现在没有人提出异议是因为《修养》被批倒批臭了。那我只能说中国人的觉悟提高得真快呀。觉悟没有提高得这样快的当然只能是反革命了。我还想说一句：无论是刚开始批判，还是批判了一段时间，总之是没有人说第二句话的。

为什么有些人如此容易中《修养》的毒？就是因为他们"只认有强权，不认有个人"的结果。所以刘少奇下台以前，是强权，他们就中毒，刘少奇一下台，他们的毒就立即消光。戚本禹一上台他们又中毒，戚本禹一下台，他们的毒又立即消光了。这些同志极容易中毒也极容易消毒。每打倒一个走资派，他们都会发现：我中了毒了。

这种"中毒"其实是不能算是"中毒"的。他们的脑中从来不曾有过真正的思想，里面全是强权的语录，因为这是最行时的话语。假如他们是真的"中毒"，消毒就必然要有一个过程，也就是在别人批判时会出现"虽然你们这样说，我仍然有点想不通。。。"之类的词句。现在没有，就可见他们并非真正"中毒"。譬如江青同志对她的孩子说"《静静的顿河》是一本坏书。"她的孩子反驳说："妈妈，你能这样说吗？人家都说好。"这可以说是迷信真理。要是换了一些江青同志的话还没有说定，他就会立即醒悟，立即反戈一击。对于他们本来就无所谓真理，强权就是真理。这样当然也允许，这是他们自己的事。发展到后来，谁要是象江青的孩子那样一发问，立刻加上"炮打江青同志罪该万死"的罪名，这就似乎有点可恶了。

毛主席的话句句是真理，这当然是一条真理。其实不单是主席，林付统帅，周总理，江青同志等等的话统统都"句句是真理"，以至于王洪文，任立新的话也带些"句句是真理"的味儿，所以有谁敢商榷一下就立刻成了反革命。戚本禹也曾经有过一段"句句是真理"的"光荣历史"。

记得某一篇文章中说到在封建社会是"老子说了算"，在资本主义社会是"金钱说了算"，那么从社会存在的矛盾分析起来，社会主义社会当然是"强者说了算"，大约要到共产主义社会才是"真理说了算"。

这样说，难免有一些人要发怒，他说现在的时代是"真理说了算"，"毛泽东思想说了算"。其实这是不对的，因为"真理是在争论中确立的"（列宁）然而现在对于那一个强权的那一句话是有过争论的呢？没有，可见现在是"强权说了算"的时代。譬如何是认为无产阶级也应该运用吃小亏占大便宜这一武器，他也引用了毛主席的许多语录来说明他的观点，他认为他的观点是符合毛泽东思想的，当然也有人认为他的这个观点是不符合毛泽东思想的。那么这时是哪一个"毛泽东思想说了算"呢，当然应该进行争论。然而没有进行争论，何是已经成了反革命，归根到底还是强权说了算。

为什么说"从社会存在的矛盾分析起来"现在是强权说了算呢？因为在社会主义社会还存在着阶级斗争，而且如前一篇文章所说，中国人是很善于上纲上线或者说很善于进行阶级斗争路线斗争的。社会主义社会是无产阶级掌权的社会，强权就是代表无产阶级，所以谁敢与强权发生争论，当然就站到无产阶级的反面去了。

在文化革命中，有一个风行一时的口号。"誓死保卫中央文革""谁反动中央文革就砸烂他的狗头"为什么会出现这句口号的呢？就因为中央文革是强权。

那么你们保卫得怎么样呢？陶铸没有保住，王力关锋没有保住，戚本禹没有保住，正是在你们的"保卫"声中，陶铸下了台，王力关锋下来台，戚本禹下了台，然而你们并没有誓死。

你们的誓死的实质，不过是有人稍微对姚文元提了一点不同意见，就连忙大叫"砸烂狗头"仿佛这就是"誓死保卫"似的。试问当彭真，当中宣部的黑帮在使用权力压制姚文元的时候，你们到那里去了呢？这时候姚文元顶过来了，那么难道如今全国有人说了半句话姚文元就受不了了？要你们去"保卫"了，没有你们的保卫就危险了？幸亏你们的革命行动才保住了姚文元？你们这些人物真可称是"保卫中央文革"的特等英雄，真该给你们一个特等勋章。

所可惜的只是戚本禹之流干了那么多分裂中央文革的勾当，你们没有去砸烂狗头，你们的"誓死捍卫"只不过是你们成为稳当的英雄的一个组成部分，或许当别人在反戚本禹的时候，当陆荣根在反陶铸的时候，正是你们"誓死捍卫"的良机。

正是在你们的口号中，姚文元的话也"句句是真理"了，对于姚文元的话也"不理解，只许放在肚子里，不许讲出来"，你们的威力何其大也。

向你们致敬，你们这些誓死保卫中央文革的英雄们。

向你们致敬，中央文革正是靠你们保住了，没有你们的保卫，后果真是不堪设想。

向你们致敬，你们这些砸烂了很多个反对中央文革，不，反对中央文革的某一个成员，不，反对中央文革的某一个成员的某一句话的人的狗头，但就是没能砸烂陶铸，没有砸烂王力关锋戚本禹的狗头的英雄。

有一个倒台了的组织：中央军委文革，可惜的是垮台得早了一些，如果能迟一些垮台，在垮台前再刮一场三四级的小风，那么一定会有很多"稳当的英雄"大叫"誓死捍卫中央军委文革"，这是必然的。

既然有强权，当然也有强权的反面，对于后者怎么办呢？

鲁迅先生曾经说过"看近来书籍的广告，大有凡作者一旦向左，则旧作也即飞升，连他孩子时代的啼笑也合于革命文学之概"。

这是一句很英明的语言，然而它只说出了一个方面。

看近来的形势，人物一旦倒台，则旧势当然的失势，连他童年时代的"爸爸""妈妈"都含有一些反动的气味了。

这两方面加起来，我想这才完全些。

总之中国人的习惯，随着一个人地位的变化，升高或者倒台，就要对他们以前的事从新评价，换句话说，凡某人将来的地位是同现在不同的，则现在的评价肯定是错误的。别的不必说，红革会犯了错误，解放日报事件中的作用就要从新评价了：这是贪天之功呀。假如它没有犯错误，当然就让它贪下去，贪下去。再如描写主席过去生活，经历事情的书可以说有几本，然而差不多没有一本不可以加上"恣意贬低"这一条罪名，这是因为主席现在的地位不同了，假如在主席的青年时代叫主席当时的百侣谈谈对主席的看法，必然也是贬低的。

鲁迅当然是反对这一个特性的。举一段鲁迅语录："托罗兹基虽然已经'没落'，但他曾说不含利害关系的文章当在将来另一制度的社会里，我以为他这句话却还是对的。"

按照某些先生的逻辑，鲁迅大概又可蒙上"为托罗斯基翻案"的罪名了。这段语录是写在文章里，登在报纸上，收录在《三闲集》中的。不过，鲁迅不正是和托罗斯基派打仗很英勇的么？

现在，如果有那一个不识相的小物竟然发现了强权与强权之间的话也有"矛盾"，或者强权与塌台人物的话居然也统一，那可怎么办呢？譬如在刘少奇戚本禹在台上的时候，发现他们的话与主席的指示不符，或者发现杨成武的大树特树与主席的一系列指示有矛盾，怎么办呢？或者在刘少奇倒台后，发现他的某一句话也合于毛泽东思想。

这就是他犯了一条罪状：太认真，应该按照鲁迅先生所悟出的秘诀去办："对于世事要浮光掠影，随时忘却，不甚了然"，"对于现实要蔽聪塞明，麻木冷静，不受感触"，已经认真了怎么办呢？"不理解只许放在肚子里，不许讲出来"最好的方法是当个逍遥派，千万不要想出什么揪出走资派的主意。这是白赔了老命的生意。

反革命=修正主义=两面派=阴谋家=野心家=。。。=坏=塌台人物。

"经过文化大革命，我更加认识到权字的重要了"这样的话已是屡见不鲜了。文章里，口头上，或多或少都表示了同一种意思。听到了这种话而且竟然有这么多人都是这样说，我不禁感到深深的叹息，他说明了中国的现状，权字比理字更为重要，纵使你有千条理万条理，你没有权就只能失败，中国的现在不是权为理服务而是理为权服务。只要有了权，总能找到理论根据，而且是反对就要成为反革命这样的理论根据。这样的认识是可喜的，它看出了中国的特点，河里的水涨到田里来了，被人们发觉了自然是好事，把它堵起来，是共同的语言。然而没有人说应该疏通河道，没有人说应该改造这种现状。应该让权字为理字服务，应该让权字和理字的重要位置颠倒过来。可是没有人说，这就是我感到深深的叹息的缘故。

文艺批评二条

一．借古讽今

有些人在进行文艺批评的时候赫然的一条罪状是借古讽今。那么借古讽今是罪状么？不，借古讽今只是一种方法，这种方法资产阶级可以用，无产阶级也可以用。而并非只有资产阶级可以用的东西，借古讽今就是用历史上的故事来说明当今的某些情况。

譬如"在一次中央会议上，主席讲过一个故事"这个故事，江青同志在《为人民立新功》中引用了一下，叫触龙说赵太后，反映了封建制代替为奴隶制的初期，地主阶级内部财产和权力的再分配，说明如果我们不注意严格要求我们的子女，他们也会变质，可能搞资本主义复辟。江青同志在这里运用的方法，就是借古讽今。

主席在谈到革命大联合以谁为核心时说："自己提'以我为核心'是最愚蠢的。王明、博古、张闻天他要做核心，要大家承认他是核心，结果垮台了。什么是农民，什么是工人，什么打仗，什么打土豪分田地，他都不懂。"

主席在这里所运用的方法，也就是借古讽今。

所以，借古讽今并不是一条罪状，要看的是它讽的什么，讽得对不对。

二．影射

影射，就是说，不敢当面说了，不敢公开讲了，于是就话中带刺含沙射影指桑骂槐。

影射现实的作品有没有？当然有，然而倘若发展下去，凡作品无不影射却又不能不说是大错了。

影射现实的作品多不多？我想，与其说影射现实的作品多，还不如说被指影射现实的作品多。

这是因为，现在是强权的时代，强权就是真理，倒台就是谬论。而这谬论之中，最省力的批判，就是指为影射。

鲁迅先生曾经在一篇文章《编校后记》中说："倘若其中仍有冒犯批评家的处所，那实在是老百姓的眼睛也很亮，能看出共通的暗病的缘故，怪不得传述者。"影射最基本的一点就是有"共通的暗病"，如果没有共通的暗病，也就无所谓影射，成为风马牛不相及的两件事了。

可是现在某些人想象能力之丰富，穿凿能力之强着实令人惊异。竟然在两件毫不相关的事中间横架起一座桥梁：影射。

譬如，指着和尚骂贼秃，这是影射，然而一个大辫子的姑娘一听到别人在骂贼秃立刻跳了起来：这是在影射我。这就未免要令人笑掉大牙了。

譬如，文章里明明写着某人有多少多少缺点，而另一个人明明是反其道而行之，这些缺点一点也无，你说这中间如何影射法呢？

文章里明明写着某个社会的阴暗面，而今，经过历史上从未有过的重大时节，"整个儿的推翻中国和中国的黑暗面，把他们转变过来，成为前所未有的光明世界。"这黑暗面同光明世界是属毫无共通之处的两个事物，然而他说，这是在影射！

在三年自然灾害时期，某人写了一篇回忆过去的文章。这篇文章到了一个知识分子的手里，他立即拍案大叫"毒草，影射现实。"这篇文章到了某个农民的手里，农民对他的儿子说："你要好好地看看这篇文章，旧社会的生活我是过来了的，这文章时所写的一次灾难我是亲身经历过的，那次灾难还没现在这一次大呢。但是国民党政府死人不管，地主分子乘机放高利贷，大发灾难财，我家就是那一次逃到这里来的。那时那是死了穷人，富了富人。解放了，你们现在遭受到这么大的灾害，可曾有半个人逃荒么？这全是托毛主席共产党的福。你要好好看看这篇文章，不要忘本。"

我想幸亏社会上有这些知识分子凑凑热闹，否则岂不是太寂寞了么？

总之，当有人进行回忆的时候，一人将回忆的材料和今天的生活相对比，进而更加热爱新社会，热爱今天的幸福生活。因为他发现这里的关系是相反的关系。一人则说这是影射，因为他发现这里的关系是相同的关系。为什么结论会如此不同呢？我感到莫名其妙。

关于芭蕾舞剧《白毛女》曾经有过一场大辩论。如果在这一场辩论中，《白毛女》成了毒草怎么办呢？——这是很可能的，事物经过一番曲折是完全可能的。那么影射派先生又要出来说了，这是影射新社会不让人活下去，将人逼到荒山上去。

而他们进行的批判又是极其省力的，只要引上一句"满腔仇恨，我牢记在心头"下面再加上一句"新社会，是谁有仇，谁有满腔仇恨？他对谁有满腔仇恨？"就可以得胜回朝，倘若还需要添上一些什么呢，那就耸人听闻的说："切齿之声，侧然可闻"或者什么"与党与人民决一死战的形势跃然纸上。"

总之，如果"舍得一身剐，敢把皇帝拉下马"不是主席说的，而说这话的人又倒台了，他就会出来说："这皇帝是谁？要把谁拉下马？"然后就可以得出一个莫名其妙的结论。

寓言故事是比较吸引人的，如中国古代寓言，伊索寓言，因为它将人们生活中常犯的一些错误经过提炼加工用这种形式表达出来，当人们看到这些寓言的时候，他就会将这里的故事同自己的生活加以比较，发见其"共通的暗病"，从而进行纠正。然而现在寓言故事说不得了，因为现在有强权存在，而这些强权又是碰不得的。譬如你说一个《井蛙观天》，他可以说你是在诬蔑革命造反派，你说一个《刻舟求剑》，他说你在影射红卫兵小将。于是，反动。

放？

"放"还是"收"，这是个方针问题。百花齐放，百家争鸣。这是个基本性的同时也是长期性的方针，不是一个暂时性的方针。同志们在讨论中间是不赞成收的。我看这个意见很对。党中央的意见就是不能收，只能放。

这是毛主席在中共宣传工作会议上讲的我们党中央的方针。捍卫党的方针还是歪曲党的方针，是一个大是大非问题，是对毛主席忠不忠的大问题。

自然，现在赞成"收"的方针，似乎已经没有这样的傻瓜了。但是，用偷天换日的手法，将自己的一套东西乔装打扮来代替我们党的方针的，却也不乏其人。

于是，有一些造反派也来"执行"党的"放"的方针了。怎样的"放"呢？请听他们的自白：

"文化大革命么，谁愿意怎么放就怎么放。"这是地地道道的右派言论。是的，我们提倡放，并且主张大放特放。但是我们的放，必须以伟大的战无不胜的毛泽东思想为指导。这是一个不可动摇的铁的原则。"凡是错误的东西，凡是毒草，凡是牛鬼蛇神，都应该进行批判，决不能让他们自由泛滥。"无产阶级的放，就是要对"东方论坛"之类的毒草进行彻底批判，坚决斗争。

造反派先生们，你们的胆子也太大了一些，你们怎么敢如此地明目张胆呢？至少你们也应该隐蔽一些呀！请听主席对我们党的"放"的方针的解释吧：

放，就是放手让大家讲意见。使人们敢于讲话，敢于批评，敢于争论。不怕有错误的议论东西，不怕有毒素的东西。发展各种意见之间的相互争论和相互批评。既容许批评的自由，也容许批评批评者的自由。对于错误的东西，不是压服，而是说服，以理服人。收，就是不许人家说不同的意见，不许人家发表错误的意见，发表了，就一棍子打死。

怎么样？对照一下，还需要多费口舌吗？

在你们的方针里，需要那里需要敢于讲话，敢于批评吗？总共才只有你们几个人在唱"独脚戏"。唱"独脚戏"需要什么"敢"字呢？在你们的方针里，有"各种意见之间的相互争论和相互批评"吗？没有。总共才只有一种意见："对'东方论坛'之类的毒草进行彻底批判，坚决斗争。"在你们的方针里，"既容许批评的自由，也容许批评批评者的自由"吗？不，凡是顺着你们的指挥棒彻底批判的，就是真理，就不允许别人碰一碰，那里能允许这么多自由呢？"有了你们资产阶级的自由，就没有了我们无产阶级劳动人民的自由。"

造反派先生，你们果真赞成"以伟大的战无不胜的毛泽东思想为指导"的一种意见"放"吗？那岂不变成了"收"？

造反派先生，你们确实是主张"放"的说你们主张"收"是委屈了你们。你们的放，就是只许你们进行"彻底批判，坚决斗争"，而不许别人进行反批评。你们的放，就是只许你们歪曲原文，无限上纲，而不许别人为自己反歪曲，反上纲。

你们的放，就是只有发表你们自我标榜为"以伟大的战无不胜的毛泽东思想为指导"的一种意见的自由，而没有别人揭穿你们伪装 毛泽东思想的自由。你们的放，就是只有你们宣判别人为反革命，剥夺别人言论自由的自由，而没有别人为自己辩护自由。

你们如此反毛泽东思想的杰作，还要标榜为"无产阶级的放"，真不知脸皮有多厚。

你们这些造反派先生大概每天至少学习一小时主席著作吧。可惜你们学到哪里去了呢？你们所学的大概是如何歪曲主席著作吧。

"地地道道的右派言论"。是的，大概只有你们的如此杰作才可以称得上地地道道的左派言论吧？

难道他愿意这么放偏要他那么放，才是左派言论？

难得他有错误意见，偏要他发表"以伟大的战无不胜的毛泽东思想为指导"的意见，才是左派言论？

难道他认为《论坛》不是毒草"，非要他对《论坛》进行"彻底批判，坚决斗争"，这才叫左派言论？

难道他认为你们的社论是反毛泽东思想的，非要他说你们的社论是"以伟大的战无不胜的毛泽东思想为指导"的，这才叫左派言论？

难道群众"愿意怎么放就怎么放"，就是右派言论？

毛主席又说："我们主张放的方针。现在还是放得不够，不是放得过多。"造反派先生，"无产阶级的放，就是要对'东方论坛'之类的毒草进行彻底批判，坚决斗争。"你们看，到底是"放得不够"，还是"放得过多"呢？放得不够，大概是指很多的逍遥派还没有发动起来，象你们社论那样的"以伟大的战无不胜的毛泽东思想为指导"的文字还太少吧！《工人造反报》之类的报纸、大批判专栏还不够多吧！逍遥派们，你们快"以伟大的战无不胜的毛泽东思想为指导"，"对《东方论坛》之类的毒草进行彻底批判，坚决斗争"吧。"现在还是放得不够"，你们快些"大放特放"，每个人都来骂一声何是，上一上纲。即使你们心里认为它"蛮有道理"，你们也不能"愿意怎么放就怎么放"，你们也要进行彻底批判，坚决斗争，假如你们还要"愿意怎么放就怎么放"，还要发表不同的意见，那么我们这些造反派可要对你们"大放特放"，要对你们进行"彻底批判，坚决斗争"了。

可惜，逍遥派发动不起来，于是，只能"放得不够"了。

"打着学会的旗帜，干着反毛泽东思想的罪恶勾当。"

打着学会的旗帜，怕什么？学会就是一个容许发表各种意见，发展各种意见之间的相互争论和相互批评，而不是只许发表一种自我标榜为"以伟大的战无不胜的毛泽东思想为指导"的意见的场所。打着学会的旗帜并不可怕。怕的倒是打着《工人造反报》的旗帜，那就可怕了。还要把反对自己的意见斥为"地地道道的右派言论"，可敬的造反派先生，这就有点可怕了。

赞成无产阶级必须重新捡起"吃小亏占大便宜"这件武器，就是为中国赫鲁晓夫翻案。记得文章刚出来时，有些批判文章中提到有些人看了这篇文章后说"蛮有道理"。假如这是确实的话————因为我相信批判文章是不大会吹牛的。那么这些说过"蛮有道理"的同志，你们千万注意，你们已经为刘少奇翻过案了。不过还好，因为你们说"蛮有道理"没有"以伟大的战无不胜的毛泽东思想为指导"，所以你们不能"愿意怎么放就怎么放"，你们没有资格享受"放"的自由。倘你们要享受，那是要成为反革命的。

写了一篇《也谈"怀疑一切"》就成了反革命两面派陶铸的忠实信徒。唉呀，只要不是睁着眼睛说瞎话，大约总还记得文化革命中进行过一场"怀疑一切"的大争论吧！而何是的这篇文章就在那时一片"怀疑一切万岁"声中出来谈一谈的。那些在那时候曾经赞成过怀疑一切，喊给"怀疑一切万岁"的同志们，你们可得注意，在这些造反派的眼中，你们统统的都是反革命两面派的忠实信徒。恰好，我这里还保存着北航红旗的一篇文章，比何是的"也谈"更为赞成"怀疑一切"的一篇文章。你们北航红旗的同志们，你们都是比何是更为忠实的反革命两面派陶铸的忠实信徒了。

不过，这些造反派先生本来就是不学无术，不关心国家大事的家伙，所以，你们对那些争论"怀疑一切"的文章压根儿就没有好好看过。

况且，你们是"誓死捍卫毛泽东思想"的，那么在当时进行"怀疑一切"大争论的时候，在有那么多人大喊"怀疑一切万岁"的时候，在有这么多人恶毒地、猖狂地、露骨地。。。攻击、反对、诬蔑毛泽东思想的时候，在许多人没有"以伟大的战无不胜的毛泽东思想为指导"，没有坚持这一"不可动摇的铁的原则"，竟然也"放"了的时候，你们这些造反派先生又躲到那里去了呢?你们的"以伟大的战无不胜的毛泽东思想为指导"的"放"，又"放"了些什么呢?大约你们那时确实是捍卫战无不胜的毛泽东思想，也反对过怀疑一切的。但是你们的高论实在太"以毛泽东思想为指导"了，所以得不到群众的赏识，没有能够击退这许多"陶铸的忠实信徒"（其中包括北航红旗，包括何是之流）的猖狂进攻吧?真是可惜！

假如不是如此,那么只能证明你们是峨眉山上的摘桃派了。当然你们也浇过水,这就是在已经没有人赞成"怀疑一切"的情况下,你们宣判何是为"陶铸的忠实信徒"。

造反派先生们,你们果真要"誓死捍卫毛泽东思想"吗?你们果真要彻底批判"怀疑一切"吗?你们当时没有批判,现在想"将功赎罪"吗?那么,我劝你们将所有当时争论怀疑一切的文章收集起来,真正的、彻底的批判一下。单用一句"什么'怀疑一切',统统是用来诬蔑和攻击我们的伟大领袖毛主席和光焰无际的毛泽东思想的"之类的词句,加上宣布何是是反革命的手法是不能表明你们"誓死捍卫毛泽东思想"的。

翻开《关于正确处理人民内部矛盾问题》,又看到了一句话:"无论在全人口中间或者在知识分子中间,马克思主义者仍然是少数。"

我再向这些造反派先生发一句问:除了你们这些"以伟大的战无不胜的毛泽东思想为指导"少数的马克思主义者,全人口和知识分子的多数包括写过文章赞成过怀疑一切的人又是谁的忠实信徒了呢?

多数的非马克思主义者,你们千万不能"愿意怎么放就怎么放",在中国的大地上是没有你们的放的自由的,因为你们的言论没有"以伟大的战无不胜的毛泽东思想为指导",只有少数"以伟大的战无不胜的毛泽东思想为指导"的马克思主义者,只有写得出如此杰作的造反派先生,只有他们,才能享受放的自由。你们千万不能"愿意怎么放就怎么放",你们只能跟在造反派的后面,朗诵他们的杰作,因为他们的杰作是"以伟大的战无不胜的毛泽东思想为指导"。你们只能跟在他们后面"彻底批判,坚决斗争",和他们一起唱双簧,只有当你们遵循这一条"不可动摇的铁的原则",你们才有自由。

你们的放原来就是你们这种"以伟大的战无不胜的毛泽东思想为指导"的文章的一花独放,一家独鸣。

你们的所谓"放",既然不是党中央的放的方针,那么是不是收的方针呢?也不十分确切。因为"收",只不过是将错误的意见一棍子打死。你们的方针应该改为"禁"更为妥当些。还是让我把你们的这一段文字解释一下吧。

禁，也让人家讲话，但必须是跟在我后面，听从我的指挥棒。谁也不能"愿意怎么放就怎么放"。因为我们是"以伟大的战无不胜的毛泽东思想为指导的"如果有谁敢来争论，敢来批评，那么他的意见必然是反毛泽东思想的。既然没有坚持这一"不可动摇的铁的原则"，那就不许他放。如果他已经放了，已经争论了，已经批评了，那就宣判他为反革命，然后再组织人马，"大放特放"，"彻底批判，坚决斗争"，"谁反对毛泽东思想就和他拼"。

"虫蛆也许是不干净的罢，但他们并没有自鸣清高。鸷禽猛兽以较弱的动物为饵，不妨说是凶残的罢，但他们从来没有竖过'公理''正义'的旗子。"何是的文章可能是错的罢，但是他也"征求名家讨伐"，也欢迎群众批评，也正愿意和别人辩论。独有你们这些造反派先生，如此反毛泽东思想的文章，还要自命为"以伟大的战无不胜的毛泽东思想为指导"，"则对于只能嗥叫的动物，实在免不得厚颜有扭捏"了。独有你们这些造反派先生，一上阵就禁止别人"愿意怎么放就怎么放"，一上阵就把别人打成反革命，剥夺别人开口的权利，然后，"大放特放"，"彻底批判，坚决斗争"，就显得你们手中的毛泽东思想太多了。

我们的许多造反派同志。你们不是一直在喊吗？"无限忠于毛主席。"，"誓死捍卫毛泽东思想。"，"谁反对毛泽东思想就和他拼。"，"用鲜血和生命保卫党中央。"。如今，在这样明目张胆的歪曲党的方针的文字面前，你们的那种刀山敢上，火海敢闯，的革命造反精神又到哪里去了呢？难道你们一直在喊"誓死捍卫毛泽东思想"，实际上，毛泽东思想水平竟是低到如此地步，连如此明显的反毛泽东思想的文字都看不出来？为什么你们不是一直在喊"誓死捍卫毛泽东思想。"，一碰到具体问题"就丧失了批判的能力"。"一些共产党员自称已经学得的马克思主义究竟跑到什么地方去了呢？"

还是有位同志比较老实：这是捧不起的阿斗。你们不是拥有战无不胜的毛泽东思想吗？这个照妖镜，你们怎么不用了呢？是的，这是捧不起的阿斗。假若这段文字不是如此明显，如此露骨，那么一定又有很多"誓死捍卫毛泽东思想"的英雄要来砸烂我的狗头了。可惜这段文字是太明显了，不知你们还准备不准备偏护？

再论"吃小亏占大便宜"

有何是者写了一篇文章,称之谓《论"吃小亏占大便宜"》,于是遭到了很多英雄的一致讨伐。

这许多英雄中间,有一位名叫"迅雷"的名家——还要自谦为不是名家。不是名家有资格上《解放日报》吗?这么多人在批判,唯独他上了《解放日报》,就因为他是名家嘛——也来参加讨伐了。怎么讨伐呢:"只要问一句够了,难道无产阶级对于资产阶级剥削的反抗,进行解放全人类,实现共产主义的斗争是为了去占资产阶级的'大便宜'吗?难道无产阶级革命是一个剥削阶级代替另一个剥削阶级的革命吗?"

何是在文章里,不是也说得很清楚吗:吃小亏占大便宜是"阶级社会中人与人之间进行斗争的一种方式,手段或思想武器",所以它是"无产阶级对于资产阶级剥削的反抗,进行解放全人类实行共产主义的斗争"中可以使用的一种武器,一种手段,而不是目的。怎么一会儿变成"无产阶级对于资产阶级剥削的反抗,进行解放全人类实现共产主义的斗争是为了去占资产阶级的大便宜"了呢?

在同敌人交战的时候,一位指挥官提出:"我们的武器不够,因此我们可以去夺取敌人的武器同敌人作战。"一位诡辩家反对说:"你这是错误的,难道我们同敌人作战是为了夺取敌人的武器吗?"

可爱的迅雷先生,你在这里犯了和这位诡辩家同样的错误:将目的和手段混为一谈。

我们知道,从哲学的观点来说,就是要"有所失才能有所得"。无产阶级想要在"对资产阶级剥削的反抗,进行解放全人类实现共产主义的斗争"中取得胜利吗?那就必然要付出一定的代价,这也可以叫"吃小亏占大便宜"。

"吃小亏占大便宜"是资产阶级的个人主义哲学,只有资产阶级能够使用,那么"有所失才能有所得"又是那一个阶级的哲学呢?无产阶级的大众哲学?难道资产阶级不能用"有所失才能有所得",只有无产阶级才能使用?

我们还是运用主席的语录来检查一下吧。这样可以省力些。

主席在《中国革命战争的战略问题》中说："主张'御敌于国门之外'的人们反对战略退却，理由是丧失土地，危害人民（即所谓打破坛坛罐罐），对外也产生不良影响。。。

回答这些意见是很容易的，我们的历史已经回答了。关于丧失土地的问题，常有这样的情形。就是只有丧失才能不丧失。这是'将欲取之必先与之'的原则。如果我们丧失的是土地，而取得的是战胜敌人加恢复土地，再加扩大土地，这是赚钱生意。市场交易，买者如果不丧失金钱就不能取得货物；卖者如果不丧失货物也不能取得金钱。革命运动所造成的损失是破坏，而其所取得的是进步的建设。睡眠和休息丧失了时间，却取得了明天工作的精力。如果有什么蠢人不知此理，拒绝睡觉，他明天就没有精神了。这是蚀本生意。我们在敌人第五次'围剿'时期的蚀本正因为这一点。不愿意丧失一部分土地，结果丧失了全部土地。阿比西尼亚的打硬仗，也得到丧失全国的结果。虽然阿国失败的原因不仅仅是这一点。"

那么请问迅雷先生，这"将欲取之必先与之"的原则，又是那一个阶级哲学呢？据说有人认为这是资产阶级的哲学，那么你迅雷先生认为如何？也许又要来一下："只要问一句够了，难道无产阶级对于资产阶级剥削的反抗，进行解放全人类实现共产主义的斗争，是为了从资产阶级那里取什么吗？"

再请问一句，难道赚钱生意只有资产阶级可以做，无产阶级就不可以做吗？难道这里的"丧失的是土地而取得的是战胜敌人加恢复土地再加扩大土地。"不可以叫做"吃小亏占大便宜"吗？

再请问一句，"难道无产阶级对于资产阶级剥削的反抗，进行解放全人类实现共产主义的斗争是为了做'赚钱生意'吗？"问这样一句够了吗？

主席在《论持久战》中又说："谁人不知，为争取时间和准备反攻而流血战斗，某些土地仍不免于放弃，时间却争取了，给敌人以歼灭和给敌人以消耗的目的却达到了。自己的经验却取得了。没有起来的人民却起来了。国际地位却增长了。这种血是白流的吗？一点也不是白流的。放弃土地是为了保存军力，也正是为了保存土地；因为如不在不利条件下放弃部分的土地，盲目地举行绝无根据的决战，结果丧失军力之后必随之以丧失全部的土地，更谈不到什么恢复土地了。资本家做生意要有本钱，全部破坏之后，就不算什么资本家。赌汉也要赌本，孤注一掷，不幸不中，就无从再赌。事情往往是往返曲折的，不是径情直遂的。战争也是一样，只有形式主义者想不通这个道理。"

那么请问迅雷先生，这里的资产家的哲学，赌汉的哲学，无产阶级能不能运用呢？再请问一句，这里的放弃了部分的土地争取了时间，歼灭消耗了敌人，取得了经验，唤起了人民，增长了国际地位，难道不可以叫做"吃小亏占大便宜"吗？

毛主席在《统一战线中的独立自主问题》中说"'有所不为而后可以有为'正是这种情形。没有红军的改编，红色区域的改制，暴动政策的取消，就不能实现全国的抗日战争。让了前者就得了后者，消极的步骤达到了积极的目的。'为了更好的一跃而后退'正是列宁主义。把让步看作消极的东西，不是马克思列宁主义所许可的。"

那么请问迅雷先生，这里包含不包含"吃小亏占大便宜"的意思呢？

"将本就利"的赚钱生意，只有资产阶级才可以做吗？请听鲁迅先生的教导吧："那么我们穷人唯一的资本是生命，以生命来投资为社会做一点事，总得多赚一点利才好，以生命来做利息小的牺牲，是不值得的。"迅雷先生，你看鲁迅先生对于资产阶级的个人主义哲学运用得多么好啊。也许这该叫做"生命吃亏论"吧？

迅雷先生你看你提这么一个问题是提得"够了"还是不够呢？

请问迅雷，假如刘少奇说话是这样说："你们要懂得'暂时利益服从长运利益'你们现在参加了劳动，暂时好像吃亏了，将来你们可以当干部，当中央委员，从长运利益看还是合算的。"那么请问刘少奇这样说是不是同样推销个人主义呢？那么你们是不是要连"暂时利益服从长运利益"都排斥为资产阶级的个人主义哲学呢？

迅雷先生只提出了如此的一个问题，却写了这样的一篇文章。是什么意思呢？其意思无非是说："阶级斗争呀，他是反革命呀"我与反革命战，当然我是革命的了。革命与反革命之间，当然无需再进行辩论。为什么说吃小亏占大便宜无产阶级不能运用呢？就因为这是我"名家"说的嘛，谁如果认为无产阶级也可以运用这一武器，就是为中国赫鲁晓夫翻案，立即实行专政，迅雷先生，你看你的话还会错吗？不会了，绝对正确。

迅雷先生的这一篇文章全部概括起来是什么呢？它对何是的文章进行了驳斥吗？没有。它的全部内容不过是一句话，何是是反革命。当然迅雷也提了一个问题，也可算是驳斥。这不过是一点不驳斥太不象话的缘故。这个问题属于什么性质呢？这叫做"无需回答的问题"。提问题是需要别人回答的。他这种问题呢？则是无需别人回答的。难道还需要反革命回答？他胆敢回答岂不就是顽抗到底，岂不要实行更严厉的专政？既然不需要回答，那么提什么问题也就无所谓了。所提的问题是幼稚还是可笑也是不必顾及的。唯一的只要表示，这是一篇批判文章就够了。假如有那一位认为何是的文章"蛮有道理"的人竟然回答了迅雷的问题，那么迅雷再写一篇文章就要向他"只要提一个问题就够了"。

何是的文章旁边写了一句话，叫做"高价征求名家讨伐"。于是迅雷先生又来发表议论了。这是"故作高姿态"。那么迅雷先生，不管你是"故作"还是"真作"，你怎么不来作一下呢？何是的观点也许会错，但是他也正在欢迎群众批评，正在征求别人讨伐。他相信，真理越辩越明。唯有象迅雷那样一来就利用名家的权势将别人打成反革命，于是自己得胜回朝，唯独我是正确的，这就似乎有点不是马列主义者的态度。

这也难怪，你出来讨伐，首先将对方打成了反革命，那么倘若你再征求别人讨伐岂不是在征求反革命讨伐。这当然不行。因为第一你是不会欢迎阶级敌人的批评的，第二，反革命也没有资格。何是有回答你问题的自由吗？

写了这样一篇主张无产阶级也可以运用吃小亏占大便宜这一武器的文章，于是又有人说："你为中国赫鲁晓夫翻案。"我说同志，帽子别乱扣好不好。吃小亏占大便宜这一武器到底无产阶级能不能运用还没有辩清楚，你怎么就知道我在为中国赫鲁晓夫翻案？

　　马克思主义认为，真理是不怕批评的，是不怕辩论的。你自称你手中的是真理，你怕不怕批评呢？你敢不敢辩论呢？还是一上来就靠将对方打成反革命呢？还是象鲁迅先生那样："只要问一句够了"同时立即剥夺发言权，连回答这问一句的权利也都剥夺完了呢？

　　"无论对什么人，装腔作势，借以吓人的方法，都是要不得的。因为这种吓人战术，对敌人毫无用处，对同志只有损害。这种吓人战术是剥削阶级以及流氓无产者所惯用的手段。无产阶级不需要这类手段。无产阶级的最尖锐最有效的武器只有一个，那就是严肃的战斗的科学态度。共产党不靠吓人吃饭，而是靠马克思列宁主义的真理吃饭，靠实事求是吃饭，靠科学吃饭。"

　　再要说一句，那就是这种装腔作势的吓人战术到是只有资产阶级才会用的，无产阶级是不用的，并且资产阶级对无产阶级进行剥削也并非是为了吓到无产阶级。

　　看来，迅雷先生，你对于"吃小亏占大便宜"这一武器确实掌握得不够好，你看何是才说了这么几句话，为什么你就要跳起来"御敌于国门之外"呢？你应该让他说话么？等他说完了，你再用"严肃的战斗的科学态度"将他完全彻底的驳倒，这样你就完全的胜利了。如今你看又有人要跳出来，弄得不好你就可能"丧失全部的土地"，那该是多么倒霉的事！

吴尘因无罪

吴尘因受到了专政。

他犯了什么罪呢。他享受了一下言论自由,他将很多小人物——没有成为反革命的小人物的话搬到了桌面上,于是他犯了罪。

鲁迅先生曾经说过:"体质和精神都已经硬化了的人民,对于极小的一点改革也无不加以阻扰,表面上好象于自己不便,其实是恐怕于自己不利,但所设的口实,却往往见得极其公正而且堂皇。"

这段话,移赠到现代那些剿吴英雄身上,也是十分确切的。只是这里的"改革"换成"暴露"更为妥当些。

中国的习惯,有一篇暴露黑暗的作品,就一定会抛砖引玉般的引出许多掩饰作品出来,吴尘因的信就是一个明证。当然这也有例外,譬如贪污盗窃现象多了,无政府主义多了,流氓阿飞多了,于是就只得暴露,不过这里的"多了"是已经达到了某一个程度,而且暴露也是符合一定规格的暴露,而象"文娱活动少了"这类的暴露却是万万不可的。

我在这里和批判这封信的同志进行论战,你们敢应战吗?还是象《独脚戏》里说的先剥夺我的发言权再摔过来一顶又一顶的帽子呢?

看了你们的一些批判文章,帽子到是极多的,不过都大得出奇,不过不要紧,反正你们是唱独脚戏的英雄,谁敢反抗你们,谁敢反对你们的某一篇文章。谁敢反对你们的某一篇文章中的某一个观点,谁就是反革命,无怪乎你们胜利了。

首先要辩论的一个问题,文化革命中流氓阿飞是不是多了?我们有些造反派同志平时敢打敢冲,称之谓刀山敢上火海敢闯,然而一碰上这样一个简单的问题,却又有点吞吞吐吐,扭扭捏捏一下子变成了大姑娘,又是这个,又是那个。对待这样一个问题为什么不敢作正面回答呢。你们的造反派的脾气到那里去了呢?多了就是多了,很简单嘛。

那么流氓阿飞多是什么原因呢?有人说:"这是阶级敌人在和我们争夺青年一代,正是阶级斗争的反映。"这种回答是典型的懒汉哲学。

因为任何问题都可以归结到一点"阶级斗争的反映",你们除了归结到如此的一个大答案以外,又作了那一些具体的分析呢?没有,那么请问准备不准备使流氓阿飞减少呢?按照你们这种懒汉哲学,"阶级敌人和我们争夺青年一代"是不会停止的,"阶级斗争"是不会熄灭的,那么流氓阿飞只能让它保持这样的数量了?你们是无能为力的了?

"这是阶级敌人在和我们争夺青年一代,正是阶级斗争的反映。"按照你们这种逻辑,流氓阿飞多不正说明阶级敌人在争夺青年一代的斗争中"胜利"了吗?为什么这些青年不是被无产阶级争夺过来而是被资产阶级争夺过去呢?这难道是能用"阶级斗争的反映"来解释的吗?

要说阶级斗争的反映,什么事情不可以说是阶级斗争的反映呢?资本主义国家流氓阿飞现象也可以说是阶级斗争的反映。那里是资产阶级掌权,所以一些青年被他们争夺过去了。而我们则是无产阶级掌权,文化大革命连一小撮走资派的权都夺了过来,为什么"阶级斗争的反映"到恰恰是"流氓阿飞多"这一现象呢?

不正是文化大革命狠狠打击了社会上的地富反坏右牛鬼蛇神么?不正是文化大革命大破了四旧么?不正是文化大革命揪出了流氓阿飞的保护人——走资派么。不正是文化大革命揪出了流氓阿飞的总后台——刘少奇么?然而流氓阿飞多了,这用你们的"阶级斗争的反映"的观点如何解释呢?

正是文化大革命,你们大量印刷了主席著作,掀起了活学活用毛泽东思想的高潮,正是文化大革命,诞生了崭新的无产阶级文艺,正是文化大革命,毛主席的革命路线彻底摧毁了刘少奇的资产阶级反动路线,然而流氓阿飞多了。这用你们的"阶级斗争的反映"又作如何解释?

你们仔细分析了流氓阿飞增多的原因吗?没有,你们将流氓阿飞增多归结到"阶级斗争的反映"这是何其简单,要说这是"阶级斗争的反映",可以这样说,第一是你们——无产阶级的放松,第二是资产阶级的加紧,这才会出现流氓阿飞多一个结果,否则为什么"阶级斗争的反映"不是流氓阿飞减少而偏偏是流氓阿飞的增多呢?

既然你们这种懒汉哲学，你们这种不承认错误死要面子的观点是行不通的，那么看来吴尘因的观点就是对的，就目前来说，还没有第三种观点。

有人说吴尘因把流氓阿飞多归结到文化大革命是同帝修反的论调一模一样，那么帝修反说流氓阿飞多了，你们也承认流氓阿飞多了，岂不是也同帝修反的论调一模一样吗？难道只有说流氓阿飞少了才算是给帝修反以有力的回击吗？

文化大革命，略微有了那么一点东西，连一点小小的革新，你们都说这是文化大革命的伟大胜利，为什么偏偏流氓阿飞多不是文化大革命的结果呢，而要归结到一个与文化大革命无关的，虚空的"阶级斗争的反映"上去呢？

你们认为文化大革命是全部正确没有一点缺点，还是认为文化大革命主流正确也存在着缺点呢？假如你们是后一种观点，那么流氓阿飞多正是这种支流的反映，这又有什么不可以呢？

帝国主义是攻击文化大革命，吴尘因是指出文化大革命支流有不正确的地方，应该改正，你们则是将文化革命的缺点掩饰起来，试问这三者究竟那一种态度正确？

毛主席说："不应该肯定我们的一切，只应该肯定正确的东西。。。"这句话难道对于文化大革命不适用吗？

毛主席的关于批评和自我批评的语录好好的学学吧，先张起"我们是不犯错误的"的大旗，运用"批评就是攻击"的混蛋逻辑，把批评者打成了反革命，还要出来表功：阶级斗争，揪出了反革命，并没有什么光彩。

在街头的大批判专栏中看到了一篇批判吴尘因一封信的文章，说文化大革命流氓阿飞并没有增多，怎么知道的呢？他们家附近有四十几个青年没有一个成为流氓阿飞。这真使我莫名其妙，信里那里说到这同志家附近的情况呢？信里说的是上海，他们家附近的情况我不知道，可能是他"争夺青年"卖力，确实没有流氓阿飞，上海的情况我知道，流氓阿飞确实是多了。正因为这个原因，曾经刮起了一次十二级台风。难道此人的眼睛竟如此近视，上海的百万青年中只看到这个四十几个？——还不知是否带的有色眼镜。难道此人的神经竟麻木到如此地步，连上海刮的一次十二级台风都一点没有感觉到？纵使他说的是事实罢，也只能是一个特殊情况，正如上海曾经刮起了一场十二级台风，独独他的家附近什么也没被刮去一样。难道能举你们为例，因为你们患有神经麻木症从而证明上海人都患有神经麻木症？！难道能因为你们几个人说这这封信是大毒草从而证明上海人都认为这封信是大毒草？！难道能因为你们几个人有喜欢掩饰的特性从而证明上海人都是喜欢掩饰的？！从这篇文章，我方才知道中国人中的某些掩饰黑暗的本领竟达到如此地步！

你们禁止了这么多文艺作品，这算什么呢？这是你们在进行阶级斗争，你们为什么要禁呢？据你们说这些作品中的有些是诲盗诲淫的作品，就会使一些青年中毒、堕落走上犯罪的道路，也就是会使他们成为流氓阿飞。而你们之所以禁，则是为了减少这样一些人，你们禁是阶级斗争。作为这样的阶级斗争的反映应该是什么呢？是流氓阿飞多还是流氓阿飞少？你们禁的目的是为了使流氓阿飞减少而产生于你们禁之后的则是流氓阿飞的增多。而流氓阿飞的增多又是与你们的禁无关的，是一种"阶级斗争的反映"，这中间的关系，除了你们也许只有上帝能够分清了。

在《林彪同志委托江青同志召开的部队文艺工作座谈会记要》中指出："三十年代也有好的，那就是以鲁迅为首的战斗的左翼文艺活动。"也指出在十月革命以后有"一批比较优秀的苏联革命文艺作品"，也指出："在根据地我们培养过相当数量的革命文艺工作者，特别是《在延安文艺座谈会上的讲话》发表以后，他们有了正确的方向，走上同工农兵相结合的道路，在革命过程中起过积极的作用。"可是如今，这些全禁完了：帝资封修。

是呀，全是帝资封修，社会主义阵营建立了这多年，大约这也是一个必然的规律：社会主义国家起初多少年的文艺界领导权总是被篡夺的。所以"奋进"了十几年，只得了一个"帝资封修"。

你们加在吴尘因头上的一项帽子"帝资封修反动文化的卫道者"根据那几点理由呢？

"各种文娱活动全部恢复。"吴尘因确实说过这句话，然而就在这句话的后面，他还指明这些的文娱活动是指"乒乓，围棋，象棋，扑克等等"。难道说乒乓是帝资封修反动文化？围棋是帝资封修反动文化？象棋是帝资封修反动文化？扑克是帝资封修反动文化？按照你们的逻辑，吴尘因只不过是主张开放而已，现在的文具店确实在出售这些"帝资封修反动文化"的工具，试问这又是谁开的绿灯，你们又为什么不进行迎头痛击。

"一些很好听，水平很高的交响乐应该放。"在这句话的下面，吴尘因又举了例，象红旗颂，大寨红花遍地开，长征组歌。难道这些交响乐是帝资封修的黑货？

看来你们也不必再写如此之类除了帽子之外再没有其他货色的独脚戏的批判文章了。还是写写文章说明乒乓是怎样的帝资封修的反动文化，帝是帝在何方，修又是修在那里，红旗颂又是怎样的帝资封修的黑货，又是黑在什么地方？这样还比较好一些。

"批判片子也可以放。"这就是"帝资封修反动文化的卫道者"了吗？请听主席教条："我们提倡正确的东西，反对错误的东西。但是不要害怕人们接触错误的东西。单靠行政命令的方法，禁止人接触不正常的现象，禁止人接触恶现象，禁止人接触错误的思想，禁止人看牛鬼蛇神，这是不能解决问题的。"

那么请问，这主张是捍卫毛泽东思想呢？还是反毛泽东思想？确实你们有许多人高喊着"誓死捍卫毛泽东思想"，然而只是喊喊而已。当捍卫毛泽东思想要象吴尘因那样被打成反革命的时候，你们就不"誓死"了。说得不客气一点，正是你们口头上喊着"誓死捍卫毛泽东思想"，实际上因为吴尘因有了这样捍卫毛泽东思想的主张，而将吴尘因斥为帝资封修反动文化的卫道者，你们是稳当的英雄，你们口头上喊着"誓死捍卫毛泽东思想"，实际上你们自己不捍卫，还剥夺了别人"捍卫毛泽东思想"的权利。

我们再来看一段文字罢："坏作品不要藏起来,要拿出来交给群众去评论,要坚决地相信群众,群众会给我们提出许多宝贵意见的。另外也可以提高群众的鉴别能力。摄制一部电影要花费几十万甚至上百万元,把坏片子藏起来,白白地浪费掉了,为什么不拿出来放映,从而教育创作人员和人民群众,又可以弥补国家经济上的损失,做到思想经济双丰收呢?"这段文字,摘自《林彪同志委托江青同志召开的部队文艺工作座谈会纪要》。

"《红灯记》《沙家浜》实在听腻了"这句话怎么就错了呢?错在什么地方,似乎没有看到过你们讲道理。在街头看到一篇大批判文章,说这是诬蔑革命样板戏,说他自己和他家庭中的成员对《红灯记》和《沙家浜》百听不厌。在这种人的眼里,自然八个(!)样板戏已经是多透多透啦,其实何必要八个呢,四个甚至一个也是多透多透啦。总之现在有几个就是够啦,其实没有也是多透多透。譬如革命样板小说罢,可以说没有罢,《欧阳海之歌》总不能算是革命样板小说罢。可是没有人说少,要是谁敢说少那就是第二个吴尘因,又一个反革命。象他这样的群众对革命样板小说也感到多透多透啦。不过这里不是百听不厌,是不听不厌,对这种人还能说什么呢:你到底不能代表群众。还是拿春桥同志的话来答复他吧:"今天演来演去还是智取威虎山,海港,外宾来了,说这两个节目都看过了,还没有新的节目。"怎么样,连比你我"忙"得多的外宾都有了这种感觉,更何况是我们?不过这些人对春桥同志的话本来就是不关心的,也没有办法。

在纪念毛主席的光辉著作《解绍一个合作社》发表十周年的时候,又有人出来骂吴尘因,说他为四旧翻案,那么让我们还是再来辩辩清楚吧,到底是谁在反对毛主席的这篇光辉著作,不要再唱独脚戏了

毛主席在这篇光辉著作里说:"我国社会主义的。。。文化大革命正是在向前奋进。"如今已经十年了。文化革命已经奋进了十年,奋进的结果如何呢?奋进了八个样板戏,奋进了这么几个电影,奋进了一本小说《欧阳海之歌》。请问是你们将文化革命奋进的结果统统排斥为"四旧",排斥为"帝资封修反动文化"呢?还是说明了其他什么问题,请问是吴尘因为四旧翻案呢,还是你们推行"打倒一切"的反动思潮,将社会主义文化革命奋进的产物都排斥为四旧?你们在纪

念主席的这篇光辉著作发表十周年。可是你们恰恰又将十年这一个基本数字给忘了，在你们的脑子里文化革命一直在踏步踏，踏到现在，才刚刚开始向前"奋进"。

文艺方面，十几年来，是不是全部是帝资封修反动文化，主席在六三年的一次批示中说："不能低估电影，新诗，民歌，小说的成绩"试问这成绩在哪里呢？《一切为了九大》说教育界非党员比党员好，就说它把共产党描绘得比国民党还坏，那么试问在旧社会还产生了以鲁迅为首的革命文艺，新社会则全部成了帝资封修反动文化，试问你们比《一切》又好了多少？

毛主席说："在'五四'以后，中国产生了崭新的文化生力军。这就是中国共产党人所领导的共产主义的文化思想，即共产主义的宇宙观和社会革命论。。。由于中国政治生力军即中国无产阶级和中国共产党登上了中国的政治舞台，这个文化生力军就以新的装束和新的武器，联合一切可能的同盟军，摆开了自己的阵势。向着帝国主义文化和封建文化展开了英勇的进攻。这支生力军在社会科学领域和文学艺术领域中，无论在哲学方面，在经济学方面，在政治学方面，在军事学方面，在历史学方面，在文学方面，在艺术方面（又不论是戏剧，是电影，是音乐，是雕刻，是绘画）都有了极大的发展。二十年来，这个文化新军的锋芒所向，从思想到形式（文字等）无不起了极大的革命。其声势之浩大，威力之猛烈，简直是所向无敌的。其动员之广大，超过中国任何历史时代。"请问这文化现在在何方？没有了，帝资封修。

无产阶级革命到了现在，无产阶级革命家倒是不少，单说封建社会的农民英雄就已经不少了。然而无产阶级的文艺家呢，少得可怜。鲁迅是一个，江青是第二个，于是广大革命人民的精神生活从来没有象今天这样丰富，禁止，禁止，再禁止。

毛主席一直教导我们，对于外国文化和古代文化要排泄其糟粕吸收其精华。毛主席说："中国应该大量吸收外国的进步文化。""例如各资本主义国家启蒙时代的文化。凡属我们今天用得着的东西都应该吸收。""中国的长期封建社会中，创造了灿烂的古代文化。"

也许如你们所说的社会主义的文化革命，是在毛主席《介绍一个合作社》发表十周年之后的今天才刚刚开始向前"奋进"。那么我们小民只能等着了。你们禁止了帝资封修反动文化使我们少中了很多毒，少了很多成为流氓阿飞的可能性。我们是很感谢你们的。然而文化大革命到如今，没有奋进出什么来，依然是八个样板戏，这么一点文艺作品，不知何以"奋进"的速度如此之慢，不知以后"奋进"的速度将怎么样。张春桥同志的讲话也已经有半年了，然而"演来演去还是智取威虎山，海港"。

再引一段列宁语录："应当明确地认识到，只有确切地了解人类全部发展过程所创造的文化，只有对这种文化加以改造，才能建设无产阶级的文化。没有这样的认识我们就不能完成这项任务。无产阶级文化并不是从天上掉下来的，也不是那些自命为无产阶级文化专家的人杜撰出来的。这完全是胡说。"

列宁这里所说的就是"不破不立"，然而现在全部禁完了。我们没有资格"确切地了解人类全部发展过程说创造的文化"，没有资格"对这种文化加以改造"。我们没有资格去破————分析批判帝资封修的反动文化，当然也不能去立出无产阶级的社会主义文化。我们也没有资格对过去的文化"排泄其糟粕，吸收其精华"，所以"建设无产阶级的文化"和我们是无缘的。然而我们这些先生据说是非常相信群众的，但就是恐怕群众中毒，所以他们为了爱护群众，防止群众中毒，就将过去的一切都禁完了。然而不破不立，帝资封修反动文化的破，无产阶级社会主义文化的立，这重担只能落在他们肩上了。

这些人是忘族背祖的人，他们将我国古代人民辛勤劳动所创造的灿烂文化，将我们革命前辈浴血奋斗的结果统统都判为帝资封修反动文化，这些人是一群极端狂妄分子，统统的都是帝资封修反动文化，只有我的才是无产阶级文化，这些人又是一群懒汉，他们从来就不懂得创造。

以前在阎王们的统治下，要买毛泽东选集是何等的困难。其实也不单是《毛泽东选集》，凡是革命的作品都是困难的。如今经过了文化大革命，《毛泽东选集》是大量出版了，其他的革命作品又出版了多少？毛主席司令部里的这么多好干部的高举毛泽东思想伟大红旗的讲话文章又出版了多少？《鲁迅全集》又出版了多少？人们要买《鲁迅全集》还是买不到，这又是为什么？你们曾经说周扬之流扣压了鲁迅的许多信件，不敢发表。那么如今周扬之流的权被你们夺回来了，你们又发表了多少被周扬扣压的鲁迅信件？

尤其使我感到不好受的，竟然还要说："广大革命人民的精神生活从来没有象今天这样丰富。"当然，这里说的是"广大革命人民"。倘若有谁感到精神生活没有以前丰富，那么他就是"广大革命人民"之外的了，也就是----反革命。这正像旧社会有些资本家榨干了工人的血汗还要说："在我这儿干活的工人都是吃得很饱的"。倘若有人谁说没吃饱呢？停生意，另请高就。

到底丰富在什么地方呢？ 无须再说，也不会有反革命来发问。也许正是广大革命人民的精神生活从来没有像今天这样丰富，所以"阶级斗争的反映"就是流氓阿飞多了吧？！

其实也不必说："广大革命人民的精神生活从来没有象今天这样丰富"，你要说一声："什么中国书，外国书，四卷宝书够你学一辈子了。"那么人们就只能磕头谢恩了。

直到现在我才真正体会到毛主席《在中国共产党全国宣传工作会议上的讲话》里一段话的正确性："最近一个时期，有一些牛鬼蛇神被搬上舞台了，有些同志看到这个情况，心里恨着急。我说有一点也可以，过几十年，现在舞台这样的牛鬼蛇神都没有了，想看也看不成了。"不过时间短了些，十年都不到，从57年到66年只能算9年，就已经想看也看不成了。"岂但牛鬼蛇神，除了八个样板戏，半点都没有！

记得鲁迅在当时曾经有过一个遭到很多人反对而始终不变的主张："少读中国书 主义"，主张看一些外国的文化作品。这个主张到了现在可以完全实现了，不过不是听从了鲁迅先生的意思，而是看不成了。另一方面，外国的文艺作品也看不成了。更恰当些，是实行了"不读文艺书主义"。

记得伟大的革命导师马克思是很喜欢看文艺作品的,他对于海涅的诗,莎士比亚的戏剧都曾作了很高的评价。马克思的女儿,伟大的马克思主义者也很喜欢文艺作品的,甚至还上台表演过歌唱。

　　我们的伟大领袖毛主席在青少年时代也很喜欢文艺作品的尤其《水浒》《三国志》《隋唐》《西游记》之类。主席后来还评价这些书:"吾人揽史,恒赞叹战国之事,刘项相争之事,汉武与匈奴竞争之事,事变百变,人才辈出,令人喜读。"

　　然而现在呢?统统的没有了。《红灯记》《沙家浜》还不许听厌,还一定要感到"精神生活从来没有这样丰富"。

想象出来的文字

看了文汇报六八年二月六日的一篇文章《有几个苍蝇碰壁》后，很感兴奋，摘录一段在下面：

一九六七年春天的上海。。。

在这空前的大好形势下上海市控江中学的红卫兵小将接待了一批日本《朝日新闻》等反动报纸的记者。他们用毛泽东思想所赋予的无限智慧和魄力，和这些小丑们进行了一场针锋相对的斗争，大长了无产阶级革命派的志气，大灭了敌人的威风！

"你们什么时候上课的？"这个反动记者用狡猾的眼光对着身旁的一位红卫兵战士提问。这位红卫兵战士泰然自若的回答说："这场史无前例的无产阶级文化大革命对于我们青年来说是一次很好的政治课，而且我们在社会上所学到的比课堂所学到的更可贵，因为我们学到了阶级斗争知识。他深深的吸了一口气，又接着说："伟大的革命导师列宁曾经说过：'在革命时期中百万人民一星期内学到的东西，比他们平常在一年半糊涂的生活中所学到的还要多。'事情不正是如此吗？"

"你们对不遵守纪律的人是怎样处理的？"这家伙似乎还带着不甘心的口吻又发问。

"我们红卫兵都有明确的学习目的性，就是为革命而学习。我们的学习纪律也是革命的纪律，因此都是能自觉地遵守。"

问题提得越荒谬，越来越证明这是个嘴快而脑子蠢的家伙。片刻他忽然又咧开嘴说："有没有学生不肯念书？"离奇荒诞的问语，顿时惹得大家一声冷笑。一个个子矮矮的低年级红卫兵小将好像不费吹灰之力，指着他笑着说："问题问得有点奇怪，我们绝大多数同学都是工人家庭出身，我们的父母在旧社会里被地主资本家剥夺了他们读书的权利。在死亡线上挣扎的我们的爸爸妈妈怎么有机会进学校的大门！今天党和毛主席给我们念书这是我们最大的幸福，怎么又会不想读书呢？"

一字一句都显示出我们红卫兵小将对社会主义祖国的无限热爱。这个挑衅者只得无可奈何地"嗯"了几声。

但是斗争并没有停息。又一个反动记者想发问了。他一手托着腮巴，好像是经过一段长时间的考虑，煞有介事地说："你们是怎样批判教师的？"

红卫兵小将一听这话就觉察了他造谣中伤挑拨离间的用心，于是就说："我们批判的不是教师，我们批判的是中国赫鲁晓夫所炮制的修正主义教育路线，是资产阶级的反动思想！"红卫兵小将精神抖擞，鲜红鲜红的红卫兵袖章，在那件洗得几乎变成灰白的军装的衬托下变得更为灿烂夺目。他逼视着这个家伙，继续迎头痛击："我们师生之间的关系，是同志的革命的关系，我们是并肩战斗的战友，我们在一起挖掉修正主义的根子。"

一切挑衅失败了，敌视中国人民的小丑成了几只碰壁的苍蝇。

。。。。

这是一幕幕何等激动人心的场面！他描绘出无产阶级文化大革命锤炼出来的一代新人，它谱写出一曲响彻云霄的毛泽东思想的胜利凯歌！

看了这段文字似乎还感到不够满足，于是在划线的地方再加上一段想象出来的文字：

旁边一位记者还不甘心他同伙的失败，突然又提出了一个问题："你们学生中间有没有分过派打过架？"

挑衅性的提问，顿时引起了同学们满腔怒火，严厉的眼光立即向他射了过去。一位同学怒不可遏地站了起来，打开了红彤彤的《毛主席语录》："我们的伟大领袖，世界革命人民心中最红最红的红太阳毛主席教导我们说：'我们都是来自五湖四海，为了一个共同的革命目标走到一起来了。'毛主席还教导我们说：'在工人阶级内部，没有根本的利害冲突。'我们是为了一个共同的革命目标走到一起来的，我们共同的敌人是地富反坏右，是一小撮牛鬼蛇神，党内的走资派。我们都是一根藤上的瓜，都是阶级兄弟。我们之间丝毫没有根本的利害冲突，请问我们怎么会分派，打架？"

在红卫兵小将严厉眼光逼视下，在红卫兵小将义正词严的责问下，这个反动记者低下了头。

"你们这里有没有无政府主义？"看到这个记者被问住了，另一个反动记者慌忙结结巴巴的解散来问，妄图给他解围。

"我们的国家是无产阶级专政的国家，"一位红卫兵小将拿 眼睛扫了她一眼，又继续说了下去，我们的政府代表着广大劳动人民的利益，所以我们的人民都非常地热爱非常拥护我们的政府，我们都知道我们所进行的工作学习都是 为了革命的需要。在我们的国家里，又怎么会产生无政府主义呢？"这位红卫兵小将刚坐了下去，另一位红卫兵小将又站了起来："由于我们和你们的立场不同，我们是站在广大人民群众一边，你们则是站在一小撮反动分子一边，我们所观察问题的立场方法就完全相反。你们所谓的无政府主义，正说明了我们广大人民能自觉地遵守纪律。"

山穷水尽，这几只苍蝇还不甘心他们的失败。"嗡嗡嗡"又一只苍蝇叫了起来："听说你们现在产生了一种逍遥派？"

"我们的最高统帅，我们的红司令毛主席亲切地 教导我们：'你们要关心国家大事，要把无产阶级文化大革命进行到底。'我们毛主席的红卫兵最听毛主席的话，目前刘少奇虽然已经揪出来了，但是还没有能彻底批倒批臭。我们决心遵循伟大领袖毛主席的战略步骤，狠追猛打一小撮阶级敌人。在这种时候逍遥派从何而来？"

红卫兵胸前佩戴的毛主席像章在阳光中一闪一闪的，更显示出他紧跟毛主席永远闹革命的一颗红心。

"听说你们现在流氓阿飞比以前多了些？"沉默了一阵，一个曾经失败了的反动记者终于决定再作一下最后的挣扎。

"这是一小撮别有用心的人的恶意攻击。"一个很早就站起来造反的红卫兵小将被激怒了："文化革命是一场触及人的灵魂的大革命，经过了文化大革命，人们的思想觉悟普遍的得到了提高，经过文化大革命，我们揪出了流氓阿飞的总后台刘少奇，文化大革命开始，我们红卫兵小将就大破四旧大立四新，狠狠地打击了社会上的牛鬼蛇神，请问：流氓阿飞怎么会多起来呢？你们是根据什么逻辑得出这样一个荒谬的结论呢？"

再要向大家说及的，就是鲁迅在《二心集》里有两篇文章《以脚报国》，《宣传和做戏》很值得一看。如果能联想文章与观众见面的经过，作者写文章以后的遭遇就更好了。

从阶级性谈起

一. 阶级性与相反性

我们说，很多事物都具有阶级性。此话不错。很多事物，它总是从属于某一个阶级的。不是属于资产阶级，就是属于无产阶级，不是为资产阶级服务，就是为无产阶级服务。所以，同一个名称，总是可以分为属于无产阶级的，为无产阶级服务的，和属于资产阶级的，为资产阶级服务的，这两个相反的部分。譬如文艺，可以分为革命的文艺和反革命的文艺，譬如感情，可以分为革命的感情和反革命的感情。

然而我们说，很多事物还具有它的相反性。即是说，它不但可以分为无产阶级和资产阶级这两个方面，它还可以分为相反的两个方面。譬如水平。当然有革命的水平和反革命的水平，然而水平还有着高低之分。譬如文艺有资产阶级文艺和无产阶级文艺。这是阶级性，但是还存在着相反性，如艺术性的高低。

所以总起来，我们可以将事物分成四个部分。如水平，可以分为无产阶级高水平，无产阶级低水平，资产阶级高水平，资产阶级低水平。

譬如人物，就有着四种，无产阶级大人物，资产阶级大人物，无产阶级小人物，资产阶级小人物。

譬如文艺，也可以分四种。政治好的艺术好的，政治好艺术性差的，政治观点错误，艺术性高的，政治观点反动，艺术构造拙劣的。

譬如，当面与背后是相反的，说好话和说坏话或者可以说是阶级性。于是对待某人的态度，就有了这样四种态度：当面夸奖你背后称赞你，当面给你捧场背后进行攻击，当面贬低你背后抬高你，当面数落林背后痛斥你。

言和行，是属于两个方面，好和坏，或者可以说说阶级性。于是就有了这样四种人：说得好听做得漂亮，说得少做得多，说得好听做得差经，说得不好做得也差。

主观动机和客观效果可以说是相反的，于是就有了可能遇到的四种情况：想得好，做得好，想得很好，做得恰恰相反----弄巧成拙，想的是暗害别人，结果反而成人之美。主观动机是坏的，做的倒也符合愿望。

上进的人或者可以说只有一种，然而堕落的人却有着两种，一种是甘心堕落，一种是不甘心堕落的。

真和假，这是相反性，于是人也可以分成这样的四种人：真正的无产阶级，真正的资产阶级，混在无产阶级队伍中的资产阶级和被打成资产阶级的无产阶级。

譬如，现在说的望子成龙与送子务农看起来似乎是相反的，其实这也应该属于阶级性。因为望子成龙，这"龙"本身就包含着阶级内容，各个阶级对"龙"有不同的理解。无产阶级有无产阶级的龙，资产阶级有资产阶级的龙，难道说我们望子成无产阶级之龙，也是错误的吗？

譬如说有出息和无出息是相反的。资产阶级希望子女有出息，那么难道无产阶级就不希望子女有出息吗？不，无产阶级也希望子女有出息，只是这里的出息是无产阶级的标准，我们对于希望子女有出息这类是不变的，变的只是出息的阶级内容。

譬如残酷,野蛮，这是属于一个相反性。资产阶级专政就曾经对革命者采取了极其残酷野蛮的刑罚。那么无产阶级有没有呢？也有，文化大革命中不是出现了吗？

譬如做和被人说，是不同的，好和坏也可以说是阶级性。于是就有了四种情况，做得好而受人表扬，做得好而受人批评，做得不好而受到称赞，做得不好而挨骂。

总之，一个事物能分成四个部分，而不是只能分成两个部分。

另外，还有的是标准。有很多概念是带着阶级性的，是随着人而变化的。在各人的眼光中是不同的。譬如，美和丑，无产阶级和资产阶级有着不同的标准。譬如，真理和谬误，无产阶级和资产阶级的标准也是不同的，譬如，大人物与小人物，无产阶级和资产阶级的看法也是不同的。当然这里的标准，对于无产阶级和资产阶级是有区别的。这区别的程度怎样呢？有相同，有相反。有所指的是相对方面，当然也有可能是完全相反。可是并非事事如此。

然而有的人说对于标准，无产阶级必定和资产阶级相反的，无产阶级认为是左，资产阶级必定认为是右，无产阶级认为是好，资产阶级必定认为是坏。无产阶级认为是美，资产阶级就必定认为是丑。无产阶级认为是真理，资产阶级必定认为是谬论。

他们混淆了阶级性与相反性这两种概念，用一种非此即彼的逻辑造成了混乱。

恩格斯在《反杜林论》中说："这三种道德沦（指无产阶级、资产阶级和封建阶级的道德沦）代表同一历史发展的三个不同阶段，所以有共同的历史背景，正因为这样，就必然具有许多共同之处。不仅如此，对同样的或差不多同样的经济发展阶段来说，道德沦必然是或多或少地互相一致 的，从财产私有制发展起来的时候起，在一切存在着这种私有制的社会里，道德戒律一定是共同的：切勿偷盗。"

譬如，他们说大人物和小人物。无产阶级眼中的大人物，资产阶级必定认为是小人物。于是世界上只存在着两种人物：无产阶级——大人物，资产阶级——小人物。

譬如我们说美和丑是相反的。当然这里无产阶级和资产阶级的标准是不同的。然而有的人就说，无产阶级认为美的，资产阶级就必是认为是丑。无产阶级和资产阶级的标准是完全相反的。对于这种论调也无需多驳，只要提一个问题：难道说大春认为喜儿是美丽的，王世仁就认为喜儿是丑的了吗？

有人说敌人攻击我们越起劲，就说明我们的工作做得越好。这当然是一种说法。然而事实上，我们往往是从另一种说法上了解这些事实的。我们常看到这样说，敌人抓住我们的一点错误大肆攻击。这说明了什么呢？说明当资产阶级大肆攻击的时候，就是我们有了缺点，并且被抓住了。我们还看到不得不承认这种字眼，这就说明无产阶级和资产阶级的标准并非完全相反的。

如前面所说，文艺作品可以分成四种：无产阶级的艺术性高的作品，无产阶级的艺术性低的作品，资产阶级的艺术系高的作品，资产阶级艺术性低的作品。

然而有人说无产阶级作品必定是艺术性高的，资产阶级作品必定是艺术性低的。他们一看到资产阶级作品，就一定要加上"文理不通"，"要读它简直是一场大灾难"，这才似乎感到心里舒畅些。而他们自己呢？他们的宣传，乏味得很，他们的文章，就没有多少人要看，他们的演说，也没有多少人喜欢听，他们的作品"语言无味，象个瘪三。"然而他是怎么说呢："我是在宣传毛泽东思想。"言下之意，你胆敢说我宣传毛泽东思想不好（亦即是艺术性不高）岂不是有些反动吗，你不喜欢"我"来宣传毛泽东思想，岂不是喜欢西方艺术吗？这里政治性和艺术性完全统一起来了。

无产阶级文艺和资产阶级文艺，这是属于阶级性，多和少，这却是属于相反性的。诚然过去的一切全是资产阶级文艺，然而你终于无法否认这个"多"字。诚然现在是无产阶级文艺占领了舞台，然而你终于无法否认这个"少"字。

当然也有人例外：这只要看现在没有人说无产阶级文艺少，就可以知道。谁胆敢将无产阶级文艺和"少"联系在一起呢？吴尘因？

压抑与不压抑这是相反的，于是就有了四种人。受压抑的资产阶级，受压抑的无产阶级，不受压抑的资产阶级与不受压抑的资产阶级。

然而有的人从来不作仔细分析，他们说现在是人民当家作主的时代，受压抑的必定是资产阶级。你感到不自由么？你感到受压抑么？这正是一件大好特好的好事。这正说明了我国广大人民享受到广泛的自由，我们就是要剥夺你们的自由。

那么请问存在不存在不受压抑的资产阶级呢？假如不存在，那又要搞什么清理阶级队伍揪出走资派呢？请问我国是无产阶级专政的国家，是否有这样一些地方部门单位是实行了资产阶级专政的呢？曾记很多走资派也是极力拥护"凡受压抑的都是资产阶级"这一逻辑的。这样说来，岂不是说你们和那些走资派同流合污了？

譬如，在朝的和在野的是相反的，于是就有在朝的无产阶级，在朝的资产阶级，在野得资产阶级和在野的无产阶级。

为什么现代的资产阶级文人会用过去封建社会里骂封建帝王的话在影射现在呢？这里所利用的，就是相反性。

为什么有这么多人会同情联司呢？就同情在受压抑这一点上。

为什么资产阶级国民党之流要极力引诱共产党的首领投降变节呢？因为这里的相反性没有改变——大人物，而阶级性改变了。

独立思考和奴隶主义是相反的。奴隶主义有对革命者实行奴隶主义和对资产阶级实行奴隶主义。有很多人认为革命的奴隶主义好，党的驯服工具好。然而既然是奴隶主义，有何以分清革命与反革命呢？于是本来想做党的驯服工具，结果做成了走资派的保皇工具。

人道主义和残酷性是对立的，这里残酷性是有阶级性的，有对敌人的残酷和对人民的残酷。有这么一些人，首先是从革命性开始，对敌人异常痛恨，发展到革命的残酷性：打两下有什么关系。后来是大打出手了，谁要是反对他们呢：你这是站在什么立场上讲话，终于到了后来，只剩下了残酷性——喜欢打人了。对自己的阶级兄弟，只要有可能，也要过过瘾——两派武斗不是很清楚了吗？

二．"有"和"无"的阶级性

我们知道，很多事物都是具有阶级性，在这些事物中某些事物，它本身具有阶级性，它的反面却并不具有阶级性。

我们说某件事物具有阶级性，这阶级性，首先建筑在"有"即存在这个基础上，只有这个事物存在，这才谈得上阶级性。作为"有"的反面是"无"，事物不存在，当然也就谈不上阶级性了。

譬如说桌上放着一个苹果，这时我们才能说它是好是坏，是你的还是我的。假如桌上没有苹果那又何以说好坏，何以分你我呢？

我们说动与静是相反的，静只有一种方式，就是保持原样。动就存在着两种方式，或者前进或者后退。

公路上一辆汽车没有动过，就是说它还在原地，公路上一辆汽车开走了，就是说它或者在前面或者在后面。

我们说变，存在着两种变法，或者变好，或者变坏。作为变的反面是不变，不变，便不存在着两种"不变"法。

譬如遇到了数年未见的老朋友，我们说："隔了这么多你还是老样子，一点没有改变。"这老样子，只有一种，用不着多说。写信告诉他母亲，他母亲也可放心。如果我们说："这么多日子没看见，他的样子变多了。"这里的变就有两种情况，写信给他母亲，他母亲一定要问："是怎样变呀？是变活泼了还是变更加沉默了？是变美丽了还是不及从前漂亮了？是和你更加亲热了还是变得生疏了？"这里倘不加说明，母亲是一定要问的，要心不安的。

譬如说，一般，平常，普通，就是指的大多数的情况，就不用加以说明，然而倘说特别，特殊，这就非加以说明不可。

譬如，在《论革命》中提到不满于现状，这也是有阶级性的，或者觉得现状还不够完美，希望社会再前进一步，变得更好，或者觉得社会没有从前的好，希望社会回复到过去的状况，或者觉得自由太多了，或者觉得自由还不够，这是动机的阶级性，由此产生了行动的阶级性，或者推动社会前进，或者阻扰社会前进，总的来说，这是属于人的阶级性的，然而作为"不满于现状"的反面是"满于现状"，这便不存在什么阶级性。

譬如我们说人活在世上，就应该活动。有活动然后谈得上对和错，并且既然是活动，就不可能是全对或全错，假如希望没有错，那最好的办法是不活动，不活动便没有错误，当然也谈不上正确——它已经没有阶级性了。

譬如说，对于"闲事"就有两种态度。一是莫管闲事，莫惹是非，多一事不如少一事，一种是闲事就是要管，闲事管了以后就有两种可能，也就是惹了是和非，就是讨好人和得罪人，不管闲事，就是和别人的关系照旧，也就没有阶级性了。

譬如发表意见，就要表示自己赞成那一方反动那一方。就是你尽量掩饰自己，你的立场仍不免于要流露出来。然而作为发表意见的反面是不发表意见，这便谈不上赞成谁反对谁了。

譬如说关心国家大事，这里有两种人都是关心国家大事。他们是从两个方面来关心国家大事的，而且如果某人关心了国家大事受到的作用，有两种可能，或则使他进步，或则使他后退，然而作为关心国家大事的反面是不关心国家大事，这是一种什么境象呢？我们知道，打打毛线养养金鱼，玩玩扑克，这里有阶级性吗？没有，难道世界上还存在着一种无产阶级的"逍遥派"？

譬如有些人是很提倡关心国家大事的。他们一天到晚痛骂逍遥派，然而别人有对王关戚的问题想不通的，又要被他算作罪状。既要关心国家大事，又不许对王关戚的问题想不通，你想这怎么可能呢？于是别人只能不关心国家大事，甘当逍遥派了。然而这又要被他骂，哦，原来他的所谓关心国家大事就是顺着他的指挥棒"彻底批判坚决斗争"。

譬如我们常说，人应该有大志。这话是有阶级性的，无产阶级可以说，资产阶级也可以说。为什么呢？因为这里的"大志"是有阶级性的，有无产阶级的大志，有资产阶级的大志，有各种各样的大志。然而假如说无大志便不存在阶级性，我们说到某人"胸无大志"，便是知道他是什么样的一种人，而不必解释这是无产阶级大志还是资产阶级大志，我们从来没有听说过无无产阶级大志是没出息，无资产阶级大志就是好，也没有谁说无无产阶级大志就是有资产阶级大志，有无产阶级大志必定无资产阶级的大志。

可以有两种人在说人应该有大志，无产阶级是这样说，一些资产阶级代表人物也是这样说，然而说人不应该有大志则只有一种人，这难道不是很清楚的吗？

譬如我们说"忠"，我们无产阶级现在要忠，要的是忠，是要忠于革命，忠于人民，忠于毛主席，忠于无产阶级。然而在数千年的封建社会中，地主阶级也曾一再宣扬"忠"，它宣扬的是忠于地主阶级，忠于封建统治，忠于皇室。可见忠是有阶级性的。然而作为"忠"的反面，"不忠"便没有阶级性了。

再说清楚一点，公是有阶级性的，公就是不为自己，而为着某个阶级某个集团，这当然是有阶级性的。封建社会一些忠臣不怕死不怕苦为封建统治而鞠躬尽瘁，我们不能说，他是为了个人利益。有人说个人利益是从属于集体、阶级利益之中的，封建忠臣也是为了他个人利益。这话不想多驳，似乎革命先烈为无产阶级革命事业而流血牺牲没有人说他是为了个人利益。然而作为公的反面是私，为着个人，这便不存在什么阶级性，所以有两个阶级在宣扬"忠"，而宣扬"人不为己天诛地灭"的则只有一个阶级。

再说下去，硬骨头是有阶级性的，诚然，我们的先烈在敌人的法庭上坚贞不屈，然而敌人在我们的法庭上不肯低头的顽固到底的也是有的。当然作为硬骨头的反面是软骨头，便不存在什么阶级性。不怕酷刑不怕死，就产生了一个为"什么"而不怕的问题，怕死呢？就是为了保命，没有第二句话。在敌人的法庭上为了保存自己的狗命不惜出卖革命的利益，等到被我军俘虏时，仍然是一个怕死鬼，用敌军的机密来换取他的生命仍然是一桩很好的买卖。

譬如说，有的人从小就喜欢看书。这时，到也并不带有阶级性。这时如果有人好好的引导，将毛主席的著作，将优秀的无产阶级文艺作品介绍给他，他就可能从中吸取教益，很快的成长。然而如有人是将那些乱七八糟的去投准他的习惯，这时他也就会很快的堕落，可是喜欢看书就有两种可能，那么倘若不喜欢看书呢？他就受这带阶级性的书的影响较少。

譬如说，要写文章，就有两种可能。或则写出来的是革命的作品，或则写出来的是错误的作品，然而不写文章呢，当然也就没有犯错误的可能了。有一种"文化工作危险论"，这论的内容是什么呢？就是说要写文章，后一种可能是极大的，因此还是不写文章为妙。

这样说，事物"有"才存在阶级性，"无"便不存在阶级性，然而有时是"全"也便不包含阶级性。譬如文艺是有阶级性的，没有文艺就没有阶级性，有文艺必然存在着阶级性，而统治者为了巩固自己的统治，总是要文艺为自己服务的，或则是禁止革命的文艺，或则是禁止反革命的文艺。然而如果有一个统治者说："让它们去自由竞争好了。"这就不包含"禁止"这一个字眼。

譬如，母亲有二个苹果，他可以有三种方法，或则不拿给她儿子，或者那一个给她儿子。或则任凭她儿子挑选一个。

譬如父母亲有儿子，有女儿，这是全了，当然父母满足了。否则，只有儿子或者只有女儿，父母总不会满意，当然这不满意有二个方面。

在说到"有"和"无"的阶级性的时候，顺便还想说一下才能的阶级性。我们常听得有人说：才能是有阶级性的，说什么"他确实有才，可惜有的是反革命之才"这话对不对呢？才能的本身是没有阶级性的，当然作为才能的运用是有阶级性的，就是说同一个才能能为无产阶级服务，也能为资产阶级服务。

譬如，毛主席在《关于红楼梦研究》中称赞过两个小人物，这两个小人物也确实有才。然而后来，这两个小人物到那里去了呢？有一个成了大右派，这时他仍然有才，那么是他的才发生了变化，从革命之才变成了反革命之才，从无产阶级之才变成了资产阶级之才吗？不，他的才并没有发生变化而是他的思想变了，才的服务对象变了。

文化革命中，北京有一个中学生叫彭小蒙，这个彭小蒙也有才，在北大的一次会上发表了四个钟头的讲话，博得了江青同志的好评，同她进行了热烈的拥抱。八一八毛主席首次接见红卫兵时同她进行了亲密的谈话，然而后来她到那里去了呢？她成了联动分子。这说明又有一个"才"被资产阶级夺过去了。

例子是很多的，说明了才是没有阶级性的，然而有些人认为才是有阶级性的，资产阶级认为有才，无产阶级就必定认为无才，所以谁认为某个"资产阶级"有才，谁就是站到资产阶级的立场上去了。这种人实质上是混淆了阶级性与相反性的关系。

在某种意义上说，知识和才能是属于同类性词。

然而作为才能的反面，没有才能，那便也谈不上为哪个阶级服务，没有才能便谈不上运用的阶级性。

譬如，在封建社会有一句话叫做"成则为王，败则为寇"。这就指出了造反的两种可能性。然而倘若不造反呢？那就最太平了。

三．阶级性的强弱

"有"和"无"，存在和不存在相对应的是阶级性的"有"和"无"，那么另一些字眼，如大小，多少，它所对应的也就是阶级性的强弱了。阶级性并非只存在着有和无，它还有着强弱之分。

譬如，我们就成年人和孩子来说，成年人的阶级性就比孩子的阶级性强多了。成年人的思想往往是根深蒂固的，不易改变的，而青少年的思想则往往是肤浅的，扎根不实的，容易改变的。

譬如大人物和小人物是相反的。它们的阶级性的强弱也是不同的，大人物的阶级性要比小人物的阶级性强得多。

譬如说一个人的能量，他对社会的作用，当然是具有阶级性的。可以用于完全相反的两个方面，作用的有和无，也就对应着阶级性的有和无。然而能量，作用也可以有大有小，大和小就对应着阶级性的强和弱。作用越大，阶级性也就越强，作用越小，阶级性也就越弱。

不满于现状，其不满于现状的程度越激烈，其阶级性也就越强、

才能的运用是有阶级性的，而且才能有大有小。才能越大，当它为某个阶级服务时，作用也越大，也就是说它的阶级性也越强。所以才能越大的人也越能成为两个阶级争夺的对象。

为什么我们尤其要加强对干部的教育呢？就因为干部比群众的阶级性要强。要知道一个干部如果堕落了，这与一个群众的堕落是不能相比的。

譬如读书和不读书是相反的，而读书又是有阶级性的。资产阶级开办的学校和无产阶级开办的学校性质完全不同。然而旧社会有很多的穷孩子也想上学、想读书。他所想的就是相反性——读书，而不是进什么学校。

譬如独立思考和奴隶主义，有的父亲看到自己的子女做事情时不按照自己说的做，然而他是动过脑筋的。那么虽然说自己说的对的，他做错了，仍然感到很高兴，会对他提出批评，加以鼓励。有的父亲看

见自己的子女不听话，虽然经过儿子的强辩，也知道真理不在自己手中，他仍然感到恼怒，恼怒这个儿子不听话。

四．对阶级性与相反性的态度

诚然，在很多地方是阶级性起着主要作用，然而相反性起主要作用的，也是有的，阶级性与相反性在一定条件下是会起变化的。

对于阶级性和相反性这两个不同的性，人们也就有了两种不同的态度，或则是偏爱于阶级性或则是偏爱于相反性。

从古代来说，某些将士俘虏到对方时，有的是先看对方是忠臣还是奸臣，他喜欢的是忠臣。对方对他越硬，他的心里越是喜欢对方——虽然以后仍然被他杀害——要对方投降的要求也就越强烈。一成为俘虏就扑到在他脚下求饶，这种人是要使他厌恶的。另一些人，他首先要看的是对方的态度，是投降呢？还是顽抗到底，这也可以说是阶级性与相反性在古代的表现。

譬如文艺作品，它有着阶级性——是革命的还是反革命的。同时有着相反性——艺术性高的还是艺术性低的。有些人是喜欢阶级性的，他首先要看的是作品的政治性，革命的作品，他就要看。反动的作品他就厌恶，对于艺术性是放在第二位的。但也有人，只要写得好的，文笔流畅的，艺术性高的，他都会爱不释手，政治标准被放到第二位去了。

主席说："内容愈反动的作品而有愈带艺术性就愈能毒害人民。"这里指的人民也就是说比较喜欢艺术性高的文艺作品的人。

文化革命中有的积极投入了运动，有的成了逍遥派。喜欢阶级性的人爱的是自己这一派，恨的是对方那一派。喜欢相反性的人说："虽然他是在那一派，但他是参加了运动。而你你干了些啥呢？整天逛来逛去，织织袜子，打打毛线，真不害羞。"

喜欢阶级性的人是如此说："小王发表了意见，赞成我，小李不表态，而你的小付竟然反对起我来。"喜欢相反性的人说："小王和小付都发表了意见，而小李你却闷声不响，你为什么不发表意见呢？即使你的意见是反对我的，你也要向小付学习要敢于发表意见，意见讲出来了总比闷在肚子里好。"

喜欢阶级性的人说："他确实有才，可惜有的是反革命之才"喜欢相反性的人则说："唉，可惜这么有用的一块才给资产阶级夺过去了。"

譬如鲁迅说："人活在世上就应该活动，活动而有若干过错也不要紧，唯有不死不活的苟活，才是全盘失错的。因为它挂着生活的招牌却引人到死路上去。"鲁迅在这点上便是赞成相反性的，他认为人应该活动这是第一，活动的对错到还在其次，有些人就不是如此了。

譬如出了某一方面的书，有人说："虽则这中间的某些观点是错误的，但它终究是出了一本书，涉及了这方面的问题，应该是好事，它可以引起讨论，使人们抛弃错误的接受正确的，形成完整的知识。而有的人呢，他一拍桌子说："放毒。"

据说有某个小人物有一个如此的信条：假如我不留芳在世我也要遗臭万年，这也是喜欢相反性的典型的一例。

有的人，它考虑的是出名，而出什么名呢，这到成了其次的问题，当然也有人不是如此。

譬如说，言和行，是属于两个方面。在这里有这么两种人，一种人干得差劲，说得也不好，别种人则表面说得好听，行动极其差劲。

对于这样两种人就有了两种截然不同的态度，一种人宁愿前面，因为他老实：他虽然做得差，但并没有说自己好，一种人则是宁愿后面的，他说："他虽然做着差劲，但他毕竟还要一点面子，而你呢，干脆连面子都不要了，变成赤裸裸的了。"

五．阶级性的加强

有的人提倡敢字，提倡刚直不阿。

于是遭到了很多人的声讨，说他在鼓动牛鬼蛇神向党进攻。

这里首先他忘记了一个基本数字：我们劳动人民有95%。那么请问，劳动人民看了宣传敢字的文章以后，将起到如何的作用呢？本来拥护毛泽东思想会因为看了敢字宣传受了影响而敢于反对毛泽东思想吗？还是敢于宣称毛泽东思想呢？假如95%的群众受了影响是敢于捍卫毛泽东思想，那这种情况好不好呢？

　　诚然牛鬼蛇神在向党进攻的时候需要刚直不阿，需要他们坚持反动立场，那么对于革命人民来说，难道就不需要刚直不阿，难道就需要阿谀奉承？难道就不需要有自己坚定的立场？

　　鼓动牛鬼蛇神向党进攻，想来没有一个牛鬼蛇神出版社，也不存在资产阶级书店，这样的文字出来以后，总是大家能看到的。那么95%的群众看了以后，将会怎样呢？同牛鬼蛇神同流合污？

　　如此之类的文字，如人应该有信仰，如人应该有自己的立场，不应该随风倒，如"生命诚可贵，爱情价更高，若为自由故，两者皆可抛"，它所起到的作用，只是加强阶级性，文字的本身是没有阶级性的，不同的人受了影响，将会产生不同的结果。

　　譬如，我们说人应该有大志，革命群众听信了他就会立下革命的大志，资产阶级听信了他将会立下资产阶级的大志。

　　譬如某些人提倡忠字，他说的是忠于封建帝王，那么现代的群众假如说受到了影响，他会去忠于封建帝王吗？

　　按照某些人的逻辑，如此之类的文章应该分两部分来写，一部分是写革命群众，一部分是写牛鬼蛇神，这样就算是带上了阶级性。

　　譬如，提倡敢字，那就应该写，革命群众应该敢字当头牛鬼蛇神则应该怕字当头。

　　譬如提倡刚直不阿，就应该写，无产阶级应该刚直不阿，资产阶级你们应该阿谀奉承。

　　譬如说立大志，就应该写革命者应该立大志，资产阶级你们千万不可立大志。

譬如说骨气,就说无产阶级应该有骨气,资产阶级你们千万不可有骨气!

。。。

否则岂不就带上了反动的气味?

从阶级性谈起（二）

略论阶级性

社会的发展，从原始社会进入了阶级社会，人类就分成了对立的二大阶级——剥削阶级和被剥削阶级。这两个对立阶级成了社会上一对相互依存相互斗争的矛盾。从这两大阶级来说，任何一种态度，任何一种厉害关系，任何一种政策，都处于相反的状态。

但是从另一方面从数量上来说，这两大阶级并非一半对一半，无产阶级占了人口的绝大多数。所以从某些方面来说却又并非如此，由于这一个原因就决定了无产阶级能够掌握真理，由于这一点就决定了无产阶级代表着历史前进的方向。

由于这一个原因，就决定了在某些方面，当资产阶级因为某一种利害关系而取某一种态度时，无产阶级并不取它阶级性的另一方面仍是取它相反性的另一方面。

当然资产阶级在某些方面也是如此。譬如无产阶级教导人民要不怕死，不成功则成仁，诚然资产阶级也有这种态度的，但是"活命哲学"也是来自资产阶级，这就是相反性了。

譬如说无产阶级号召人们关系国家大事，那么从资产阶级的立场角度出发，从反革命的目的出发去关心国家大事，这是资产阶级的态度，而采取了相反性——不关心国家大事，这也应该说是资产阶级的态度。

如果仅仅看到阶级性的第一个方面而看不到阶级性的第二个方面，那就不是一个真正的马列主义者。

譬如说，拍马屁，资产阶级是喜欢拍马屁这种脾气的，当然它喜欢的是别人拍它的马屁。那么无产阶级是否需要取资产阶级的反面——也喜欢拍马屁，只是对象改变一下呢？从阶级性的第一点来说是这样的，但由于第二个原因就否定了这点。

譬如一个怕字，资产阶级怕无产阶级，怕无产阶级的各种东西，怕得要命。那么无产阶级是否恰恰相反呢？由于阶级性的第二方面，就决定无产阶级的不怕，"彻底的唯物主义者是无所畏惧的。"在这里，如果说没有超阶级的怕，既怕无产阶级的东西，也怕资产阶级的东西，是不可能的。这话是对的。但如果说没有超阶级的不怕，既不怕无产阶级的东西，也不怕资产阶级的东西，是不可能的。这话就不对，因为阶级性不仅有着第一个方面，还有着第二个方面。

无产阶级相信自己掌握着真理——马列主义，毛泽东思想，相信毛泽东思想是战无不胜的，是能够战胜资产阶级和其他一切剥削阶级的谬论的。所以它不怕有反马列主义的思想。毛主席一直教导我们："不怕有毒素的东西""不要怕毒草"那有马列主义者怕毒草的道理呢？并且马列主义、毛泽东思想本身就是在同资产阶级的、小资产阶级的各种形形式式的错误思想的斗争中成长起来的，所以它不怕对立面，并且有了对立面，正可以进行比较和对照。"并不会消弱马克思主要在思想界的领导地位，相反的正是会加强它的这种地位。"那么资产阶级怕不怕对立面呢？它的对立面就是马列主义、毛泽东思想，它怎么会不怕呢？它怕得要命。因为有了对立面，每经过一次斗争交锋，那些谬论的阵地就要大大的缩小。

在那些资产阶级专政的国家，它怕马列主义，毛泽东思想。因为当人民掌握了毛泽东思想的时候，它的统治就要被推翻，所以它千方百计地要扼杀毛泽东思想的传播，它要禁止进步书刊，迫害进步的作家，那么无产阶级是否要反其道而行之呢？毛主席说：对于资产阶级，小资产阶级的思想意识"我们不应当用压制的方法不让它们表现，而应当让它们表现，同时在它们表现的时候和他们辩论，进行适当的批评。"

一种言论，不是香花就是毒草，它不是有利于无产阶级就是有利于资产阶级，不危害资产阶级的根本利益就危害无产阶级的根本利益，这是阶级性的第一个方面。然而果真如此吗？毒草不危害资产阶级的根本利益就危害无产阶级的根本利益吗？由于阶级性的第二个方面，这点就被否定了。毛主席说："同错误思想作斗争，人好比种牛痘，经过了牛痘疫苗的作用，人身上就增加了免疫力。"也正因为这里的关系是如此，所以才会产生怕与不怕的关系。

无论什么都不能挽救资产阶级失败的命运，香花固然是危害了资产阶级的根本利益，毒草的作用也只是促使香花进一步发展而归同到同一个作用。

　　在《二论革命》中，谈到了暴露与掩饰的问题，这里的阶级性也是如此。凡是资产阶级政党，就必然要掩饰自己的缺点，那么无产阶级是否反其道而行之，也掩饰自己的缺点呢？由于阶级性的第二个方面，就否定可这样的"反其道而行之"。我们不怕自我批评，我们不怕讲出自己的缺点错误，我们"公开承认错误"。因为对于我们来说，我们的任务是改正这些缺点，并且我们有能力改正这些缺点，这点当然资产阶级政党是不可能的。

　　对于政党是如此，对于社会也是如此，资产阶级专政的国家的资产阶级文人总是力图掩饰阴暗面，因为这些阴暗面对于他们来说是"不治之症"，暴露了这些阴暗面，只会促使它灭亡。而无产阶级专政的社会主义国家，我们的任务是推动社会向前发展，所以我们不怕暴露这些阴暗面，我们的任务是改革这些阴暗面。

　　在战场上，我们和敌人相遇，这时是阶级性的第一个方面，我们不打死敌人，敌人就打死我们。

　　对待俘虏呢？我们的政策是："对敌军，伪军，反共军的俘虏除为群众所痛恶，非杀不可而又经过上级批准的人以外，应一律采取释放的政策，其中被迫参加多少带有革命性的分子，应大批地争取为我军服务，其他则一律释放。如其再来，则再捉再放，不加侮辱，不搜财物，不要自首，一律以诚恳的态度对待之。不论他们如何反动，均取这种政策，这对于孤立反动营垒是非常有效的。"

　　那么资产阶级能采用这个政策吗？能采用如此的"释放的政策"吗？能让它反其道而行之，来为资产阶级服务吗？不可能，因为这个政策本身就包含着阶级性的第二个方面。这，毛主席在《井冈山的斗争》中已经说得很明白了："聪明的敌人如李文彬，近来也仿效我们的办法，不杀俘虏，医治被俘伤兵。不过在再作战时我们的人还是有拖枪回来的。这样的事已有过两回。"

在旧社会如果有谁喊毛主席万岁，那么他立即会遭到蒋介石独裁政府的迫害——逮捕，审讯，在现在的台湾也是如此，因为这是响彻天空的警雷，它代表着人民的心声，它代表着历史的潮流，这个喊声汇成一股洪流，就能冲垮一切的反动统治。那么在现在，有谁喊"蒋XX万岁"将会怎么样呢？毛主席说："啊，只要他不杀人，不要将他开除，你们可以开一个座谈会，让他讲一讲蒋介石为什么好，你们也可以讲一讲蒋介石为什么不好。"因为开这样一个座谈会让人们受一下反面教育，只会促使人们更加热爱新中国，绝不会是其他的结果。然而假如在台湾，有人喊毛主席万岁，它敢开如此一个座谈会吗？开这样一个座谈会的结果必然是促使人民醒悟，促使人们造反，促使它的反动统治彻底崩溃。

无产阶级政权，它代表着95%的人民大众的利害，这个政权稳如泰山之固，而资产阶级的政权是代表着5%的一小撮人的利害，所以它的政权时有火山爆发之险。反动的政权对于革命力量，视若洪水猛兽，革命的星星之火，必将燃成燎原之势，而无产阶级对于那些反动力量，只不过是那么几个碰壁苍蝇，残余的那么一点火量，挣扎不了多长时间。这就是阶级性。由此，反动政权对于革命的力量必然要进行残酷的疯狂的镇压，无产阶级对于那些反动力量呢？毛主席说："可以宽大为怀"，"不予办罪"，"一个伟大巩固的国家保存了这一小批人在广大群众了解他们的错误以后，不会有什么害处。"

毛主席是当代最伟大的马克思列宁主义者，毛主席对阶级性的两个方面的了解是极其透彻的，要学习毛泽东思想吗？要真正的把毛泽东思想掌握到手吗？阶级性的这两个方面就是毛泽东思想的一个组成部分。

毛主席在《关于正确处理人民内部矛盾问题》中说："总之，我们必须学会全面地看问题，不但要看到事物的正面，也要看到它的反面。在一定的条件坏的东西可以引出好的结果，好的东西也可以引出坏的结果。老子在两千年以前就说过：'祸兮福所倚，福兮祸所伏。'"

这当然是对的，但是并非任何东西都可能向相反的方向特化的。坏事能否变成好事呢？当然能。好事能否变成坏事呢？也有那么一点可能。为什么如此说呢？因为历史是向前发展的，如果我们用数字来表示，似乎可以说，坏事变成好事有95%的可能性，好事变成坏事有5%的可能性。

我们说一辆车子，它可以前进可以后退，可以说是机会均等的，然而历史的车轮也同样会前进会后退吗？是机会均等的吗？当然不，我们说封建社会会发展成资本主义社会，那么资本主义社会会发展成封建社会吗？

毛主席说："日本打到中国，日本人叫胜利。中国大片土地被侵略，中国人叫失败。但是中国的失败里包含着胜利，在日本的胜利里包含着失败。历史难道不是这样证明了吗？"那么中国打退了日本的侵略，解放了自己的国土，中国人叫胜利，这里面包含着"失败"吗？日本被赶出中国，整个法西斯阵营被消灭了，侵略者在叫嚷着"失败"，这里面包含着"胜利"吗？所以我们可以这样说，革命的战争，正义的战争，失败只是暂时的失败，失败里包含着胜利，胜利则是永久的胜利，这里面并不包含着失败，反革命的战争，非正义的战争，胜利只是暂时的胜利，胜利里包含着失败，失败则是最终的失败，并不包含着胜利，我们说"捣乱失败，再捣乱，再失败，这是帝国主义和一切反对派的逻辑"这里的失败包含着胜利吗？当然不包含。

毛主席又说："中国的穷国和在国际上无权的地位也会起变化，穷国将变为富国，无权将变为有权——向相反的方向转化"那么当中国完成了这个"向相反的方向转化"以后还会再向相反的方向转化吗？不会了，除了和平演变这种可能性之外，中国只会越来越富。

我们说，任何事物都有产生，发展，壮大，衰老，消灭这样的过程，任何事物当他处于新生的初期阶段时，它总是比较弱小的。但是它会向相反的方向转化，发展，强大。相反，当事物完成了这样的阶段达到衰老阶段的时候它也是弱小的，那时候它会向强大的这一方面转化吗？不会了，它只会更加衰老，再至灭亡。

小孩子的力量是小的，但是以后这力量就会大起来，老人的力量也是小的，但是它再也不会大起来了，这不是最显箸的例子吗？

右派分子向党进攻，这似乎可以说是坏事（从实际上来说这是好事，因为矛盾暴露了）。这是能够变成好事的，那么当群众在党的领导下，打退了右派分子的进攻，这是好事，这会变成坏事吗？

我国人民在共产党的领导下，进行社会主义建设，遭受到暂时的挫折，这会引出好的结果。总结经验，吸取教训，失败乃成功之母，但是我们人民所取得的节节胜利会引出坏的结果吗？

在社会主义社会，乱子有两重性，因为社会主义代表着历史前进的方向，在资本主义国家，乱子也有两重性吗？没有了，因为它已经到了衰亡的阶段。

论人的阶级性（一）

人的阶级性，是相对存在的。

由于人的阶级性的相对性，使社会有了多样性，有了复杂性。

有的人说人的阶级性就是剥削阶级、被剥削阶级，就是穷人、富人。他们解决问题的方法也极简单，我们——无产阶级，你们——资产阶级。在他们看来，社会是何其简单。

诚然，在社会上，在过去的一切剥削制度社会里，不是剥削人就受人剥削。既不剥削人也不受人剥削的，即使有罢，也是极少的。人确实是属于一定的阶级，并且，由于剥削这一手段的有无，很大程度上决定了人的思想，人的世界观。然而无论在剥削阶级中间，还是在被剥削阶级中间，剥削与被剥削的程度是千差万别的。这差别绝不能忽视而用两个词，剥削阶级与被剥削阶级去掩盖。

按阶级性与相反性来说，剥削与被剥削，这是阶级性，程度的差别，则是相反性，这里相反性是不容忽视的。

我们说数有正数、负数，并且除了零以外一个数不是负数就是正数，但是难道一和一千是能相提并论的吗？老实说，就距离来说，小正数与小负数的距离要比它与极大正数的距离小得多。

鲁迅先生在论及人的阶级性的时候，有一段极妙的比喻：人体的胖和瘦，在理论上是该有不胖不瘦的第三种人的，然而事实上并没有。一加比较，非近于胖就近于瘦。

然而以怎样的程度作为标准呢？比他胖的就作为近于胖，比他瘦的就作为近于瘦。我们说，人当然有穷人富人，然而以多少财产作为标准呢？比他多的就作为富人，比他少的就作为穷人，小康人家和大买办资产阶级算是同样的富人吗？我们说穷富总是相对存在的，各个地区，各个国家，这里的标准又不相同。

有些同志经常说天下乌鸦一般黑。他们说东山的老虎吃人，西山老虎也吃人。

这种比喻当然不恰当。

西藏的农奴主和南方的中小地主能说是一般黑吗？奴隶社会的奴隶主和资本主义的农场主能说是一般黑吗？假如是一般黑，那社会的进化又表现在哪里呢？老实说，西藏的农奴，当他成为其他地方的农民时，他们的感觉绝不会是一样的。所以我们只看到西藏的农奴往外面逃，而没有看到其他地方的农民往西藏逃。假如天下乌鸦是一般黑，那为人们为什么要迢迢千里到四川去参观刘文采的庄园呢？难道他们那里没有乌鸦？难道不是因为刘文采这只乌鸦比其他的乌鸦更黑？农奴制度尚且由野蛮与极端野蛮的区别，乌鸦又怎么会没有黑与较黑的区别呢？

　　之所以我们要去参观刘文采的庄园，之所以我们要请苦大仇深的贫下中农给我们上阶级教育课，是因为这是典型，让我们更清楚的认识到剥削制度的罪恶，彻底的推翻剥削制度。须知道典型并不是每一只乌鸦都能做的。

　　我们说农村中的阶级可以划分为贫农、下中农、富裕中农、富农、地主，假如是天下乌鸦一般黑，那又何必分这么多呢？分成剥削阶级与被剥削阶级不就够了？略有剥削行为的富农与依靠剥削为生的地主，这两种老虎能说是一样的吃人吗？

　　毛主席说："对于恶霸与非恶霸，对于大、中、小地主，在待遇上要有所区别。"假如老虎是一样的吃人，那又要区别些什么呢？

　　假如老虎是一样的吃人，那民族资产阶级又有些什么两重性呢？

　　在清理阶级队伍的时候有一种推一把可以过去，拉一把可以过来的人那么这种人岂不成了推一把变成老虎，拉一把变成人的怪物？

　　在现在，我们常常运用阶级这个概念，很多时候这里的阶级并不是指剥削这个手段的有无，而是指他对革命的态度，指他的思想，指他的世界观。

　　首先，当我们提及无产阶级思想，提及资产阶级世界观的时候，这里的阶级并非指实在的阶级。实际上，这里的无产阶级已成为先进正确的代用词。

无产阶级思想，什么是无产阶级思想呢？就是马列主义毛泽东思想，那么难道无产阶级就等于马列主义者吗？假如说无产阶级思想就是指的无产阶级这一阶级所有的思想，那在马列主义产生之前的无产阶级思想又是什么呢？

我们说各个不同的地区的无产阶级的觉悟是有高低的。譬如社会主义国家和帝国主义国家无产阶级的觉悟程度、思想状况就有差别，那么难道无产阶级思想也有地区差别吗？

我们说，任何一群人中间，总是存在着左、中、右，排除了剥削阶级分子的无产阶级队伍中也存在着先进和落后的差别。那么难道无产阶级思想也要分先进的无产阶级思想和落后的无产阶级思想吗？

其次，实际上，人的头脑是真理和谬误的对立统一体，是无产阶级思想和资产阶级思想的对立统一体。没有哪个人的思想是绝对的无产阶级思想或绝对的资产阶级思想。绝对的纯是没有的，所差别的不过是无产阶级思想多一些，资产阶级思想少一些，所差别的不过是那一种思想是矛盾的主要方面。

并且，在人的头脑里，这两种思想是无时无刻不在斗争，不断的有所增加，有所减少，在一定的条件下，矛盾的双方会向相反的方面转化，这时我们就说人的阶级立场起了变化，这里当然也是从量变到质变的关系。

工人阶级也要不断地改造世界观，是改造什么呢？就是逐步的克服头脑里的非无产阶级思想。工人阶级也要进行批判和自我批评。又是批评什么呢？就是通过暴露出来的行动，批评头脑里的资产阶级思想。

我们对剥削阶级政策是通过强制劳动，使他们改造成为新人。这就是制造一定的条件，促使他头脑里矛盾的双方向相反方面转化。

在旧社会存在着一种人，叫开明绅士，他们也就是剥削阶级中无产阶级思想比较多一点的人。

我们说，人的一言一行非有利于无产阶级就有利于资产阶级，这是确实的。但是实际上往往是如此，他的部分言行有利于无产阶级（当然可能是绝大部分）而另一部分则是有利于资产阶级的。

毛主席说:"无产阶级要按照自己的世界观改造世界,资产阶级也要按照自己的世界观改造世界。"

其实每一个人都在按照自己的世界观改造世界。所差别的不过是自觉与不自觉。想发财的总希望存在着一个剥削制度图安乐的总希望减少些摩擦,有野心的总希望社会越乱越好。

实际上,由于人的头脑是无产阶级世界观和资产阶级世界观的对立统一体,所以人往往是在某些方面按照无产阶级世界观改造世界,而在另一些方面则是按照资产阶级世界观改造世界。

譬如,养子防老是资产阶级思想那么难道工人阶级中间就没有养子防老的思想吗? 说服只能服从祖国分配到最艰苦的地方去是按照无产阶级世界观改造世界,而拖子女后腿要子女留在上海留在身边则是按照资产阶级世界观改造世界。那么难道工人阶级中就没有人拖子女的后腿吗?

有些工人阶级的成员一直在宣扬以我为核心的思想,这难道不是按照资产阶级思想改造世界吗?

有人说,世界上决没有超阶级的爱,爱无产阶级就不爱资产阶级,爱资产阶级就不爱无产阶级。

这话对不对呢?并不完全对。

爱本身是从属于人的阶级立场的,从属于人的思想的。既然人的阶级立场,人的思想是相对的,那么爱当然也是相对的。恨的程度难道是一样的吗?那么相对于极端的恨来说我们也可以说略有点恨就属于爱,在一定条件下,它就会产生出同情之类的爱的行动。

在历史上,杜甫,白居易等人是同情穷人的,那么难道他们就不爱富人?难道同情和爱是不搭界的?

有些同志很喜欢说,我们无产阶级怎么怎么,你们资产阶级又是如何如何。这种说法只不过堵住了想说如何如何的人的嘴巴罢了,再说如何如何岂不就成了资产阶级?或者资产阶级的辩护士?岂不要受到专政?

这些同志说对那些毒草影片资产阶级认为它艺术性很高，在我们无产阶级眼中一钱不值。这位同志可惜太晚了一点，在那些资产阶级大肆吹捧这些毒草影片的时候，你怎么不站出来说话呢？按照这位同志的逻辑 谁吹捧过这些毒草影片的，谁说过这些毒草影片艺术性高的，谁就是资产阶级。按照这位同志的逻辑，资产阶级都把刘少奇的修养当成圣经来读而无产阶级则连看都不要看？按照这位同志的逻辑，大树特树绝对权威的只有资产阶级。

论人的阶级性（二）

　　作者对现行的人的阶级性的理论一直是不大满意的，一直想就自己的想法，来谈一谈这一个问题，也是暴露我的阶级性吧。因为据有些人说，像我这种人的阶级性，单根据我的阶级地位是不能确定的。要根据这篇文章之类的东西。然而谈来谈去总是谈不好，看了丁学雷同志所写的《批判刘少奇的反动人性论》，再想来谈谈这个问题，不过恐怕还是谈不好。要真正的谈好，恐怕只有接受"我们无产阶级"的批判，在争论中才能谈好吧。

　　早在一百多年前，无产阶级革命导师马克思就已明确指出："人的本质并不是单个人所固有的抽象物，在其现实性上，它是一切社会关系的总和。"马克思的话点出了问题的实质，人的思想不是人先天所有的，而是在社会实践中产生，形成，发展的。正如同主席所说："人们的社会存在，决定人们的思想"思想是社会存在的反映，有什么样的社会存在，就会产生什么样的思想。思想有着时代性，奴隶制社会的奴隶，不可能具有资本主义社会无产阶级的思想，共产主义公有制社会也不会有人想成为小偷，也不会有人想到防强盗。思想还有着地区性，美国的无产阶级不可能具有中国工人阶级社会主义建设中的感性知识。由于人在阶级社会中所处的阶级地位不同，思想还有着阶级性。"穷人决无开交易所折本的懊恼，煤油大王那会知道北京拣煤渣老婆子身受的酸辛。"

　　然而接下来丁学雷同志发表了自己的观点："在社会主义社会中，社会关系就是阶级关系，人的本质就是阶级的本质。"

　　在阶级社会里，社会关系就是阶级关系吗？社会存在就是阶级地位吗？

　　什么叫阶级关系？阶级关系就是指人在社会中所处的阶级地位，就是指人在社会中是剥削别人还是受别人剥削。

　　社会关系是什么，社会关系就是指人在社会中接触到的一切。人的本质"是一切社会关系的总和"，就是说人的本质并非单由人的阶级地位所决定，它还由人的全部经历，例如曾经是资产者倒了台成了无产者或者曾经是无产者发了财成了资产者，或者是几经努力仍遭失败未能成为资产者的。人所遭到的全部事情，或者是某个朋友寻得捷径，升官发财，显身扬名；或者是某个朋友走上绝路，自杀以结终身，留下无依无靠妻子儿女一堆；或者恋爱失败，发奋图强，走上另一条路；或者是爱情失败，颓废失意，潦倒终生。人所接触到的各种社会思想，马克思列宁主义，共产主义学说，三民主义，法西斯主义，宗教迷信；人所接触到的各种外界人物如亲戚朋友；人所受到的各种社会影响，家庭，学校，教师等等。

譬如青年和老年壮年比较起来，生活的道路比较短，经历比较少，接触社会也不多。因此就形成了他们的特点，最少保守思想，最肯学习。而这又是阶级关系，阶级地位所不能解释的。

所有这些，当然并不是全部起到作用，有的起的作用大些，甚至决定性的作用，有的起到作用小些，甚至几乎没有作用，然而我想马克思所说的"一切社会关系的总和"应当是指这些，而不是指阶级关系吧。

正因为没有两个人的社会关系是完全一样的，同样，没有两个人的思想是一样的，没有两个人的道路是完全一样的，思想不仅有着社会性，还有着个人性。

假如说社会关系就是阶级关系，那马克思为什么要说是"社会关系的总和"而要由丁学雷来解释一番呢？

在无阶级社会中，社会关系又是如何的呢？

社会关系仅仅是阶级关系吗？社会存在就是人的阶级地位吗？那岂不是说阶级地位决定人们的思想？

丁学雷与本文作者之间的思想观点之差异如此之大，而且丁学雷恐怕也不认为两者的本质是一样的罢。那么请丁学雷同志分析一下，两者的阶级关系有何区别？区别在那里？

丁学雷是想说，所以的无产阶级本质都是一样的。这种说法对不对呢？这种说法无异是说，只要是受过剥削的就一定具有共产主义的世界观，这种说法当然不对。

毛主席说"在阶级社会中，每一个人都在一定的阶级地位中生活，各种思想不打上阶级的烙印。"

毛主席的教导突出了阶级地位在人的社会关系中的重要性。然而有些人却理解为各种思想无不属于一定的阶级，最后得出一个结论，阶级地位决定人们的思想，"打上阶级的烙印"和"属于一定的阶级"是同一回事吗？这大约就同在某一个公司中投入股份和属于我的公司一样的关系吧。

正如伟大领袖毛主席所指出的："在阶级社会里就只有带着阶级性的人性，而没有什么超阶级的人性。"这就是对于人的本质的唯一正确的科学论断。

对于丁学雷同志的这个结论，我也完全同意，但在怎样理解上面，恐怕又有分歧了。丁学雷同志怎样理解没有写，我以为，什么叫"带着阶级性"？"带着阶级性"就是说并不是属于阶级性，就是说还可以带着其他性。在阶级社会中，人的阶级地位，阶级关系是如此重要，穷人是除了睡觉以外，整天在和穷字打交道。当然人性也就不可能不受阶级地位的影响，然而人在社会中不仅有着阶级关系，还有着其他各种错综复杂的社会关系，所以人性不仅带着阶级性，还带着其他性。

在人的社会关系中，阶级关系是一个重要方面，那么当然要在人性中反映出来。然而在无阶级社会中人性是带着什么性呢？这什么性难道仅仅是无阶级社会中才有，在有阶级社会中就不反映出来吗？

人的本质指的是什么？就我的意见，马克思所说的人的本质在其本义上指的是人的思想的总和。

人的本质，人的阶级立场，人的思想仅仅是由阶级关系，阶级地位决定的吗？

就阶级关系，阶级地位来说，纯粹的无产阶级何止千万，然而就人的本质，人的阶级立场，人的思想来说，决没有绝对的无产阶级，否则列宁，斯大林。毛主席找接班人绝不会如此困难的。

假如说阶级关系已经决定人的本质，那为什么有的人还要去学习马克思主义呢？

假如说思想仅仅是由阶级地位决定的，那么当初无产阶级革命家还有什么必要去唤醒民众的思想呢？还有什么必要去传播马克思主义呢？阶级地位已经决定了人的的本质，还需要革命家去唤醒吗？

假如阶级地位已经决定了人的思想，那现在的政府也不需要下这么多的禁令了，让毒草出笼好了，革命大批判也成了浪费笔墨，浪费纸张，成了多余的了。

假如思想仅仅是由阶级地位决定的，那无产阶级又是如何同资产阶级争夺青年的呢？给他们一个"无产阶级"的阶级地位不就得了吗？

假如说阶级地位已经决定了人们的思想，那过去的统治阶级，现在的被统治阶级又是如何制造出种种谬论来蒙蔽、愚弄群众的呢？

在阶级社会中，人的本质就是阶级的本质吗？

无产阶级的本质是什么呢？就是无产阶级的党性，那么难道受过剥削的就具有无产阶级的党性吗？

无产阶级党性还有着强与较强的区别，无产阶级立场还有着坚定与较坚定的区别，阶级的本质又怎么能说是一样的呢？

既然所有的无产阶级的本质都是一样的，无产阶级先锋队又先锋在那里呢？共产党队伍为什么不把所有的无产阶级都吸收进来呢？不是因为他们的本质，又是因为他们的什么呢？

能说一般的无产阶级群众和党员群众的思想本质是一样的吗？能说一般的工人阶级群众和无产阶级领袖的本质是一样的吗？

马克思的本质和倍倍尔，李卜克内西等一些社会民主党领导人的本质和一般群众的本质能说是一样的吗？

人的本质就是社会阶级的本质，那人群中还存在什么左中右呢？假如说无产阶级是左派，资产阶级是右派，那中间派又是指什么呢？人群中还存在什么先进落后呢。资产阶级仅仅是落后吗？落后的人们就是资产阶级吗？十岁的孩子的本质又是如何决定的呢？只要在人群中除去了资产阶级，无产阶级的先锋队内就再不存在阶级斗争了。本质相同的人会进行阶级斗争吗？

既然无产阶级的本质是一样的，为什么有的会去走上革命的道路，抛头颅洒热血为了推翻剥削制度贡献了自己的生命；有的则安分守己，为资本家勤恳工作，为自己挣的一口太平饭；有的则为了吃到一口饭，为了活下去，甚至去为资本家效劳，成为资本家手中的工具，镇压自己的本阶级呢？

那些在目前还是标准的无产阶级，而在资产阶级的严刑拷打下，美人计前就难保不成为俘虏的，他们的本质又是为何呢？

为什么有的阶级敌人能够接受社会主义改造，有的阶级敌人则顽抗到底，终于死路一条呢？他们的本质是一样的吗？

我们说不管每个反革命集团的内部纪律如何森严，攻守同盟如何坚固，总有一些人可以分化出来。那么同处于反革命集团中，会分化出来的人和顽固到底的人的本质是一样的吗？

同样是阶级敌人为什么有的会赤裸裸，有的会善于伪装呢？有的会一面派，有的会两面派呢？为什么有的会如颜卑膝，有的会成为死硬派呢？

在社会主义社会，一些青年成了反革命，成了阶级敌人，受到了专政，他们是属于什么阶级呢？他们的阶级关系是怎样呢？是新社会当家做主人，不再受压迫，受剥削，他们的本质又到底是哪一个阶级的呢？

我们经常听说无产阶级和资产阶级在争夺青年，为什么没有听到在争夺壮年或者老年呢？青年和壮年的本质又有些什么区别呢？

我们一直在说无产阶级思想，无产阶级思想，有人就以为是无产阶级所具有的思想了，这其实是一个很大的误解。

假如说无产阶级就具有无产阶级思想，那所有的无产阶级不是全等于无产阶级思想家吗？

什么是无产阶级思想呢？那就是马克思主义列宁主义，毛泽东思想。难道无产阶级就是马列主义者吗？

我们说各个不同地区的无产阶级的觉悟是有高低的，例如社会主义国家和帝国主义国家，无产阶级的思想状况就有区别，那么难道无产阶级思想也有着地区差别吗？

我们说，任何一群人中间，总是存在着左中右。排除了剥削阶级的无产阶级整个人群，他们的思想是一样的吗？这里难道就不存在着先进落后？假如存在着先进落后，那么难道无产阶级思想还要分先进的无产阶级思想和落后的无产阶级思想？

实际上，人的头脑是真理和谬谈的对立统一体，是无产阶级思想和资产阶级思想的对立统一体，没有那一个人的思想是绝对的无产阶级思想或绝对的资产阶级思想。"绝对的纯是没有的"，所差别的不过是无产阶级思想多一些，资产阶级思想少一些，所差别的，不过是那一种思想占主要方面。

我们说各种思想无不打上阶级的烙印，事实上没有哪一个无产阶级的思想是绝对的无产阶级思想，是不打上剥削阶级的烙印的。我们说"每一个人都在一定的阶级地位中生活，各种思想无不打上阶级的烙印。"事实上，剥削阶级的思想影响遍及于社会的每个角落，每一个人的生长过程中的每一瞬间的生活环境，都存在剥削阶级思想与无产阶级思想的斗争。

假如说存在着这样一个人，他的思想是纯粹的无产阶级思想。那么就他个人来说还存在不存在思想斗争呢？他还需要不需要自我改造呢？是改造什么呢？

假如存在着这样一种人，他的思想是绝对的无产阶级思想，那么我想自然界也一定能找出绝对真空，也一定能找出绝对零度，还有许许多多绝对的东西。

从这样的意义上来说，人的本质就是阶级的本质，就成为违反辩证法、违反唯物主义的谬论了。

假如说无产阶级的本质都是一样的，那么地球上决不会存在阶级社会。无产阶级的本质就是不愿意受剥削，坚决的反抗剥削制度，那剥削制度怎么还会存在这么多日子呢？假如说无产阶级的本质都是一样的，那资产阶级的权力又是来自何方呢？它的统治又是建筑在什么基础上呢？它用以巩固维护统治的专政机器又是建筑在什么基础上呢？是依靠5%的人形成的专政机器吗？

"马克思主义的哲学认为对立统一规律是宇宙的根本规律。这个规律不论在自然界，人类社会和人们的思想中，都是普遍存在的。矛盾着的对立面又统一，又斗争，由此推动事物的运动和变化。"在人的头脑里，作为矛盾的双方的无产阶级思想和资产阶级思想是无时无刻不在进行斗争。没有哪一个人是不存在思想斗争的。两种思想不断的有所增加，有所减少，人也是这样成长变化的。没有一个人的思想是同他数年前的思想完全一致的，没有一个人的思想是同他数月前的思想完全一致的，甚至没有一个人的思想是同他数天前的思想完全一致的。在一定的条件下，矛盾的双方会向相反的方面转化，非主要方面会上升为主要方面，主要方面会下降为非主要方面，这时我们就说人的阶级立场，人的本质起了变化。这就是从量变到质变的关系。

工人阶级也要不断的改造世界观，是改造什么呢？就是逐步的克服头脑里的资产阶级思想，工人阶级也要进行批评和自我批评，又是批评什么呢？就是批评通过行动所暴露出来的资产阶级思想。有那一个无产阶级不需要改造世界观呢？有哪一个无产阶级不需要进行批评和自我批评呢？

在旧社会，存在着一种人，叫做开明绅士，他们也就是剥削阶级中的无产阶级思想多一些的人，只要不是拿为剥削阶级辩护等等罪名来吓人，只要不是闭着眼睛瞎说一通，我们可以发觉剥削阶级分子的本质并非完全一样的，他们的思想状况也是有区别的。

为什么有的剥削阶级能够改造好，有的则顽固不化呢？为什么反革命集团中有的会缴械投降，坦白交代，有的则顽抗到底的?为什么在敌人的法庭上，有的人会坚贞不屈，有的则屈膝投降了呢？这就是说他们的思想状况是不同的。

我们对剥削阶级的政策是通过劳动使其改造成为新人，这就是制造一定的条件，促使他头脑里矛盾的双方向相反的方面转化。

资产阶级在同无产阶级争夺青年，想把无产阶级青年拖下水，这就是施以种种影响，使这些青年头脑里矛盾的双方向另一方面转化。

丁学雷同志在文中还说"还要不要改造世界观呢？"这里再来谈谈改造世界观问题。其实就因为社会关系并非仅仅是阶级关系，社会是时时在发生变化，各种思潮、各种运动、各种人物、各种事件，层出不穷，人的思想的两个侧面也不是静止不变，而是永远在进行着斗争，人的世界观也不是静止不变而是永远在改变的，有谁的世界观是不曾改变过的呢？

所差别的不过是有意识还是无意识，不过是主观上自觉朝着某一个方向努力还是任凭着它自由发展。

为什么有的人会孜孜不倦的进行刻苦学习，有的人则自以为是，学习松懈，不求上进？这自然是外界环境从小培养起的，也就是社会关系所决定的。同样，为什么有的人会努力的改造自己的世界观，有的人则对自己抱着自由主义，过一天和尚撞一天钟呢？这仍然是社会关系所决定的。

我们说世界观本来就是社会存在所决定的，改造以后的世界观仍然是社会存在所决定的。

毛主席说："无产阶级要按照自己的世界观改造世界，资产阶级也要按照自己的世界观改造世界。"

其实每一个人都在按照自己的世界观改造世界，所差别的不过是自觉与不自觉。想发财的总希望存在着一个剥削制度，图安乐的总希望减少些摩擦，有野心的总希望社会越乱越好。

实际上，由于人的头脑是无产阶级世界观和资产阶级世界观的对立统一体，所以人往往是在某些方面按照无产阶级世界观改造世界，而在另一些方面则是按照资产阶级世界观改造世界。

即使是无产阶级革命家罢，他在当权以后也有可能实行对无产阶级说来是错误的政策。而这也可以说是在按照资产阶级世界观改造世界。

我们说，人的一言一行非有利于无产阶级就有利于资产阶级，这是确实的，但是实际上往往是如此，他的部分言行有利于无产阶级（当然可能是绝大部分）而另一部分则是有利于资产阶级的。

毛主席说：一个人做点好事并不难，一辈子做好事不做坏事，这才是最难最难的啊。那么我们也可以说一个人在某些方面按照无产阶级世界观改造世界并不难，难的是一辈子按照无产阶级世界观改造世界

譬如，养子防老是资产阶级思想。那么难道工人阶级中间就没有养子防老的思想吗？说服子女服从祖国分配，到最艰苦的地方去是按照无产阶级世界观改造世界，那么无产阶级中就没有人拖子女的后腿吗？

有些无产阶级一直在宣扬以我为核心的思想，这难道不是在按照资产阶级世界观改造世界吗？

一个人对于现实总会发发自己的议论，或者这样很好，或者那样更好，或者这样不好。我们也可以说无产阶级做的事总是对无产阶级有利的，资产阶级做的事总是对资产阶级有利的。但是对具体的人来说，说他一辈子有益于人民就难说了。

有人说，世界上决没有超阶级的爱，爱无产阶级就不爱资产阶级，爱资产阶级就不爱无产阶级。这话并不完全对。

首先，爱本身是一个相对的概念，相对于深切的热烈的爱来说，我们就可以说不深切的不热烈的爱是不爱。

这些人在批判超阶级的爱。所谓超阶级的爱，就是说爱是没有阶级性的。这是什么阶级的思想呢？无产阶级思想以批判者为代表，诚然是不赞成的，资产阶级又怎么会赞成超阶级的爱呢？他们会赞成爱无产阶级吗？假如说超阶级的爱是地主资产阶级的人性论，那么对无产阶级恨之入骨的又是哪一个阶级的阶级论呢？这些人不是在批判超阶级的思想吗？这些人不是在和超阶级的人做斗争吗？主张超阶级的爱的人有没有呢？假如没有，是批判什么呢？假如有，那这些人不成了超阶级的人了吗?。

有的人恨两面派比恨一面派来得厉害。有的人恨叭儿狗比恨大狼狗来得厉害。

在新社会，为什么有些青年对剥削阶级分子"恨不起来"呢？按照这些同志的逻辑，这正说明他对无产阶级恨得起来吧！

　　在历史上，象杜甫象白居易等许许多多所能列举出来的人及他们所代表者的更大一群人，他们同情无产阶级，那么难道他们就不爱资产阶级了吗？难道"同情"和"爱"是不搭界的吗？

　　鲁迅先生的一段语录："贾府上的焦大也不爱林妹妹的"是已经成为某些人驳斥超阶级的爱的有力武器了，鲁迅先生的话诚然是不错的，它说明思想是社会存在的反映，爱是同阶级关系有关的，然而我想假如鲁迅先生知道他这段语录所起的作用是如此，那么他一定会用三段式说："我之所谓焦大不爱林妹妹，原意不过是说。。。然而有人却以为。。。其实。。。"须知贾府上的焦大诚然是不爱林妹妹的，然而贾府上的晴雯不是爱着宝哥哥吗？

　　世上决没有无缘无故的爱，也没有无缘无故的恨。有人说："从人类分化为阶级以后，就没有过这种统一的爱。""真正的人类之爱是会有的。那是在全世界消灭了阶级以后。阶级使社会分化为许多对立体。阶级消灭后，那时就有了整个的人类之爱。"

　　爱无产阶级就不爱资产阶级，爱资产阶级就不爱无产阶级。爱无产阶级的人也许有着罢，很多人都是这样标榜的。爱资产阶级的人却是没有的。资产阶级社会中，虚伪欺骗、自由竞争、相互倾轧、以诱奸他人的妻子为最大的乐趣，甚至为了金钱和遗产可以杀死自己的母亲。又那里谈得上爱？

　　其实，即使在无阶级社会中，即使在阶级消灭以后，仍然是没有人类之爱的。有爱就有恨。假如一个人的感情里只有爱而没有恨，这成了什么样的人呢？在阶级消灭以后，仍然存在着斗争，矛盾是绝对的。那时的人们仍然不能"爱社会的丑恶现象"。这是人们的常识。那时即使有所谓的圣人贤人喜欢提倡这个东西，也仍然是"没有实行过"。如果说那时的爱同现在的爱程度上是不同的，性质也并非完全一样。那到是正确的。因为作为社会存在的反映的思想本来就是有着时代性的。

爱无产阶级就不爱资产阶级。无产阶级中有没有成为叛徒的呢？成为叛徒之前爱无产阶级，成为叛徒之后爱资产阶级。有这种怪事吗？

那些青年，他明明爱无产阶级不爱资产阶级，又怎么会受资产阶级的影响，被资产阶级争夺过去呢？

有些人在批判资产阶级人性论：

"现在没有人类之爱是因为我们不能爱敌人不能爱社会的丑恶现象，我们的目的是消灭这些东西，这是人们的常识。"但是难道到了共产主义社会，我们就能爱社会的丑恶现象了么？难道忘记了"任何时候总会有错误的东西存在，总会有丑恶的现象存在"这条真理么？难道共产主义社会就不存在矛盾了，就不需要发展了？

"阶级使社会 分化为许多对立体。阶级消灭后，那时，就有了整个的人类之爱，但是现在还没有。"好像阶级消灭后，社会就统一了就没有对立体了。难道忘了"在人类社会和自然界，统一体总要分解为不同的部分，只是在不同的具体条件下，内容不同，形式不同罢了。"这一条真理么？

有那么一些人，一直在宣扬爱是有阶级性的，宣扬自己是爱无产阶级的，是爱穷人的，爱受剥削者的。然而你们果真爱无产阶级吗？不，母亲把人分成了儿子和非儿子，然而在儿子中，她也有这偏爱。无产阶级中有着各种各样的人，你们所爱的就是那些吃过大苦的，对你们感激涕零的，吃得起大苦的，你们把他们放在那里就放在那里，要他们干什么就干什么，你们所爱的就是只会对你们歌功颂德的，没有头脑不会思考的，你们说一就不说二，以你们的指示为最高指示的或者说是具有阶级斗争头脑的，会和不听话的人进行阶级斗争的。你们对长着自己的脑袋的，对你们的话总要经过自己思考的，经常要提出非难的，想不通、不理解的，没有进行过剥削的非剥削者也会"爱"？会不把他们打成反革命么？

爱和恨本是就是每一个人所具有的感情。不肯爱整个人类，要恨某些人，完全可以。完全是各人个人的事。但是问题是，恨了之后怎么办？我在这里写文章，也不想博得人们的爱，总是要触到人们的痛处的，总是要引起人们的仇恨的。但是因为我触到了某些人的痛处，某些人就有权将我杀死吗？

所谓爱是有阶级性的，就是说世界上所有的家庭都是和睦的，一个家庭中的阶级关系不同的家庭大约还不多吧。一个人要爱他的本阶级，当然首先必须爱它的家庭。

对于有人发表了和自己不同的观点，对于有人不听自己的话，对于有人破坏了自己统一起来的思想，辛苦经营的秩序，对于有人不肯顺着自己的指挥棒，对于有人要对自己位置很安稳的现状要有不满，要恨，不肯恩赐人类之爱，完全可以。问题是恨了以后怎么办？恨了就有资格吧别人宣判为资产阶级、宣判为反革命了吗？因为别人和自己意见不同就可以说别人是进行剥削，是资产阶级，因为别人和自己观点不同就可以说别人是破坏社会主义建设是反革命吗？能因为别人和自己的思想不同，能因为自己恨别人，就对别人实行专政吗？那为什么不说我恨谁就可以杀谁呢？

恨了就可以对别人实行专政吗？鲁迅对当时的资产阶级文人、叭儿狗是恨的，鲁迅也只不过是揭露他们，把他们暴露在光天化日之下。难道恨了就一定要采取种种手段行使种种权力，只别人于死地吗？恩格斯也恨杜林，然而恩格斯说要对他遵守文字论战的规则呢！

你们不实行人类之爱，完全可以，没有人会强求你们的爱，乞求你们施舍一点爱给他们，他们所希望的是你们做事能够公正，做事能够讲点道理。而不是凭自己的感情用事。"我恨你们"，要实行专政吗？拿出证据来，拿出罪状来；乱扣资产阶级，阶级敌人，反革命的帽子是不行的。

我们说阶级地位，阶级关系是决定人的本质，决定人的阶级立场的一个重要方面。然而首先，阶级地位，阶级关系本身就是相对而存在的。

有的人说，人的阶级地位、阶级关系就是剥削阶级和被剥削阶级，穷人和富人。在他们看来，社会何其简单，两个阶级通过专政的桥梁就构成了社会。

诚然，在过去的一切剥削制度的社会里，不是剥削人就是受别人剥削，既不剥削人也不受人剥削的人，即使有把，也是极少的，人确实总是处在一定的阶级地位，阶级关系。

然而无论在剥削阶级中间还是在被剥削阶级中间，剥削与被剥削的程度都是千差万别的。这差别决不能忽视，而用两个词，剥削阶级与被剥削阶级来掩盖。在阶级社会里，有着曾经受过剥削而现在则在剥削别人的，或者曾经剥削过别人而现在正在受别人剥削的，有受到的剥削多于所进行的剥削的，有进行的剥削多于受到的剥削的，有虽然受到剥削但却是为剥削制度服务的，有。。。所有这些阶级地位，阶级关系究竟应该怎样划分呢？

有人说天下乌鸦一般黑，他们说，东山老虎吃人，西山老虎也吃人。这种比喻当然不恰当。

西藏的农奴主和南方的中小地主能说是一般黑吗？斯巴达克时代的奴隶主和资本主义社会的农场主能说是一般黑吗？假如说凡剥削制度社会里的剥削阶级全是一样黑的话，那社会的进化又体现在哪里呢？老实说，西藏的农奴成为其他地方的农民时，他们的感觉决不会是一样的。所以我们只有看到西藏的农奴往外面逃，而没有看到其他地方的农民往西藏逃。假如是天下乌鸦一般黑，那为什么人们要千里迢迢到四川去参观刘文彩的庄园呢？难道他们那里没有乌鸦？难道不是刘文彩这只乌鸦比其他的乌鸦更黑？农奴制度尚且有野蛮与极端野蛮的区别，乌鸦又怎么会没有黑与较黑的区别呢？

正如我们说世界上没有两个人的思想是完全一样的，世界上没有两只乌鸦是完全一般黑的。世界上也没有两个剥削阶级在剥削的酷烈的程度，在剥削的方法，剥削的手段上是完全一样的

毛主席说"对于恶霸与非恶霸，对于大、中、小地主在待遇上要实行区别。"假如这些老虎是一样的吃人那又要区别些什么呢？

我们说农村里的人可以划分为雇农，贫农，下中农，富裕中农，富农，地主。假如是天下乌鸦一般黑，那又何必分得这么细呢？分成剥削阶级与被剥削阶级不就够了吗？民族资产阶级和买办资产阶级他们的阶级关系能说是相同的吗？中农是属于什么阶级呢？城市里一般的

小职员又是属于什么阶级呢？能不能说有过剥削行为的就是老虎?略微有些剥削行为的富裕中农与靠剥削卫生的地主这两种老虎能说是一样的吃人吗？

假如说老虎是一样的吃人，那资产阶级的两重性又是如何体现的呢？

我们说人的阶级关系是会起变化的。一些平民手段厉害些，会剥削起家，也有一些剥削阶级会混不下去，跌了下来。那么他们的变化难道是老虎和人之间的变化吗？

在清理阶级队伍的时候有一种推一把可以过来的人，那么这种人岂不成了推一把变成老虎，拉一把变成人的怪物。

能说一百元中收取十元的利润和一百元中榨取九十元的利润是同样的吃人吗？能说必欲把人逼上死路和仅仅榨取一定的利润是同样的吃人吗？

鲁迅先生在论及人的阶级性时，有一段极妙的比喻："人体的胖和瘦在理论上是该有不胖不瘦的第三种人的，然而事实上并没有。一加比较，非近于胖，就近于瘦。"

那么以怎样的程度作为标准呢？比他胖的就作为近于胖，比他瘦的就作为近于瘦。人虽然有穷人和富人，然而以多少财产作为标准呢？小康人家和大买办阶级能说是一样富吗？穷和富总是相对的，各个不同时期各个不同地区的标准又是不同的，所谓"近于"者本身就体现了相对的意思

有如同有些人在论及人的阶级性时所说"人不是穷人就是富人，不属于无产阶级就属于剥削阶级，没有超阶级的人存在"一样，如果人不是胖子就是瘦子，没有不胖不瘦的第三种人存在，倒也是蛮有趣的。

人的本质确实是存在着阶级性的，然而人的本质的阶级性主要的是体现在什么地方呢？人的思想确实在很大程度上决定于人的阶级关系，然而人的思想究竟是指的那一方面呢？

这里准备分三个方面来谈。

对待剥削的态度。

社会主义制度是消灭了人剥削人的制度，在社会主义制度下，阶级地位与阶级立场的关系是怎样的呢？

解放了的阶级------无产阶级，农民阶级，从剥削制度的枷锁下解放出来，翻了身，作了主人，坚决走社会主义道路。

改造中的剥削阶级----剥削阶级中认识到剥削的可耻，并且愿意同剥削断绝关系，愿意走社会主义道路。

顽固的剥削阶级-----不愿意放弃剥削这一生活方式，千方百计想恢复过去的天堂，时时刻刻在伺机复辟。

对社会主义制度的三种思想态度。

无产阶级思想-----高瞻远瞩，认识到社会主义发展规律，为了本阶级的利益，坚决走社会主义道路，坚决维护无产阶级专政，决不允许资本主义复辟，决不允许劳动人民吃二遍苦受二遍罪。

小市民思想-----按劳取酬，认识到剥削的可耻，用自己的劳动来为自己谋福利，向往着美好的小家庭生活。这种思想有向剥削阶级思想转化的可能性，对无产阶级专政有腐蚀作用，一些资产阶级的学者、权威大都是这种思想的具有者。

剥削阶级思想--------认为自己有资格（大多指继承权）或手段进行剥削，认为自己在自由竞争中是强者，向往着奢侈的花天酒地的生活，劳动收入不足挥霍，向往着一本万利的利润。向往着不劳而获，希望恢复剥削制度，与顽固的剥削阶级结合起来，成为社会主义的敌人。

我想在人的思想的各个方面中，对剥削的态度应该是与阶级关系联系最大的罢，然而即使是对剥削的态度也并非完全是由阶级关系所决定的。无产阶级中也有着一心想往上爬，想发财致富，成为小资产者的，他们的阶级本质又是怎样的呢？

老实说，在阶级社会中，若有机会能爬上资产者的地位而固守无产阶级的贫穷的，这样的人还是不多的，不然也不会有这么多的工人党共产党组织蜕变了。

资产阶级中，固然没有人肯受剥削，然而以傅立叶，欧文为代表的资产者的本质难道就是一般的资产阶级的本质吗？

对革命的态度。

即是说是不是赞成以暴力推翻剥削阶级制度，并参加到其中去。有人以为无产阶级对革命的态度就是赞成、拥护、参加，这其实也是一种阶级的偏见。首先，赞成和参加是两回事，是不能等同起来的，赞成的而不参加的要比赞成而参加的，我想应该是多。假如真如他们所说，无产阶级对革命的态度就是赞成、拥护、参加，假如真如他们所说，不怕死的彻底硬骨头精神是属于无产阶级的，是无产阶级所有的，那么革命早就成功了，共产主义早就到来了。

反革命的军队是谁组成的？很多为资产阶级专政效劳的工具是谁组成的？是无产阶级。无产阶级即使在反革命的军队内部，仍然是遭受压迫的，然而他们却是为资产阶级政权服务的。

老实说，如果没有这么多无产阶级为剥削制度效劳，没有无产阶级受它的蒙蔽，没有无产阶级只是为了"活下去"，不管什么革命不革命，那么资产阶级政权早就完蛋啦。

无产阶级中但求吃口太平饭，莫要惹事生非，人生第一要素是活下来，第二要素才是活得好些，非到万不得已被逼得走投无路的情况下不起来造反的人多得很呢！

一些资本主义国家帝国主义国家的人民就是到现在还没有起来革命嘛。

世界观。

即是说指的是对世界总的看法，是唯物主义还是唯心主义，是辩证的还是形而上学的，还是用先验论用宿命论看待问题。

有些人说世界观是有阶级性的。所谓唯心主义、形而上学、先验论统统的都是属于资产阶级世界观。其实这都是不对的。人的世界观和阶级关系的搭界其实是不多的，而主要决定于其他的社会关系。

有些人说到唯心主义的时候，一定要说资产阶级唯心主义，以为这就是哲学的阶级性吧。其实，哲学上的斗争是从人类有文字历史的时候就开始的，难道说哲学上的斗争就是无产阶级的唯物主义和资产阶级的唯心主义的斗争吗？难道那"时的唯物主义者也是属于无产阶级的吗？费尔巴哈等许许多多的人能说是无产阶级吗？无产阶级连自身的温饱都顾不及还顾得上教育吗？"当然更顾不上哲学了。假如唯物主义果真是属于无产阶级的，那么哲学也不需要了。

　　假如唯心主义是属于资产阶级的，那么作为唯心主义典型的宗教迷信更应该属于资产阶级，应该称为资产阶级宗教吧。列宁说："被剥削阶级在跟剥削阶级斗争时的软弱无力，必然会产生对优美的来世生活的信仰，正如野蛮人在跟大自然斗争时的软弱无力会产生对上帝魔鬼奇迹等的信仰一样。"

　　由于无产阶级的阶级地位，其实倒是很容易产生或者接受宿命论观点的。

　　还要谈到一点，人人都是按自己的世界观改造世界，世界观又是有阶级性的。而按资产阶级世界观改造世界与千方百计搞复辟，以夺回他们失去的天堂是两回事。

　　有的人总喜欢在"思想"两字上打上阶级的印记。任何思想任何观点总要分一分类，这是无产阶级，这是资产阶级。譬如唯心主义是资产阶级的，唯物主义是无产阶级的。真理是有阶级性的是无产阶级的观点，抹杀真理的阶级性则是资产阶级的手法。任何思想，任何观点都是有阶级性的吗？那在无阶级i社会里，思想观点又应该具有什么性呢？为什么这"什么性"不在阶级社会中体现出来呢？正因为社会是复杂的，社会关系并不仅仅是阶级关系，思想观点也并不都和阶级地位搭界的，例如有些人认为现在的地富反坏右老实了，这是什么阶级的思想呢？无产阶级会认为他们老实的吗？剥削阶级也不会，他们是日日夜夜伺机复辟，又怎么会认为自己老实的呢？

　　譬如有些人喜欢看一些艺术性高的作品，对政治内容注意较少，于是就遭到了这些人的批判。"任何阶级社会中的任何阶级，总是以政治标准放在第一位，以艺术标准放在第二位的"。但是他们就是喜欢艺术性高的，你说这是什么阶级的思想呀？

有些人以为带着资产阶级头衔的就是无产阶级的对立面，譬如资产阶级思想、资产阶级人性论，其实这也是错误的。阶级也要作具体分析。中国的资产阶级是具有两重性的，这个两重性又是如何体现在资产阶级思想资产阶级人性论中的呢？既然中国的资产阶级和帝国主义国家的资产阶级是有区别的，那么作为中国的资产阶级思想难道就没有其特点吗？我们说各种思想无不打上阶级的烙印，就是说阶级具有什么特点也应该反映在代表这个阶级的思想里，中国的资产阶级也曾经是受压迫的，这在这个阶级的思想里又是如何得到反映的呢？

当资产阶级还是革命进步的时候，它的这个性质又是如何体现在资产阶级思想、资产阶级人性论中的呢？

前面已经说到人的本质、人的思想是多种多样的，有些地方也谈不上什么阶级性，只不过是这些方面是正确的那些方面是错误的。譬如有的人在斗争各方面都比别人英雄，但在女人面前就成了狗熊；有很多坚定的相信、真正的领会马列主义学说的，有时候也会露出资产阶级、小资产阶级的思想感情；有的人身受残酷剥削而相信宿命论的唯心主义观点，安于自己所遭受的命运；有的人对所受的命运是强烈的不满，但是不肯起来革命，怕担风险怕丢脑袋；很多人在某些方面是坚定的站在无产阶级一面，有些时候又会不自觉的成了资产阶级的辩护士；很多人在某些方面是坚定的站在毛主席革命路线一边，但是有的时候却又统统干出和毛主席革命路线所违背的事。总之世界是充满着矛盾的，是错综复杂的，人的思想也是错综复杂的。

这里还要说到人的思想的任何一方面都是相对而存在的。

人的立场有坚定的，不坚定的，或者说某人的立场是坚定的，但是和另一个人比起来就显得不坚定了。

人的感情、人的爱是相对的，有感情深刻的，愿意为之贡献出生命的，有感情浮浅，紧要关头只为自己个人考虑的。

对革命的态度有坚决、不坚决或者比较坚决，是相对的。有较少一点刑罚还肯忍受，刑罚一多就成为叛徒的。

对剥削阶级的恨是相对的，有必欲置之于死地的，有他人之祸福与己无关的，有看到别人吃苦时不忍心了，会起怜悯之心的。

世界观、唯心主义、宿命论思想无一不是相对的，或者我们说中了宿命论观点的流毒有深浅。所以有的世界观比较容易改造，有的则不太容易改造，中毒太深之故。

对剥削阶级的态度是相对的。有坚决反对剥削的，有认为剥削是太重，轻一点也就算了的。

既然人的思想的任何一个方面都是相对存在的，人的本质当然也是相对存在的。在这个意义上，人的本质就是阶级的本质也就落空了。

人的观点、意见、主张在任何一个方面都是相对的。有坚决主张、有比较动摇、有比较容易放弃自己的观点接受别人的观点的，有硬是想不通的。

很多做思想工作的同志对于这相对性恐怕有很深的认识吧。有的做了一点就通的，有的做了很多就通的，有硬是不通连做思想工作的同志也感到灰心了。学习了主席教导继续做下去终于通了的。

在谈到人的阶级性的时候，还要说一点欺骗和愚弄。

有的人总喜欢说，几千年来封建地主阶级制造了种种反革命谬论来欺骗愚弄群众。这真是把几千年来的统治阶级和被统治阶级的关系理解为愚弄和被愚弄的关系了。

诚然，几千年来劳动人民连温饱都顾不及，更谈不上文化，统治阶级占据了文化，有可能寻找出种种为剥削辩护的理论。劳动人民中也有受了影响的，任何一个人拳头伸到别人头上，总会找寻出理由，也难免有人会受骗。

但是为什么几千年来劳动人民就没有宣传革命真理去——不说是欺骗愚弄，就说是影响罢——影响地主资产阶级呢？

还是让我们换一种说法，世界上本来就是充满着矛盾，充满着斗争的。每个人都在坚持着、宣传者自己认为合理的观点、意见，每个人都是按照自己的世界观改造着世界。所以其实也谈不上什么欺骗愚弄，不过是宣扬着自己所坚持剥削阶级思想体系罢了。假如说是欺骗，有的劳苦大众受了骗、中了毒，也去宣扬一种剥削合理的理论来，我们能说他也是想欺骗劳动人民吗？

还有人说什么某人中了什么什么的流毒，譬如中了无政府主义的流毒。这种说法也是不正确的。社会是充满着矛盾，充满着斗争的社会，是充满了各种思潮各种主义的斗争的，而一个人就是在这中间成长，总是由他本身原有的意识加上外界的有利条件，接受一个新的观点，或者是接受的多一点，少一点，或者是牢固一点，肤浅一点。本义到也无所谓中毒。假如说接受这一种观点是中了毒，那么接受了其他观点又该称作什么呢？

自然这种说法也不是十分勉强。不过要指出，在世界上能够永远在矛盾的斗争中站在正确的一方面，能够永远不中毒的人，大概是找不大到的。

这些同志说起话来总是"我们无产阶级"如何如何，又是你们资产阶级如何如何。既然思想观点都是有着阶级性的，那么当然"我们无产阶级"在任何一方面总是代表着真善美的。

这些同志说对那些毒草影片，资产阶级认为它艺术性很强，在"我们无产阶级"的眼中是一钱不值。这些同志可惜太晚了一点。在那些资产阶级大肆吹捧毒草影片的时候，你们怎么不站出来说话呢？按照这些同志的逻辑，资产阶级都把刘少奇的《修养》当圣经读，无产阶级则总是把《修养》从窗口丢进垃圾堆里去。按照这些同志的逻辑，大树特树绝对权威的只有资产阶级，按照这些同志的逻辑，总有一天你们资产阶级即使是反革命两面派站在你们面前你们也看不出来。我们无产阶级是用毛泽东思想武装起来的，对那些伪装的马克思主义者一眼就能看穿，谁也逃不过我们的眼睛。

这种说法只不过是堵住对方的嘴罢了。再说这些毒草影片艺术性高，岂不又要成了资产阶级或者资产阶级的辩护士，岂不又要受到专政。

那些自称"我们无产阶级"的人们，你们身上具有无产阶级的一切，你们是有具有无产阶级的本性，具有坚定的无产阶级立场，在敌人面前你们不会成为叛徒，资产阶级的眼泪蒙蔽不住你们的眼睛。你们爱无产阶级，不爱资产阶级，你们坚持用无产阶级世界观改造世界。你们懂得无产阶级的辩证法，你们和所有的资产阶级谬论进行了激烈的斗争，你们的思想观改造得很彻底了。来来来，你们是谁?站出来亮亮相么。无产阶级我也看到不少了，白脸儿瘦个儿都是自称是无产阶级。如今你们才是真正的无产阶级，你们怎么不为无产阶级和人民大众去掌权呢？怎么只有看你们进行革命大批判，再不看到你们干其他什么事了？有人说人才是革命的宝，有人说干部是革命的宝，我看你们这批宝货才是真正的宝。世界上像你们这样标准的无产阶级还是不多的。只是你们的架子很大，除了看到你们给别人戴了几顶资产阶级的帽子，进行了所谓的阶级斗争以外，再不肯干其他的事了。

"我们无产阶级"，若在一般的情况下是可以把他们当作精神病来看待的。应该劝告他们，你们身上也有着非无产阶级的一面的，还是要改造世界观的，不是拾到鸡毛当令箭，把自己所想的就当成真理，还是经过一下实践的检验吧。肯听自然是好的，不肯听，碰壁失败的也仍然是他们自己。但现在老实说有点麻烦，因为他们手中有权，有镇压思想观点立场和他们，或者说本质和他们不同的，而不管阶级关系如何的人的权。这实在是件麻烦的事。

真理的阶级性

真理是有阶级性的吗?

世界说,宇宙中,唯一的,只存在着一条真理。这就是马克思列宁主义,毛泽东思想。此外,绝对不存在什么反马克思主义的,反毛泽东思想的真理,绝对不存在什么资产阶级真理之类的东西。

"真理是客观的,真理只有一个,而究竟谁发现了真理,不依靠主观的夸张,而依靠客观的实践,只有千百万人民的革命实践,才是检验真理的尺度。"

然而有人说,真理是有阶级性的,存在着一条"资产阶级真理"。

资产阶级能拥有真理吗?由于资产阶级是占全人口5%的一小撮人的剥削阶级,就决定了他们不能拥有真理。

"在当今时代,只有无产阶级才能掌握真理,因为无产阶级的阶级利益和客观规律完全一致。反动的腐朽的资产阶级,早已和真理绝缘。"请问,资产阶级真理来自何方?

资产阶级一直用他们的"资产阶级真理"来解释世界,然而他们总是碰壁。请问,难道存在着一直碰壁的真理吗?资产阶级一直用他们的"资产阶级真理"来同伟大的马克思列宁主义,毛泽东思想较量,然而他们总是失败。请问,难道存在着总是失败的真理吗?

马克思主义认为,社会发展规律是原始社会------奴隶社会------封建社会------资本主义社会------共产主义社会。那么请问,难道社会发展规律是有阶级性的,除此之外,还存在着一条资产阶级规律?

毛主席说:"凡要推翻一个政权,总要先造成舆论,总要先做意识形态方面的工作,革命的阶级是这样,反革命的阶级也是这样。"难道这只是一条无产阶级的真理,相对的,还存在一条资产阶级的真理?

真理的兄弟是事实。我们也可以说,事实是客观事物的存在属性,而真理是客观事物的运动属性,即客观事物的规律性。真理是事实的概括,真理是从过去的现在的事实找出事物的规律性。它指出了将来的事实。所以一种理论是否真理，必须受到实践的检验。如果说，真理是有阶级性的，那么，事实是否有阶级性呢？

真理是有阶级性的。那么请问:什么是真理?是反映了客观事物发展规律的才是真理呢?还是因为某些人认为它是真理就成为真理的?

真理究竟是客观存在的呢?还是以人们的主观意志为转移的?假如说真理是客观存在的，是不以人们的主观意志为转移的。那么又有什么阶级性可言呢?假如说真理是有阶级性的，那当然是说真理是以人们的主观意志为转移的。马克思主义在无产阶级这里是真理，到了资产阶级那边就成了谬论。"对，就是这话。"我的敌人也许会高兴。莫急，是马克思主义到了资产阶级那里本身变成了与事实不符，变成了谬论呢?还是说，只是资产阶级把它当成了谬论?这是不可混淆的。假如是后一种，那当然还没有否认马克思主义在资产阶级那里也是真理，并没有变成谬论。马克思主义是放之四海而皆准的真理。

我们说，志气是有阶级性的，爱是有阶级性的，思想是有阶级性的。因为这些都是主观的东西，是要随着不同的人，随着不同阶级的人而改变的，所以说它是有阶级性的。真理怎么会有阶级性呢?因为我认为它是真理就成为"我的"真理?因为伽里略认为是地球围着太阳转，这就成为伽里略的真理?因为很多人认为世界上有鬼神，这就成为"很多人的"真理?我们听到过很多某某人的志气，某某人的爱，某某人的思想，似乎没有听到过某某人的真理。从来我们只有听到过以某人名字命名的XX定理，XX思想，XX理论，XX主义，从来不曾听到过有XX真理，想必它现在要出现了。

假如真理是有阶级性的，那又何以谈得上追求真理发现真理呢?每个人总是属于一定的阶级的，总是有着他不阶级的真理，他还要去追求什么真理，发现什么真理呢？莫非他是新生阶级的第一人，没有他本阶级的真理?还需要去追求真理？假如真理是有阶级性的，那又何必要接受客观实践的检验呢:只要"认为"它是真理就够了。假如真理是有阶级性的，那你又要和我争些什么呢?你有你的真理，我有我的真理，互不干涉，各得其所，争又能争出什么名堂来呢？

凡是客观存在的东西都是没有阶级性的，这又是一条没有阶级性的真理。

正因为真理是没有阶级性的，所以真理才会不断地被发现，才会真理的队伍不断地发展壮大，才会真理越辩越明，才会真理必胜！

"马克思主义认为，只有人们社会的实践，才是人们对于外界认识的真理性的标准。"

毛主席在《实践论》中说："判断认识或理论是否真理，不是依靠主观觉得如何而定，而是依客观上社会实践的结果如何而定。真理的标准只能是社会的实践。"

毛主席说："马克思列宁主义之所以被称为真理，也不但在于马克思，恩格斯，列宁，斯大林等人科学地构成这些学说的时候，而且在于为而后革命的阶级斗争和民族斗争的实践所证实的时候。辩证唯物主义之所以成为普遍真理，在于经过无论什么人的实践，都不能逃出它的范围。人类认识的实践告诉我们，许多理论的真理性是不完全的，经过了实践的检验而纠正了它们的不完全性。许多理论是错误的，经过了实践的检验而纠正其错误。"

那么请问那些认为真理是有阶级性的先生们，这些真理性不完全的理论，这些错误的理论又是哪一个阶级的真理呢？是无产阶级的真理吗？无产阶级的真理会"不完全"，会"错误"，会有待于"纠正"吗？是资产阶级的真理吗？资产阶级的真理"不完全"和"错误"会"纠正"过来吗？据说斯大林的学说中也有极小部分是不正确的，那么这又是哪一个阶级的真理呢？看来，是斯大林真理总不会错的。

辩证唯物主义的认识论，辩证唯物主义的知行统一观认为："通过实践而发现真理，又通过实践而证实真理和发展真理。"这里说到了真理的阶级性吗？没有。

为什么说真理是有阶级性的呢？有人说，什么藤结什么瓜，什么阶级说什么话。真理和谬论，不同的阶级从来就有不同的看法。资产阶级所坚持的真理，正是我们所要反对的谬论。所以-----得出了结论：

真理是有阶级性的。也就是是，资产阶级有着真理的标准，无产阶级有着真理的标准，并且这标准是不同的。所以说，真理是有阶级性的。

这句话错在什么地方呢？真理是客观的，是不随人的主观意志为转移的。所以是没有阶级性的。真理的标准则是主观的，是随着人的主观意志为转移的。这里的概念混淆起来了。如此，我们只能说，真理的标准是有阶级性的，怎么能说真理是有阶级性的呢？真理总共只有一条，又有什么阶级性可言？

我和你真理的标准不同，能说我和你的真理不同吗？

资产阶级有着真理的标准，就存在着资产阶级真理。那么地主阶级也有着真理的标准，并且这两者是有差异的，那么难道还存在着一条地主阶级的真理。再说下去，社会上还有一个农民阶级，于是还存在着一条农民阶级真理？

毛主席说："在阶级存在的条件下，有多少阶级就有多少主义，甚至一个阶级的各个集团中还各有各的主义。现在封建阶级有封建主义，资产阶级有资本主义，佛教徒有佛教主义，农民有多神主义。近年还有人提倡什么基马尔主义，法西斯主义，按劳分配主义。"按照你们的真理是有阶级性的说法，岂不是说，所有这些全是真理，只不过是阶级性不同？

其实，真理是有阶级性的说法，只不过是说，甚么都是真理，只是阶级性不同。因为任何一种谬论，总有人认为它是"真理"，否则它就随着时光的流逝一同消失，不再存在与世界之上了。

况且我们说真理和谬论，不同的阶级从来就有不同的看法。这里的阶级所指的也是抽象的阶级。对于具体的人来说，任何一个阶级的人都并非是铁板一块的。他们的思想总是有着差异的，他们对于这里和谬论的看法总是有着差异的。

以马列主义，毛泽东思想为真理的标准的人是谁呢？从实际上来说，只有马列主义者。只有马列主义者，才是以马列主义，毛泽东思想为真理的标准的。那么难道无产阶级就是马列主义者吗？

说得更确切些，每个人都有着自己的真理的标准。譬如有些无产阶级固然承认唯物主义是真理，实际上他还没有掌握唯物主义，他还是唯心主义者。而在资产阶级中间，到也有一部分是唯物主义者。例如刘少奇提倡驯服工具、奴隶主义有很多很多无产阶级中了毒，认为奴隶主义、驯服工具是真理。例如也有很多的无产阶级认为大树特树绝对权威是真理，然而它是绝对不会成为"无产阶级"真理的。

我们说，每个人都有着真理的标准，那么我们能说每个人都掌握着真理吗？

有些"真理是有阶级性的"论者，总喜欢气势汹汹的说："你们所吹捧的真理，正是我们所要反对的谬论。"这话对不对呢？当然不对。因为第一，就"你们"这一群人来说，思想并非完全一致，有差异，有不同，也就是说，"所吹捧的真理"并非完全相同，就"我们"这一群人来说，思想并非完全一致，有差异，有不同，"所反对的谬论"也并非完全一致。其二，想必这些先生还没有忘记一个字眼："受蒙蔽"。假如果真如先生们所说的，那这个字眼岂不是可以从字典里取消了吗？例如杨成武之流所吹捧的《大树特树》，你们怎么不反对呢？

按照如此的"真理的阶级性"，那人的阶级性真是太简单了。一个阶级一个真理，毫无争论的必要。因为一，资产阶级不会放弃自己的真理被我们争取过来，二，也没有一个无产阶级相信资产阶级的真理需要我们去争取。从来没有甚么矛盾、思想问题，几块铁板构成了社会。

真理是有阶级性的，资产阶级所坚持的真理就是我们所要反对的谬论。那么，苏修集团把他们所信奉的赫鲁晓夫主义称之为马克思主义。那么难道我们在和苏修论战的时候会如此说吗：马克思主义是有阶级性的，你们所坚持的马克思主义就是我们所反对的修正主义，对于马克思主义，马克思主义者和修正主义者从来就有不同的标准。

有人说："在有阶级的社会里，只有阶级的真理，绝没有抽象的、超阶级的真理。"

这话当然不对，从奴隶社会到资本主义社会，都是有阶级的社会。那么在奴隶社会里，奴隶阶级的真理是什么？奴隶主阶级的真理是什么？在封建社会里，农民阶级的真理是什么？地主阶级的真理又是什么呢？无产阶级和马列主义是同时产生的吗？假如不是同时产生的，那么在马列主义产生以前的无产阶级真理是什么呢？当马列主义已经产生但没有传到中国的时候，中国的无产阶级真理又是什么呢？难道此时的中国的"无产阶级真理"和一些资本主义国家的"无产阶级真理"是不同的吗？一些交通不发达的接受马列主义较迟的国家的"无产阶级真理"和首先接受马列主义的国家的"无产阶级真理"，难道是不同的吗？按照这种说法，人群中永远存在着左、中、右，阶级消灭后，人们还是存在着左、中、右，他们的真理的标准也是不同的。那岂不是说，阶级消灭以后，还存在着先进人们的真理和落后人们的真理？按照这种说法，把地主阶级、资产阶级从肉体上消灭，就不存在地主阶级真理、资产阶级真理了。否则这地主阶级真理、资产阶级真理将依附到哪里去呢？

应该说，无论在有阶级社会还是在无阶级社会，只存在着经过客观实践检验，证明是正确的真理，从来不存在什么个人、什么集团、什么阶级主观认为的真理。

我们平常一直在运用"真理"这个概念，又是什么对方，真理是指的阶级的真理呢？

毛主席说："因为真理在我们方面。"按照真理是有阶级性的这种说法，岂不是说，任何人都有真理，而其中只有无产阶级真理在我们方面？

我们说鲁迅先生是真理在胸笔在手。假如说真理是有阶级性的，岂不是说，鲁迅的敌人也是真理在胸笔在手？

我们说无产阶级靠的是真理。如果说真理是有阶级性的，岂不是说，任何阶级靠的都是真理？

我们说真理是不怕辩论的。如果说真理是有阶级性的，哪又辩论些什么呢？

我们说，真理有时在少数人手里。那么，这少数人的真理的阶级性又体现在什么地方呢？

真理之所以成为真理，是因为我们认为它是真理吗?无产阶级真理难道就因为是无产阶级认为它是真理吗?那么全世界都公认的岂不成了绝对神圣的真理?那么在伽里略出世以前，大家都认为太阳在围着地球转。这，岂不成了绝对神圣的真理?

从阶级性谈起（三）

真理面前人人平等

既然真理是客观存在的，既然真理是没有阶级性的，既然真理只有一个，既然否认了"资产阶级真理"的存在，那么又要回到人与人的关系上去了。

人与人的关系，就是"真理面前人人平等"，或者说在我们国家里除了地富反坏专政对象以后，就应该"真理面前人人平等"。这里所说的"真理面前人人平等"，当然是说在客观的真理面前人人平等，正如我们说"真理在我的手里"时说的真理指的是客观的真理一样，无需在真理面前加一个"无产阶级"的定语。有谁会理解成"在资产阶级真理面前人人平等"呢？

这句口号当然有很多的人在反对，那么你们反对原因是什么呢？

你们说这句话是错误的。第一点原因，真理是有阶级性的。这成得了什么理由呢？或许你们说因为真理是有阶级性的，所以"在真理面前人人平等"含义不清，可以在无产阶级真理面前人人平等，也可以在资产阶级真理面前人人平等。那么就说"在无产阶级真理面前人人平等"对不对？毛泽东思想是当代的伟大真理，我们说"在毛泽东思想面前人人平等"对不对？

因为真理是有阶级性的，所以不应该平等。这里有什么必然联系呢？你们根本不承认"真理越辩越明""真理必胜"这两条真理。试问，你们所谓的资产阶级真理也能"越辩越明"吗？它只不过是说人人中具有真理，要么无产阶级真理，要么资产阶级真理。唯物论是真理，唯心论也是真理。谁胜谁负，要看武力在谁手中。它只不过是说什么真理歪理，有力就是有理！是呀，真理是有阶级性的，事实当然也是有阶级性的，那么摆事实讲道理也就不存在了，靠的只能是武力了。

有人说，不管真理是有没有阶级性的，总之不应该人人平等，那么请问，谁应该高人一等？谁又必须低人一等？

干部应该高群众一等吗？共产党员应该高群众一等吗？还是出身不同的人不应该平等呢？

还是身强力壮的、模子大的应该比拳头小的、模子小的人高一等呢？

有人说无产阶级和资产阶级之间不应该平等，无产阶级应该高资产阶级一等。这自然是好的。但是可惜太抽象，谁是无产阶级？谁是资产阶级？假如说资产阶级是专政对象，那当然就不属于讨论范围了，因为前面说过"除了地富反坏专政对象以外"。

在社会主义社会，人与人的关系是不是平等的呢？假如说是的，那么在"平等"前面加上一个"在真理面前"似乎也没有关系，反正真理是没有阶级性的。

平等是建立在事实和真理是客观存在的，是没有阶级性这一点上面。平等就是说事实越澄越清，真理越辩越明，平等就是说靠的是事实和真理，而不是靠的武力。

说到平等，就有人说：难道无产阶级不要专政？要。但是这里的专政是对社会上的地富反坏专政呢，还是对具有资产阶级思想的人专政？是对进行破坏活动触犯刑律"严重违法乱纪"的人专政呢，还是对具有资产阶级学术的人专政？

在我的国家里，除了专政对象，在人民大众之间到底是平等的关系呢，还是马列主义者压倒非马列主义者，无神论者压倒有神论者，掌握毛泽东思想的人压倒充满着资产阶级思想的人，自封为先进的人压倒落后的人们的压倒关系？

无怪乎中国只有一家独鸣了。你看将独鸣改成专政，一家专政不就很妥当吗？你看再将"一家"点改为"无产阶级"，无产阶级专政岂不更妥当了。无怪乎中国只有一家独鸣，否则"难道无产阶级不要专政？"

我说要平等，就有人跳起来说："难道无产阶级不要专政？不要压倒资产阶级？难道无产阶级学术不要压倒和消灭资产阶级学术？"还有人说："无产阶级同资产阶级的斗争，马克思列宁主义的真理同资产阶级以及一切剥削阶级的谬论的斗争,不是东风压倒西风,就是西风压倒东风,根本谈不上平等。"

无产阶级学术确实要压倒要消灭资产阶级学术,马克思列宁主义的真理也确实要压倒和消灭资产阶级和一切剥削阶级的谬论。但是这里的压倒和消灭是在人与人之间平等的条件下去"压倒和消灭"呢?还是在不平等的条件下去压倒和消灭?

难道一定要在无产阶级压倒资产阶级的条件下,无产阶级学术才能压倒资产阶级学术?马列主义的真理才能压倒资产阶级和一切剥削阶级的谬论?难道这里是正比例关系?难道平等了就不能压倒吗?

在群众中间经常发生辩论。当然,辩论就是真理和谬论的斗争。真理确实要压倒谬论,否则就不要辩论了。那么这时难道他们之间是"压倒"的关系吗?辩论的结果,当然是真理得胜。那么,难道他们这时的关系是压倒的关系吗?

我们说两人弈棋必有输赢,不是东风压倒西风就是西风压倒东风,不是白赢就是黑赢,那么这弈棋者两人的关系难道是压倒关系吗?

某乙先生要求与甲先生弈棋,甲先生如何说呢:"在我与你之间,在白棋与黑棋之间,不是东风压倒西风就是西风压倒东风,绝没有折衷和的余地,绝不可能是平等的关系。(我想在白棋与黑棋之间除了和局以外,这也应该说是正确的。但在甲与乙之间,是怎样的压倒关系呢?首先人与人之间不平等了,看来白棋与黑棋之间的胜负也是必定的了。我们不必说甲后面有几位参谋,倘若乙走一步,甲倒要走三步,这当然是必胜的了。)而我的棋艺高,所以我对你实行压倒。(这又怪了,正如真理是在辩论中确立的一样,棋艺高低也必须在斗争中见分晓,哪有自封的道理呢?)"

看来某甲先生也是反对真理面前人人平等的。

无产阶级同资产阶级的斗争,马克思主义的真理同资产阶级以及一切剥削阶级的谬论的斗争不是东风压倒西风就是西风压倒东风。确实资产阶级压倒无产阶级的情况是看到很多的,一切资本主义国家都是如此。然而在什么时候是资产阶级以及一切剥削阶级的谬论压倒马克思主义的真理呢？我不知道什么时候有过这种情况。我只知道正是在资产阶级专政的时候，正是在资产压倒无产阶级的时候，马克思主义得到了产生、发展和壮大。我只知道，马列主义者的队伍永远只有一个方向——扩大。我只知道即使在敌人的法庭上仍然是革命者驳得那一群手中拿枪的狗熊哑口无言。

在旧社会，鲁迅同那些资产阶级文人的斗争，是不是无产阶级同资产阶级的斗争？是不是马列主义的真理同资产阶级以及一切剥削阶级的谬论的斗争？在政治上，是东风压倒西风呢，还是西风压倒东风？是以鲁迅为代表的无产阶级压倒资产阶级呢，还是资产阶级对以鲁迅为代表的无产阶级实行专政？而在意识形态方面，在思想学术方面，是以鲁迅为代表的马列主义的真理压倒资产阶级和一切剥削阶级的谬论呢，还是适得其反？是东风压倒西风呢，还是西风压倒东风？是鲁迅胜利呢，还是那些资产阶级文人胜利？

在科学上，达尔文的进化论观点是正确的。那么，难道达尔文一定要在政治上压倒其他观点的人，否则达尔文的进化论就不能压倒其他各种错误观点？

哥白尼关于太阳系的学说是正确的。难道哥白尼要在政治上压倒其他观点的人吗？

毛主席在57年说："无论在全人民中间或者是在知识分子中间，马克思主义者仍然是少数。"那么，难道一定要让这少数的马克思主义者压倒了其他多数的非马克思主义者，尔后，马克思主义才能压倒其他多种非马克思主义的观点？

在群众中间有唯物论者，有唯心论者。难道一定要唯物论者压倒了唯心论者，尔后，唯物论才能压倒唯心论呢？

在一些贫穷落后不开化的地区群众的迷信思想是很重的。很多革命前辈不畏艰苦把科学带进了里面，让医学赶去了巫神，那么，难道这首先要他们去压制那里的群众吗？

毛主席说：对于资产阶级、资产阶级的思想要："让他们表现，同时在他们表现的时候，同他们辩论，进行适当的批许。"难道这里的辩论是在压制条件下进行的吗？

毛主席说："在人民内部，允许先进的人们和落后的人们自由地利用我们的报纸、刊物、讲坛等等去竞赛，以期由先进的人们以民主的说服的方法去教育落后的人们，克服落后的思想和制度。"那么，难道这里的竞赛是在先进的人的压倒落后的人的情况下进行了的吗？难道只有先进的人们压倒落后的人们才能"克服落后的思想和制度"吗？

我们党的方针是"百家争鸣"。

那么难道这里的争鸣是在无产阶级的家压倒其他各种各样家的情况下进行的吗？试问这样的争鸣又有什么意义呢？

毛主席说："发展各种意见之间的相互争论和相互批评，既容许批评的自由，也容许批评批评者的自由。"

那么难道这里的相互争论相互批评是在不平等的条件下进行的吗？是在毛泽东思想意见的人压倒其他意见的人的情况下进行的吗？

关于百家争鸣，毛主席早在《新民主主义论》里就已经说到了：

"一个主义"也不通。在阶级存在的条件下，有多少阶级就有多少主义，甚至一个阶级的各集团中还各有各的主义。现在的封建阶级有封建主义，资产阶级有资产主义，佛教有佛教主义，基督教有基督主义，农民有农民主义。今年还有人提倡什么基马尔主义、法西斯主义、唯生主义、"按劳分配主义"，为什么无产阶级不可以有一个共产主义呢？既然是数不清的主义，为什么见了共产主义就高叫"收起"呢？讲实在话，"收起"是不行的，还是比赛吧。谁把共产主义比输了，我们共产党人自认为晦气。如若不然，那所谓"一个主义"的反民权主义作风还是早些"收起"吧！

这里的比赛当然是在平等的条件下进行的。

平等就保证了马列主义毛泽东思想的真理战胜资产阶级和一切剥削阶级的谬论。平等就保证了无产阶级学术压倒资产阶级学术，平等就保证了先进的思想和制度克服落后的思想和制度，平等就保证了真理越辩越明，平等就保证了真理必胜，试问我们需要不平等干什么呢？

为什么无产阶级要对资产阶级不平等？当然这不是为了保证马列主义的真理压倒资产阶级和一切剥削阶级的谬论。因为如前所说，平等就已经保证了这一点。那么为什么要不平等呢？有人说这是学来的，是从资产阶级那里学来的，是从资产阶级对无产阶级不平等那里学来的。

在资产阶级专政的时候，在资产阶级当中有威力的时候，它不会对无产阶级平等，这是确确实实的。

为什么资产阶级对无产阶级不平等呢？这是因为它不敢，因为它手中没有真理，因为一平等，他们的谬论就要失败。不平等是为了用武力来挽救其谬论失败的命运。资产阶级之所以不平等，就因为第一它没有真理，第二它拥有武力，武力之用以济真理之穷也。

譬如我们看旧小说时，常常看到有比武一节，如岳飞枪挑小梁王。这时岳飞本领高强，他完全可以平等地比武，不需要依仗任何外界的东西，而小梁王呢？他单纯的依靠武艺不够，就需要借助恶势力，给一点阴险的暗示，这类故事还看得少吗？

反之，无产阶级需要不需要依仗武力呢？不需要。这里的关系也就是怕与不怕。资产阶级怕不怕香花呢？很怕，怕就不敢平等，就要依仗武力。无产阶级怕不怕毒草呢？不怕，因为"毒草可以肥田"。这里的关系就是香花必然战胜毒草，真理必然战胜谬论，真理的声音锁不住，谬论的命运救不了。无产阶级手中掌有真理，掌有战无不胜的毛泽东思想。它要武力，要不平等干什么？战无不胜并不体现在使用武力在不平等上。

谬论想要战胜真理，可是它不能，于是它只能利用武力，真理也想要战胜谬论，那么它是依仗着本身去战胜谬论呢？还是依仗本身以外的武力？

凡是手中掌有真理的人，他都不需要高人一等，他都可以平等地和对方展开辩论，把对方驳倒，给他高人一等，他会感到对自己的侮辱。

只有手中没有真理的人，这才需要高人一等。还不止一等，要高人几等，这才可以把对方打成"反革命"。只剩下自己唱独脚戏，成为永远的胜利者。

学来的，看来你的学习的本领倒不错，资产阶级的一套东西全搬来了。资产阶级那里，并不是任何东西都可以学习的，假如你愿意将自己，将无产阶级降低到资产阶级的同一地位上去，那当然可以照搬不误。假如你还有一点以无产阶级自豪的自尊心，那么还是看看清楚再学，不要囫囵吞枣了。我们说，我们的敌人没有真理只能靠造谣吃饭，那么这一条本领无产阶级是否要学习呢？我们的敌人是实行"一个主义"的，那么无产阶级也来一个"一个主义"，为什么要是行百家争鸣呢？这是学得不够到家。在过去，无产阶级是多么激烈地抨击过资产阶级：你们不敢公开辩论，你们只能使用武力。。。如今你们——无产阶级掌权了，也仍然是如此。自然你们的目的不同，是为了保证马列主义的真理压倒和消灭资产阶级和一切剥削阶级的谬论。这正如小媳妇做了婆婆就要使用从前的一套办法一样。

咱们来再看几段语录吧：

"马克思主义是一种科学真理，它是不怕批评的。如果马克思主义害怕批评，如果马克思主义可以批评倒，那么马克思主义就没有用了。。。马克思主义者不应该害怕任何批评。相反，马克思主义者就是要在人们的批评中间，就是要在斗争的风雨中间锻炼自己、发展自己、扩大自己的阵地。"

"马克思主义是科学真理，不怕批评，它是批评不倒的。"

"无论对什么人装腔作势，借以吓人的方法，都是要不得的。因为这种吓人战术对敌人毫无用处，对同志只有损害。这种吓人战术，是剥削阶级以及流氓无产者所惯用的手段。无产阶级不需要这类手段，无产阶级的最尖锐最有效力的武器只有一个，那就是严肃的战斗的科学态度。共产党不靠吓人吃饭，而是靠马克思列宁主义的真理吃饭，靠实事求是吃饭，靠科学吃饭。"

"科学的东西随便什么时候都是不怕别人批评的。因为科学是真理，决不怕别人驳。主观主义和宗派主义的东西表现在党八股式的文章和演说里面。却生怕人家驳，非常胆怯。于是就靠装样子吓人。以为这一吓，人家就会闭口。自己就可以'得胜回朝'了。这种装腔作势的东西不能反映真理，而是妨害真理的。凡真理都不装样子吓人，它只是老老实实地说下去和做下去。"

"马克思列宁主义是科学，科学是不怕论战的，怕论战的不是科学。"

譬如我国政府和苏联之间曾经进行过一场国际共产主义运动总路线的大论战。在这场论战的时候是不是平等的呢？是平等的。谁胜了呢？中国胜了。这原因，就是因为中国有真理。

那么如果苏联有一群同意我们观点的革命者，苏修敢不敢同他们平等呢？当然不敢，因为一平等，它就要失败，就像它败给中国一样，它必然要采取武力对革命者进行种种的迫害。

那么反之，如果中国有一群具有修正主义思想的人来代替苏联进行论战，我们需要不需要平等呢？不需要，因为我们手中有真理。平等了，我们仍然可以像战胜苏联那样的战胜这一小撮人，而且更容易些。我们不必依靠武力去压服，并且具有这种思想并不表示犯法，它并没有影响我们什么。

再举二段我们在与苏联论战时的语录吧：

"我们再一次向苏共领导提出一个明知故问的问题：我们全文发表了你的反华文件和讲话，我们还将继续发表你的反华文件、讲话和文章。你们敢不敢发表我们答复你们公开信的八篇评论呢？我们断定你们是不敢的。斯大林同托洛斯基斗争的时候就敢于公布托洛斯基的言论。因为真理在斯大林手里。我们敢于公布你们的材料，因为真理在我们手里。你们不敢公布被你们称之为'新托洛斯基主义'的材料，因为你们害怕真理，害怕阳光，害怕人民群众识破你们的原形。"

"如果你们不怕真理，不怕群众，并且相信苏共党员和苏联人民是有政治水平的，是有辨别是非的能力的，而不是把他们看作阿斗。那么我们建议两党订立一个协定：双方在自己的报刊上，对等地发表对方批评自己和自己批评对方的已经公布和将要公布的文件、文章和材料。"

什么叫"对等地发表"呢？在一定程度上，也就是说"平等"。

在资产阶级有权的时候，它必然不会平等。它要用武力"坚持资产阶级压迫剥削无产阶级的思想体系和社会制度，反对马克思列宁主义的思想体系和社会主义的社会制度。"事实上，即使在资产阶级社会，在资产阶级压倒无产阶级的情况下，马列主义的思想体系仍然得到了产生，并且在与"资产阶级压迫剥削无产阶级的思想体系"的斗争中得到了发展壮大。即使在那时"资本主义的思想体系和社会制度"也已"日落西山，气息奄奄，人命危浅，朝不虑夕"快进博物馆了。那么难道今天，马列主义毛泽东思想的思想体系倒需要依仗武力才能将资本主义的思想体系送进博物馆？

想想看吧。旧社会，国民党反动派对以鲁迅为代表的无产阶级作家使用了多少武力，采用了多少手段，进行了多么残酷的文化围剿。然而鲁迅突破了围剿，战胜了形形色色的敌人、各种各样的谬论。试问，难道在今天鲁迅倒要压倒别人了？

在旧社会，无产阶级没有武力可以依仗，没有办法高人一等。无产阶级只能靠真理。马克思靠的是真理，鲁迅靠的是真理，他们都战胜了敌人。事实是，即使在敌人的法庭上，资产阶级占着绝对的压倒优势的情况下，仍然是革命先烈驳得敌人哑口无言。现在无产阶级有了武力了。请问无产阶级是依靠真理吃饭呢，还是依靠武力吃饭？

譬如，有人说现在有个人迷信，那么我们何碍在真理面前平等一下，先进行一下辩论，摆现实讲道理，到底有没有。现实、真理，总是客观存在的。没有个人迷信，也不可能因为他讲了这样一句话就产生个人迷信。个人迷信的有无难道是以别人说不说为转移的？这岂不是变成了"这块石头的存在是因为我看见了它"？

然而事实上却确实如此，为什么说没有个人迷信呢？就因为没有人说它有，也就是大家都说它没有，所以他说有个人迷信，他就是反革命。既然他是反革命，那就剥夺他的言论自由，所以我们人民群众仍然在说没有个人迷信。不过这时，"没有个人迷信"的理由似乎又可以多一条了，因为反革命反对，所以必然正确的。

这就是唯心主义在现时代的新发展。

这种例子还还少吗？"大树特树"的正确就因为没有人说它错，说它错就是反革命。

他之所以成为反革命，就因为他和我们有了不同的主张。为了消灭不同的主张以证明我这主张的正确，所以他成了反革命。

怎么知道我的主张是正确的呢？

它并不是辩论出来的，它是自封的，它是靠武力压制不同意见的人压出来的。这也是所谓"枪杆子里出真理"。

谁反对毛泽东思想砸烂他的狗头。说的更确实一些，应该说，谁反对"我们的"毛泽东思想就砸烂他的狗头，就像谁反对大树特树就砸烂他的狗头一样。

这些文章也许会错的罢，倘若它是被真理所驳倒，我心甘情愿。倘若它是被武力所压倒，我无可奈何。

平等就是说，大家讲讲话。你说你手中的是真理。那么真理是不怕别人驳的，为什么要压制对方呢？

平等就是说，大家讲讲话。试问，为什么你们自称是马列主义的真理时就立即压制了我的这些理论呢？试问怎么证明我的这些理论是资产阶级或其他什么剥削阶级的谬论呢？试问，为什么我说我的这些理论是马克思主义真理而它压不倒你们这些XX阶级的谬论呢？

平等就是说，马列主义真理还是修正主义谬论，斗争之中见分晓。而不是什么自封之后，立即压倒。

历来，凡是本领高强的人，就敢于让对方还手，为什么只许自己进攻，不许对方还手呢？这又如何显得自己本领高呢？

历来，凡是相信自己手中有真理的，都无需压制对方开口。马克思主义需要吗？鲁迅需要吗？这是因为他们都是斗争出来的英雄，他们的权威是在斗争中确立的。

只有心中没有真理的人这才需要压制对方。

现在的一些所谓手中常有真理的人，他们靠的是武力压制对方，这是因为他们手中没有真理。他们是唱独脚戏的英雄，他们的权威是自吹自捧建立起来的。他们的真理是枪杆子里出来的。

你们说我是阶级敌人，你们不和我平等，这是因为你们不敢。因为你们手中没有真理，你们敢平等吗？你们只能依靠武力。武力之用以济真理之穷也。

争辩不过，老实一点承认，再去好好地研究几年，就像比武失败叫一声"三年以后再见分晓"一样。这种人我还可以尊他一声英雄。

辩不过，靠武力来剥夺了我的发言权，然后再一刀一刀的砍过来，一枪一枪的刺过来，这是反动呀，那是黑话呀。这种人简直是小丑，是比鲁迅时代的资产阶级文人更不如的小丑。鲁迅时代的资产阶级小丑还敢于让鲁迅开口。

辩不过，不敢辩论，靠武力来剥夺了我的发言权，还要自称自己手中掌有真理，这是十足的阿Q，是对自己的极大的嘲笑。

再说下去，平等是绝对的，这就是说双方的武力并没有施加到对方身上，这时候是平等的。譬如我国同苏联断了论战，这时候是在平等的基础上进行的。而不平等则是相对的。只有比较的不平等，相对的不平等。譬如有些人说："请问这班老爷们，你们不是口口声声的讲平等吗？为什么要扣押左派稿件，不予发表，只准右派大放毒草，这里有什么平等呢？"对比一下资本主义国家的资产阶级，没有扣押马克思的稿件，旧社会的资产阶级没有扣押鲁迅的稿件，他们都出版了全集。这些资产阶级，同"这班老爷"比起来，就要显得平等得多了。虽然仍然是不平等。而现在我只是站出来讲了几句话，论战还没有开始，真理还没有确立，无产阶级学术还是资产阶级学术还没有分清，就立即受到了专政，显然比起"这班老爷"来更其不平等了。

即使我是资产阶级，即使你们否定了阶级性的第二个方面，你们从资产阶级那里学来了不平等，来一个"反其道而行之"。那么请问你们是如何的不平等呢？

旧社会的资产阶级没有对鲁迅实行专政，没有扣压鲁迅的稿件，你们从那些资产阶级学来的将是怎样的不平等？文化围剿吗？

资本主义国家对马克思不平等，是怎样的不平等？这个程度又怎么样？你的从那些资产阶级学来的，又是怎样的不平等？

说到底，即使我是"这班老爷"中的一个，你们是从"这班老爷"处学来的，也只不过是"扣压我——右派的稿件不予发表，只准左派大放香花。"罢了，你的现在实行专政，这究竟是从哪里学来的呢？

有人说，因为在资产阶级专政时，对无产阶级不平等，所以我们现在也不平等。这里要说到平等是绝对的，是没有阶级性的。不平等则是有阶级性的。无产阶级对资产阶级实行不平等或则资产阶级对无产阶级实行不平等。现在当然是指的这阶级性的一方面，即无产阶级对资产阶级实行不平等。那么请问，无产阶级和资产阶级是否都有着明显的标记呢？试问"无产阶级的学术"，"马列主义毛泽东思想的真理"是自封还是争论出来的呢？试问如果有资产阶级混进了我们无产阶级的队伍那可怎么办呢？岂不是资产阶级对无产阶级实行了不平等？岂不是"资产阶级的学术"压倒"无产阶级的学术"了，岂不是"资产阶级压迫剥削无产阶级的思想体系"压倒"马列主义、毛泽东思想的思想体系"？这种情况难道还少吗？这种血淋淋的教训难道还不够吗？

刘少奇的《修养》曾经是代表着马列主义的思想体系，曾经是压倒过一切反《修养》的"资产阶级以及一切剥削阶级的谬论"谁反对修养就砸烂他的狗头，正像现在谁为修养翻案就砸烂他的狗头一样。这是不平等的。杨成武的《大树特树》曾经代表了马列主义毛泽东思想的真理，有谁敢碰一碰呢？是不平等，陶铸的两本书曾经代表着无产阶级的学术，陆荣根碰了一碰就见了上帝，这也是不平等。戚本禹曾经有一段"句句是真理"的光荣历史，有谁敢对戚本禹的讲话提半句异议？在无产阶级专政的时代出现了"扣压左派稿件，不予发展，只准右派大放毒草"的怪事，"这里有什么平等呢？"啊，这种血淋淋的教训难道还少吗？诚然现在是无产阶级要压倒资产阶级，那么谁是无产阶级呢？当然的，强权就是无产阶级，那么你们能保证资产阶级不混进我的无产阶级的队伍吗？你们能保证资产阶级不成为强权吗？你们能保证政权不被资产阶级篡夺去吗？否则怎么办呢？当然你们是只要永远的打到、砸烂、强权万岁够了。

难道无产阶级学术不要压倒资产阶级学术？在马克思列能主义同资产阶级以及一切剥削阶级的谬论之间，能够允许有什么平等吗？

确实无产阶级学术要压倒资产阶级学术，马克思主义要压倒资产阶级和一切剥削阶级的谬论，这里的压倒就表现在无产阶级学术、马克思列宁主义，无论资产阶级学术和一切剥削阶级的谬论怎样反驳，它都可以将对方驳倒，而不依仗其他的东西。

谁是无产阶级学术？谁是资产阶级学术？谁是真理？谁是谬论？谁是马克思列宁主义？谁是资产阶级或者其他剥削阶级的谬论？真理是在争论中确立的还是自封的？

有谁会说自己的理论是资产阶级或其他剥削阶级的谬论呢？不会。考茨基不会，赫鲁晓夫不会，刘少奇不会，戚本禹不会，杨成武也不会。那么，试问又为何知道这些人的理论是应该压倒的"资产阶级以及一切剥削阶级的谬论"呢？

确实，在现在是不平等，是马列主义的真理压倒资产阶级以及一切剥削阶级的谬论。然而这里的真理已经不是在争论中确立的，而是自封的。但是没有一个人会自封自己的理论为资产阶级或其他什么剥削阶级的谬论呀。那么又是哪一个压倒哪一个呢？当然只能强权就是真理，有力就是有理，枪杆子里面出真理了。

江青同志说："同时父母对他们要平等？不是'我是老子'实行封建家长制。这一点我觉得要向主席学习。我们家可民主独立，孩子可以驳爸爸的，有时还故意地要他们驳。他们驳了以后，当然要给他们讲道理。"

江青同志的这番话，就说明了现在的不平等不民主，诚然"我是老子"的封建家长制是不存在了。"我是强权"的社会强权制不是极通行的吗？有谁敢驳呢？驳了以后会给他讲道理吗？会不"砸烂狗头"吗？于是"不理解，只许放在肚子里，不许讲出来"了。

真理是有阶级性的呀。讲什么道理呢？无产阶级要打到资产阶级呀，又怎么平等呢？强权就是真理。

哪一个强权会同群众平等一下呢？哪一个强权的话允许别人反驳呢？姚文元？张春桥？不，连王洪文、任立新的话都不许反驳，连与任立新商榷一下都要成为反革命的，请问又平等在何处呢？又是那一个打倒对象有资格平等呢？有权利反驳呢？何是有反驳权吗？吴尘因有反驳权吗？我有反驳权吗？不，没有。

你们又说："无产阶级继续清除资产阶级钻在共产党内打着红旗反红旗的代表人物""能够允许有什么平等吗？""无产阶级继续清除资产阶级铝在共产党内的打着红旗反红旗的代表人物"对。那就更需要平等了。请问，是用摆现实讲道理揭露对方是黑帮呢？还是靠其他东西？他是走资派是因为事实上是的吗？那么靠事实就尽够了，又何必要靠其他东西呢？又何必要不平等呢？你们说应该不平等，那么请问，当陆荣根指控陶铸是资产阶级代表人物时，是陆荣根高陶铸一等呢？还是陶铸高陆荣根一等呢？请问当陆荣根说陶铸是走资派，陶铸说陆荣根是反动学生时，应该谁打倒谁？请问当有人反对戚本禹时，应该是怎样的不平等？请问当有人说张春桥是资产阶级代表人物时是"谁反对张春桥谁就是反革命"呢？还是怎样的不平等？

"无产阶级继续清除资产阶级铝在共产党内打着红旗反红旗的代表人物"确实是不平等的，是怎样的不平等呢？是很奇怪的不平等？

不是吗？对于某些人，他们是无产阶级司令部里的，不许说他们是资产阶级代表人物，谁说谁就是反革命，就如，谁反对张春桥谁就是反革命。关锋、王力、戚本禹都曾享受过这种特权，陆荣根反对陶铸就上了西天，这是不平等。从来没有什么摆事实讲道理。

对于某些人，他是资产阶级，就不许他，不许别人讲半个不是，就立即剥夺他的发言权，这也是不平等。

难道无产阶级不要专政？不要压倒资产阶级？请问谁是无产阶级？谁是资产阶级？谁是专政对象？是有真理的无产阶级呢？还是当了官的是无产阶级？是用真理和事实将对方宣判为资产阶级呢？还是靠武力将对方宣判为资产阶级？是一厢情愿还是两厢情愿？

假如法官是公正的，那么也可以说在法官面前人人平等，允许双方发言，听取双方意见，判断谁对谁错，谁也没有高人一等。

然而现的法官并不公正。当甲指控乙是小偷时，他把惊堂木一拍"他妈的，他会是小偷吗？你反动，专政。"

当乙指控甲为小偷，甲申辩时："他妈的，他会诬告你的么？你胆敢翻案，砸烂。"

这就是现时代的不平等！

我们说到真理面前人人平等，这是指什么呢？这就是说在科学发展上，在学术讨论上面，在真理与谬论的斗争方面，人与人之间的关系是平等的。然而有人就反驳："难道无产阶级不要专政？不要压倒资产阶级？"

文化大革命以后，我们修改了宪法。修改宪法，是因为原来的宪法，不适合新的时代特点。修改宪法，是与我们每个人都有关的事。自然我也重新仔细的把原来的宪法看了一遍。它其中有一条，第八十五条，中华人民共和国公民法律上一律平等。看了这条，我想难怪宪法要修改，原来这些年，人们都是平等的。无产阶级没有专政，也没有压倒资产阶级。是呀，平等二字是资产阶级的口号呀，无产阶级怎么能用呢？无产阶级的口号只有专政，只有斗争，战胜。"不是东风压倒西风就是西风压倒东风。根本说不上平等"。曾记得资产阶级曾经提出了法律面前人人平等的虚伪口号。不料，无产阶级竟也用起这个虚伪的口号了。这怎么行呢？

中国在世界上，一再宣称要在平等的基础上与其他国家发展外交关系。这可使我奇怪了。国家不正是和人一样，有阶级性的吗？在人与人之间不应该平等，准要求平等就要遭到如此的申斥，那么国家与国家之间又怎么可以平等呢？你们忘记了，在无产阶级国家与资产阶级国家之间不是东风压倒西风就是西风压倒东风。从来谈不上平等这一条真理了。你们也遮起羞来了。

从阶级性谈起

四、不怕和不许

无产阶级继续清除资产阶级钻在共产党内打着红旗反红旗的代表人物，能够允许有什么平等吗？本文就专门谈谈这个问题。

如何区分某当权派是无产阶级当权派还是"资产阶级钻在共产党内打着红旗反红旗的代表人物"。如何防止反革命两面派象刘少奇、陶铸、戚本禹之流重新上台？如何防止反革命修正主义分子篡夺我们的领导权？如何才能牢牢地掌握无产阶级的印把子？这是每一个无产阶级战士所日思夜想的第一个大问题。

无产阶级当权派和资产阶级当权派最根本的区别在于何方？他们最根本的区别就在于不怕和不许。

无产阶级当权派和资产阶级当权派在阶级性上是不同的，在相反性上则是相同的，他们都有着权势，都是当权派。无产阶级当权派和资产阶级当权派在表面上他们都打着红旗，在实际上无产阶级当权派是拥护红旗，资产阶级当权派是反对红旗。

那么要区别无产阶级当权派和资产阶级当权派，表面上是看不出来的，要看实际。然而实际也并非人人都看得出的，否则区分起来就太容易了。那么就将他们放到群众中去考验，让群众看一看，让群众公布一下他们的材料，看看事实如何？

无产阶级可以靠相反性—靠权，也可以靠阶级性—他是无产阶级当权派这个事实。而资产阶级当权派呢？他没有阶级性可靠--因为它实际上是资产阶级，于是他唯一的只能靠权。

无产阶级当权派靠阶级性是如何靠的呢？他相信真理越辩越明、事实越澄越清，他不怕别人反对，不怕别人说他是资产阶级当权派，他可以和反对他的人平等。

资产阶级当权派没有阶级性可靠。因为事实上他不是无产阶级当权派。如果他和别人平等的话，如果他允许别人反对他的话，他就要被揪出来。所以他不能靠相反性。只能利用手中被他篡夺的权力，不许别人反对，不许别人说他是资产阶级当权派。

要区分无产阶级当权派和资产阶级当权派。唯一的方法只能利用阶级性而不能利用相反性。

无产阶级当权派和资产阶级当权派，表面上都是一样的。不同的是，资产阶级当权派是一张假面具，而无产阶级当权派则是真面目，所以无产阶级当权派不怕别人戳，他是戳不穿的。而资产阶级当权派呢，一戳就穿，他要运用权势不许别人戳。

无产阶级当权派不怕别人批评自己、反对自己。他不怕关于自己的舆论不一律。他不怕有对立面。而资产阶级当权派呢？他要利用权势不许别人反对自己，他很怕有对立面，他必须使关于自己的舆论保持一律。

无产阶级当权派可以靠真理来保住自己，而资产阶级当权派只能靠武力来保住自己的位置。

无产阶级当权派和资产阶级当权派，他们手中都有着权。这权是用来为人民服务呢？还是用来高群众一等，这是无产阶级当权派和资产阶级当权派的分水岭。

"你炮打无产阶级当权派。"

无产阶级当权派怕不怕炮打呢？革命的小人物打倒反革命的大人物，这是历史的辩证法。无产阶级当权派在开始的时候是小人物。他是在和各种反动势力的斗争中锻炼成长起来的。由小人物到大人物，由无权到有权，革命的小人物不怕反革命的大人物，敢于打倒反革命的大人物。如今他成了革命的大人物，难道反而怕起小人物来？当然这里的小人物是有阶级性的，或者是革命的一误会；或者是反革命的一别有用心。无产阶级当权派对于各种反动势力尚且不怕，敢于迎而战之、战而胜之。"反革命的围攻锻炼出革命的左派，这是历史的辩证法。"如今，这么几张大字报，他倒怕起来了？无产阶级当权派敢于"横眉冷对千夫指"，无产阶级当权派"敌军围困万千重，我自岿然不动",他怎么会怕这几张大字报呢?只有资产阶级当权派,看见别人揭发他的大字报,才会血压升高手冰凉。

况且,无产阶级当权派是为人民服务的,是人民的勤务员。他和群众的关系是同志式的关系、平等的关系,他为什么要不许别人反对他呢?有一位造反派战士甲,这次成了当权派,就算是市革会常委。有乙贴了一张甲的大字报,说甲是野心家。于是就有人写大标语:乙反对甲绝没有好下场!乙反对甲就打倒乙!乙反对甲就是反革命!

我想,甲是如何成为市革会常委的呢?因为他首当其冲造旧市委的反,从白色恐怖中杀了出来。假如没有白色恐怖。假如他的造反是一帆风顺的,那么,他也只是一个普通的造反派战士。他不会和别人特殊地当权,成为革委会的常委的。正因为他首先造旧市委的反,旧市委将他看作眼中钉,把他打成反革命,整了他一厚叠的黑材料,然而他杀出重围,当了权,成了市革会常委。

他对旧市委那么残酷地镇压都不怕,都经历过来了,试问如今别人才写了他一张大字报,他倒反而怕了,要立即将对面宣判为反革命了?

这里的关系,不过是权的问题。以前他没有权,那时乙如果贴了甲一张大字报,是绝不会成为反革命的,这时候无所谓许与不许的问题。他没有办法不许别人反对他。这时,他只能依靠事实和真理,依靠本身的纯洁。他只能不怕,"胸中没有鬼,不怕鬼敲门","彻底的唯物主义者是无所畏惧的"。这时候是旧市委有权,所以当甲反对旧市委的时候,旧市委将他打成了反革命。如今他有权了,他也同旧市委一样地使用着这个权,谁反对我就是反革命。所不同的是旧市委怕,怕别人反,要倒台。而他呢,不怕别人反。然而怕与不怕,别人看不到,别人看到的就是它们具有相同的结果:不许。

这里的大字报内容可能有两种。一种是有些不符合事实。说的严重些就是造谣污蔑。这也不怕么,无产阶级怕造谣污蔑那还了得,何妨让别人反反呢?真理面前平等一下么?真的假不了,假的真不了,真理越辩越明、事实越澄越清。乙是别有用心的么?何妨再让他表演一番，乙是受蒙蔽的吗？让他把他受蒙蔽的地方，统统写出来。辨清了事实，会使他转变过来，拥护自己，不是很好的吗？

其二。这张大字报里所写的是事实。是自己的缺点错误，那正是好事。正可以促使自己改正这些缺点错误？至于所谓的"降低威信"，无产阶级的威信，是建立在将错误掩饰起来，将正确的告诉别人呢，还是建立在别人充分了解自己，既知道自己的优点也知道自己的缺点的基础上？缺点被别人知道了，有什么不好？

群众敢于对自己贴大字报，这说明群众对自己的爱护。无产阶级当权派是应该欢迎群众的大字报的。即使有些过分也无所谓。最不该的，是蛮不讲理地将别人打成反革命。大字报正可以在自己每次犯错误的时候，对自己敲响警钟。有一些过分的大字报倒不要紧，怕的倒是没有人给自己贴大字报，那么自己稀里糊涂地向修正主义道路上去了也没有别人来指出，等到有朝一日从量变到质变的时候，可就晚啦！很多走资派走过的路我们还能重复吗？

正如毛主席在《关于正确处理人民内部矛盾问题》中谈到的，"在我们这样大的国家里，有少数人闹事，并不值得大惊小怪。倒是可以帮助我们克服官僚主义。"

当然，假如这位造反派战士是掌握了毛泽东思想的，他必然是不赞成这些标语的。

这些标语有一些是某些同志对这些同志怀着深厚的爱，正因为他以前在重重阻碍下敢于造反，所以爱他，所以现在不许别人反他。正如看见某人以前拼命的工作所以爱他，所以连一些轻微的工作都不让他做，唯恐弄坏了他的身体。你们可得注意，这种感情弄得不好就有可能会犯错误。文化革命初期，很多老工人怀着对党的深厚感情不是就被旧市委利用了吗？真正的爱，不必写这种大标语，还是写大字报为他辩证、澄清事实、辨明真理得好。真理面前人人平等，看是谁更有理。我们不该感情用事，我们应该真理用事。我们不应该将感情化为大字报，我们不应该一听到别人反对他就跳起来"砸烂"！而应该先让别人把话讲完，仔细分析一下，哪些有理哪些无理，无理的如何驳斥，这就好了。

另一些则是这样一些人写的。这些人物谁有权就帮谁，谁的大腿粗就抱住谁的大腿。在甲被打成反革命的时候，也许他正在大叫砸烂甲的狗头。一旦权势改变，立刻换上一幅面孔，谁反对甲就砸烂他的狗头。在他的头脑里，这张大字报根本无所谓有理无理，强权就是真理。也许他根本不曾了解乙的观点，也许他还不曾看过乙的大字报，而仅仅知道乙是反对甲的。所以他不会辩论也无需辩论、驳斥，既伤脑筋又费力气，弄的不好还要出丑，何必呢。还是乙反对甲就打到乙，做到了多快好省。

张春桥同志曾经说："话说到底，反对你的不一定是坏人，大多数是好人，甚至绝大多数是好人；拥护你的不见得都是好人，也有坏人，甚至到关键时刻，有人还会出卖你的。"

"你炮产阶级当权派罪该万死"。

无产阶级当权派怎么知道？

是经过考验的，那么请问哪一个当权派不是经过考验才为当权派的呢？不经过考验能当成当权派吗？那些文化大革命中被揪出来在他在文化大革命以前不是经过考验的吗？刘少奇从投机革命一直考验到八届十一中全会。陶铸正是八届十一中考出来的。戚本禹在八届十一中以后还考验了好长一段时间。赫鲁晓夫也曾经考验了好长一段时间。是经过考验的。那么，请问，今后还需要不需要考验呢？考验是否到此为止了呢！考验的"经过"与"未经过"是以哪一点，是以哪一点为分界的呢？请你说说看现在当者权的有哪一个是没有经过考验的。那么现在当着权的是不是全部是无产阶级当权派？是不是说经过考验（什么考验呢？）我们的干部队伍到现在为止已经完全纯洁了，不需要再清理了。

况且，无阶级当权派既然是经过了很多次的考验，为什么对如此一次小小的炮打也可称作考验，就受不了了呢？

是群众决定的，那么请问，我是不是群众中的一个，为什么我一提异议就划出了群众的范围。难道你们忘记了真理有时掌握在少数人手里这一条真理吗？哪一个当权派是由于群众一起喊"资产阶级当权派"然后揪出来的呢？我们代表XX人民相信XXX，那也不定嘛。数年以前，有多少人不相信刘少奇呢？文化革命开始有多少人不相信戚本禹呢？北京红卫兵炮打旧上海常委时，也曾经有人代表着上海一千万人民相信旧市委呢！

是某些人决定的，那么当然也无需搞文化大革命了。只需某些人分一下谁是无产阶级当权派，谁是资产阶级当权派，我们再喊喊口号，坚决拥护，彻底打倒不就够了。

是高举毛泽东思想红旗的，事实胜于雄辩。你摆出你认为高举的事实，我摆出我认为低举的事实，真理越辩越明，事实越澄越清，高举的低不了，低举的高不了，为什么只许你说高举，不许我说低举？

他是属于无产阶级司令部里的，试问，现在还没有揪出来的走资派哪一个不是带者"无产阶级司令部"这一假面具呢！杨成武倒台之前不是无产阶级司令部里的吗？哪一个当权派会对你说："我不是无产阶级司令部的，你快来揪呀。"

我用生命担保他不是走资派，我们不用来那一套。我们相信的是真理和事实，你既然用生命担保他不是走资派。你就用大字报来辨明真理澄清事实么，这又无需你献出生命，为什么你倒不干了呢？你的生命并不能保证我们国家不变颜色。只有真理。才能保证。

你的生命并不能保证我们国家不变颜色，只有真理才能保证我们的江山万年红。

经过考验的，高举毛泽东思想红旗的，无产阶级司令部里的？哪一个走资派不可以接受呢？哪一个走资派不会拍拍胸脯说："我是经过考验的，我是高举毛泽东思想伟大红旗的，我是无产阶级司令部的"？

唯一的试金石是怕与不怕，假如你说，你果真认为事实是如此，就不怕别人提出不同意见么？这下他可吃惊了。

"你怀疑一切"。

不对，这里说的，是谁都可以怀疑。而不是说谁都应该怀疑，谁都必须怀疑。一切应该怀疑，一切必须怀疑，这才叫怀疑一切，可以和必须是完全不同的两回事。怎么能混淆起来呢？

怀疑一切的口号是错误的。因此有很多人反对怀疑一切，然而，得到的结果呢？则是奴隶主义。这是无产阶级的当权派，那是资产阶级当权派，你们只需喊喊口号就行了，谁把矛头指向某一个无产阶级当权派，就是怀疑一切。

把矛头指向某一个无产阶级当权派，只能叫怀疑一个，怎么能叫怀疑一切呢？一个和一切相差何止十万八千里。

怀疑一个等于怀疑一切，那么揪出一个岂不就是揪出一切了？

怀疑一切，就是说不相信任何事物，先怀疑了再说，先怀疑了再去找材料。

怀疑一切的口号是错误的，因此有很多人反对怀疑一切。然而得到的是结果呢？则是奴隶主义。这是无产阶级当权派，那是资产阶级当权派。你只要喊喊口号就行了。谁把矛头指向某一个无产阶级当权派，就是怀疑一切。

我们反对怀疑一切，我们也反对奴隶主义：这是资产阶级当权派，这是无产阶级当权派。我们要的是独立思考，我们相信的是真理和事实。

独立思考的结果，可能不可能怀疑某一个无产阶级当权派呢？完全可能。他由于接触的是该无产阶级当权派的几件偶然事件————有的是假象，有的正好是他的错误，经过他自己的头脑思考，可能有的是唯心主义的推理，得出一个结论，该无产阶级当权派可疑。这可能不可能呢？完全可能，这叫怀疑一切吗？这不叫怀疑一切。这样的怀疑，怀疑得有理，就应该提倡，只要他屈服于事实和真理，不固执自己的错误就行了。假如不是如此的怀疑，凑巧给他看到了资产阶级当权派的一些反面行为，人之亦云，不加思考"人家都说他好"，那又怎么能揪出走资派呢？

某些人常喊"受蒙蔽者无罪，反戈一击有功"，这里的受蒙蔽是受什么蒙蔽呢？是受某人的蒙蔽。然而我们更要看到，受蒙蔽更多的是受假象的蒙蔽，受谣言的蒙蔽，甚至可能受头脑里错误推理的蒙蔽，即使是受某人的蒙蔽他也并非说，我绝对的相信某人他讲的就是真理，他不过是是听了某人所说，经过头脑思考，认为某人说得有理，这才受蒙蔽。所以，我们对受蒙蔽着更要做的是辟谣，是澄清事实，辨明真理，用真理来感召受蒙蔽者醒悟。这不是一句口号所能解决的。就是某人被打倒了，他屈服于强权即真理的影响，勉强的反戈一击，这又有什么用呢？

无产阶级当权派是不许怀疑的，那么资产阶级当权派需要你怀疑吗？只需要打倒就够了。当权派只有两种，无产阶级当权派和资产阶级当权派，不存在"不胖不瘦"的第三种人的。有谁需要怀疑呢？，归根结底不需要怀疑，不需要经过自己头脑的周密思考，只需要"拥护""打倒"。

再说，有谁怀疑无产阶级当权派呢？有谁会说，因为他是无产阶级当权派，所以我怀疑他，总是说，有某些迹象表明他不是无产阶级当权派，所以我怀疑他，那么是你说某人是无产阶级当权派对呢，还是他说某人是资产阶级当权派对呢？还是进行一下辩论，摆一下事实，讲一下道理，好不好？为什么要你说的就是真理，强权就是真理，多数就是真理呢？为什么容不得不同意见呢？

只有戚本禹之流，才会张起大旗："你怀疑我，他娘的，反革命"。凡无产阶级当权派他绝不会说："怀疑我就是反革命的"。

说到怀疑一切，再离一下题。

说到一切都可以怀疑，就有人气势汹汹的提出了一个问题："毛泽东思想可不可以怀疑？"，并且以为这下可就把我问到了，就可以"倚势（！）定人罪名，而且重得可怕"了。且慢，就像迅雷驳何是的那篇文章一样，只要问一句就够了。

有的人是如此申辩的："我说是用毛泽东思想去怀疑一切。"这种说法当然不对。这就等于说，对于掌握毛泽东思想的人，对于马列主义者，怀疑一切是对的，对于其他人就不对。因为一个人是不可能用自己还没有掌握的思想去"怀疑一切"的，这样就变成没有意义了。

毛主席说："共产党员对任何事物都要问一个为什么。"岂不是说，对马列主义也要问一个为什么？

毛主席说："马列主义可不可以批评呢？当然可以。"莫非说，马列主义可以批评，毛泽东思想不可以怀疑？莫非说："马克思主义是一种科学真理，它是不可以批评的"，毛泽东思想是一种科学真理，它是怕怀疑的？还是说毛主席的话句句正确就是这句例外？并且，谁反对这"例外"就要"只要问一句就够了"？

谁把矛头指向无产阶级司令部就砸烂他的狗头。

这是一句比怀疑一切更为糟糕的口号。它的实质是一切不许怀疑。

无产阶级文化大革命，彻底摧毁了资产阶级司令部，现在是无产阶级司令部掌了权，不许把矛头指向无产阶级司令部。不许怀疑当权派，岂不是说，经过文化大革命保证了中国永不变修。从此天下太平，可以埋头睡安稳觉了。

现在的无产阶级司令部有没有可能混进一些反革命两面派呢？这些人要不要揪出来呢？不把矛头指向这些目前还混在无产阶级司令部里的两面派，又何以能够揪出他们呢？至今还混在无产阶级司令部里的两面派会不会说："我是资产阶级司令部的，快来怀疑我！"当我们明知某人是资产阶级司令部的成员时我们还会让他当权吗？

试问，当你喊这句口号时，王力，戚本禹，杨成武是不是无产阶级司令部里的呢？试问，在当时把矛头指向王力，戚本禹，杨成武要不要被砸烂狗头呢？试问，不把矛头指向他们又何以能将他们揪出来呢？

凡是至今还当着权的，那就是真正无产阶级司令部里的，或者是混在无产阶级司令部里的还没有被揪出来的两面派、走资派。这两者的区别就在于怕与不怕。如果一律来个不许，又何以能够将他们分离开来呢？怀疑一切固然冤枉了前者，冤枉了很多很多的好人。谁把矛头指向无产阶级司令部就砸烂他的狗头却包庇了后者，包庇了至今还没有被揪出来的一切坏种。

在真理面前人人平等，那是说，我们的干部和群众的关系是同志式的关系，平等的关系，谁也没有高人一等，谁都可以反对，管他反的是你还是伊、我，只问有理还是无理。无理，即使他只是一个平民百姓，你也没有资格把他打成反革命；有理，你官再大我也可以反。为什么要高人一等？为什么反不得？将来中央出了修正主义，我还要反中央呢！只要我反得有理。

我们常说，管他职位多大资格多老，只要他反毛泽东思想就要造他的反。那就是说，你没有比我高一等，我们所不同的只是反不反毛泽东思想，只是掌握毛泽东思想的多少。

怎么知道他反不反毛泽东思想呢？那就通过摆事实讲道理，而摆事实讲道理当然是在平等的条件下进行的

谁反对XXX就砸烂他的狗头。

为什么要这样呢？为什么反对他就要被砸烂狗头呢？因为他是高举毛泽东思想红旗的，是"不管他职位多高，资格多老，只要他反对毛泽东思想，就要造他的反"之外的。那么我现在有事实有理由证明他是反毛泽东思想的，你将怎么样呢？是只看到他这样的人（！）反对他这个人就砸烂狗头呢？还是看看谁有真理，让我也讲讲话，看看"是否真有道理"，然而再决定砸烂与否？是我说的就是真理，容不得半点不同意见呢，还是多听听多方面的意见，想想自己是否真的正确。你是只认有强权呢？还是只认有真理。

我们要将强权的时代变成真理的时代。

要防止赫鲁晓夫式的野心家篡权，唯一的根本办法就是实现真理面前人人平等，事实面前人人平等。

经常听到这样的话，XXX整造反派的黑材料罪该万死。这可使我弄不懂了。造反派怎么会有黑材料的呢？造反派整个运动的过程就是造反的过程，整个运动的历史，就是造反的历史，他用鲜血为文化大革命立下了功勋，为自己写下了通红的历史，他的材料，只能是种鲜红的材料，他怎么会有黑材料的呢？或许这句话应该改为：XXX整造反派的红材料。假如是黑材料，那就一定不是他的，是保皇派张冠李戴造

谣污蔑捏造出来的，如果事实真是如此，那这条标语应该改为：XXX造谣诬蔑造反派罪该万死。这才恰当。

红材料怕别人整吗？革命者怕别人整他的材料吗？不怕，革命者的一生是革命的一生，革命者的说话，是宣传毛泽东思想的语言，革命者的日记是充满革命激情的日记。这全是光明磊落的，丝毫不需要隐藏遮盖。他有哪一点材料怕被别人整？你要整鲁迅的材料吗？鲁迅二十卷就是最好材料，还不够吗？还要那一次讲话，那一封信件，都可以给你，鲁迅自己就说过。

是谁怕别人整他的材料呢？是只有黑材料的人，是两面派。他用自己罪恶的双手写下了血淋林的历史，他有的是表面上打着红旗的材料，他有的是实际上反红旗的材料。这种材料当然怕被别人整。

材料倒并不在于别人整不整，材料更在于自己如何写，我们要收集革命者的材料的么。当然我们收集是为了号召大家学习，这又有什么可怕的吗？

不许整造反派的材料。这可真奇怪，不看到造反派的整个历史，全部材料，又怎么知道他是造反派呢？毛主席说："不但要看干部的一时一事，而且要看干部的全部历史和全部工作。。。"，就是要看全部的材料么。人的历史材料全是自己的脚步写出来的，为什么要怕别人看，怕别人整呢？

从对立面谈起

周扬之流的命运为什么如此之长？这是值得每一个革命者深沉思之的问题。

周扬之流，鲁迅早就指出了他们的下场："大约不久就要销声匿迹的。"然而他们竟然在解放后的新中国，在无产阶级掌了政权的社会里在毛泽东思想大普及的时代里，活命十余年之久。在新中国，毒草的命运竟会如此之长，岂非咄咄怪事？

有人说，这是因为有刘少奇在包庇。这话当然不错。然而为什么全国有这么多的革命群众竟然敌不过刘少奇的包庇呢？为什么在旧中国，有蒋介石包庇的时候，鲁迅敢于指出他们"大约不久就要销声匿迹的"呢？

显然这并非主要原因，周扬之流命运会如此之长，就因为他唱独脚戏，就因为他舆论一律，就因为没有对立面，就因为他用篡夺的权，镇压了对立面。

毛主席说："人们历来不是讲真善美吗？真善美的反面是假丑恶，没有假丑恶就没有真善美。真理是同谬误对立的。。。。任何时候总会有错误的东西存在，任何时候，好同坏，善同恶，美同丑这样的对立总会有的，香花同毒草也是这样。它们之间的关系是对立的统一，对立的斗争。有比较才能有鉴别，有斗争才能有发展。"

周扬之流命运如此之长，就因为他用武力取消了他所谓毒草的存在。没有了对立面，人们没有比较，没有鉴别，使得他得以逍遥自在，苟延残喘。

敢不敢让对立面存在敢不敢允许不同意见发表，这是区别香花和毒草的唯一的试金石，因为它们之间的区别就在于不怕和不许。

毛主席说："有比较才能有鉴别。"毛主席说："革命的政党，革命的人民，要反复地经受正反两个方面的教育，经过比较和对照，才能锻炼得成熟，才有赢得胜利的保证。"毛主席在64年指出："材料不只发一方面的，两方面的（正反面）都要发。"

一个人总要看到正反两个方面，经过比较和对照，才能区分孰个为优，孰个为劣，才能看清哪一个是真理，哪一个是谬论。单单看到一个方面又何以知道它是香花还是毒草呢？

人的头脑总是按照自己的固有的规律思考的，正如同不能牵着某人的鼻子走，而只能引诱他走某一条路。

譬如有人说他的武艺是很高强的。但他是一个人在那儿唱独脚戏，没有人来和他比武。试问这观众何以知道他的武艺是强还是弱呢？

鲁迅先生曾经说过："还有通讯，如果只有一面，读者也往往不容易了然，所以紧要一点的几封来信，也擅自一并编起去了。"

鲁迅先生又说："我当答复之前，先要向你告罪，因为我不能如你所嘱，不将来信发表。来信的意思，是要我公开答复的。那么倘将原信藏下，则我的一切所说，便变成'无题诗人百韵'令人莫名其妙了。"

譬如，有两个人在吵架。你总应该听听双方的发言，这才能区分谁对谁错。如是只有一个人在讲话，那么即使他事实上是错的，你也会将他当成是对的。正如周扬的毒草，曾经被当成了香花一样。

譬如，两种理论在斗争，那么总该大家讲讲话，而不是什么"我的是马列主义的真理，你的是修正主义的谬论。"立即压倒。这样的结果也会令人莫名其妙的。

你是在写批判文章，那么也应该让别人看看被批判的文章，这样对照起来，人们才能看出你批判文章的优劣。假如单看你一方面的文章，只了解另一方被你摘录下来的几个字、几句话，这又如何知道你的文章是击中要害还是不得要领还是明贬实褒的呢？还是乱扣帽子的呢？譬如，有人在批判何是的一篇文章"也谈《怀疑一切》"独独引了一句"'怀疑一切万岁'的口号，往往是这样提出来的，这正是革命接班人寻求革命知识，革命本领的强烈欲望的反映，这真是天大的好事。"便锻成了他主张"怀疑一起"，然后举出成千成百反对怀疑一切的理由，并决定了他是反毛泽东思想的。

其实他的整个文章也是不赞成怀疑一切的，但是单单如此的引用了一句，又怎么知道呢？犹如有人说："'老子英雄儿好汉，老子反动儿混蛋'是由一些无知的青年人提出来的"。你不看全文，单根据这一句便锻成它庇护反动对联，其结果便变成"无题诗N百韵"令人莫名其妙了。

毒草对香花的作用如何？对立面对香花的作用如何？

有比较才能有鉴别，它只能促使香花更有权威。

正如我们尝到了黄连苦，更觉得蜜糖甜。正如我们身受过三座大山的层层压迫，更感觉到今天幸福生活的幸福，到过了棚户区，更觉得国际饭店的高。

毛主席说："实行百花齐放，百家争鸣的方针，并不会削弱马克思主义在思想界的领导地位，相反地正是会加强这种地位。"

譬如有个人的武艺确实是无敌于天下的，也就是战无不胜的。那么，倘若有人来比武，必然只能促使更多的人相信，他的武艺是无敌于天下。

譬如，在某次会上，某人对某个问题提出了一个方案。倘若没有其他方案当然很好，然而倘若有人提出其他的方案，那么经过比较，只能显示出这种方案的优越性。

如何树立毛泽东思想的权威，是一天到晚高喊："大树特树"所能树立起来的吗？如何树立权威，是"谁反对毛泽东思想就砸烂他的狗头"所能树立起来的吗？不，树立权威只能不怕别人批评，放手让别人批评，让各种反毛泽东思想的意见统统放出来，用毛泽东思想去战胜、批驳这种种意见，这才叫树立权威。

权威只能在斗争中树立，而不是靠某人自吹自捧树立起来的，而不是靠枪杆子保持舆论一律所能树立起来的，唱对台戏的权威，必然比唱独脚戏的权威更强。

鲁迅的权威是如何建立的呢？就是他在同各种反毛泽东思想的各种主张的斗争中建立起来的。如果鲁迅刚出马，立刻"谁反对鲁迅就砸烂他的狗头"，那么鲁迅的权威一定建立不起来。

有对立面，恰恰是暴露了对方本身的丑恶。比武时被打翻在地，是一件很失体面的事情。拿农村房子去作比：我比它高，结果只暴露了自己的低矮

我们说敌人对革命者的攻击只暴露了他们虚弱的本身，难道事实不是如此吗？与革命家论辩交战的过程，也就是自己失去群众，趋于孤立，趋于失败的过程。

譬如，有这么多的资产阶级文人小丑向鲁迅发动进攻，难道不是暴露了他们本身的丑恶吗？

《赫鲁晓夫言论集》的出版难道不是促使人们更加认清赫鲁晓夫的叛徒嘴脸吗？

鲁迅当时说他编了一本《三闲集》"至于对手的文字呢《鲁迅论》，《中国文艺论战》中虽然也有一些，但那都是峨冠博带的礼堂上的阳面的大文，并不足以窥见全体。我想另外收集也是'杂感'一流的作品，编成一本，谓之《围剿集》。如果和我的这一本对照起来，不但可以增加读者的趣味，也更能明白别一面的，即阴面的战法的五花八门。"这就说明读者看到了毒草，只会明白"阴面的战法的五花八门。"

毛主席说："同错误的思想作斗争，好比种牛痘。经过牛痘疫苗的作用，人身上就增强免疫力。在温室里培养出来的东西，不会有强大的生命力。"

要真正的树立毛泽东思想的权威吗？那就让各种反毛泽东思想的意见 统统放出来。

你真的认为你有本领将老虎打倒吗？那你就放它出来，让它跳，让它舞，让它把十八般武艺都使尽，一样一样的对付过去，将它打倒在地，这才叫真正的打倒。群众也只有在这中间，才能认识到对付这十八般武艺的种种方法。否则在你这样的英雄在的时候，不让它表演，

到了它一旦有机会跳出牢笼的时候，它还留着一手，这时候群众不知道怎样对付，这时候就可怕了。

要真正的打倒这个人么？那就让他为自己翻案，让他把为自己翻案的各种理由统统端出来，把它们统统驳倒。这样就彻底完全的剥夺了他翻案的本钱，这样就将他打入十八层地狱了，到无需来一下刚讲了半句话，立刻你放毒的。

某校在批判一个走资派的日记，该当权派要求将他的日记全文示众。然而他们说，你嫌这本日记害人还不够吗？这真是怪事，请问在现在有你们这班保姆在旁边指点：这是反党，那是攻击三面红旗。。。这时候看了这本日记是更加识破他的假面具呢，还是所谓"中毒"？纵使是真的中毒，也不可怕嘛。有你们这样的保姆在，正可以帮助他们消毒。怕的倒是现在没有接触过这毒草，将来这走资派有机会上台，这时候，你们这些保姆也许不在了，也许不敢讲话了，也许举起双手成了他篡政上台、反革命复辟的驯服工具，这时候走资派拿起那本日记头头是道的讲了起来，这时候中毒就危险了。

毛主席说："而正确的意见如果是在温室里培养出来的，如果没有经过风雨，没有取得免疫力，遇到错误意见就不能打胜仗。"

马列主义者如何扩大自己的阵地？

毛主席说："马克思主义者不应该害怕任何人批评。相反，马克思主义者就是要在人们的批评中间，就是要在斗争的风雨中间，锻炼自己，发展自己，扩大自己的阵地。"毛主席说："不让发表错误意见，结果错误意见还是存在着。"

马列主义者如何扩大自己的阵地？只有让别人将各种反毛泽东思想的意见统统都放出来，然后采用说理的方法，分析的方法，使别人认识这意见错在何方，使别人克服错误的意见，接受正确的意见。马列主义者必须如此地扩大自己的阵地。否则你说这意见是错的，他说这意见是对的。你说它错在这里，他说它对在那里，你在这里头头是道的大批特批，他在那里在那里暗笑你文章里谬论百出、充满了教条主义。对立的意见没有经过交锋，又如何证明它错，又如何使他丢掉这错误的意见，接受正确的意见？

对毛主席的指示,不理解么?不懂就问,把不理解的地方讲出来,你再帮他逐条解释,这就能帮助他加深对毛主席指示的理解。不讲出来,又如何能从不理解到理解呢?

果真要肃清修养的流毒吗?那就必须放手让别人为修养翻案,这样你才能知道修养有哪些余毒未清,你就能对症下药,解决思想问题,你才能真正的肃清修养的流毒。

谁反对张春桥就砸烂他的狗头。为什么要这样呢?,你应该让那些反对张春桥的人将他们怀疑张春桥的地方都讲出来,然后再对这些观点加以批驳、加以解释,这就可以使他们放弃错误的观点,接受正确的观点,去掉对张春桥的疑点,从而相信张春桥。否则虽然他现在因为怕砸烂狗头而拥护张春桥,只怕将来一有风吹草动,他们又要左右摇摆了。

有人常说,彻底批判XX思潮。

我请问一句,怎样的批判才算是彻底呢?

彻底就是说驳倒了对方所有的理论根据,这就必须容许对方反驳,把对方的一整套东西统统端出来,将它们逐条批倒,这才叫彻底。刚开始,第一个回合还没有结束,对方就成了反革命,于是再没有人提出反对自己的理论根据了,这叫彻底吗?充其量只不过是批判了这股思潮的一部分。

要真的彻底批判XX思潮,那就必须实现真理面前人人平等。大家说说话,让真理去战胜谬论,而不是借多少武力给真理,压制别人不敢开口。

思潮是社会的产物,它根本不能以什么出身等问题来解释,打倒了某一个人就算是彻底批判了他所代表的思潮。要批判这股思潮,只有让受这股思潮的同志来为这股思潮而战,只有让他们将他们的论点都暴露出来,才能使这个批判真正的达到"彻底"。暴露不够充分,也便谈不上彻底。

只有唯心主义者才会以为抛出几顶反革命的帽子,把敢于宣传这股思潮的人打成反革命,迫使所有受这股思潮影响的人都不敢开口,就算是彻底批判,就算是批臭批倒,就可以得胜回朝了。

然而有些人却偏偏不是这样,他们喜欢唱独脚戏,喜欢的是舆论一律,他们不喜欢有对立面,非常害怕有对立面,他们不喜欢有不同意见,谁如果有了和他们不同的意见,立刻就会从他们手中抛出反革命的帽子。

他们对毒草采取了很独特的方针。

首先,他们不相信自己能够战胜毒草,所以,刚刚看到了一株毒草,就要发动千军万马,一大群人骂了半天,还怕战它不胜,还要先剥夺了对方的发言权,还要先赐以专政,而且还要自誉为"以战无不胜的毛泽东思想为武器",简直好像是讽刺一样。鲁迅那时与那么多小丑作战,是多么的英勇。对比一下现代的独脚英雄,真是不感到害臊吗?

或者说他们是能够战胜毒草的,但是群众好像有点偏爱毒草,即使明明是香花胜了,群众也偏要中毒。他们根本不相信真理越辩越明,好像不辩最明,一辩倒反而要弄糟了一样。所以他们非常不喜欢辩论,只喜欢唱独脚戏。好像没有毒草,群众倒还能接受香花,待到毒草一出现,能够比较,能够对照了,群众倒反而要中毒了。所以假如有人要求全文公布批判材料,他们就会说,你还嫌害人不够吗?是呀,一公布就要害人,只能不公布了。

对于他们的这种反常的行动,他们美其理由曰:防止群众中毒。他们根本就不相信群众会进行比较,会进行鉴别,他们所扮演的是保姆的角色,他们所喜欢的是"听话的孩子"。他们手中拿着真理通行证,各种理论都必须经过他们检查。这是真理准予通行,这是谬论禁止通行。越过停车线就是反革命。否则群众中了毒可怎么办呢?

他们喜欢的是奴隶主义,不是早就在《再论奴隶主义》中已经说过,无产阶级的奴隶主义好得很。现在他们是"无产阶级",当然只需要奴隶主义够了。奴隶主义,保证了你观点和他们统一,奴隶主义,保证了你不会犯错误。你要有自己的头脑进行思考,和他们意见不一致,中了毒可怎么办呢?

最好还是随着他的指挥棒,这是香花,坚决拥护,那是毒草,彻底批判。

他们喜欢的是朦胧,最好不要有对立面。"这是香花呀","那是毒草呀",在朦胧之中,没有比较,没有对照,使人们接受了他那一套。

周扬之流的命运为什么会如此之长呢?就因为朦胧。

"你放毒",于是立刻剥夺别人的发言权。其实毒草也没有什么奇怪,正因为有毒草,所以才需要你去批判斗争。没有毒草,还需要你去批判什么,斗争什么呢?旧社会有这么多人在放毒,还不是被鲁迅批判了,斗争了,如今这么一点毒草怕什么呢?人是现在有毒草时代的人,却偏想靠着手中反革命的帽子,去过着将来没有毒草时代的生活。这样的"超时代",恰如站到了凳子之上,就算是自己脱离了地面一般。这并不能表示他手中掌握着真理,这是一种软弱的,辩不过,战不胜的表示。这样说的人我很怀疑他手中是否真有真理,是否真的掌握毛泽东思想。说不定这里的真理和谬论的标准被你颠倒了呢?

二

其实放毒也没有什么奇怪。其实反毛泽东思想也并没有什么奇怪。就因为现在还有着多数的非马克思主义者,就因为现在还有着先进落后之分,就因为群众还没有用毛泽东思想"统一"起来。

头脑里有着非毛泽东思想的东西,怎么办?,是把它掩盖起来,还是把它暴露出来?暴露出来,就说明他有了改正的决心,只有把它暴露出来,才能对比、接受别人的批评,才能克服错误思想,接受正确思想,不暴露又如何将这错误思想丢掉呢?毛主席说:"不让发表错误意见,结果错误意见还是存在着。"

心里有着私字,并没有什么大不了。敢于把它亮出来,就走出了斗私的第一步。唯有实际上满肚子私心杂念,偏要装出一副纯粹的大公无私的样子:你有私,你就是反动。这样的人才是可恶的人。

毛主席就号召我们"敢于讲话,敢于批评,敢于争论"。

放放毒，替错误意见说说话，也并没有什么大不了。唯有心里明明是如此想的，嘴里偏偏要那样的说，心里明明感到它蛮有道理，嘴里偏偏要说它是大毒草，专门掩盖自己的真实思想，随着一些枪杆子里出真理的人大喊口号，专门摆出一副独得毛泽东思想之道的面孔来批驳人家。而且心里实在没有多少主义，于是一来就是一顶大帽子：反动。既不摆事实又不讲道理，好在唱独脚戏也不要紧。这种人才是无药可救的。

反反毛泽东思想并没有什么大不了，唯有这种明明自己还不是马克思主义者，偏偏要来"誓死捍卫毛泽东思想"，明明自己毛泽东思想还没有掌握到手，明明自己脑子里还残存着许多反毛泽东思想的东西，偏偏要说："毛泽东思想是我们的命根子"。明明现在还有许多的非马克思主义者，偏偏要来一个"谁反对毛泽东思想就砸烂他的狗头"。这种人才是最为可恶的人。中国将来如果出了修正主义，他们就是第一等的罪人。周扬之流的上台，他们也应该是第一号帮凶。

鲁迅说："丑态，我说到没有什么丢人。丑态而蒙着公正的皮，这才催人呕吐。"

这两者的区别，就在于老实人和两面派。

有些人虽然毛泽东思想还没有掌握到手，虽然还不是一个马列主义者，但他是一个老实人。他想到什么就说什么，他认为这篇文章"蛮有道理"，他就说蛮有道理，而不管别人是如何说的。有的人，嘴里虽然夸夸其谈，这是把矛头指向毛泽东思想呀，这又是如何如何呀，可是他心里实在有多少货色呢？他只敢于唱独脚戏，经不起别人的三句反问。这样的人就是典型的两面派。

马克思的女儿问马克思："您最珍贵的品德是什么？"马克思回答说：对于一般人来说，朴实。

毛主席说："老实人，敢讲真话的人，归根结底于人民事业有利。自己也不吃亏。爱讲假话的人，一害人民，二害自己，总是吃亏。"

可是有些人不是这样,他们不管你是老实人还是两面派,不管你是真心还是假心,不管你思想上是反对他还是赞成他,他们只要求你跟在他们后面"彻底批判,坚决斗争"。

毛主席说:"应当说,有许多假话是上面压出来的,上面一吹二压三许愿,使下面很难办。"确实,有很多两面派是上面压出来的。我不做两面派可就要成为反革命了,怎么办呢?这些人物官儿还没有当上就已经压得别人不敢讲话了,当然在他们后面是有靠山的,他们只不过是。。。而已。

不是吗?就有人说"我们的放,必须是以伟大的战无不胜的毛泽东思想为指导,这是一个不可动摇的铁的原则。"

在这些造反派先生的统治下,人们愿意这样放,但是他不敢这样放,人们想说,但是他不敢说,人们敢怒,但是他不敢言。

在这些造反派先生统治下,好一点的,成了逍遥派,差一点的,就成了两面派。

有些人的罪状之一是"说出了某些人想说而不敢说的话"。

这能算是罪状吗?

怎样才能使落后群众丢掉落后思想接受先进思想呢?你们不是做落后群众的思想工作吗?这思想工作怎么做呢?首先必须摸清他们的活思想。如今他说出了某些人想说而不敢说的话,将这些人的活思想暴露在你们面前。这难道不是一件好事吗?

如果大家都被你们压得想说而不敢说,愿意这样放的而不敢这样放,敢怒而不敢言,试问又如何能用先进思想去战胜落后思想?如何使他们丢掉旧思想接受新思想?如何使他们与社会一同前进?

这是罪状么?不,这恰恰应该算是他的功劳。这说明他还且有敢字,说明他还是一个老实人。

鲁迅先生曾经说:"譬如有一堆蛆虫在这里罢。大家即即足足,自以为绅士、淑女、文人学士、名官高人,互相点头,雍容揖让,天下太平。那就是全体没有什么高下,都是平常的蛆虫。但如果有一只蓦地跳了出来，大喝一声道：'这些其实都是蛆虫！'那么----自然，它也是从茅厕里爬出来的。然而我们非认为它为特别的伟大的蛆虫则不可。"

鲁迅先生又说："生物在进化，被达尔文揭发了，使我们知道了我们的远祖和猴子是亲戚。然而那时的绅士们的方法和现在是一模一样的。他们大家'倒叫'达尔文为猴子的子孙。。。。我们姑且承认人类是猴子的亲戚罢，虽然并不十分体面，但是这同是猴子的亲戚中，达尔文不能不说是伟大的了。那理由很简单而且平常，就因为他以猴子亲戚的家世，却并不忌讳，指出了人们是猴子的亲戚来。"

自然现在人也进化了，竟然会拿起"阶级斗争"作武器来运用，于是再也不用"倒叫"之类的笨办法，直接的施以专政，真是既简单又有效。

老实说，中国多一些这样的人正是一件好事，正是一件大好事。多一些这样的人，中国不会亡，只会前进。怕的是中国多些想说而不敢说，想说而不愿说，或者实际上并不想说的人。这种人，话一出口，就变得美妙而动听。然而人还是其人，并不会因为他嘴巴的进步带动他脑袋的进步。

毛主席关于制止武斗的指示多少次下达，仍然有这么多人在搞武斗，不知他们心里是怎样想的。

据说有部分人看破红尘了，可惜不知他们看破怎样的"红尘"。

晚婚的宣传是够多的了，仍然有这么多人早婚。可惜不知道他们自己以为自己对不对？

逍遥派的名声是够狼藉的了，却不见减少。可惜没有人说出他们想说而不敢说的话。

只剩下这么些英雄在唱独脚戏，武斗有罪，看破红尘反动，早婚错误，逍遥可耻，还说修养流毒未清，可惜我不知道是哪些流毒未清

现在的时代是言者有罪的时代，人们都想说而不敢说。

人有着各种各样的人，有着先进落后，有着马列主义者，有着非马列主义者，然而舆论是何其一律，一共只有毛泽东思想这一种舆论，谁反对毛泽东思想就砸烂他的狗头。

尽管你肚子里私心杂念有不少，尽管你已经看破红尘，但你千万不可发表意见。

你在搞武斗么，那也不要紧，但千万不可主张武斗。

你在听黄色唱片，看黄色小说么？那也不要紧，不说就是了。

你在养金鱼，装半导体，打绒线，打扑克，这都不要紧，只要不宣扬。

对于钓鱼的人的办法是不出售钓鱼工具，对于宣扬钓鱼的人可就要抛出反革命的帽子了。

你可以奉行任何什么主义，只要不将它写出来。

鲁迅先生曾经说："即使是主义，我敢写出，肯写出，还不算坏东西。"

有的人提倡敢字，于是就遭到了很多人的一致声讨，说他是在鼓动牛鬼蛇神向党进攻。

在《阶级性的加强》里已经说过如此文章的作用，只是加强阶级性。这里想说说即使是对于牛鬼蛇神来说，是具有敢字好，还是相反？

首先，请问，敌人向我们进攻，我们怕不怕？，敌人的反对是不是有损于我们一根毫毛？即使他就是鼓动牛鬼蛇神向党进攻罢，请问这里的进攻是什么样的进攻？想来没有人理解为鼓动敌人敢于杀人放火搞破坏活动罢，这里的进攻，只不过是文字上的进攻，那么这种进攻"危害无产阶级的根本利益"吗？它会使我们的威信有所降低吗？譬如，57年右派向党进攻，是增加提高了我们党的威信呢？还是降低了党的威信？，国际上的帝修反对我们的造谣污蔑攻击还算少吗？难道它不是反而促使我国的国际威望日益提高吗？

再说下来，我们是在敌人的骂声中成长，还是在敌人的捧声中成长？

我们是希望敌人骂我们还是给我们捧场喝彩？我们是希望敌人反对我们还是称赞我们拥护我们？

让我们再来学习一段主席的语录吧："我认为，对我们来说，一个人，一个党，一个军队或者一个学校，如若不被敌人反对，那就不好了，那一定是同敌人同流合污了。如若被敌人反对，那就好了，那就证明我们同敌人划清界线了。如若敌人起劲地反对我们，把我们说得一塌糊涂，一无是处，那就更好了，那就证明我们不但同敌人划清了界线，而且证明我们的工作是很有成绩的了。"

鼓吹敢字，即使是鼓动牛鬼蛇神放，那也不过是毒草全部出土吧，请问，我们是希望毒草全部出土呢，还是希望毒草不出土？

记得陈毅副总理在答记者问时说，我们等美国来进攻，等得头发都白了。那么根据你们的逻辑，这岂不是鼓动敌人向我们进攻吗？

再说下来，似乎我们的阶级斗争的观念是很强的。诸如我们经常说，他们人还在，心不死，我们剥夺了他们的财产，不能剥夺他们的反动思想。也就是说要他们不反对我们是不可能的。那么我们是希望他们公开的反对我们呢，还是希望他们隐蔽的反对我们?我们是希望他们搞阳谋呢，还是希望他们搞阴谋?我们是希望他们诚实呢，还是希望他们虚伪？我们是希望他们成为一面派呢，还是希望他们成为两面派？

还是春桥同志的话说的对："我觉得公开的贴标语，散发传单啊，还是好的，因为他是公开的。我希望同志们要注意，要警惕的是搞阴谋活动的。""你搞阳谋，你上台辩论都可以，不要搞阴谋"。

鲁迅先生是很主张人应该刚直不阿的。他说："叭儿狗如可宽容，别的狗也大可不必打了，因为他们虽然非常势利，但究竟还有些像狼，不至于如此骑墙。"

鲁迅先生还说："野牛成为家牛，野猪成为家猪，狼成为狗，野性消失了，但只足以使牧人喜欢，于本身并无好处。人不过是人，不再夹杂着别的东西，当然再好也没有了。倘不得已，我以为还不如带些兽性。如果合于下列的算术到是很有趣的？人+家畜性=某一种人。"

咱们举个例子来说，四川的土皇帝李井泉，在主席提出了5.16通知以后，他硬是不通，陈伯达找他谈，他说："我在北京不通，回去仍然不通。"那么这就是一句老实话，主席曾经说过一句话："如果说李宗仁别的什么都不好，那么他说出了这句老实话，总算是好的。"我想，这里将李宗仁改成李井泉，如果说李井泉别的什么都不好，那么他说出了这句老实话总算是好的。也是极其正当的，这就等于告诉我们：李井泉回去以后是要犯错误的，是不会按照5.16通知办事的。这时，我们就能预作准备，采取预防措施，当李井泉违背5.16通知时，就能立刻采取行动，使之刹车。总之，可以避免或减少给革命带来的损失。现在我们知道李井泉是一个走资派，是一个资产阶级分子，资产阶级早已和真理绝缘，要他通是不可能的。那么我们要求他怎么样呢？要求他说："我坚决拥护5.16通知，坚决执行5.16通知。"还是说："我现在不通，回去仍然不通。"？从本质上来说，李井泉回到四川去对抗5.16通知，镇压革命小将，这是必然的，无法改变的。那么我们希望他说得如何呢？

有了敢字好的很，因为人的思想不会因为有敢字无敢字而发生变化。有了敢字，只不过大家都成了一面派，有了敢字，没有人再搞阴谋，有了敢字，各人的面目都一清二楚，进攻反击退却的路线也一清二楚。有了敢字，硬碰硬，靠的是事实和真理。

www.ingramcontent.com/pod-product-compliance
Lightning Source LLC
Chambersburg PA
CBHW050834230426
43667CB00012B/1993